LE DROIT DOUANIER A L'EPREUVE DE LA CRIMINALITE TRANSNATIONALE ORGANISEE DANS L'ESPACE CEDEAO

NDIAGA SOUMARE

LE DROIT DOUANIER A L'EPREUVE DE LA CRIMINALITE TRANSNATIONALE ORGANISEE DANS L'ESPACE CEDEAO

Préface du Pr DIAW DIOUF

L'Harmattan Sénégal

10 VDN, Sicap Amitié 3, Lotissement Cité Police, DAKAR

http://www.harmattansenegal.com
senharmattan@gmail.com
senlibrairie@gmail.com

ISBN : 978-2-343-17842-4
EAN : 9782343178424

DEDICACES

Je dédie cet ouvrage à mon épouse Marie Suzanne TRAORE et à notre fils Grégoire Djiguy SOUMARE.

À la mémoire de nos petits anges : Elisabeth Ndambaw, Gabriel Sekhou, Manuella Mandi SOUMARE…arrachés à notre affection les 07 et 10 août 2012.

À la mémoire de Marie Claude BIANKINGE arrachée à notre affection le 07 août 2012.

REMERCIEMENTS

J'exprime ma gratitude et mes pensées affectueuses à :

- Mes parents Feu Lassana SOUMARE et Thérèse NDIAYE ;
- Mes regrettés grands-parents Henry Ndiapaly NDIAYE et Elisabeth Ndambaw FAYE ;
- Les familles SOUMARE et NDIAYE ;
- Ma chère dulcinée Marie Suzanne TRAORE ;
- Mes « camarades des causes perdues » Messieurs Pape Djigdjam DIOP, Inspecteur principal des douanes et Jean Baptiste DIOUF, docteur en médecine ;
- Mes plus que frères et compagnons de route Mamadou GUEYE dit Zengh, Amary FAYE, magistrat, Mouhamadou Bamba SALL, Inspecteur principal des douanes, Maître Christophe F.N. DIOUF, notaire et Maître Alioune SAWARE, avocat inscrit au barreau de Dakar ;
- Tous mes amis et camarades de promotion.

Je remercie tous ceux qui, de près ou de loin, ont contribué à la finalisation de cet ouvrage. En particulier, je voudrais exprimer ma reconnaissance et ma gratitude à :

Mon directeur de thèse, Monsieur Ndiaw DIOUF, Agrégé des facultés de droit, Professeur titulaire des universités ;

Monsieur Oumar DIALLO, Directeur général des Douanes ;

Monsieur Eugene DIOUF, Professeur de langue et littérature latines ;

Messieurs les membres du Jury :

Isaac Yankhoba NDIAYE, Agrégé des facultés de droit, Professeur titulaire des universités, Président du jury ;

Abdoulaye SAKHO, Agrégé des facultés de droit, Maître de conférences ;

Yaya BODIAN, Agrégé des facultés de droit, Maître de conférences ;

Mamoudou NIANE, Agrégé des facultés de droit, Maître de conférences ;

Amadou FAYE, Docteur d'Etat en droit, Maître de conférences ;

Boubacar CAMARA, Docteur d'Etat en droit, ancien Directeur général des Douanes.

À l'ensemble du personnel de l'Ecole doctorale des Sciences juridiques, politiques, économiques et de gestion et à tous ceux qui liront cet ouvrage. Merci !

PRINCIPAUX SIGLES ET ABREVIATIONS

ADPIC : Accord sur les droits de propriété intellectuelle qui touchent au commerce

AFRICOM : United States Africa Command/Commandement des États-Unis pour l'Afrique

AFRITAC : Centres régionaux d'assistance technique du FMI

AGCS : Accord général sur le Commerce des services

AGOA : African Growth and Opportunity Act/Loi sur la croissance et les opportunités économiques en Afrique

ANACS : Agence nationale de l'Aviation civile du Sénégal

AOC : Conférence des Directeurs généraux des douanes de la Région Afrique occidentale et centrale

APE : Accords de partenariat économique

APE CARIFORUM-CE : Accord de partenariat économique Etas Caraïbes/Union européenne

ASECNA : Agence pour la Sécurité de la Navigation Aérienne en Afrique et à Madagascar

BCEAO : Banque centrale des Etats de l'Afrique de l'Ouest

BRLR-AO : Bureau régional de liaison et du renseignement pour l'Afrique de l'Ouest

BRRC-AOC : Bureau régional de renforcement des capacités de l'Afrique de l'Ouest et du Centre

CAAT : Cellules aéroportuaires Anti-trafic

CEDEAO : Communauté Economique des Etats de l'Afrique de l'Ouest

CEMAC : Communauté économique et monétaire de l'Afrique centrale

CENTIF : Cellule nationale de traitement des informations financières

CILD : Comité Interministériel de Lutte contre la Drogue

CITES : Convention sur le Commerce international des Espèces de faune et de flore sauvages menacées d'extinction

CNAMS : Centre National d'Action Anti-mines au Sénégal

Code ISPS : Code international pour la sûreté des navires et des installations portuaires

Commonwealth : Communauté des Nations en lien avec la Grande Bretagne

COM NAT : Commissions nationales de lutte contre la prolifération et la circulation illicite d'armes légères et de petit calibre

COTECNA : Conseil technique applique/Société d'inspection et de vérification des importations

CNUDM : Convention des Nations Unies sur le Droit de la Mer de 1982

CNUCED : Conférence des Nations Unies pour le commerce et le développement

CTO : Criminalité transnationale organisée

C-TPAT : Partenariat douane-entreprises contre le terrorisme

ECAC : Conférence européenne de l'Aviation civile

ECOMOG : ECOWAS Monitoring group (Groupe de surveillance et de cessez-le-feu)

ECOWAP : Politique agricole de la CEDEAO

ECPCJS : Centre pour la prévention du crime et la justice pénale

EDI : Echanges de données informatisées

FMI : Fonds monétaire international

FRONTEX : Agence européenne pour la gestion de la coopération opérationnelle aux frontières extérieures des États membres de l'Union européenne

GATT : Accord général sur les tarifs douaniers et le commerce

GCF : Gestion contrôlée des frontières

GIABA : Groupe intergouvernemental d'Action contre le blanchiment d'Argent

GMA : Autorité maritime du Ghana

HAALSS : Haute Autorité de l'Aéroport Léopold Sédar Senghor

IATA : Association du Transport aérien international

IPM : Interface-Public membres

LBCFT : Lutte contre le Blanchiment d'Argent et le financement du terrorisme

MCA: Millennium Challenge Account

MCC: Millennium Challenge Corporation

MIDWA : Réunion ministérielle sur le Dialogue sur les Migrations en Afrique de l'Ouest

MILDT : Mission Interministérielle de Lutte contre la Drogue et la Toxicomanie

NTIC : Nouvelles Technologies de l'Information et de la Communication

OACI : Organisation de l'Aviation Civile Internationale

OCDE : Organisation de coopération et de développement économique

OCLAESP : Office central de lutte contre les atteintes à l'environnement et à la santé publique

OEA : Opérateur Economique Agrée

OIPC-Interpol : Organisation internationale de police criminelle

OIT : Organisation internationale du travail

OMC : Organisation mondiale du commerce

OMD : Organisation mondiale des Douanes

OMI : Organisation maritime internationale

OMPI : Organisation mondiale de la Propriété intellectuelle

OMS : Organisation mondiale de la Santé

ONUDC : Office des Nations Unies contre la Drogue et le Crime en Afrique de l'Ouest

PASTA-CO : Programme d'appui au secteur des Transports en Afrique du Centre et de l'Ouest

PAUA : Plan d'action de l'UA sur la lutte contre la drogue et la prévention de la criminalité

PCJ : Poste de contrôle juxtaposé

Pêche INN : Pêche illégale et non réglementée

PICARD : Partenariat universitaire en recherche et développement en questions douanières

PPP : Programme de Partenariat Privilégié

PVI : Programme de Vérification des Importations

RPCV : Renseignements préalables concernant les voyageurs

SAFE : Sécurité et Facilitation des Echanges

SCPK : Système de certification du processus de Kimberley

SIAR : Système Informatisé d'Analyse du Risque

SH : Système harmonisé de désignation et de codification des marchandises

SLEC : Schéma de Libéralisation des Echanges communautaires

SOLAS : Sauvegarde de la vie humaine en mer

SSP : Plan de Transport sécurisé

Système TSA : Système pour la sécurité des transports

TEC : Tarif extérieur commun

TRIE : Transit Routier Inter-Etats

TSA : Tout Sauf les Armes

UCT : Unités criminelles transnationales

UE : Union européenne

UEMOA : Union économique et monétaire ouest africain

UMCC : Unité mixte de Contrôle des containeurs

ZCC : Zone commune de contrôle

SOMMAIRE

PREFACE

M. Ndiaga SOUMARE, Inspecteur principal des douanes, avait préparé, sous ma direction, une thèse de doctorat en Droit sur le thème « Le droit douanier à l'épreuve de la criminalité transnationale organisée dans l'espace CEDEAO ». Ce sont les résultats des travaux de recherche effectués dans le cadre de cette thèse que M. SOUMARE a décidé de partager avec les chercheurs et les praticiens du droit, par la publication de cet ouvrage que j'ai l'honneur de présenter au public.

La seule évocation du titre de la thèse repris dans l'ouvrage renseigne sur les difficultés que l'auteur a dû rencontrer pour atteindre les objectifs qu'il s'est fixés.

La première difficulté résidait dans la détermination de l'objet même de la recherche : l'analyse de la question de l'évolution inévitable du droit pénal- et donc du droit douanier, qui est en partie fait d'incriminations et de sanctions- face à la criminalité transnationale. Les pénalistes ont toujours considéré, il convient de le rappeler, que le droit pénal est l'expression de la souveraineté des États et ils ont tiré du nécessaire lien entre droit pénal et souveraineté deux conséquences.

D'une part, l'élaboration de sanctions pénales qui portent atteinte à la liberté d'aller et de venir et aux biens d'une personne relève de la compétence exclusive des Etats, aucun d'entre eux ne pouvant être dépossédé, au profit d'un organe supranational, du pouvoir d'interdire et de commander et d'assortir cette interdiction ou ce commandement de sanctions pénales, ce qui fait que les sources du droit pénal sont toujours nationales.

D'autre part, il n'est pas possible, sauf en cas de recours à la coopération judiciaire, d'accomplir des mesures d'investigation en dehors du territoire de l'État où ces mesures sont ordonnées ou de faire produire les effets des condamnations prononcées par les juridictions nationales en dehors des frontières de l'État sur le territoire duquel elles sont situées.

Ce schéma, qui veut que le droit pénal soit national, a montré toutes ses limites face à la criminalité transnationale qui est aujourd'hui favorisée par la mobilité des individus en raison de la libre circulation des personnes et des biens, par le développement des moyens de communication qu'ils soient maritimes, aériens ou terrestres et par les possibilités qu'offrent les technologies de l'information et de la communication.

Face à cette situation, il est évident que les solutions élaborées au niveau national sont inappropriées. C'est ce qui a fait dire à M. SOUMARE, à juste raison, que les réponses sont nécessairement conçues au plan international et que les règles adoptées à cet égard doivent, par le mécanisme de la transposition, être reçues au plan interne, notamment, dans le code des douanes.

La deuxième difficulté posée par le thème découle de l'identification des outils qu'il faut mobiliser pour les besoins de la recherche. Afin de lutter contre la criminalité transnationale organisée, plusieurs instruments internationaux ont été adoptés, les uns au plan universel, les autres à l'échelle continentale ou même sous régionale. Il n'est pas toujours aisé de combiner ces différents instruments entre eux ou avec le droit national ; on sait, tout au plus, que n'étant pas ''self executing'', ils ont besoin de mesures de transposition pour entrer dans l'ordre juridique interne des États.

La troisième difficulté était liée à la méthodologie à mettre en œuvre pour aborder la place du droit douanier dans ce système. Il serait tentant de privilégier l'approche consistant à limiter l'étude au droit pénal douanier c'est-à-dire au droit douanier envisagé uniquement dans sa dimension sanctionnatrice. Adopter une telle méthode procéderait cependant d'une erreur, car derrière chaque infraction douanière, il y a un ensemble de faits similaires qu'il faut combattre par l'élaboration d'une politique criminelle qui comporte, à côté des sanctions pénales, des mesures préventives permettant d'intervenir avant la violation de la norme de conduite et d'éviter autant que possible les cas de violation. M. SOUMARE a pu éviter le piège de la démarche conduisant à un traitement incomplet. Il a, certes, analysé les infractions douanières qui entrent dans la catégorie de ce qu'on appelle la criminalité transnationale organisée, en abordant au passage le problème des éventuels cumuls avec les infractions de droit commun ; mais, il a aussi et surtout mis l'accent sur les mesures de surveillance et de contrôle qui permettent à l'administration des douanes d'intervenir avant la commission des infractions.

Ces difficultés n'ont pas impressionné M. Ndiaga SOUMARE qui a su montrer, avec un rare talent, comment le droit douanier a connu de profondes mutations au contact de la criminalité transnationale organisée. Au regard de la qualité de ce travail conduit dans le strict respect des normes de présentation des travaux scientifiques, j'ai la conviction que le présent ouvrage connaitra un réel succès auprès du public.

Professeur Ndiaw DIOUF
Agrégé des Facultés de Droit,
Professeur titulaire des Universités,
Vice-président du Conseil constitutionnel.

AVANT-PROPOS

Lorsqu'aux détours de nombreuses réformes des textes organisant la direction générale des douanes sénégalaises, l'arrêté n° 7282 du 30 juillet 2009 créa le Bureau des Investigations criminelles et des Stupéfiants (BICS), la nouveauté de la matière faisait, déjà, ressortir moult questionnements, inquiétudes et critiques. C'est ainsi que les autorités douanières ont porté leur choix sur notre modeste personne pour diriger ce bureau chargé de la lutte contre la criminalité transnationale organisée.

Lorsque le Directeur général des Douanes nous fit l'honneur de nous recevoir, la lourdeur de la tâche nous apparut alors, comme un défi face aux interrogations de la nouvelle autorité faisant écho aux critiques sus évoquées : il parait que votre bureau n'a pas sa raison d'être, qu'est-ce que vous en pensez ? Nous entendîmes interpeller. Qu'est-ce que nous en pensions ?

Ainsi s'amorçait le déclic de ce qui allait, plus tard, constituer la charpente des présentes réflexions, d'abord dans le cadre de notes techniques internes, ensuite à travers des contributions et articles qui, bien évidemment, constitueront la feuille de route du BICS.

Sur le terrain, il faut dire que nos sorties et opérations n'étaient pas, forcément, bien vues par certains collègues, au même moment, d'autres services de sécurité de la police et de la gendarmerie, considérés à tort comme concurrents, marquaient nettement leur méfiance vis-à-vis d'une structure douanière qui partage les mêmes missions et les mêmes modus opérandi.

Ce présent ouvrage est né de la volonté de lever les doutes sur la pertinence de la création du BICS dans un contexte où le terrorisme, la cybercriminalité, les trafics transnationaux menacent la stabilité des Etats modernes.

« Analyse critique des stratégies douanières de lutte contre la criminalité transnationale organisée dans l'espace CEDEAO » fut le premier intitulé de cet ouvrage. Et puis, devant la tentation de faire d'une pierre deux coups, nous avons, finalement, opté de mettre en avant le droit douanier plus que les stratégies douanières.

D'une part, cette option permet, à notre sens, d'appréhender le droit douanier en tant que matière spécifique qui a bien du mal à s'imposer dans nos universités subsahariennes, d'autre part, elle sert de plaidoyer pour une refondation du droit douanier aujourd'hui éprouvé par la criminalité transnationale organisée.

L'épreuve à laquelle la criminalité transnationale organisée soumet le droit douanier s'articule, autour d'un triple défi : le défi de la communautarisation du droit douanier, le défi de la modernisation du dispositif douanier de lutte contre la fraude et le défi lié au renouveau du contentieux douanier. Tel est le leitmotiv de l'ouvrage.

INTRODUCTION

Les fonctions régaliennes de la douane s'articulent autour d'une triple mission de protection des échanges commerciaux.

- La mission fiscale qui apparaît à travers la perception, par les douanes de droits et taxes sur les marchandises à l'importation ou à l'exportation.

- La mission de protection économique qui permet le fonctionnement sécurisé et productif des entreprises.

- La mission de sécurisation de la chaîne logistique internationale, de plus en plus affirmée, qui consiste à intervenir dans la mise en œuvre des politiques de santé publique, de lutte contre les crimes environnementaux, et de répression du trafic de drogue, de la cybercriminalité, du blanchiment, du terrorisme...

La troisième mission qui consiste, en réalité, à lutter contre la criminalité transnationale organisée (CTO) s'insère dans le cadre global de la politique criminelle.

La criminalité s'avère « normale et nécessaire dans toute société organisée et relève, de ce fait, plus du physionomique que du pathologique. Véritable fait social, le crime n'est que la réaction de la société face à certains comportements qui portent atteinte à des valeurs tenues par elle pour fondamentales, et qui la conduit à définir et sanctionner ces atteintes comme des crimes[1] ».

Conséquence : la politique criminelle, longtemps considérée comme une théorie et pratique du système pénal désignant « l'ensemble des procédés répressifs par lesquels l'Etat réagit contre le crime[2] » se détache, progressivement, tant du droit pénal que de la criminologie. Ainsi donc, la CTO considérée comme une branche de la politique criminelle, est une

[1] Emile DURKHEIM, (1963), « Les règles de la méthode sociologique », 15ème Editions, PUF, pages 35-46, « Le crime, phénomène normal », un article publié dans Déviance et criminalité. Textes réunis par Denis Szabo avec la collaboration d'André NORMANDEAU, pp. 76-82. Paris : Librairie Armand Colin, 1970, 378 pp. Collection U2, (en ligne), www.//classiques.uqac.ca/durkheim_emile consulté le 03 avril 2017). Durkheim déclare que le crime a une fonction dans la société et qu'il est par conséquent normal. Un fait social est normal pour un type social déterminé, considéré à une phase déterminée de son développement, quand il se produit dans la moyenne des sociétés de cette espèce, considérées à la phase correspondante de leur évolution. Bien qu'il soit non-conforme aux normes sociales, il est présent dans toutes les sociétés, ce qui fait de lui un phénomène normal. Le crime est normal parce qu'une société qui en serait exempte est tout à fait impossible ; telle est la première évidence paradoxale que fait surgir la réflexion sociologique.

[2] Définition empruntée au professeur allemand Feuerbach.

infraction qui relève d'un nouveau droit pénal international vu que les politiques criminelles répressives mises en œuvre épousent, aujourd'hui, les préoccupations des entités et organisations internationales[3].

La CTO relève donc de la politique criminelle internationale et s'est vu attribuer, dans plusieurs rapports scientifiques, des définitions différentes.

Lors du colloque international sur la criminalité organisée[4], les délégués avaient accepté la définition suivante : « toute association ou tout groupement de personnes, se livrant à une activité illicite continue, dont le premier but est de réaliser des profits sans souci des frontières nationales. »

Pour la Conférence mondiale sur le crime organisé[5], la volonté de lutter contre la criminalité transnationale organisée apparaît dans la Déclaration politique. Celle-ci se donne pour but la destruction de la puissance économique et sociale des organisations criminelles et de leur capacité à s'infiltrer dans l'économie en vue de blanchir le produit de leurs activités criminelles. Cette Déclaration comporte, également, un plan mondial d'action en seize (16) projets, dont le premier consiste, précisément, en la recherche de cette introuvable définition commune.

Le Groupe « drogue et criminalité organisée » de l'Union européenne[6] (UE), énumère, quant à lui, onze (11) critères pour qu'une entité puisse répondre à l'appellation bande criminelle organisée. Il exige, notamment, « une collaboration entre plus de deux personnes, sur une période de temps assez longue et indéterminée, suspectées d'avoir commis des infractions pénales graves et agissant pour le profit et/ou le pouvoir ».

Selon la Convention de Palerme[7] qui sert principalement de référentiel aux présentes réflexions, la CTO « renvoie à une typologie d'infractions graves commises, dans deux ou plusieurs Etats, par des individus, le plus souvent organisés en réseaux et utilisant des marchandises et services illicites ».

Il convient de rappeler tout de même, qu'avant de donner naissance à la Convention sur la lutte contre la CTO, la Communauté internationale avait déjà pris plusieurs Résolutions en matière de sécurité[8].

[3] Dans le cadre de la lutte contre le blanchiment d'argent et le financement du terrorisme, les politiques répressives se fondent également sur des critères de conformité aux 40+9 recommandations du GAFI, à partir desquelles la pertinence des stratégies nationales est évaluée.

[4] Le colloque s'est déroulé à Saint-Cloud, du 16 au 19 mai 1988, à l'initiative de l'Organisation internationale de Politique criminelle (OIPC-Interpol).

[5] La Conférence s'est tenue à Naples du 21 au 23 novembre 1994.

[6] Dans son rapport annuel du 18 décembre 1995 sur la criminalité organisée.

[7] Résolution 55/25 de l'Assemblée générale du 15 novembre 2000 portant sur la Convention des Nations Unies contre la criminalité transnationale organisée, (en ligne) https://www.unodc.org/pdf/cld/TOCebook-f.pdf. Consulté le 03 avril 2017.

[8] Il s'agit des Résolutions suivantes : la Résolution 51/210 du 17 décembre 1996 qui a créé le Comité spécial chargé de mener les délibérations en vue d'élaborer une Convention générale

La multiplication des attentats terroristes a, sans doute, précipité l'adoption de la Convention contre la CTO. Ces événements constituent l'illustration que des activités criminelles organisées peuvent remettre en cause la stabilité sociale et la sécurité de la chaîne logistique internationale.

Comme l'on pouvait s'y attendre, l'ampleur des attentats terroristes dans le monde va conduire les organisations internationales à reconsidérer leurs moyens de lutte contre le crime organisé. Ces différents attentats ont engendré, en effet, une réelle prise de conscience sur les véritables insuffisances des législations sécuritaires, alors en vigueur, pour prévenir et lutter contre la CTO.

C'est, donc, dans ce contexte que la Convention portant sur la CTO a été adoptée à Palerme (Italie), symboliquement, pour rendre hommage aux juges Giovanni FALCON et Paolo BORSELLINO[9] qui se sont illustrés, avant d'être assassinés, à travers la tenue du maxi procès visant à combattre l'existence de l'organisation criminelle et mafieuse Cosa nostra. Il s'agissait là, sans doute également, d'un pressentiment sécuritaire exprimé par la communauté internationale pour alerter et contrecarrer des velléités terroristes et criminelles à venir.

Avec l'accroissement considérable des activités des groupes criminels organisés, notamment, en matière de traite des personnes, de trafics illicites de migrants et d'armes à feu, les Etats Parties ont convenu d'adjoindre à la Convention des Nations unies contre la CTO trois protocoles interprétés conjointement avec elle.

Les trois protocoles annexés visent d'abord à prévenir, réprimer et punir la traite des personnes, en particulier des femmes et des enfants, ensuite à lutter contre le trafic illicite de migrants par terre, mer et air et enfin à lutter contre

---

sur le terrorisme international ; la Résolution 52/85 de l'Assemblée générale en date du 12 décembre 1997 qui a créé le Groupe intergouvernemental d'experts ; la réunion, à Varsovie du 2 au 6 février 1998, du Groupe intergouvernemental d'experts intersessions à composition non limitée a, quant à elle, élaboré l'avant-projet d'une éventuelle Convention internationale générale contre la criminalité transnationale organisée ; la Résolution 53/111 du 9 décembre 1998 a décidé de créer un Comité intergouvernemental spécial, à composition non limitée, chargée d'élaborer une Convention internationale générale contre la criminalité transnationale organisée et d'examiner s'il y avait lieu d'élaborer des instruments internationaux de lutte contre le trafic de femmes et d'enfants, la fabrication et le trafic illicites d'armes à feu, de leurs pièces, éléments et munitions, et le trafic et le transport illicites de migrants, y compris par voie maritime ; la Résolution 54/126 du 17 décembre 1999 avait, à son tour, demandé au Comité spécial sur l'élaboration d'une Convention contre la criminalité transnationale organisée de poursuivre ses travaux, conformément à ses résolutions 53/111 et 53/114 du 9 décembre 1998, et de les intensifier afin de les achever en 2000.

9 Giovanni Salvatore Augusto Falcone (en ligne) https://fr.wikipedia.org/wiki/Giovanni_Falcone consulté le 03 avril 2017 (né le 18 mai 1939 à Palerme - mort assassiné à Capaci le 23 mai 1992) était un juge italien engagé dans la lutte antimafia et assassiné par Toto RIINA, membre des Corleonesi, eux-mêmes faisant partie de Cosa nostra.

la fabrication et le trafic illicites d'armes à feu, de leurs pièces, éléments et munitions.

Au titre du premier Protocole, l'expression "traite des personnes" désigne le recrutement, le transport, le transfert, l'hébergement ou l'accueil de personnes, par la menace de recours ou le recours à la force ou à d'autres formes de contrainte, par enlèvement, fraude, tromperie, abus d'autorité ou d'une situation de vulnérabilité, ou par l'offre ou l'acceptation de paiements ou d'avantages pour obtenir le consentement d'une personne ayant autorité sur une autre aux fins d'exploitation.

Au titre du deuxième Protocole, l'expression "trafic illicite de migrants" désigne le fait d'assurer, afin d'en tirer, directement ou indirectement, un avantage financier ou un autre avantage matériel, l'entrée illégale dans un État partie, d'une personne qui n'est ni un ressortissant ni un résident permanent de cet État.

Au titre du troisième Protocole, l'expression "trafic illicite" désigne l'importation, l'exportation, l'acquisition, la vente, la livraison, le transport ou le transfert d'armes à feu, de leurs pièces, éléments et munitions à partir du territoire d'un État partie ou à travers ce dernier vers le territoire d'un autre État partie si l'un des États parties concernés ne l'autorise pas conformément aux dispositions du présent Protocole ou si les armes à feu ne sont pas marquées conformément à l'article 8 du Protocole.

C'est donc bien la Convention de Palerme de 2000 avec ces trois (03) protocoles additionnels qui lui sont annexés qui allait donner ses lettres de noblesse à la CTO tout en lui servant de cadre juridique.

L'adoption de cette Convention et des protocoles qui lui sont annexés a le mérite, d'une part, d'inciter les Etats parties à adapter leurs législations nationales à la lutte contre la CTO, d'autre part de pousser les aires régionales économiques à élaborer des normes communautaires supranationales applicables dans le territoire douanier.

Ainsi, alors que le droit douanier, longtemps réservé à quelques spécialistes et autres fonctionnaires des douanes, commence à prendre forme, il est confronté à la criminalité transnationale organisée.

Fondement de l'action des administrations des douanes, le droit douanier est appréhendé comme étant un « ensemble de règles juridiques concernant la taxation des produits importés ou exportés, le contrôle des prohibitions et restrictions ainsi que la répression des infractions commises lors des mouvements internationaux de marchandises[10] ».

Le droit douanier est, également, défini comme un ensemble de règles juridiques qui régissent les formalités et les conditions applicables au transfert

[10] Nassiet J., *Dictionnaire encyclopédique de finances publiques*, Economica, 1991, p.671.

de marchandises et de services commerciaux d'un territoire douanier à un autre territoire douanier[11]. L'essentiel du droit douanier a trait au traitement tarifaire des marchandises qui franchissent la frontière[12].

L'épreuve à laquelle le droit douanier est, aujourd'hui, confronté face à la criminalité transnationale organisée dans l'espace CEDEAO peut se résumer en une double question sécuritaire et économique.

Comment les procédures douanières en vigueur dans la communauté de l'Afrique de l'ouest peuvent-elles être protégées des menaces terroristes et criminelles[13]?

Est-ce que les stratégies de lutte proposées par la communauté douanière pour combattre la criminalité transnationale organisée sont compatibles avec la promotion du commerce des marchandises et des services dans l'espace CEDEAO ?

Le constat est que cette communauté, un demi-siècle après les indépendances, est confrontée à deux défis majeurs qu'il faudra relever impérativement pour réussir l'intégration. D'un côté, le défi lié à la mise en œuvre d'une bonne politique économique, de l'autre, celui relatif à l'instauration d'une politique sécuritaire efficace.

Si la promotion de la politique économique, véritable objectif de l'intégration communautaire, peine à élever les Etats membres au niveau de développement atteint par les pays industrialisés, la politique sécuritaire, jusque-là confinée au second plan, s'affirme, de plus en plus pour, aujourd'hui, être au cœur de la problématique de l'intégration communautaire. Le sécuritaire tient progressivement l'économique en respect.

Si le talon d'Achille de la politique économique des Etats membres de la CEDEAO réside dans le manque de compétitivité des industries nationales, les failles de la politique sécuritaire découlent de la faiblesse des moyens des services de sécurité comme les douanes, face à l'immensité des frontières à surveiller.

Les clivages historiques aidant, drapés du manteau de la souveraineté politique des Etats membres, voilà les signaux d'une vulnérabilité à la CTO, avec des conséquences négatives sur le processus d'intégration en cours. Il s'avère, par conséquent, que la poursuite de la politique économique, sans l'élaboration d'une politique sécuritaire rassurante, n'est qu'une hérésie préjudiciable à l'idéal d'intégration. C'est pourquoi, les services de sécurité devront être à l'avant-garde du combat contre la CTO, en

---

[11] Cette définition se réfère à celle du droit douanier donnée par Monsieur ALBERT Jean Luc mais complétée en y ajoutant les services commerciaux, comme flux à réguler aux frontières.

[12] Cl.J.Berr, H. Tremeau, *Le droit douanier communautaire et national*, Economica, 2006, 7ème édition, page 71.

[13] Le Cadre de normes SAFE apporte des réponses pertinentes pour la sécurisation des procédures douanières.

s'appropriant, notamment, les stratégies de lutte qui ont fait leurs preuves dans le monde.

La lutte contre la CTO doit, à ce titre, pousser l'administration des douanes à appliquer des dispositions répressives d'origines diverses dont l'intégration dans le code des douanes constituerait une garantie supplémentaire.

Dans la mise en œuvre d'une stratégie douanière de lutte contre la criminalité transnationale organisée, il importe de prendre en considération le contexte et les circonstances ayant occasionné le développement de la menace transfrontalière. C'est pourquoi, Il faudra, au préalable, analyser les facteurs de crises et d'instabilité politique dans l'espace CEDEAO, véritable terreau de la criminalité transnationale organisée **(Chapitre Préliminaire)**.

Dans la mise en œuvre des politiques commerciales, les administrations des douanes des Etats membres de la CEDEAO sont invitées à prendre les mesures nécessaires, y compris législatives et administratives pour s'approprier les dispositions pertinentes de la Convention de Palerme[14] contre la CTO à travers l'adaptation du dispositif douanier aux nouvelles exigences sécuritaires **(Première partie)**.

Tout en s'inscrivant dans le cadre global de ses missions traditionnelles en matière de recherche et de lutte contre la fraude, la transposition de la Convention de Palerme implique la dématérialisation des procédures de dédouanement des échanges commerciaux et le rapprochement, ne serait-ce que dans le domaine du contentieux, entre le droit douanier et le droit pénal.

Des mutations du droit douanier sont, dès lors, constatées dans le cadre de l'application de la Convention contre la criminalité transnationale organisée par les Etats membres de la CEDEAO **(Deuxième partie)**.

[14] Article 34 de la Convention de Palerme.

Chapitre préliminaire : Le terreau de la Criminalité transnationale organisée dans l'espace CEDEAO

La Communauté économique des Etats de l'Afrique de l'Ouest (CEDEAO) a été créée le 28 mai 1975 dans le but de réunir les peuples, jadis, divisés par la colonisation. Cet espace est composé de plus de quinze mille (15.000) km de frontières nationales entre les Etats membres, et quelque neuf mille (9.000) km de frontières internationales entre ceux-ci et les autres pays voisins (Mauritanie, Algérie, Libye, Tchad et Cameroun). Dans cet espace, la criminalité transnationale organisée s'est particulièrement manifestée à partir des années 1990, à la faveur des crises politiques et foyers de tensions qui se sont traduits en conflits ouverts et rébellions dans certains pays de la région.

Il est important de connaitre l'histoire politique des Etats membres de la CEDEAO marquée par une instabilité chronique, pour pouvoir mieux appréhender la configuration des trafics transfrontaliers dans la région. Cet exercice nous amène à constater que les menaces à la paix et à la sécurité régionale dans l'espace CEDEAO ne découlent pas seulement de la persistance de guerres et de conflits armés **(Section I),** mais d'autres menaces, de nature non militaire, trouvent également, leur source dans la contestation du pouvoir politique[15]. L'accent sera, par conséquent, mis sur les relations conflictuelles pouvant opposer gouvernants, secteur privé et populations génératrices de crises institutionnelles **(Section II)**.

Section I : Les conflits armés dans l'espace CEDEAO

C'est le droit international humanitaire qui fixe l'ensemble des règles devant s'appliquer en période de conflit armé pour protéger ceux qui ne participent pas aux hostilités ou ne sont plus en mesure de le faire. En dépit de ces règles, les conflits armés créent des économies parallèles, réduisent la capacité des administrations de sécurité, notamment douanière, à surveiller les frontières. Des guerres, conflits et autres menaces sur l'environnement sont récurrents dans l'espace CEDEAO, causant une instabilité politique chronique et constituent, de ce fait, un terreau favorable au développement de la CTO[16].

Les espaces frontaliers qui vont de la Guinée-Bissau à la Casamance, de la Sierra Leone au Liberia, en passant par la Côte d'ivoire, des criques du Delta

---

[15] Thiaca THIAW, 2014, *La protection internationale des droits de l'Homme dans les situations de crise en Afrique : le droit à l'épreuve des faits*, L'Harmattan, Paris, page 99.

[16] Xavier RAUFER, « Désordre mondial : nouveaux dangers, nouvelles figures criminelles in », *La criminalité organisé, (*sous la direction de LECLERC Marcel*),* La documentation française, Paris 1996, page 107. Ces crises ont porté, entre autres, sur « des massacres ethniques au Libéria, des guerres d'indépendance au Nigeria, des guerillas endémiques au Sénégal (Casamance), au Niger et au Mali (Touaregs).

du Niger à l'arc sahélo-saharien, sont les plus concernés par les conflits armés[17]. Les conflits armés, dans ces zones de l'Afrique de l'Ouest, sont récurrents et il est, donc, tout à fait, pertinent d'établir une corrélation entre les zones de conflits ou post-conflits (Sierra Leone, Liberia, Casamance, Delta du Niger, etc.) avec les zones de prédilection des trafics illicites relevant de la criminalité transfrontalière[18].

D'une manière générale, il existe en Afrique de l'Ouest une corrélation entre les zones de conflits ou post-conflits, terreau de réseaux de financement des activités criminelles de nature transnationale et les zones d'extension de la criminalité et des trafics illicites de toutes sortes[19].

A titre illustratif, la guerre au Libéria qui éclata, le 24 décembre 1989, entre Krahn, membres du groupe Kru et Mano-Gyo membres du groupe Mandé du sud[20], allait freiner les échanges commerciaux dans la région, tandis que l'activité liée à l'importation frauduleuse d'armes légères et de produits stupéfiants allait se développer de manière fulgurante.

Les guerres civiles au Libéria et en Sierra Leone jetèrent, sur les routes de l'exil, plus d'un (01) million de réfugiés. D'ailleurs, l'ancien Président du Libéria Charles TAYLOR[21] a été jugé coupable d'avoir fourni armes, munitions, médicaments, cigarettes, et autres aides logistiques aux rebelles du Front révolutionnaire uni (RUF) en échange de diamants.

Alors qu'en Sierra Leone, la guerre civile a ouvert la voie à d'importants trafics illicites de diamants, de drogues et d'armes légères et de petit calibre[22], au Nigéria, la guerre du Biafra est l'illustration que les conflits ethniques sont souvent sources d'insécurité et constituent un terreau pour la CTO.

---

[17] Michel LUNTUMBUE, « Criminalité transfrontalière en Afrique de l'Ouest : cadre et limites des stratégies régionales de lutte », Note d'Analyse du GRIP, 9 octobre 2012, Bruxelles.
http://www.grip.org/fr/siteweb/images/NOTES_ANALYSE/2012/NA_2012-10-09_FR_M-LUNTUMBUE.pdf consulté le 02 avril 2017.

[18] Bernard LUGAN, (2013), *Les guerres d'Afrique Des origines à nos jours*, Editions du rocher, Paris, pages 289 à 307.

[19] Hamédine FALL, « Contrôle des frontières et criminalité transfrontalière en Afrique de l'Ouest in », (sous la direction de AYISSI Anatole et SALL Ibrahima (ed.) *Lutte contre la prolifération des armes légères en Afrique de l'Ouest : Manuel de formation des forces armées et de sécurité*, UNIDIR/2003/13, 2003, p. 89.

[20] Bernard LUGAN, op.cit., page 289.

[21] En 2012, le Tribunal spécial pour la Sierra Leone a reconnu le Président du Libéria Charles TAYLOR coupable de crimes contre l'humanité et de crimes de guerre et le condamne à une peine de cinquante (50) ans de prison. Il s'est vu imposer des sanctions par le Conseil de sécurité des Nations Unies, un embargo sur les exportations de diamants de la guerre et de bois et l'interdiction de voyager pour lui et son équipe présidentielle. http//www.la-croix.com/.../Liberia-jugement-en-appel-pour-l-ex-president-Charles-Taylor-2013-09-26-1025591 consulté le 26 septembre 2016.

[22] La guerre qui éclata le 23 mars 1991 en Sierra Leone, à base ethnique, avait avec comme protagonistes les deux principaux partis qui s'opposèrent depuis l'indépendance en 1961.

En effet, une bonne partie du territoire revendiquée par le Biafra lors de la sécession de cette partie du Nigeria entre 1967 et 1970 était constituée par le sud et l'est du Delta du Niger, théâtre aujourd'hui d'activités liées à la piraterie et à la pêche illicite non réglementée[23].

Last but not least, le terrorisme est apparu au Nigéria, avec la multiplication d'exactions portant la signature de Boko Haram[24] qui a réussi à prendre le contrôle de certaines étendues de territoire frontalier[25]. C'est d'ailleurs dans ce contexte que les douanes nigérianes ont eu à intercepter une cargaison de six cent soixante et un (661) fusils à pompe emballés dans quarante-neuf (49) cargaisons en bois. Selon le document de transport, le camion contenait une cargaison de portes métalliques[26]. Pendant ce temps, le Nord-Mali devient une zone à risque sur laquelle des conflits indépendantistes récurrents compromettent la sécurité économique.

Malheureusement, toutes ces tensions ne pourront que servir les intérêts des groupes terroristes qui vont, potentiellement, trouver en ces dirigeants autoproclamés des alliés circonstanciels pour mieux contrôler la région ouest africaine. Des groupes terroristes ont, d'ailleurs, revendiqué plusieurs attentats terroristes ayant, malheureusement, causé plusieurs victimes au Mali[27], au Burkina[28] et en Côte d'Ivoire[29].

---

[23] La guerre ethnico-politique ravagea la partie sud-est du Nigéria, du 06 juillet 1967 au 15 janvier 1970 et eût pour origine la sécession écrasée de l'autoproclamée république du Biafra.

[24] ADF magazine, op.cit, « L'International Crisis Group (ICG) a indiqué que Boko Haram avait développé des liens importants avec les groupes extrémistes Ansar al-Dine, Al-Qaida au Maghreb islamique (AQMI) et le Mouvement pour l'unicité et le jihad en Afrique de l'Ouest (MUJAO). Il aurait également établi des bases arrière d'entraînement au Niger. Les trois groupes islamistes ont renforcé Boko Haram. En particulier, l'AQMI a mis à la disposition du groupe ses ressources financières, ses arsenaux militaires et ses installations d'entraînement », a indiqué le rapport 2014 d'ICG.

[25] ONUOHA Freedom, « Le Nigéria cherche à juguler le trafic des armes vers Boko haram », (en ligne), http/www.african-defense.com ou http://adf-magazine.com./ Volume 08 numéro 09 pages 51 à 53.

[26]http://afrique.le360.ma/autres-pays/societe/2017/01/30/9368-nigeria-la-douane-decouvre-661-fusils-pompe-caches-dans-un-camion-9368 consulté le 02 avril 2017.

[27] Le 20 novembre 2015, deux (02) jeunes djihadistes armés de fusils AK-47 attaquèrent l'hôtel Radisson Blu de Bamako. Cette attaque terroriste fît vingt deux (22) morts. Elle sera revendiquée par Al-Mourabitoune même si, dans un communiqué envoyé au bureau RFI/AFP à Bamako, le Front de libération du Macina, un groupe jihadiste du centre du Mali, affirmera en être à l'origine.

[28] Le 15 janvier 2016, des hommes armés attaquèrent un (01) des grands hôtels de la capitale burkinabé faisant au moins vingt neuf (29) morts de dix huit (18) nationalités différentes, selon une source sécuritaire burkinabè. Le groupe jihadiste Al-Qaïda au Maghreb islamique (AQMI) avait, alors, revendiqué l'opération.

[29] Le 13 mars 2016, des assaillants lourdement armés attaquent au moins trois (03) hôtels de la plage de Grand-Bassam, en Côte d'Ivoire. Al-Qaïda au Maghreb islamique avait revendiqué l'attaque. Quinze (15) civils et trois (03) soldats des forces spéciales ont été tués dans l'attaque, selon le ministre de l'intérieur ivoirien.

Au Sénégal, les tensions armées, autour de l'exercice du pouvoir dans l'espace CEDEAO, se sont manifestées à travers des volontés indépendantistes ou de revendications sécessionnistes en Casamance. Ainsi, la rébellion casamançaise a pu rebondir à la faveur de la crise interne de 1988 et des crises externes de 1989 entre le Sénégal et les pays frontaliers de la Mauritanie, la Gambie et la Guinée –Bissau[30].

Ces crises fragilisent considérablement ces Etats en rendant vulnérables les dispositifs de défense optimale de l'intégrité territoriale. La rébellion au sud du Sénégal, s'est, d'ailleurs, engouffrée dans ces crises pour multiplier les assauts et se ravitailler en armes suivant le triangle Nouakchott-Banjul-Bissau, avec le support de pirogues opérant dans la clandestinité[31].

Il existe, fort heureusement, des mécanismes juridiques pour combattre ces différents conflits, à travers des déclarations de bonnes intentions. A l'alinéa 14 du préambule sur le Conseil de paix et de sécurité du protocole annexé à l'acte constitutif de l'Union africaine, les Etats membres affirment, en effet être « résolus à renforcer leur capacité à faire face au fléau des conflits sur le continent et à assurer que l'Afrique joue un rôle de premier plan dans la restauration de la paix, de la stabilité et de la sécurité sur le continent ».

Section II : Les crises institutionnelles dans l'espace CEDEAO

L'accomplissement des missions douanières de surveillance des frontières dans l'espace CEDEAO est, fortement, compromis et l'action de lutte contre la fraude quasi impossible dans des situations de crises institutionnelles. Ces crises découlent de la récurrence des coups d'Etat, de la contestation du pouvoir politique par la violence, du statut particulier propre à certaines zones qui échappent, de fait, à l'autorité de l'Etat, de manifestations sociales violentes[32]...

---

[30] Le Sénégal avait, en effet, à gérer des contradictions géopolitiques dans le contexte aigu de l'année 1989 (crise mauritanienne, dissolution de la confédération sénégambienne, contentieux maritime avec la Guinée-Bissau, attaques d'organisations non gouvernementales sur les atteintes aux droits de l'homme en Casamance par l'armée et les rebelles).

[31] Amadou DIOP, Sénégal, Mai 2006, Repères et grandeur d'une diplomatie, Les éditions Sentinelles, Dakar, Sénégal, pages 136 à 137.

[32] Définition donnée par le Comité international de la Croix-Rouge (CICR) : « Les troubles intérieurs sont des situations où, sans qu'il y ait à proprement parler de conflit armé non international, il existe cependant sur le plan interne, un affrontement qui présente un certain caractère de gravité ou de durée et comporte des actes de violence. Ces derniers peuvent revêtir des formes variables, allant de la génération spontanée d'actes de révolte à la lutte entre des groupes plus ou moins organisés et les autorités au pouvoir. Dans ces situations qui ne dégénèrent pas nécessairement en lutte ouverte, les autorités au pouvoir font appel à de vastes forces de police, voire aux forces armées, pour rétablir l'ordre intérieur… »

Les organisations criminelles ont profité, très opportunément, de l'effritement de la souveraineté des États sur certaines zones frontalières et sur des zones de crises endémiques pour y déployer leurs activités illicites. Face à la vulnérabilité des dispositifs de surveillance des frontières encore poreuses et devant la récurrence des crises politiques et institutionnelles dans l'espace CEDEAO, l'exercice des missions douanières est ainsi mis à rude épreuve.

Or, comme n'importe quel acteur agissant à l'échelle internationale, les criminels, organisés en réseaux, se servent de ces vulnérabilités et différences de législation dans les systèmes douaniers[33]. Elles exploitent ainsi l'instabilité et les crises institutionnelles pour se livrer aux trafics de divers produits prohibés tels que la drogue, principalement la cocaïne en provenance d'Amérique du sud et destinée à l'Europe, les armes et munitions, les personnes pour la migration illégale ou le marché du sexe, les médicaments contrefaits, les déchets toxiques y compris les e-déchets, les espèces de faune et de flore menacées d'extinction…

Avec le printemps arabe, expression consacrée à la cascade de révolutions qui a débouché sur une série de transitions au sommet des Etats de la Tunisie, de l'Egypte et de la Libye, la situation risque d'empirer. En effet, alors que les Etats maghrébins essayaient d'écrire une nouvelle page de leur histoire politique, l'instabilité induite par les différentes révolutions, comme un effet domino, allait avoir des répercussions dans la zone sahélo-saharienne[34].

Des armes légères et de petit calibre y circulent de manière inquiétante, tandis que des anciens combattants et mercenaires des zones de conflits du Libéria, de la Somalie et de la Libye se sont réfugiés dans les pays limitrophes (Mali, Niger..).

À ce propos, « des groupes armés auraient démontré leurs capacités à diversifier les voies d'accès pour se procurer des armes et à en trouver d'autres en cas de repérage par les forces gouvernementales. Les armes finissant par aboutir au Nigeria proviendraient de diverses origines, depuis les pays limitrophes tels que la Côte d'Ivoire et le Liberia jusqu'à la Turquie et les pays de l'Europe de l'Est, notamment la Bulgarie, le Kosovo et l'Ukraine.

---

[33] Philippe Moreau DEFARGES, « Criminalités sans frontières » in, *La criminalité organisé*, (sous la direction de LECLERC Marcel), La documentation française, Paris 1996, pages 138 à 139.

[34] La Communauté des États sahélo-sahariens (CEN-SAD) est une organisation internationale regroupant 29 États africains dont les Etats membres de la CEDEAO. Elle a été créée le 4 février 1998 à Tripoli (Libye) à l'issue du sommet réunissant les chefs d'État de la Libye, du Mali, du Niger, du Soudan et du Tchad. Le président du Burkina Faso était représenté. (En ligne) https://fr.wikipedia.org/../Communauté_des_Etats_sahelo-sahariens consulté le 03 avril 2017.

D'ailleurs, en 2011, les autorités ont découvert une cargaison d'armes et de munitions dans un port nigérian et ont arrêté un trafiquant d'armes iranien[35] ». Les prises d'otages et les rançons en bandoulière, « les groupes armées ont fait de l'espace sahélo-saharien un véritable sanctuaire, allant jusqu'à y cacher des tonnes d'armes conventionnelles, et même y aménager de véritables fabriques de bombes artisanales[36] ».

Ces activités illicites accroissent les menaces pesant sur une région ouest africaine déjà fragile, en sapant l'état de droit, en favorisant la corruption, en polluant l'environnement, en portant atteinte aux droits humains et en mettant en péril la santé publique. Cette situation rend l'Afrique de l'Ouest plus encline à l'instabilité politique et moins capable d'atteindre les objectifs du millénaire pour le développement[37].

Les pays membres de la CEDEAO vivent au rythme de coups d'Etat, manqués ou pas, qui rendent complexes aussi bien la réalisation de l'intégration économique que la surveillance douanière des frontières de la communauté. Ces coups d'Etat occasionnent un climat d'insécurité et rendent vulnérable le dispositif de surveillance des frontières.

Seuls le Sénégal et le Cap-Vert peuvent se targuer, aujourd'hui, d'avoir, jusque-là, échappé au syndrome des coups d'Etat en Afrique. La palme des conflits autour de l'exercice du pouvoir revient au Nigéria[38] et au Ghana[39] avec respectivement sept (07) et six 06 coups d'Etat dénombrés.

---

[35] ADF magazine, juin 2015, «Armés et dangereux, Le Nigéria cherche à juguler le trafic d'armes vers boko haram », volume 08 numéro 02, pages 51 à 53, (en ligne) http://adf-magazine.com/?lang=fr consulté le 15 octobre 2015.

[36] 14ème Forum de Bamako, « Les menaces majeures dans l'espace sahélo-saharienne », Communication de MOULAYE Zeïni, (en ligne) www.forumdebamako.com/les-menaces-majeures-dans-lespace-sahelo-saharien, consulté le 20 janvier 2015. Le volet militaire de la stratégie sahélienne de la France repose sur une approche globale (politique, sécuritaire et de développement) et, est aujourd'hui porté par l'opération Barkhane, conduite par les armées françaises. Lancée le 1er août 2014, cette opération prend la suite des opérations Épervier (Tchad février 1986-août 2014) et Serval (Mali janvier 2013-juillet 2014). Elle vise, en priorité, à favoriser l'appropriation, par les pays partenaires du G5 Sahel (Mali, Mauritanie, Niger, Burkina Faso, et Tchad) de la lutte contre les Groupes armés terroristes (GAT).

[37] Maria Costa ANTONIO, Directeur exécutif de l'Office des Nations Unies contre la Drogue et le Crime, « Trafics transnationaux et Etat de Droit en Afrique de l'Ouest : une évaluation des menaces », ONUDC, Juillet 2009, préface.

[38] Au Nigeria, en 1966, un coup d'État fomenté par différents groupes militaires amène au pouvoir le général Ironsi qui est assassiné quelques mois plus tard. En 1975, un coup d'État, sans effusion de sang, amène Murtala Ramat Mohammed au pouvoir. Il promet un retour rapide à la démocratie, mais il est tué dans un coup d'État avorté et est remplacé par son second Olusegun Obasanjo Une nouvelle constitution est établie en 1977 et les premières élections arrivent en 1979, gagnées par Shehu Shagari. En 1983, un nouveau coup d'État replonge le pays sous la dictature du Conseil militaire suprême. En 1993, après des élections annulées par le gouvernement militaire, le général Sani Abacha arrive à la tête de l'État. À sa mort soudaine en 1998, Abdulsalami Abubakar prend le pouvoir et rétablit la constitution de 1979. En 1999, les premières élections démocratiques depuis 16 ans sont organisées.

Près de quarante (40) autres coups d'Etat ont été menés en Afrique, depuis les indépendances, avec comme conséquences une pauvreté endémique des populations et une instabilité chronique qui rend quasi- impossible la mise en œuvre correcte des politiques douanières et commerciales[40].

En ce qui concerne les crises institutionnelles causées par des contestations du pouvoir, elles renvoient surtout, aux violences avant ou après les élections...En effet, les joutes électorales entrainent, très souvent, des mouvements sociaux brutaux et violents consécutifs à des situations sociales et économiques délétères incompatibles avec un environnement douanier apaisé[41].

Face à ce contexte régional dominé par l'instabilité politique et les crises conflictuelles, la CEDEAO a établi un code de conduite, en 2006, pour le personnel des armées...Il est impératif que tous les services de sécurité en charge de la lutte contre la CTO s'approprient ce code qui définit de manière précise « le cadre réglementaire régissant les relations entre les sphères civile et militaire, les relations entre les forces armées et les services de sécurité, ainsi que les obligations de ces dernières en vertu du droit international humanitaire[42] ».

En résumé, les organismes de sécurité en général (armées, police, gendarmerie) et les administrations des douanes en particulier sont confrontés à de réelles difficultés pour surveiller les trafics illicites de nature criminelle surtout en période de crises institutionnelles et de conflits armés.

---

[39] Au Ghana, le 24 janvier 1966, un coup d'Etat militaire est dirigé par le général Joseph Ankrah contre le Président Kwamé Nkrumah, en visite en Chine qui se réfugie, alors en Guinée ; le 13 janvier 1972, un coup d'Etat du lieutenant-colonel Ignatius Kutu Acheampong lui permet d'accéder au pouvoir ; le 15 mai 1979, une tentative de coup d'Etat est orchestrée par le capitaine Jerry Rawlings ; en Juin 1979, un coup d'Etat militaire est mené par le commandant Opoku Mensah qui permit la libération du capitaine Jerry Rawlings ; le 31 décembre 1981, un coup d'Etat militaire est mené par le capitaine Jerry Rawlings qui, dans la foulée, créa le Conseil national provisoire de défense (PNDC) ; le 23 novembre 1982, une tentative de coup d'Etat est orchestrée par le sergent Alolga Akate-Pore.

[40] Suite à la tentative de coup d'État en Gambie du 29 juillet 1981, menée par le Conseil de gauche révolutionnaire nationale, l'économie gambienne connut un affaiblissement de ses échanges commerciaux alors que, dans le même temps, des allégations de corruption furent portées contre des responsables politiques.

[41] Au Togo, l'élection présidentielle en 2005 a entraîné l'afflux de milliers de réfugiés au Nigéria, au Ghana et au Bénin. En Côte d'Ivoire, face aux reports successifs des élections entre 2005 et 2010, les douanes ivoiriennes se sont scindées en deux, celles des loyalistes restées fidèles au Président Laurent Gbagbo et celles créées par les forces nouvelles. Après l'Accord de Ouagadougou du 04 mars 2007, deux cent cinquante (250) éléments des forces nouvelles ont été reversés dans la douane.

[42] Les recommandations issues de la 21ème Conférence des Directeurs généraux des douanes de la Région Afrique occidentale et centrale (AOC) de l'Organisation mondiale des Douanes (OMD) tenue à Abidjan du 27 au 29 avril 2016 mettent l'accent sur des stratégies régionales pour faire face à des questions telles que la gestion coordonnée des frontières, la douane numérique, la radicalisation des actes terroristes.

Mais, en dépit de ces difficultés géopolitiques sur l'action de sécurisation des flux commerciaux, les administrations des douanes, continuent, tant bien que mal, de remplir correctement leurs missions de surveillance du territoire et de contrôle des opérations commerciales. À cet effet, la Convention de Palerme prévoit de nouveaux mécanismes et instruments juridiques qu'il conviendra d'intégrer pour permettre aux douanes des Etats membres de l'espace CEDEAO d'adapter et d'harmoniser leurs missions à la lutte contre la criminalité transnationale organisée.

PREMIERE PARTIE : L'ADAPTATION DU DROIT DOUANIER FACE À LA CRIMINALITE TRANSNATIONALE ORGANISEE

Conformément au Traité de la CEDEAO, les Etats membres devront harmoniser leurs politiques économiques pour assurer la sécurité dans le territoire douanier et promouvoir l'intégration sécuritaire dans le cadre, notamment, d'institutions régionales telles que la force armée de la Communauté économique des États d'Afrique de l'Ouest (ECOMOG[43]), le Groupe Intergouvernemental d'Action contre le Blanchiment d'Argent (GIABA[44]), la politique agricole de la CEDEAO (ECOWAP[45])...

En réalité, l'Union douanière en construction dans l'espace CEDEAO requiert l'appropriation, par les douanes, d'instruments commerciaux harmonisés et sécurisés. À cet effet, il serait indiqué que les administrations des douanes soient, davantage, impliquées dans la détermination des politiques sécuritaires et commerciales de la communauté d'autant plus que la criminalité transnationale organisée obligent les administrations des douanes à procéder au renforcement sécuritaire de leurs missions de surveillance du territoire douanier **(Titre I)**.

En outre, pour réussir les défis de l'intégration communautaire, il est devenu nécessaire d'orienter le contrôle des procédures douanières vers la lutte contre ladite criminalité transnationale organisée **(Titre II)**.

---

[43] C'est en 1990, lors du déclenchement de la guerre civile au Liberia, que naquît la force armée de la Communauté économique des États d'Afrique de l'Ouest (CEDEAO), l'ECOMOG. Conçue au départ comme une solution temporaire, l'Organisation est devenue, en fait, une force permanente en 1999. Ses objectifs sont d'abord de superviser les cessez-le-feu, mais aussi de maintenir et construire la paix, d'effectuer des déploiements préventifs ou de désarmer les forces armées non régulières.

[44] Par décision A/DEC.9/12/99, la Conférence des Chefs d'Etat et de Gouvernement de la Communauté Economique des Etats de l'Afrique de l'Ouest (CEDEAO) a décidé de la création du Groupe intergouvernemental d'Action contre le Blanchiment d'Argent en Afrique de l'Ouest, le 10 décembre 1999 à Lomé, Togo. Les Statuts ont été adoptés le 3 novembre 2000.

[45] La CEDEAO a adopté, en janvier 2005, sa politique agricole –ECOWAP – après une étroite concertation avec ses Etats membres et les organisations socioprofessionnelles. Décision A/DEC. 11/01/05 portant adoption de la politique agricole de la CEDEAO (ECOWAP).
http://www.hubrural.org/pdf/cedeao_ecowap_decision_fr.pdf, document de référence de l'ECOWAP pour la première phase des consultations nationales : diagnostic, enjeux, questions clés, scénarios ; Juillet 2004, 168 p., 1.67 http://www.hubrural.org/pdf/ecowaap-docreference-fr.pdf consulté le 03 avril 2017.

TITRE I : LE RENFORCEMENT DE LA SURVEILLANCE DOUANIERE

La mission de surveillance du territoire douanier est considérée comme étant le levier principal de la promotion des entreprises nationales confrontées à la concurrence des produits étrangers. Vu les nouvelles menaces engendrées par la criminalité transnationale organisée du fait de la dilution des trafiquants dans les arcanes commerciaux, financiers et technologiques, les politiques militaires, commerciales et de police doivent être intégrées dans les missions douanières.

Devant la fraude douanière qui tend à se criminaliser, il est important de faire la promotion d'une surveillance douanière des frontières adaptées à la lutte contre la criminalité transnationale organisée **(Chapitre I)**.

La même synergie d'action de lutte contre la fraude est également requise pour lutter contre les trafics illicites étant entendu que la surveillance douanière s'entend, également, de la répression des différents trafics illicites visés par les Conventions traitant de la criminalité transnationale organisée **(Chapitre II)**.

Chapitre I : L'adaptation de la surveillance douanière des frontières à la lutte contre la criminalité transnationale organisée

Le territoire constitue, avec la population et le pouvoir, les piliers fondamentaux de l'existence de l'Etat moderne. Il incarne une délimitation géographique à travers le concept de frontière et une vérité géographique par l'exercice souverain du pouvoir.

La frontière, délimitation du territoire est donc « une limite, une interface privilégiée entre des systèmes différents et se définit comme une zone de contacts inter-régie par ces deux systèmes[46] ».

En fait, « la frontière sépare des espaces juridiques différents, avec des normes différentes. Or, comme n'importe quel acteur agissant à l'échelle internationale, le criminel se sert, aussi, de ces différences et des écarts de législations[47]».

Théoriquement, il ne devrait exister qu'un territoire douanier unique, pour l'ensemble des territoires des Etats membres de la CEDEAO, auquel s'appliquerait la réglementation douanière de l'union de façon uniforme. Ce territoire est global puisqu'il comprend, outre le territoire terrestre, la mer territoriale, les eaux intérieures maritimes et l'espace aérien des Etats membres.

Pour lutter efficacement contre la criminalité transnationale organisée, la défense du territoire et la surveillance de la frontière, concepts intimement liés à la notion de souveraineté, sont primordiales, voire nécessaires. En réalité, l'effectivité de la souveraineté d'un Etat, au sens économique, se juge, entre autres, par sa capacité douanière à assurer les missions régaliennes de surveillance de la frontière considérée comme un obstacle, son passage impliquant, au moins en droit douanier, des contrôles.

C'est d'ailleurs pourquoi, les politiques douanières mises en œuvre épousent les préoccupations des différents organes de contrôle des frontières[48]. La question est, maintenant, de savoir si le dispositif douanier de surveillance des frontières maritimes **(Section I)**, aériennes **(section II)** et terrestres **(section III)** répond, véritablement, aux exigences de sécurité telles qu'énoncées par la Convention contre la criminalité transnationale organisée.

---

[46] A. Bierce cité in Roger Brunet, Dictionnaire critique de géographie.

[47] Marcel LECLERC, (1996) La criminalité organisée, La documentation française, Paris, pages 138 à 139.

[48] Au Sénégal, la loi n° 2007-31 portant modification des articles 95 à 103 du code des drogues a aggravé les sanctions applicables à l'infraction de trafic de drogue.

Section I : La sécurisation douanière de l'espace maritime

L'action des Etats en mer, jusque-là, conduite de manière nationale et centrée sur les missions traditionnelles de service public (secours en mer, lutte contre les pollutions accidentelles ou volontaires, surveillance des pêches et contrôle des zones économiques exclusives) doit, dorénavant, prendre en compte les nouvelles menaces transnationales (terrorisme, trafic de stupéfiants, immigration illicite, pêche illégale et non réglementée…).

Les interventions doivent, souvent, être conduites, en haute mer, dans le cadre d'opérations requérant une technologie et une logistique des plus performantes que seules les marines militaires sont, aujourd'hui, capables de conduire efficacement. Pour tenter d'endiguer le phénomène de la criminalité maritime, des initiatives d'ordres juridiques, institutionnelles et opérationnelles ont été entreprises, tant au niveau international qu'au niveau communautaire.

Au niveau international, le Code international pour la sûreté des navires et des installations portuaires et la Convention des Nations Unies sur le droit de la mer, dite de Montego Bay[49] sont des instruments juridiques dont la prise en compte permet à la douane de lutter contre les activités liées à la criminalité maritime dans l'espace CEDEAO **(Paragraphe I)**.

Au niveau communautaire, conformément à la Convention d'Abidjan relative à la coopération en matière de protection et de mise en valeur du milieu marin et des zones côtières de la région de l'Afrique de l'Ouest et du Centre[50] et au Protocole relatif à la coopération en matière de lutte contre la pollution en cas de situation critique[51], un dispositif douanier harmonisé est mis en place pour coordonner les actions de surveillance des frontières maritimes **(Paragraphe II)**.

Paragraphe I : Le cadre juridique de la lutte contre la criminalité maritime

Quelle politique communautaire développer pour faire face aux menaces transnationales telles que l'immigration clandestine, les trafics illicites, le terrorisme en mer, la piraterie et le vol à main armée ?

---

[49] Convention des Nations Unies sur le droit de la mer (avec annexes, acte final et procès-verbaux de rectification de l'acte final en date des 3 mars 1986 et 26 juillet 1993) conclue à Montego Bay le 10 décembre 1982, www.un.org/depts/los/convention_agreements/texts/unclos/unclos_f.pdf

[50] La Convention d'Abidjan adoptée le 23 mars 1981 couvre l'environnement marin, les zones côtières et marines sous juridiction des Etats d'Afrique de l'Ouest, du Centre et du Sud, de la Mauritanie à l'Afrique du Sud.

[51] Le Protocole a été adopté le 23 mars 1981 à Abidjan et entrés en vigueur le 5 août 1984.

Comment mettre en œuvre un haut niveau de surveillance et de protection des côtes de la CEDEAO ? Voilà toute la problématique liée à la sécurité maritime dans l'espace CEDEAO.

Les Etats membres de la CEDEAO sont, hélas, confrontés à un manque de moyens logistiques pour mener, à bien, les missions douanières de surveillance maritime. Il s'y ajoute, aujourd'hui, que les espaces maritimes sont menacés par des activités terroristes liées à la criminalité transnationale **(A)**.

Les administrations des douanes peuvent, fort heureusement, compter sur l'Organisation maritime internationale[52] et sur les soutiens de l'Organisation mondiale des Douanes, d'Interpol et de FRONTEX[53] pour bien se conformer aux initiatives internationales de sécurisation de leur espace maritime **(B)**.

A : La typologie des menaces à la sûreté maritime

La mer, de par l'espace de liberté qu'elle représente, constitue un lieu privilégié pour conduire ou véhiculer des activités criminelles et terroristes[54]. Les navires peuvent choisir des routes maritimes erratiques, se dissimuler dans les rails commerciaux ou se fondre dans l'immensité de la haute mer.

Le transport maritime constitue une cible potentielle avec, notamment, une réelle crainte de voir, un jour se réaliser un 11 septembre maritime. L'interception des navires chargés d'immigrants, d'armes ou de drogues passe ainsi par une véritable traque en profondeur du littoral à la haute mer.

---

[52] L'Organisation maritime internationale (OMI ou IMO en anglais) est un organe des Nations unies en charge de la sûreté (safety) et la sécurité (security) du transport maritime ainsi que de la prévention de la pollution maritime par les navires. Chaque navire a un numéro IMO unique qu'il garde toute la durée de sa vie même si le nom ou le pavillon du navire change. Voir le site Internet de l'IMO. http://www.imo.org/About/Pages/Default.aspx consulté le 07 avril 2017.

[53] Le Parlement européen a voté le 6 juillet 2016 la création de l'Agence européenne de garde-frontières et de garde côtes. Elle reprendra et amplifiera les missions de contrôle aux frontières du dispositif FRONTEX.

[54] L'attaque terroriste contre le pétrolier Limburg, l'échouage de l'East Sea sur les côtes méditerranéennes, l'acheminement de la drogue par voies maritimes, les catastrophes de l'Erika puis du Prestige illustrent parfaitement la dimension maritime de cette « sécurité humaine ». Parmi les cas les plus tristement célèbres se trouve celui de la Santa Maria, navire de commerce battant pavillon portugais. Alors qu'il effectue la ligne Lisbonne – Floride, il est dérouté, le 22 janvier 1961, en pleine mer des Caraïbes par un commando constitué d'une vingtaine d'individus appartenant au Mouvement National pour l'Indépendance du Portugal. Le 15 février 1963, le navire vénézuélien Anzoategui, qui effectue la ligne La Guaira – Houston, est attaqué par un commando de terroristes qui exige la libération de prisonniers politiques détenus au Venezuela.

Les activités liées à la criminalité transnationale organisée qui interpellent l'administration des douanes sont, non seulement, constituées par des actions terroristes ou de malveillance **(1)** mais aussi se réfèrent à divers trafics transfrontaliers incriminés par la Convention de Palerme **(2)**.

1. Les actions terroristes et autres actes de malveillance en mer

Les dangers qui guettent les côtes africaines concernent le terrorisme, la piraterie, les vols à main armée à l'encontre des navires, le trafic de drogues, le trafic de migrants, la traite des personnes et les trafics illicites connexes de tous genres en mer, ainsi que la pêche illicite, non déclarée et non réglementée, la pollution marine, les agressions sur les espèces menacées de disparition…

L'accent sera mis, ici, sur la piraterie maritime et le vol à main armée puisqu'ils constituent les principales menaces auxquelles la navigation maritime est confrontée en Afrique de l'Ouest.

La piraterie maritime est définie par l'article 101 de la Convention des Nations Unies sur le Droit de la Mer de 1982 (CNUDM) comme suit :

- tout acte illicite de violence ou de détention ou toute déprédation commis par l'équipage ou des passagers d'un navire ou d'un aéronef privé, agissant à des fins privées, et dirigé contre :

a) un autre navire ou aéronef, ou contre des personnes ou des biens à leur bord, en haute mer ;

b) un navire ou aéronef, des personnes ou des biens, dans un lieu ne relevant de la juridiction d'aucun état ;

- tout acte de participation volontaire à l'utilisation d'un navire ou d'un aéronef, lorsque son auteur a connaissance des faits dont il découle que ce navire ou aéronef est un navire pirate ;

- tout acte ayant pour but d'inciter à commettre les actes définis précédemment ou commis dans l'intention de les faciliter.

Le vol à main armée, quant à lui est défini dans la Résolution A.1025(26) de l'Organisation maritime internationale (OMI) relative au code de conduite des enquêtes sur les crimes de piraterie et de vols à main armée à l'encontre des navires comme suit :

- tout acte illicite de violence ou de détention ou tout acte de déprédation, ou menace, autre qu'un acte de piraterie, commis à des fins privées et directement contre un navire ou contre des personnes ou des biens à bord de tel navire, à l'intérieur des eaux intérieures, des eaux archipélagiques et de la mer territoriale ;

- tout acte ayant pour but d'inciter à commettre les actes définis précédemment ou commis dans l'intention de les faciliter.

Ces deux définitions sont révélatrices de la différence qui existe entre la piraterie maritime et le vol à main armée ; bien qu'il s'agisse d'actes semblables, les lieux où ils sont perpétrés constituent un élément essentiel pour les caractériser et déterminer la compétence des douanes à les prendre en charge.

Dans l'espace communautaire, la découverte de ressources côtières dans le littoral ouest africain et dans le Golfe de Guinée[55] est souvent le prétexte de recrudescence de la piraterie en mer[56].

La montée de la piraterie maritime et des vols à main armée dans le Golfe de Guinée est, à l'évidence, une menace pour les économies des pays riverains qui dépendent des activités portuaires pour leurs exportations ou leurs approvisionnements extérieurs. Et, « parmi ceux qui sont soupçonnés de se livrer à la piraterie dans les mers ouest africaines, il y a des gangs nigérians, des « initiés » au sein de l'industrie pétrolière, des agents de sécurité corrompus mais aussi des réseaux criminels organisés constitués en Europe de l'Est et en Asie[57] ».

Il convient de relever que parmi les dix (10) régions identifiées par l'Organisation maritime internationale (OMI) comme les plus dangereuses du monde[58], figurent : l'Amérique latine et les Caraïbes, la Méditerranée mais aussi et surtout le Golfe de Guinée.

Le Golfe de Guinée est aussi une zone riche en ressources halieutiques. Son espace géographique regroupe une dizaine de pays dont la moitié est membre de la CEDEAO[59]. Classé par le Bureau maritime international (IBM) comme la seconde région la plus dangereuse après le Golfe d'Aden[60], le Golfe de Guinée est une partie de l'Océan Atlantique du Sud-ouest de l'Afrique,

---

[55] Yapo Marina MADEL, « La lutte contre la criminalité maritime dans le Golfe de Guinée : cas de la Côte d'Ivoire et du Nigeria », décembre 2013 (en ligne), www.un.org/depts/los/nippon/unnff.../Yapo_1314_CdI.pdf consulté le 06 avril 2017.

[56] Mutaru Mumuni MUQTHAR, Directeur exécutif du Centre de l'Afrique de l'Ouest pour la lutte contre l'extrémisme, une organisation indépendante de la société civile pour la recherche antiterroriste, « La découverte de pétrole entraine la nécessité d'assurer la sécurité maritime », pages 21 à 23, Editions d'ADF Magazine (Volume 8, Numéro 3), (en ligne), http://adf-magazine.com/ consulté le 06 avril 2017.

[57] Personnel d'EDF, « Sécurité maritime dans le Golfe de Guinée, Les pirates sont à la recherche de points faibles », Editions d'ADF Magazine, Volume 8, Numéro 3, pages 26, (en ligne), http://adf-magazine.com/ consulté le 03 avril 2017.

[58] *International Maritime Organization*, MSC.4/Circ.180, «Reports on acts of piracy and armed robbery against ships, annual report-2011», March 1, 2012, at annex 4.

[59] Les pays concernés sont la Côte d'Ivoire, le Ghana, le Togo, le Benin, le Nigéria, le Cameroun, le Gabon, la Guinée Equatoriale, Sao Tomé et Principe, le Congo Brazzaville et l'Angola.

[60] *Jeune Afrique*, «Toujours plus de piraterie au large de l'Afrique », 16 juillet 2011.

limité par un arc de grand cercle courant du Cap des palmes, à la frontière ivoiro-libérienne, jusqu'au Cap Lopez au Gabon[61].

Cette région représente un véritable carrefour maritime entre l'Afrique, l'Europe, l'Amérique et l'Asie. C'est une aire de transit qui relie une dizaine de ports, les plus importants de la zone (Abidjan, Accra, Lomé, Cotonou, Warri, Port Harcourt, Douala, Port Gentil, Pointe Noire et Matadi) au reste du monde. Les routes maritimes passant par le Golfe de Guinée vers les Etats-Unis d'Amérique (USA) et l'Europe sont directes, plus courtes, sans détours, plus aisées à parcourir et donc moins coûteuses. Elles sont malheureusement vulnérables à la criminalité maritime.

D'ailleurs, le Bureau maritime international (BMI) avait publié un rapport révélant que, neuf cent soixante six (966) marins avaient été victimes d'attaques dans le Golfe de Guinée[62]. Cependant, le rapport du BMI indique que le nombre d'attaques de pirates a baissé[63]. Un rapport du Bureau Maritime International avait même précisé qu'aucune attaque de navire n'a été rapportée au large de la Somalie au 31 mars 2016[64].

En dehors du Golfe de Guinée, les eaux nigérianes sont aussi exposées à ces attaques pirates avec pas moins de vingt-sept (27) incidents dénombrés en 2012, contre dix (10) en 2011. En octobre 2012, le Nigeria connaît une hausse importante des actes de piraterie le long de ses côtes. En 2013, il était le deuxième pays le plus touché par la piraterie après la Somalie.

En Côte d'Ivoire, cinq (05) incidents ont été rapportés en 2012 contre un (01) en 2011. Au dernier trimestre de 2012, un tanker Panamax a été détourné au large des côtes ivoiriennes par des pirates suspectés de nationalité nigériane[65]. En raison de l'impuissance des autorités ivoiriennes face à ce détournement, ce navire s'est retrouvé au large des côtes du Nigeria dépouillé de toute sa cargaison.

Les solutions envisagées, jusque-là, consistent à la création d'institutions nationales, régionales et continentales appropriées et à la mise en œuvre de politiques appropriées susceptibles de promouvoir la sûreté et la sécurité en mer.

---

[61] Délimitation proposée par les chercheurs de l'organisation hydrographique internationale «Golfe de guinée», http://fr.wikipedia.org consulté le 19 mars 2017.

[62] Suite à une requête du chef de l'Etat béninois, qui avait expliqué, entre autres, que le port de Cotonou (Bénin) perd environ 70 % de ses recettes du fait de la criminalité maritime, une mission, menée par le Bureau régional des Nations Unies pour l'Afrique centrale (UNOCA), du 07 au 27 novembre 2011, avait été décidée par le Secrétaire général de l'ONU.

[63] https://www.frstrategie.org/publications/notes/web/.../201503.pdf consulté le 10 février 2017.

[64] http://www.opex360.com/2016/04/28/securite-maritime-le-nombre-dactes-de-piraterie-en-nette-baisse consulté le 26 mars 2017.

[65] International Maritime Organization, MSC.4/Circ.180, Reports on acts of piracy and armed robbery against ships, annual report-2011, March 1, 2012, at p.3.

2. Les trafics illicites par voie maritime

De manière générale, les ports sont utilisés par des réseaux criminels pour les trafics de drogue en provenance de l'Asie (héroïne et substances psychotropes), de l'Amérique latine (cocaïne), de l'Afrique (résine de cannabis) et de l'Europe (substances psychotropes)[66], les trafics d'armes, de migrants et les trafics liés à la pêche illicite non déclarée ou non réglementée (INN).

En ce qui concerne le trafic de la drogue par voie maritime, au moins deux pôles de transbordement distincts sont apparus en Afrique de l'Ouest : l'un en Guinée-Bissau et en Guinée, l'autre dans le Golfe du Bénin, qui s'étend du Ghana au Nigéria[67].

Dans le littoral gambien, entre le 12 mai et le 5 juin 2010, deux mille cent trente (2130) kg de cocaïne ont été saisis à Baobab Island (près de Banjul) par la police Gambienne, douze (12) personnes arrêtés, (majoritairement sud-américains). L'île aurait servi, vraisemblablement, de base de stockage pour la cocaïne qui arrivait par voie aérienne (hélicoptères et/ou petits avions).

Une petite société de pêche était utilisée comme couverture. Les stupéfiants étaient récupérés en pleine mer au moyen de petites embarcations de pêche. Les stupéfiants étaient dissimulés derrière une cloison parfaitement bien intégrée dans le bâtiment[68].

Les eaux du Cap-Vert sont, également, souvent le théâtre de saisies records de cocaïne. En septembre 2005, près de trois (03) tonnes de cocaïne, à bord d'un voilier au large des îles du Cap-Vert ont été saisis par des policiers espagnols. Ce fut l'épilogue d'une enquête de plusieurs mois menée avec leurs homologues français qui a permis l'arrestation de huit (08) trafiquants, dont sept (07) français, en Espagne, à Montpellier (Hérault) et à Paris.

---

[66] ONUDC, (2008), « Trafic de drogue comme menace à la sécurité en Afrique de l'ouest et son impact sur la sécurité dans les Etats fragiles ».

[67] Afrique de l'ouest et Afrique centrale : situation actuelle, http://www.unodc.org/unodc/fr/drugtrafficking/west-and-central-africa.html consulté le 06 avril 2017.

[68] Selon les informations fournies par la police gambienne et par l'agence britannique de lutte contre le crime organisé, le démantèlement du réseau a commencé le 12 mai 2010. Informés par des habitants de Bonto, un village situé à une cinquantaine de kilomètres de Banjul, des membres de l'agence antidrogue gambienne ont saisi trois kilos de cocaïne et ont appréhendé douze (12) suspects. Dans ce groupe, figurent quatre (04) nigérians, trois (03) ghanéens, deux vénézuéliens et trois (03) néerlandais, dont le patron d'une société de pêche qui, dans un hôtel délabré d'une petite île, avaient installé leur quartier général avec systèmes de communication et de transport. L'opération a permis également de retrouver deux cent dix milles (210 000) euros et des quantités d'armes. Le 8 juin 2010, trois nouvelles personnes ont été arrêtées, dont deux gambiens et un nigérian.

Ce réseau très bien structuré importait de la cocaïne d'Amérique du Sud vers l'Europe, et notamment la France, via le Maroc[69]. Dans la nuit du 31 janvier 2019, la police judiciaire du Cap-Vert a découvert plus de 9,5 tonnes de cocaïne dans le port de Praia, à bord du navire ESER battant pavillon panaméen, la plus grande saisie enregistrée jusque-là dans le pays[70].

En ce qui concerne le transfert frauduleux des armes vers les Etats membres, il convient de relever la saisie, d'une cargaison d'armes, effectuée par la police nigériane en octobre 2010. En provenance d'Iran, treize (13) conteneurs remplis d'armes lourdes étaient, vraisemblablement, destinés à la Gambie qui a démenti ou au Mouvement des Forces démocratiques de la Casamance (MFDC) qui ne s'est pas prononcé sur la question[71]. Sur les étiquettes des cargaisons contenant les armes et interceptées au port de Lagos, il était écrit : «Matériaux de construction».

Les trafiquants opèrent, également, dans la région du Lac Tchad en utilisant des pirogues de petits pêcheurs pour y cacher des armes[72].

En ce qui concerne le trafic des migrants par voie maritime, la principale route utilisée par les migrants ouest-africains part des côtes ouest-africaines vers les îles canaries (Espagne).

Les îles Canaries ont été, principalement, un point d'entrée traditionnel pour les migrants nord-africains mais, ces dernières années, les ressortissants ouest-africains en font, de plus en plus, un point de passage privilégié[73].

En général, les migrants prennent de petites embarcations en bois à partir du Maroc, du Sahara occidental ou du Sénégal...En 2006, le renforcement

[69] En avril 2016, La police et les garde-côtes capverdiens ont saisi deux cent quatre-vingt (280) kg de cocaïne à bord d'un navire battant pavillon brésilien et arrêté neuf (09) personnes, six (06) à bord et trois (03) à terre, selon un communiqué de la police Capverdienne. Des armes et des munitions, des téléphones satellitaires, deux millions (2.000.000) d'escudos (environ dix-huit milles (18.000) euros), vingt-quatre milles (24.000) euros et quatre milles (4.000) dollars (trois mille cinq cent vingt-deux (3.522) euros) et des documents ont également été saisis, ainsi que quatre cent cinquante (450) litres de carburant à bord du voilier. www.seneplus.com/.../saisie-de-280-kg-de-cocaïne-en-haute-mer-au-Cap-Vert consulté le 18 avril 2017.

[70] https : //cenozo.org.../ 125-operation-eser-la-mafia-russe-dans-les-filets-de-la-police—capverdienne-consulté le 08 juillet 2019.

[71] Suite à cette saisie, la Présidence de la République du Sénégal avait rappelé son ambassadeur en Iran pour consultations. Le Président iranien Mahmoud Ahmadinejad dépêche manu militari son ministre des Affaires étrangères au Sénégal le 19 janvier 2011. Mais, ce dernier est démis de ses fonctions alors qu'il se trouve encore sur le sol sénégalais. Les relations entre le Sénégal et l'Iran sont redevenues normales quelques jours après.

[72] ADF magazine, op.cit.

[73] Frontex, *risk analysis activities/ situation at the external borders of EU25,* Ago Tikk, Unité d'analyse des Risques, juin 2008.

des contrôles le long des côtes mauritaniennes et sénégalaises a entrainé un déplacement des points de départ vers le Golfe de Guinée[74].

Un autre trafic illicite par voie maritime est constitué par la pêche illicite, non déclarée et non réglementée dite pêche INN. Au Nigeria par exemple, la valeur estimée des captures exploitées par la pêche INN est de plus de trente millions (30.000.000) de dollars américains par an[75].

La surveillance des frontières maritimes de l'Afrique de l'Ouest est devenue un enjeu stratégique pour la CEDEAO et le caractère global de la menace rend une approche sectorielle inefficace. La prise en charge des approches maritimes par un corps de garde-côtes africain est alors recommandée pour la sécurisation de l'espace maritime de la CEDEAO.

B : Les politiques de sécurisation de l'espace maritime

Pour faire face à la criminalité maritime, l'Afrique s'est dotée de la Charte de Lomé qui devrait permettre aux pays africains d'établir des stratégies destinées à contrer ces dangers ou à les réduire.

En effet, pour protéger les littoraux et les côtes ouest- africains de crimes et délits en haute mer, les pays africains ont signé et adopté la première Charte africaine dans le domaine[76] **(1)**.

Sur le plan institutionnel et opérationnel, alors que les régions de la Méditerranée et des Caraïbes développent une approche régionale intégrée de la lutte, axée sur la coopération, la collaboration, la coordination des actions et la mutualisation des moyens, celle engagée par les Etats membres de la CEDEAO est entravée par des faiblesses institutionnelle, nationale et régionale qui résultent du manque de collaboration et de coordination des actions entre les services et administrations nationaux concernés **(2)**.

---

[74] ONUDC, *Trafics transnationaux et Etat de droit en Afrique de l'Ouest : une évaluation des menaces*, juillet 2009, pages 61 à 67. Les îles Canaries ne sont plus la porte vers l'Europe qu'elles représentaient il y a encore quelques années : en 2006, 31 000 migrants ont débarqué sur ces iles à bord de ''cayucos'', des bateaux de pécheurs en bois. Depuis, l'Espagne a pris des mesures et ils ne sont plus aujourd'hui qu'une centaine à tenter le passage par ces îles.

[75] Lutte contre la pêche illicite, non déclarée et non réglementée (INN) : Impacts et défis pour les pays ACP, (en ligne), http://www.mrag.co.uk/Documents/. IUU_WestAfrica.pdf. Consulté le 10 septembre 2016.

[76] Dix-huit (18) chefs d'Etat sur les cinquante-quatre (54) que compte le continent avaient, alors, apposé leur signature pour doter l'Afrique du premier instrument juridique contraignant pour la protection des mers et océans qui baignent les trente mille (30.000) kilomètres de côtes africaines. Le nombre de signataires est passé à trente (30) lors du 28ème sommet de l'Union africaine.

1. La référence aux mesures internationales de sécurité maritime

L'Organisation maritime internationale (OMI) qui développe les références normatives en matière de sécurisation maritime, a amendé sa Convention internationale, juste après les attentats du 11 septembre 2001 contre le World Trade Center, en intégrant les questions de sauvegarde de la vie humaine en mer (SOLAS).

L'Organisation maritime internationale (OMI) a, donc, établi, en 2002, un code international pour la Sûreté des Navires et des Installations portuaires (ISPS[77]). Ce code ISPS, devenu obligatoire le premier juillet 2004, permet une surveillance du mouvement des marchandises afin de mieux lutter contre la contrebande et les menaces terroristes. Il s'agit d'un code adopté suite à l'attaque d'un pétrolier, qui avait été heurté par un bateau suicide au large du Yémen[78].

Ce code rend obligatoire, pour chaque navire, l'établissement d'un plan de sûreté. Un officier de sûreté est, dans ce cadre, désigné à bord de chaque navire, dans chaque compagnie maritime et dans chaque infrastructure. En outre, des mesures de sécurité prescrites devront être mises en place au niveau des ports et des navires, avant la certification ou l'accréditation de ces derniers[79].

Le code ISPS est composé de deux parties, la partie A, étant automatiquement obligatoire et la partie B, n'étant pas directement exécutoire, selon la volonté de l'OMI. Il convient de noter que ce nouveau code s'inspire, sur certains points, du code international de gestion de la sécurité des navires, dit code ISM, notamment au niveau de la structure. L'un de ses éléments novateurs réside en ce qu'il concerne, également, les installations portuaires,

---

[77] Le code ISPS est entré en vigueur le jeudi 1er juillet 2004, soit à peine dix-huit (18) mois après sa conception. Il relève de la sûreté maritime, à savoir la protection des navires contre les pratiques criminelles pouvant survenir en mer, à ne pas confondre avec la sécurité maritime, à savoir la prévention des risques d'origine naturelle (tempêtes, typhons, cyclones) ou provoqués par la navigation maritime (échouements, incendies, explosions). Cette législation est toutefois très orientée vers le terrorisme maritime et n'aborde que peu ou pas les autres problématiques liées à la sûreté maritime telles que la piraterie, les passagers clandestins, le trafic de stupéfiants par mer, alors qu'elles sont pourtant nettement plus concrètes.
http://www.imo.org/Newsroom/mainframe.asp?topic_id=583&doc_id=2689 consulté le 10 septembre 2016.
http://www.imo.org/includes/blastDataOnly.asp/data_id%3D10606/hesse_chara_sec.pdf. Consultés le 10 septembre 2016.

[78] Le destroyer étatsunien USS Cole est percuté par une embarcation piégée d'explosifs alors qu'il est en cours d'escale dans le port d'Aden, au Yémen, le 12 octobre 2000. Attribué à Al Qaeda, l'attaque tue dix-sept (17) marins étatsuniens et en blesse quarante-deux (42) autres. Le 9 novembre, deux (02) suspects sont arrêtés par la police yéménite.

[79] Le terminal à conteneurs du Port autonome de Dakar est certifié ISO 28 000 en plus de la certification ISPS.

alors que toutes les législations précédentes ne se référaient qu'au navire, ce qui s'explique, entre autres, par le fait que le port est considéré comme l'un des maillons les plus sensibles de la chaîne logistique et que les conséquences d'un acte terroriste dirigé contre un port dépasseraient physiquement les limites de l'enceinte portuaire.

Le code ISPS repose sur le principe de la gestion des risques qui doit prendre en compte deux facteurs fondamentaux : la vulnérabilité de la cible et les conséquences d'une attaque à cet endroit.

Depuis 2014, l'Organisation maritime internationale (OMI) a fait un pas supplémentaire dans la sécurisation des conteneurs en rendant obligatoire leur pesée avant l'embarquement. La proposition visant à rendre obligatoire la pesée des conteneurs, avant leur embarquement, a été, d'ailleurs, approuvée par le Comité de sécurité maritime de l'OMI en juin 2013[80].

En définitive, il convient de relever que le cadre juridique de la lutte contre la criminalité maritime reste problématique car les textes nationaux des Etats membres demeurent obsolètes. La Convention des Nations Unies sur le Droit de la Mer (CNUDM), le chapitre XI-2 de la Convention SOLAS, le Code ISPS, l'Accord des Nations Unies de 1995 sur le stock de poissons chevauchant et grands migrateurs, le Code de conduite de l'Organisation des Nations Unies pour l'Alimentation et l'Agriculture (FAO) de 1995 , le plan d'action international de la FAO pour une pêche responsable et la Convention de 1988 sur le trafic de drogue et de substances psychotropes sont autant d'instruments internationaux dont la mise en œuvre permettrait de mener une lutte efficace de la criminalité transnationale organisée en mer.

2. Les mesures institutionnelles et communautaires de sécurité maritime

Dans le cadre des initiatives institutionnelles et communautaires participant de la sécurisation de l'espace maritime de la CEDEAO, il convient de relever l'importance de :

- la Commission sous régionale des pêches (CSRP) qui vise l'harmonisation des politiques communes en matière de préservation, de conservation et d'exploitation des ressources halieutiques dans la région[81] ;

[80] http://www.lantenne.com/La-pesee-des-conteneurs-pleins-obligatoire-en-2014_a12988.html consulté le 10 septembre 2016.

[81] La CSRP est créée par voie de convention, le 29 mars 1985 regroupe six (06) pays de la côte ouest africaine à savoir le Cap-Vert, la Gambie, la Guinée, la Guinée Bissau, la Mauritanie et le Sénégal. La Commission a élaboré et adopté plusieurs instruments juridiques sous-régionaux destinés à harmoniser certains aspects des politiques de pêches des États. Il s'agit notamment de la Convention relative à la détermination des conditions d'accès et d'exploitation des ressources halieutiques au large des côtes des États membres de la CSRP,

- la création de FRONTEX, agence européenne pour la gestion de la coopération opérationnelle aux frontières extérieures des États membres de l'Union européenne, qui est responsable de la coordination des activités des garde-frontières dans le maintien de la sécurité des frontières de l'Union avec les États non-membres[82] ;

- l'Initiative inter institutions des pays côtiers de l'Afrique de l'Ouest (West Africa Coast Initiative – WACI) qui vise à fournir des équipements, une assistance technique et une formation spécialisée aux forces de l'ordre dans une sélection de pays de la CEDEAO[83] ;

- la Résolution 2039 (2012)[84] qui a assigné au Bureau régional des Nations Unies pour l'Afrique de l'Ouest (UNOCA) la responsabilité de contribuer à la recherche de solutions pour mettre fin aux actes de piraterie et des vols à main armée commis en mer dans le Golfe de Guinée[85];

- l'inauguration, le 11 septembre 2014 à Yaoundé, du Centre interrégional de coordination pour la sécurité maritime dans le Golfe de Guinée (CIC) qui intègre, entre autres : le Mémorandum d'Entente entre la Communauté économique des États de l'Afrique centrale (CEEAC), la CEDEAO et la commission du Golfe de Guinée (CGG) sur la sûreté et la sécurité dans

---

signée le 14 juillet 1993 en République du Cap-Vert; de la Convention sur la coopération sous-régionale dans l'exercice du droit de poursuite maritime, adoptée le 1er septembre 1993 à Conakry en Guinée; du Protocole du 1er septembre 1993 définissant les modalités pratiques de coordination des opérations de surveillance des pêches entre les États membres, en application de la Convention sur la coopération sous-régionale dans l'exercice du droit de poursuite maritime; des protocoles bilatéraux d'application de ces Conventions dont certains ont été signés et d'autres en cours de négociation.

[82] FRONTEX est l'agence européenne pour la gestion de la coopération opérationnelle aux frontières extérieures des États membres de l'Union européenne (en abrégé « Frontières extérieures »). Son siège est à Varsovie (Pologne). FRONTEX a été créée par le règlement (CE) n° 2007/2004 du Conseil du 26 octobre 2004. L'agence est opérationnelle depuis le 3 octobre 2005. La mission de FRONTEX est d'aider les États membres à mettre en œuvre les règles communautaires relatives aux frontières extérieures et de coordonner leurs opérations dans la gestion de ces frontières extérieures. Chaque État membre reste toutefois responsable de la partie de frontière qui se trouve sur son territoire. L'Agence a pour mission d'aider à garantir des normes communes et un haut niveau d'efficacité.

[83] La première étape du programme consistait à mettre en place des unités criminelles transnationales (UCT) dans quatre pays pilotes : Côte d'Ivoire, Guinée-Bissau, Liberia et Sierra Leone.

[84] La résolution est adoptée le 29 février 2012 par le Conseil de sécurité, lors de sa 6727e séance.

[85] Le Bureau régional des Nations Unies pour l'Afrique de l'ouest (UNOWA) et le Bureau régional des Nations Unies pour l'Afrique centrale (UNOCA) accompagnent et soutiennent les efforts de la Communauté économique des États de l'Afrique centrale (CEEAC), de la Communauté économique des États de l'Afrique de l'Ouest (CEDEAO) et de la Commission du Golfe de Guinée (CGG). Ils ont joué un rôle important dans la préparation et l'organisation du Sommet conjoint des Etats concernés. Prévu par la résolution 2018 du 31 octobre 2011, ce Sommet, qui a eu lieu à Yaoundé (Cameroun) en juin 2013, a débouché sur l'adoption d'une stratégie régionale de lutte contre la piraterie maritime dans le Golfe de Guinée.

l'espace maritime de l'Afrique de l'Ouest et du Centre ; la Déclaration politique des Chefs d'Etats et de Gouvernement ainsi que le code de conduite[86] relatif à la prévention et la répression des actes de piraterie, des vols à main armée à l'encontre des navires et des activités maritimes illicites en Afrique du Centre et de l'Ouest[87] ;

- certaines Organisations non gouvernementales (ONG) internationales comme l'Union internationale pour la Conservation de la nature (UICN) et Greenpeace en Afrique de l'Ouest qui sont, aussi, présentes sur le terrain, mènent des actions considérables à l'échelle régionale en matière de protection et de gestion de l'environnement marin.

Au-delà de ces initiatives institutionnelles, chaque pays membre peut prendre des mesures nationales comme l'illustre l'initiative de l'Autorité maritime du Ghana (GMA) qui, en réaction au phénomène de la piraterie, a lancé un Système d'information et de gestion du trafic des navires (VTMIS)[88].

Ce système intégré, destiné à la surveillance électronique permanente de l'espace maritime du Ghana, dispose de capteurs à distance pour détecter et identifier les bateaux et navires en haute mer.

Les navires sont équipés d'un système d'identification automatique des navires et embarcations opérant sur le lac Volta, ainsi que d'une fonction d'identification et de suivi des navires à grande distance et de capteurs météorologiques. Le système possède des tours de communication équipées de radars maritimes, de systèmes d'identification automatiques et de systèmes de télévision en circuit fermé pour surveiller les navires et les activités à bord, à une très grande distance[89].

---

[86] Vingt-cinq (25) pays de l'Union africaine, réunies à Yaoundé, au Cameroun, ont adopté, en juin 2013, un document intitulé « code de conduite concernant la prévention et la répression des actes de piraterie, des vols à main armée à l'encontre des navires et des activités maritimes illicites en Afrique de l'Ouest et en Afrique centrale ». Le code traite, en particulier, des procédures de poursuite des navires et de répression de la criminalité en dehors des eaux territoriales.

[87] https://unoca.unmissions.org/Default.aspx?tabid=5847...fr-FR consulté le 10 septembre 2016.

[88] Le Système d'information et de gestion du trafic des navires (VTMIS) est déployé par la société finlandaise ELTEL Networks Corp., pour suivre des navires dans un rayon de milles (1.000) nautiques. Les différents systèmes de positionnement développés ou en service dans les Etats membres, SPATIONAV en France, SIVE en Espagne, VTS en Italie ou VTMIS en Grèce doivent donc être interconnectés. La mise en commun des informations générales concernant les navires (caractéristiques, certifications, dernières inspections, cargaison, historique des escales) repose quant à elle sur l'interconnexion des bases de données nationales au travers d'un réseau. Ce dispositif, une fois complètement opérationnel fournira la capacité de surveillance requise avec une portée côtière.

[89] Le projet se compose de huit (08) sites de capteurs à distance (Tema, Winneba, Keta, Axim, Big Ada, Half Assini, Takoradi et Cape Coast), et de trois stations de base (Keta Krachi, Yeji et Anum). Le Centre de contrôle national se trouve à l'état-major de la GMA à Accra.

C'est qu'en réalité, la protection des approches maritimes impose de surveiller et d'intervenir du littoral jusqu'au grand large. La surveillance consiste à obtenir une connaissance exhaustive des flux maritimes civils ou militaires et l'intervention couvre les interceptions, les déroutements ou la prise en compte des accidents maritimes.

Aujourd'hui, la CEDEAO doit être en mesure de recueillir la position des navires et toutes les informations nécessaires à l'anticipation des menaces. La position peut être obtenue, soit par l'observation (visuelle ou par radar), soit par l'émission d'un signal automatique qui fournit l'identification du bâtiment, sa position, sa route et sa vitesse.

D'ailleurs, l'installation d'un système d'identification automatique (AIS) a été rendue obligatoire par l'Organisation maritime internationale. Le positionnement des navires repose, donc, sur des stations terrestres aptes à recevoir le système AIS indépendantes ou couplées à des centres radar utilisant les ondes radio pour détecter et déterminer la distance ou la vitesse d'objets. En revanche, l'extension indispensable vers le large, est subordonnée à l'augmentation de la portée des stations terrestres. Pour ce faire, des moyens nouveaux doivent être développés, radars à grande portée, drones, relais satellites voire satellites d'observation.

En attendant la mise en service de ces projets coûteux, la connaissance du trafic, au large, repose sur l'avion de surveillance maritime à long rayon d'action. Ces appareils doivent être équipés d'un dispositif d'observation optique et infrarouge, d'un radar, d'un système élémentaire de suivi de mission, d'un récepteur AIS et d'un dispositif de transmission de données haut débit par satellite.

En définitive, force est de constater que la criminalité maritime est, sans nul doute, la plus complexe et la plus complète des formes de trafics, tant les domaines concernés sont transversaux et recouvrent les différentes activités des groupes terroristes et criminels. Du trafic de drogue, du soutage de pétrole, de la piraterie en haute mer, de l'immigration clandestine, de la pêche INN, autant d'activités illicites dont la mer est le principal réceptacle.

La difficulté technique à assurer une surveillance du domaine maritime international est, peut être, une des raisons qui pourrait expliquer la recrudescence de la criminalité en haute mer. Les douanes du monde en sont conscientes, c'est pourquoi d'ailleurs, il existe une synergie d'actions basées sur la promotion du renseignement maritime.

Paragraphe II : L'action douanière de lutte contre la criminalité maritime

L'action douanière en mer se réfère, en plus de la législation douanière en la matière, au droit de la mer[90]. Ce droit est constitué par l'ensemble des règles relatives à l'utilisation des espaces maritimes, c'est-à-dire « les étendues d'eau salée, en communication libre et naturelle ».

Le droit de la mer définit d'une part les espaces maritimes (eaux intérieures, mer territoriale, zone contiguë, zone économique exclusive, plateau continental, haute mer, détroits internationaux et des archipels), et d'autre part les droits et les devoirs des États dans ces espaces, notamment ceux de navigation et d'exploitation des ressources économiques, ainsi que ceux de la protection du milieu marin[91].

Conformément au droit de la mer, l'Organisation mondiale des douanes recommande aux Etats membres d'instaurer une coopération mutuelle avec les autorités chargées de la sûreté maritime.

Les mesures de sécurité maritime à développer dans chacun des Etats membres, sont encouragées par l'Organisation mondiale des Douanes (OMD) à travers le Cadre de normes SAFE et pourraient faciliter l'existence ou la mise en place d'un système de collecte et d'échange de renseignements maritimes fiables dans l'optique de la création d'une base de données sous-régionale interconnectée.

L'action de la douane en mer peut être analysée à travers les prérogatives dont dispose l'administration des douanes aussi bien sur les zones placées sous la souveraineté territoriale des Etats de la CEDEAO **(A)** que sur les zones soumises aux règles du droit international **(B)**.

A : La surveillance douanière des eaux communautaires

Les eaux comprises dans le territoire douanier communautaire comprennent les eaux intérieures et les mers territoriales des Etats de la

---

[90] À la conférence de Genève en 1958, le droit de la mer est codifié sur la base des travaux de la Commission du droit international. Quatre conventions sont adoptées, qui portent sur la mer territoriale et la zone contiguë, la haute mer (Convention sur la haute mer du 29 avril 1958 qui codifie les règles de droit international concernant la haute mer), le plateau continental (Convention sur le plateau continental du 29 mars 1958 qui a pour objet de délimiter et de définir les droits des États à explorer et à exploiter les ressources naturelles du plateau continental), la pêche et la conservation des ressources biologiques.

[91] En 1970, l'Assemblée générale des Nations unies adopte la Résolution 2749 (XXV) qui qualifie de « Patrimoine mondial » le fond des mers et des océans situé au-delà des limites des juridictions nationales.
https://fr.wikipedia.org/wiki/Droit_de_la_mer consulté le 10 septembre 2016.

CEDEAO. Sous ce rapport, l'article 05 alinéa 02 du code des douanes de l'UEMOA dispose bien que : « sont compris dans le territoire douanier de l'Union, les eaux territoriales...des Etats membres... »

S'agissant des eaux intérieures, elles correspondent à l'ensemble des eaux qui baignent les côtes des Etats membres et qui sont situées en deçà de la ligne de base vers le rivage. Les lignes de base définissent la frontière entre les eaux intérieures et la mer territoriale. La ligne de base à partir de laquelle est mesurée la largeur de la mer territoriale est normalement la laisse de basse mer. Elle doit, en outre, avoir fait l'objet de publicité via des cartes ou les listes de coordonnées géographiques[92].

Les eaux intérieures comprennent, notamment, les cours d'eau, les ports, les rades, les baies et les installations portuaires permanentes[93]. Dans cette zone, les agents des douanes peuvent aller à bord de tous bâtiments, navires de commerce, navires de plaisance, voiliers, monocoques, multicoques, constructions amateur, bateaux à moteur, Yachts, y compris les navires militaires, pour procéder aux contrôles en compagnie des capitaines ou commandants des navires.

Les contrôles douaniers s'adossent sur des documents relatifs aux cargaisons maritimes relatifs au connaissement et au fret maritimes. En cas de refus, ils peuvent retenir les bâtiments maritimes, au niveau des ports et rades où la douane est établie, mais dans ce cas ils doivent demander l'assistance d'un juge ou d'un officier de police judiciaire en cas d'absence de juge dans la zone. Il est à préciser que les bâtiments militaires ne peuvent être visités que de jour et sur ordre exprès de la hiérarchie douanière[94].

Les eaux territoriales, quant à elles, désignent une bande côtière qui peut s'étendre jusqu'à douze milles (12 000) marins à partir des lignes de base qui elles, marquent la fin des eaux intérieures et le début de la mer territoriale. Dans cette zone qui constitue le prolongement maritime du territoire, l'Etat côtier y est souverain[95]. Mais, cette souveraineté doit être articulée avec le droit de passage inoffensif des navires[96].

---

[92] Article 16 de la Convention de Montego Bay. Voir aussi l'article de NDIAYE Issa, alors Chef de la subdivision maritime des douanes sénégalaises, « code des douanes et environnement maritime », Revue semestrielle des Douanes sénégalaises n° 53, janvier 2016, pages 54 et 55.

[93] Au Sénégal, la surveillance douanière est du ressort de la subdivision maritime et des unités maritimes et fluviales relevant des directions régionales du nord (brigade fluviale de Saint-Louis) du Centre (brigade de Foundiougne et Toubacouta) et du sud (Brigade maritime portuaire de Ziguinchor et la Brigade d'Oussouye avec Elinkine).

[94] Les articles 48 et 49 du code des douanes du Sénégal disposent que « dans cette zone, les agents des Douanes peuvent aller à bord de tous bâtiments, y compris les navires militaires, pour procéder aux contrôles en compagnie des capitaines ou commandants des navires.»

[95] Article 02 de La Convention de Montegay bay (Jamaïque) ou Convention des Nations unies sur le droit de la mer (CNUDM) signée le 10 décembre 1982. Son entrée en vigueur n'intervient qu'en novembre 1994, après un amendement en profondeur des dispositions les

La surveillance douanière de l'espace maritime ouest africain a été au cœur d'un séminaire régional sur la mutualisation du renseignement fluviomaritime,[97] qui a consacré les recommandations suivantes :

- la création d'une structure sous régionale chargée de piloter l'élaboration de la base de données mutualisées ;

- la création, par chaque administration des douanes, d'une base de données nationale en s'appropriant l'application nCEN proposée par l'OMD ;

- la mise en parallèle de la base de données sous régionale avec l'outil de Communication de l'OMD dénommé CENcomm afin de faciliter et sécuriser l'échange d'informations et de renseignements, en temps réel, entre les administrations douanières de la sous région de l'Afrique de l'Ouest ;

- l'exploration par le Bureau régional de Liaison et du Renseignement pour l'Afrique de l'Ouest (BRLR-AO) des voies et moyens pour le financement de l'acquisition de serveurs dédiés à la base de données sous régionale.

Malgré le fait qu'il a été retenu de signer la mouture amendée du protocole d'accord au plus tard le 19 décembre 2012, il faut regretter que le protocole d'accord n'ait pu être signé à la fin du séminaire compte tenu des réticences de certains Etats qui ont pris prétexte de l'existence de procédures internes en vigueur dans leurs pays.

Sur le plan opérationnel, il convient de se féliciter de la mise sur place d'Unités Mixtes de Contrôle des Conteneurs (UMCC), aux Sénégal, Cap Vert, Togo et Bénin chargée de lutter contre la drogue et le crime organisé, sous toutes ses formes.

L'UMCC est née de la volonté conjuguée de certains Etats membres, de l'ONUDC et de l'OMD de mettre en œuvre un Programme de Contrôle des Conteneurs (PCC). L'UMCC procède par ciblage et analyse les risques liés aux mouvements de conteneurs et de navires à l'importation comme à l'exportation. Elle procède à des échanges d'informations avec le réseau des UMCC via des réseaux restreints comme Contcomm de l'OMD, Global Shield

---

plus contestées par les pays industrialisés par l'Accord du 29 juillet 1994. La Convention de Montego Bay prévoit la compartimentation du droit de la mer. Elle ajoute quatre zones maritimes que sont les eaux archipélagiques, la zone économique exclusive (ZEE), les détroits navigables, le fond des mers. La Convention institue également un Tribunal international du droit de la mer dont le siège est établi à Hambourg.

[96] Article 17 de la Convention de Montego Bay.

[97] Organisé par l'Administration des douanes sénégalaises en partenariat avec la coopération française, le séminaire intitulé Renseignement fluviomaritime : vers la création d'une base de données mutualisée, s'est tenu du 17 au 19 septembre 2012 à Dakar. Ont pris part à ce séminaire, les administrations des douanes des pays de la sous région de l'Afrique de l'Ouest : Bénin, Burkina Faso, Cap-Vert, Côte-D'ivoire, Gambie, Ghana, Guinée, Mali, Mauritanie, Nigéria, Niger, Sierra Léone et Sénégal.

ONUDC/OMD et utilise des sites spécialisés comme track trace, MarInfo, YachInfo[98]…

B : La surveillance douanière des eaux internationales

Les eaux soumises aux règles du droit international comprennent la zone contigüe, la zone économique exclusive (ZEE), le plateau continental et la haute mer.

Dans la zone contigüe, la douane dispose d'une législation spécifique pour y intervenir[99]. La zone contigüe est comprise dans les eaux internationales et est située entre douze milles (12.000) et vingt quatre milles (24.000) marins des côtes. Dans le cadre de cette zone, l'Etat côtier peut exercer son contrôle pour prévenir ou réprimer des infractions à ses lois et règlements douaniers, fiscaux, sanitaires ou d'immigration commises ou qui pourraient l'être sur son territoire ou dans sa mer territoriale.[100]

Dans la pratique, les contrôles dans la zone contigüe devront concerner les navires sortant des eaux territoriales ou se dirigeant vers celles-ci et sur lesquels des éléments de suspicion propres aux navires auront pu être relevés. En dehors de ces cas, cette zone est réputée relever du régime applicable au droit international maritime.

La zone économique exclusive est située au-delà de la mer territoriale et s'étend jusqu'à deux cent milles (200.000) marins de la ligne de base. Dans la zone économique exclusive, l'Etat côtier a des droits souverains et une juridiction non pas générale mais sur des domaines spécifiques. Il a des droits souverains « aux fins d'exploration et d'exploitation, de conservation et de gestion des ressources naturelles, biologiques ou non biologiques, des eaux sus-jacentes aux fonds marins, des fonds marins et de leurs sous-sol, ainsi qu'en ce qui concerne d'autres activités tendant à l'exploration et à l'exploitation de la zone à des fins économiques telles que la production d'énergie à partir de l'eau, des courants et des vents[101] ».

---

[98] MARINFO regroupe quarante deux (42) pays. C'est un Système d'échange de renseignements sur la fraude par voie maritime entre administrations douanières régi par la Convention de Naples pour la lutte contre le trafic de stupéfiants, la contrebande de produits soumis à accises (alcools, tabacs), le trafic d'armes et, depuis peu, pour les contrefaçons. Il comporte deux volets, le système MAR-INFO : fret maritime par conteneurs et navires de commerce et le système YACHT-INFO : plaisance, pêche, petits cargos inférieurs à milles (1000) tonneaux de jauge brute.

[99] Article 33 de la Convention de Montego-Bay.

[100] L'article 33 trouve sa déclinaison à l'article 30 du code des douanes du Sénégal qui dispose que dans la zone contigüe, le service des douanes peut exercer les contrôles nécessaires…

[101] Article 56 Convention de Montego Bay.

Le plateau continental qui est le prolongement sous-marin du territoire terrestre, s'étend des lignes de base jusqu'à deux cent milles (200.000) marins au minimum et peut s'étendre au-delà, sans dépasser les trois cent cinquante milles (350.000) marins[102].

L'Etat côtier a des droits souverains sur le plateau continental aux fins de son exploration et de l'exploitation de ses ressources naturelles, biologiques ou non biologiques[103]. Il a le droit exclusif d'autoriser et de réglementer les forages sur son plateau continental[104]. Mais dans l'exercice de ses droits souverains, l'Etat côtier ne doit pas porter atteinte à la navigation ou aux droits et libertés reconnus aux autres Etats par la Convention de Montego Bay. Ainsi par exemple tous les Etats ont le droit de poser des câbles et des pipelines[105].

La haute mer est constituée de l'ensemble des espaces marins qui ne sont pas définis comme eaux intérieures ou archipélagiques, mer territoriale ou Zone Economique Exclusive (ZEE). La haute mer est ouverte à tous les Etats, qu'ils soient côtiers ou sans littoral, son régime juridique étant caractérisé par l'idée de libertés de navigation, de survol, de pêche, de recherches scientifiques…

Il convient de préciser que pour l'application de la législation douanière, les produits extraits du plateau continental ou de la zone économique exclusive sont considérés comme extraits du territoire communautaire[106]. Les matériels industriels, ainsi que les produits nécessaires à leur fonctionnement, à leur entretien, affectés sur le plateau continental ou sur la zone économique exclusive à la recherche ou à l'exploitation des hydrocarbures et d'autres substances minérales et organiques sont exemptés des droits et taxes[107].

Aux fins de lutte contre la criminalité maritime, les différentes administrations des douanes sont invitées à se doter d'un dispositif de surveillance maritime composée des instruments suivants :

- une base de données commune sur les métiers de la mer, les mouvements des voiliers et de leurs propriétaires etc. ;

- un cadre juridique régional permettant de suivre les mouvements des bateaux et des voiliers qui mouillent dans les baies de l'espace maritime de la CEDEAO ;

---

[102] Aux termes de l'article 50 de la loi 2014-10 du 28 février 2014 portant code des Douanes, les agents des douanes peuvent, à tout moment, visiter les installations et dispositifs du plateau continental et de la Zone économique exclusive. Ils peuvent également visiter les moyens de transport concourant à leur exploration ou à l'exploitation de leurs ressources naturelles.

[103] Article 77 Convention de Montego Bay.

[104] Article 81 Convention de Montego Bay.

[105] Article 78 Convention de Montego Bay.

[106] Article 269 du code des douanes du Sénégal.

[107] Article 270 du code des douanes du Sénégal.

- des procédures et méthodes d'interventions harmonisées dans le domaine maritime par la mise en place d'un système sécurisé d'échanges de renseignements.

En outre, le renforcement des moyens des services douaniers de surveillance maritime permettra à son personnel de bien prendre en charge la sécurisation des frontières maritimes avec, notamment, l'acquisition de scellements électroniques des conteneurs, de GPS pour le suivi électronique des conteneurs, d'appareils de détection des radiations, de scanners pour conteneurs, de systèmes d'inspection par rayons gamma…C'est ce qui ressort d'ailleurs du Cadre de normes SAFE qui préconise les mesures de sécurité suivantes :

- une intégrité des scellements visant à sécuriser les conteneurs ;

- une plus grande clarté et un meilleur consensus concernant les relations entre les parties en matière d'acheminement de marchandises conteneurisées et sécurisées ;

- une application et une mise en œuvre cohérentes de ces relations.

Outre ces mesures de sécurité listées, les douanes de la CEDEAO devraient être associées au projet FRONTEX, ce qui leur permettrait de prendre part, à côté de leurs homologues des polices nationales, au dispositif anti-émigration de lutte contre les trafics d'organes et le contrôle des migrants et de la piraterie.

Les mesures de sécurité apporteront de multiples avantages parmi lesquels, il convient de citer :

- l'amélioration de la sécurité contre les actes de terrorisme qui exploitent les échanges internationaux de marchandises ;

- la réduction du risque de difficultés économiques causées par des perturbations ou des interruptions des échanges commerciaux à la suite d'actes terroristes ;

- l'amélioration de la sécurité contre le vol et le détournement de marchandises, se traduisant par des pertes directes et des coûts indirects moindres tels que l'assurance ;

- l'amélioration de la sécurité contre le transport illégal de personnes et de produits tels que les stupéfiants et les armes ;

- l'amélioration de la sécurité contre l'acheminement illégal de marchandises commerciales destinées au « marché noir » et au « marché gris[108] » ;

---

[108] C'est un marché qui échappe au contrôle d'une entreprise par l'existence de circuits parallèles ou à cause de la contrefaçon. Sur ce type de marché, s'échangent des biens par des canaux de distribution qui, s'ils sont légaux, ne sont pas autorisés par le fabricant original. Exemple : Un marché gris peut apparaître quand le prix d'un bien est fortement plus élevé d'un pays à un autre : cigarette en France et en Espagne. http://www.glossaire-

- la réduction du risque de fraude douanière et fiscale ;

- l'augmentation de la confiance dans les systèmes commerciaux internationaux auprès des affréteurs actuels et potentiels de marchandises ;

- des bénéfices en matière de facilitation tels que la réduction du nombre de contrôles (moins de temps aux frontières) et l'accès à des procédures simplifiées.

Comme rappelé par le troisième pilier du Cadre de normes SAFE, les douanes devraient instaurer une coopération mutuelle avec les autorités chargées de la sûreté maritime et portuaire.

Cette coopération peut se manifester à travers la mise en œuvre des programmes d'Opérateur économique agréé (OEA) et la référence au Code international pour la sûreté des navires et des installations portuaires (Code ISPS). Il s'agira, in fine, de s'approprier la procédure initiale d'évaluation de la sûreté, d'instaurer l'échange de renseignements disponibles en pratiques appropriées et, dans la mesure du possible, de l'alignement des activités de suivi et de contrôle du respect de la loi.

Section II : La sécurisation douanière des frontières aériennes

Le secteur du transport aérien est pris en charge par plusieurs instruments de l'Organisation mondiale des Douanes (OMD) tels que la Résolution sur la sécurité et la facilitation des échanges commerciaux et le Cadre de normes SAFE.

Dans cette dynamique, un dispositif douanier de surveillance des aéronefs est recommandé pour éviter que l'espace aérien de la CEDEAO ne soit utilisé à des fins criminelles et terroristes **(Paragraphe I)**. Conformément à ces instruments, les administrations des douanes contribuent à la sécurisation de l'aviation civile, surtout en ce qui concerne le contrôle du fret et des passagers aériens **(Paragraphe II)**.

Paragraphe I : La sécurisation douanière de l'espace aérien

Au cœur du dispositif, se trouvent des organisations internationales qui ont pour mission d'assurer que l'aviation internationale soit développée d'une manière sûre et ordonnée.

---

international.com/pages/tous-les-termes/marche-gris.html#hpHEIzmlmSehShAZ.99 consulté le 10 avril 2017.

Les organisations internationales concourant à la pacification de l'espace aérien cherchent, ainsi, à améliorer la sécurité du fret aérien dans le monde **(A)**.

À cet effet, les Commissions de la CEDEAO et de l'UEMOA sont chargées de la coordination des politiques de planification et des programmes en formant, notamment, des alliances stratégiques avec ces organisations internationales.

Les administrations des douanes des pays membres de l'espace CEDEAO, quant à elles, sont chargées du suivi de l'exécution des initiatives communautaires en la matière **(B)**.

A : Les initiatives au plan international

Plusieurs pays et organisations internationales ont déjà voté des lois, règles ou directives sécuritaires relatives aux cargaisons aériennes. Ces lois ont changé la façon dont les aéroports, les avions et les expéditeurs doivent coopérer en tant que maillon essentiel de la communauté des acteurs aériens.

Le renforcement des normes et accords internationaux est la prochaine étape logique pour protéger le transport aérien de la criminalité transnationale organisée.

Pour garantir que l'espace aérien soit utilisé sans risques, plusieurs structures ont été créées parmi lesquelles il convient de citer :

- l'Association du Transport aérien international (IATA)[109] qui dispose d'un comité consultatif pour la sécurité et fournit des recommandations aux compagnies aériennes au regard de l'ensemble de l'aviation internationale. Ces recommandations décrivent les précautions de sécurité devant régner dans toutes les parties de l'aéroport, dont les parkings et les aires d'embarquement pour les passagers ;

- l'Organisation de l'Aviation Civile Internationale (OACI[110]) qui joue un rôle primordial dans la réglementation internationale relative à l'aviation civile a placé, au centre de ses préoccupations, la sécurité, la sûreté et le souci permanent de la maîtrise de l'impact des activités aéronautiques sur l'environnement ;

---

[109] www.iata.org consulté le 06 avril 2017.

[110] L'OACI a été créée le 07 décembre 1944 à Chicago et compte, aujourd'hui 191 Etats membres. Elle exerce un pouvoir normatif à caractère universel à travers, à ce jour, les dix-neuf Annexes à la Convention de Chicago.

- la Conférence européenne de l'aviation civile (ECAC) mise en place pour promouvoir une coordination et un développement régulier du transport aérien au sein de l'Europe, ainsi que pour traiter tout problème spécial.

Il faut noter qu'en mai 2012, l'IATA et l'OACI ont adopté un plan d'action stratégique d'amélioration de la sécurité pour l'Afrique[111]. Ce plan vise à répondre aux défaillances de sécurité et à renforcer les capacités de supervision de la sécurité.

B : Les initiatives communautaires

Dans l'espace CEDEAO, le transport aérien fait l'objet d'une surveillance régionale élaborée et appliquée par l'Agence pour la Sécurité de la Navigation Aérienne en Afrique et à Madagascar (ASECNA) qui a la charge d'un espace aérien étendu sur 16 100 000 km2 (1.5 fois la superficie de l'Europe). L'ASECNA assure le contrôle de la navigation aérienne, le guidage des avions, la transmission des messages techniques et de trafic, l'information de vol, ainsi que la prévision et la transmission des infos météorologiques.

En plus des actions de sécurisation de l'espace aérien mise en œuvre par l'ASECNA, les représentants des communautés économiques d'Afrique centrale et de l'Ouest ont donné, le 26 janvier 2016, à Abidjan, le coup d'envoi d'un projet important, destiné à améliorer la sécurité, la sûreté et l'efficacité du transport aérien dans la sous-région. Ce programme d'appui au secteur des Transports en Afrique du Centre et de l'Ouest baptisé PASTA-CO prévoit, notamment, de renforcer les capacités de supervision des différentes agences régionales de sécurité aérienne ainsi que les mécanismes de coordination en matière de politique de transport aérien. Un autre volet du PASTA-CO porte sur la sécurité, la sûreté et la certification des aéroports.

Il convient de se féliciter de l'adoption du Programme commun du Transport aérien des États membres de l'UEMOA. L'initiative a eu pour résultat, l'adoption par paquets successifs (de 2002 à 2007) d'une vingtaine de textes communautaires qui régissent l'accès au marché, la profession, les infrastructures, la protection et les droits des passagers, la sécurité et la sûreté de l'aviation civile[112].

En outre, l'adoption par les Chefs d'État et de Gouvernement de la CEDEAO, le 17 février 2012, de neuf (09) Actes Additionnels de transport aérien participe, également, de la sécurisation de la navigation aérienne.

---

[111] Il a été adopté comme partie intégrante de la Déclaration d'Abuja par la Conférence ministérielle sur la Sécurité et la Sûreté en Afrique de l'Union Africaine en Juillet 2012, puis adopté à l'Assemblée de l'Union Africaine en Janvier 2013.

[112] Décision n° 08/2002/CM/UEMOA en date du 27 juin 2002.

Ces actes additionnels sont relatifs à la libéralisation de l'assistance en escale, aux compensations pour refus d'embarquement, aux créneaux horaires, à l'agrément de transporteur aérien, aux tarifs aériens, aux conditions d'accès au marché du transport aérien, à la responsabilité du transport aérien en cas d'accident, aux exemptions de certaines pratiques dans l'application des règles de concurrence aux services aériens... L'objectif est d'assurer la mise en œuvre de la Décision de Yamoussoukro pour la libéralisation du transport aérien qui pose les conditions d'éligibilité[113]. Ainsi, pour être réputée éligible, une compagnie aérienne doit :

- être régulièrement constituée selon les lois et règlements d'un Etat partie à la présente décision ;

- avoir son siège social, son administration centrale et son centre principal d'activité physiquement situés dans l'Etat concerné ;

- détenir un permis d'exploitation aérien tel que défini par l'annexe 6 à la Convention de Chicago et délivré par un Etat partie ;

- disposer au moins d'un aéronef en pleine propriété ou en location, pour une durée supérieure à six (06) mois et dont elle assure la conduite technique ;

- souscrire une assurance adéquate couvrant sa responsabilité à l'égard des passagers, du fret, de la poste et des tiers qui soit, au moins, équivalente aux dispositions des Conventions internationales en vigueur ;

- être en mesure de prouver sa capacité de maintenir un niveau de sécurité d'exportation, au moins, équivalent aux normes de l'OACI et répondre à toute requête de tout Etat desservi par elle ;

- être soumise au contrôle effectif de l'Etat partie.

Outre ce cadre réglementaire sus évoqué, les douanes de la CEDEAO peuvent, au demeurant, s'inspirer du système de sécurisation du transport aérien mis en place par les USA[114].

---

[113] La Conférence Régionale des Ministres Africains chargés de l'Aviation Civile réunis a Yamoussoukro les 12 et 13 Novembre 1999 a adopté la Décision relative a la mise en œuvre de la Déclaration de Yamoussoukro concernant la libéralisation de l'accès au marché du transport aérien en Afrique. Cette décision a été, par la suite, entérinée par l'Assemblée des Chefs d'Etat et de Gouvernement de l'UA par le biais de la Décision AHG/OAU/AEC/Déc.1(iv) a Lomé, Togo, en Juillet 2000. Elle est supposée entrer en vigueur depuis le 12 Août 2000, après l'expiration de la période transitoire de deux (02) ans. En Mai 2007 à Addis Abeba, la Conférence des Chefs d'Etats et de Gouvernements de l'Union Africaine a conféré les pouvoirs d'Organe d'Exécution de la Décision de Yamoussoukro à la Commission Africaine de l'Aviation Civile.

[114] Dans le cadre de la coopération américaine, l'AFRICOM a construit un centre intégré multinational et inter-organisations au Cap-Vert et qui réunit les forces de l'ordre des Etats-Unis, la police internationale, les organismes des forces de police et des forces maritimes du Cap-Vert.

Les américains ont, en effet, mis en place des programmes opérationnels et réglementaires soutenant des mesures améliorées de sécurité basées sur le système TSA (système pour la sécurité des transports). Ce système inclut le filtrage de tous les chargements afin de déterminer leur niveau de risque, en collaboration avec des partenaires fédéraux pour s'assurer que 100% des biens jugés, porteurs d'un risque, soient bien inspectés.

Compte tenu de ces paramètres sécuritaires liés à l'aviation civile, les douanes, en collaboration avec les autorités chargées de la sûreté aérienne, sont invitées à reconnaître que l'analyse des risques en matière douanière au niveau des envois joue un rôle dans la sûreté du fret aérien. A cet effet, elles devraient pouvoir compter sur la coopération internationale.

Cependant, le coût exorbitant des nouvelles technologies liées à la sécurisation de l'aviation civile constitue un problème pour nombre d'administrations douanières de la CEDEAO, dont les moyens de contrôle restent encore obsolètes et non adaptés à la lutte contre la criminalité aérienne.

Paragraphe II : Le dispositif douanier de sécurisation du fret et des passagers aériens

Afin d'atténuer les risques relatifs à la sûreté aérienne, les douanes, en coopération avec les autorités chargées de l'aviation civile et les autres autorités compétentes, sont invitées à adopter un système de contrôle du fret aérien **(A)** et des voyageurs **(B)** permettant de faire savoir en temps opportun qu'un risque élevé a été détecté et doit être géré.

A : Le contrôle douanier du fret aérien

Contrôler le fret aérien commence d'abord par la maitrise du vecteur aérien que constitue l'aéronef. En effet, l'immatriculation de l'aéronef et des autres pièces s'y rapportant, constitue un moyen privilégié de sécurisation de la navigation aérienne, tant il est vrai que ces moyens de transport constituent, de nos jours, des vecteurs privilégiés de contrebande et de trafics illicites. Il faut préciser que les conditions générales d'exploitation des aéronefs sont prévues par la Convention de Chicago relative à l'aviation civile internationale du 07 décembre 1944 qui renvoie expressément à la législation nationale en ce qui concerne notamment leur importation et leur immatriculation[115].

---

[115] Au Sénégal par exemple, l'immatriculation des aéronefs est de la compétence de l'Agence nationale de l'Aviation civile du Sénégal (ANACS) qui, en l'espèce, doit s'assurer du respect, par l'exploitant de l'aéronef, des formalités administratives prévues notamment par la règlementation douanière.

L'article 11 de ladite Convention dispose que : « les lois et règlements d'un État contractant relatifs à l'entrée et à la sortie de son territoire des aéronefs employés à la navigation aérienne internationale, ou relatifs à l'exploitation et à la navigation desdits aéronefs à l'intérieur de son territoire, s'appliquent, sans distinction de nationalité, aux aéronefs de tous les États contractants et lesdits aéronefs doivent s'y conformer à l'entrée, à la sortie et à l'intérieur du territoire de cet État ».

La législation douanière prévoit même que l'aéronef immatriculé à l'étranger ne peut être exploité dans un Etat membre par une personne physique ou morale de droit de cet Etat membre, pendant plus de six mois sans être inscrit au registre national[116]. « L'immatriculation, dans les séries normales, d'aéronefs sans accomplissement préalable des formalités douanières est réputée importation sans déclaration de marchandises prohibées[117] ». En phase avec les codes de l'aviation civile des Etats membres[118], la législation douanière prévoit en définitive, que l'aéronef immatriculé à l'étranger ne peut être exploité dans un Etat pendant plus de six mois sans être inscrit au registre national[119].

La déclaration des aéronefs, en plus d'être une obligation légale, permet aux autorités douanières d'avoir une visibilité des activités des aéronefs et autres ultra légers motorisés exploités, tant il est vrai que ces moyens de transport constituent de nos jours un moyen privilégié de contrebande[120].

La traçabilité de ces aéronefs est aussi possible à travers le contrôle des exonérations douanières les dispensant du paiement des droits et taxes[121].

C'est seulement après ce contrôle préalable que l'ANACS délivre les autorisations d'exploitation et autres certificats requis pour la navigation aérienne. Ainsi, le non-respect de cette formalité substantielle du dédouanement avant toute immatriculation ou exploitation est constitutif d'une infraction douanière.

[116] Article 27 de la loi n ° 2002-39 du 12 décembre 2002 portant code de l'aviation civile du Sénégal.

[117] Article 400 du Code des douanes sénégalais.

[118] Article 27 de la loi 2002-39 du 12 décembre 2002 portant code de l'aviation civile au Sénégal.

[119] Au Sénégal, le cadre institutionnel a connu une évolution avec la création de l'Agence nationale de l'Aviation civile du Sénégal (ANACS), de la Haute Autorité de l'Aéroport Léopold Sédar SENGHOR (HAALSS), de l'Agence Nationale de la Météorologie du Sénégal (ANAMS)...Par la suite l'ANACIM (Agence nationale de l'aviation civile et de la météorologie) va naitre de la fusion de l'ANACS et de l'ANAMS.

[120] La presse malienne a fait état de la probable implication de la société African Air Assistance (AAA) domiciliée au Sénégal dans l'atterrissage, dans le désert malien, en novembre 2009 du boeing 727 chargé de drogue. Le Boeing 727, soupçonné d'avoir transporté une grosse quantité de cocaïne a, par la suite, été incendié. www.maliweb.net/category.php?NID=72441 consulté le 20 mars 2016.

[121] Au Sénégal par exemple, ces modalités de contrôle sont prévues par le décret n° 96-103 du 30 juin 1989 fixant les modalités d'intervention des Organisations non gouvernementales (ONG) au Sénégal.

Cette facilité n'entrave en rien l'obligation de produire une déclaration en douane pour l'exploitation des avions médicalisés notamment[122].

Au-delà du contrôle régulier portant sur les aéronefs, les douanes, de la CEDEAO notamment, sont invitées à instaurer une coopération mutuelle avec les autorités de l'aviation, dans le cadre de leurs programmes respectifs de certification en matière de sûreté. A cet effet, le programme d'Opérateur économique agréé (OEA) et le programme d'agent habilité/expéditeur connu (AH/EC) de l'OMD sont des outils pertinents qui tiennent compte de la situation de chaque Etat membre.

Dans le cadre, plus précisément, de l'AH/EC, l'expéditeur connu est une personne physique ou morale qui est à l'origine du fret devant être transporté par aéronef pour son propre compte et qui entretient des relations d'affaires avec un agent habilité ou une entreprise de transport aérien.

Le système d'expéditeur connu existe pour le fret aérien et exige que l'expéditeur enregistre son organisation auprès des autorités concernées dans une base de données officielles d'expéditeurs connus. Ces informations peuvent, ensuite, être envoyées électroniquement aux autorités aéroportuaires et douanières de manière à les prévenir de l'intégrité de l'expéditeur ou du chargement.

Pour avoir le statut d'expéditeur connu, une entreprise prépare un Plan de transport sécurisé (SSP), qui demande aux forces de sécurité et aux douanes de vérifier que les mesures de sécurité sont en place, qu'elles couvrent tous les lieux et les opérations quotidiennes, qu'elles sécurisent et empêchent l'infiltration par des terroristes. Les lieux et les pratiques de sécurité sont contrôlés de manière périodique afin de s'assurer que les plans SSP sont, toujours, appropriés et, effectivement, mis en place par l'expéditeur. Ce système d'expéditeur connu est courant dans les pays en développement et dans les pays bénéficiant d'une grande flotte d'aéronefs légalement immatriculés. Il s'agira surtout, pour les pays membres, de mettre en œuvre les mesures de sureté suivantes :

- contrôle de l'accès : l'expéditeur connu devra veiller à ce que les installations utilisées pour la préparation et l'entreposage de son fret connu garantissent une protection appropriée contre toute intervention illicite. Il devra, en outre, veiller à ce que seules les personnes dûment autorisées puissent pénétrer, traverser ou demeurer dans la zone d'entreposage et d'emballage ;

- entreposage du fret connu : l'expéditeur connu devra s'assurer que les envois préparés de fret connu sont conservés dans un environnement sécurisé jusqu'à ce qu'ils soient prêts pour le transport à l'agent habilité et/ou à

[122] Le quotidien Le Populaire, 08 août 2011, « Saisie de l'avion médicalisé de secours aérien sans frontière » (en ligne) www.seneweb.com/.../saisie-de-l-avion-médicalisé-de-secours-aérien-san... consulté le 20 mars 2016.

l'entreprise de transport aérien. Il veillera également à ce que les points d'accès aux installations d'entreposage et d'emballage soient tous fermés et verrouillés en cas de non-utilisation ;

- protection du fret connu : lorsque la nature du fret le permet, il est souhaitable que la marchandise soit sécurisée afin de détecter d'éventuelles interventions illicites (p. ex. emballage, conteneurs, sceaux...) ;

- transport du fret connu par poste ou par rail : lorsqu'il doit être transporté par poste ou par rail (p. ex.CFF), le fret connu devra être protégé contre toute manipulation non autorisée (p. ex. emballage, conteneurs, sceaux…).

En complément de ce dispositif douanier de sécurisation du fret aérien, il est tout aussi important de contrôler les passagers aériens par l'installation de systèmes de ciblage et de fiches de contrôle.

B : Le contrôle douanier des voyageurs aériens

Il existe, généralement, quatre techniques de contrôle que sont :

- l'entretien,
- l'examen des documents,
- le ciblage des voyageurs à haut risque,
- les techniques d'observation.

Parmi ces quatre techniques, le ciblage est, sans nul doute, la méthode la plus appropriée dans la mise en œuvre des investigations douanières car il permet de déterminer à l'avance, des passagers suspects, à partir de critères variables que sont : le dossier de réservation, les listings de réservation, les listings d'enregistrement, les dossiers d'enregistrements, les informations annexes, le billet d'avion, l'aspect physique. Contrairement à l'avis de fraude[123] qui met en cause des passagers connus pour leur activité ou

[123] « Après l'arrestation de Mamadou Diakhaté, Ibrahima Lô et Aly Edmond Koné à Dakar pour complicité de trafic de passagers clandestins à l'aéroport Léopold Sédar Senghor à destination des Etats-Unis, vingt neuf (29) personnes ont été arrêtées dans cette affaire : sept (07) personnes dans la capitale ghanéenne (Accra) et vingt deux (22) à Johannesburg, en Afrique du Sud. Ce qui a poussé le FBI à envoyer des éléments pour enquêter à Dakar ». Un Américain est présenté comme le chef de la bande. Cette affaire s'est révélée à la suite de l'arrivée de deux passagers sans papiers, des Sri Lankais, entre le 10 décembre 2013 et le 15 janvier 2014 à Washington à partir de Dakar. Ces deux personnes ont embarqué à bord de la compagnie aérienne South African Airways. Les autorités américaines ont alors sommé South African Airways de découvrir l'origine des failles de sécurité, faute de quoi la compagnie ne pourrait plus rejoindre les Etats-Unis. Le Commissariat spécial de l'Aéroport avait alors été saisi par le chef d'escale de South African Airways et une enquête a été ouverte. Du 16 au 29 janvier 2014, la Police, avec l'appui de Securiport, a mené des investigations. » http:// www.seneweb.com News trafic de passagers à l'aéroport L.S. consulté le 10 septembre 2016.

soupçonnés dans leur milieu, le passager ciblé n'est suspect qu'à partir de critères retenus.

Il s'agit généralement des critères de ciblage suivants :

- les informations contenues dans son billet d'avion ;
- le dossier de réservation auprès de la compagnie aérienne ;
- les informations autres, détenues par la compagnie aérienne dans le dossier informatique ;
- l'aspect physique, surtout au départ.

A partir du ciblage, les douanes pourront à l'avance, à partir de critères variables, suspecter des passagers d'être liés à des organisations criminelles. Encore faudrait-il pouvoir s'appuyer en tout temps sur la procédure de sécurité suivante :

- obligation de transmettre des renseignements complémentaires ;
- obligation de confirmer l'inspection/filtrage comme défini à l'Annexe 17 de la Convention relative à l'aviation civile internationale, dite Convention de Chicago ;
- obligation de procéder à un contrôle par examen analytique complémentaire spécifique ;
- notification « Ne pas charger », en cas de menace imminente.

Le ciblage aérien[124] ne constitue pas une méthode de substitution par rapport aux contrôles classiques des voyageurs empruntant les transports aériens, il s'agit d'un moyen complémentaire de recherche de la fraude. Il permet de faire face au développement rapide des transports aériens et à l'accroissement du trafic passager, sans nuire à ce développement économique. Le contrôle ou la fouille classiques des passagers peut représenter 5% des flux sur les provenances sensibles.

Le ciblage va limiter considérablement l'accroissement du pourcentage de passagers contrôlés. Il va permettre de déceler des passagers suspects à partir de critères variables, découlant de l'étude de constatations antérieures, de déceler de nouvelles filières, et d'orienter l'action des services classiques, de relier d'éventuelles complicités, de préparer des opérations dites de livraisons surveillées, ouverture des frontières, filatures… d'orienter les investigations liées à une constatation positive : identification d'un numéro de téléphone contact par exemple.

[124] Il est important de limiter le plus possible, le nombre d'agents de douanes affectés à l'activité de ciblage pour des questions de discrétion. Une unité de recherche aéroportuaire travaille, en effet, en liaison avec les services en place, avec les services douaniers extérieurs, avec les services de police, avec les services étrangers. Généralement, les services douaniers des aéroports se dotent d'une équipe de ciblage, soit constituée en service autonome, soit constituée en cellule à l'intérieur d'une unité de recherche.

L'utilisation des systèmes informatisés dans le ciblage aérien est, de nos jours, recommandé.

La technologie de l'information peut, en effet, être mise à profit pour faire en sorte que les renseignements concernant les voyageurs soient communiqués avant l'arrivée de l'appareil, de façon que les organismes chargés des contrôles aux frontières disposent du temps nécessaire pour utiliser leurs ressources avec une plus grande efficacité.

Cette notification préalable effectuée par les transporteurs (ou d'autres parties) à l'intention des organismes chargés des contrôles aux frontières par voie télématique fait, d'ailleurs, l'objet de la Directive relative aux Renseignements préalables Concernant les Voyageurs (RPCV)[125].

Bien que cette Directive soit consacrée pour l'essentiel aux nombreux problèmes que posent les RPCV, l'une de ses parties constitue, en quelque sorte, une recommandation conjointe de l'Organisation mondiale des Douanes (OMD), de l'Association du Transport aérien international (IATA) et de l'Organisation de l'Aviation civile internationale (OACI)[126]. Elle a trait aux données à transmettre par le transporteur dans l'aéroport de départ aux services de contrôle aux frontières dans le pays de départ, dans les pays par lesquels le vol transitera et dans le pays de destination finale.

Un autre élément qui illustre l'intervention des douanes dans le contrôle des voyageurs aériens est l'adoption du système du double circuit (rouge/vert). Cette technique est aujourd'hui utilisée dans un grand nombre d'aéroports du monde entier pour canaliser les voyageurs. Elle est recommandée par la Convention pour la simplification et l'harmonisation des régimes douaniers (telle qu'amendée) (connue également sous le nom de Convention de Kyoto révisée), adoptée par l'OMD en 1999. Le choix du circuit rouge ou vert est considéré comme l'équivalent de la déclaration en douane officielle en ce qui concerne les marchandises introduites dans le pays. Malgré l'existence de cette disposition dans la Convention de Kyoto, certains pays exigent toujours une déclaration en douane écrite pour chaque voyageur arrivant dans le pays.

---

[125] Les renseignements préalables concernant les voyageurs comprennent la saisie avant le départ, par le transporteur, des données biographiques d'un voyageur ainsi que d'autres renseignements concernant le vol, et la transmission de ces renseignements par voie électronique aux organismes du pays de destination chargés des contrôles aux frontières. Ces derniers peuvent également utiliser les RPCV comme outil de prise de décision avant d'autoriser un voyageur à embarquer à bord d'un aéronef. Après le contrôle des voyageurs destinés à embarquer, les renseignements sont communiqués aux organismes chargés des contrôles aux frontières qui les comparent à de nouvelles bases de données et peuvent ainsi identifier les voyageurs et les membres d'équipage présentant un intérêt, notamment ceux qui figurent sur les listes de sanctions du Conseil de sécurité des Nations Unies et font l'objet d'une interdiction de voyager.

[126] http://www.wcoomd.org/// OMD/IATA/OACI 2014 consulté le 06 avril 2017.

Dans la pratique, en référence au troisième pilier du cadre des normes SAFE, les douanes de l'espace CEDEAO instaurent une coopération mutuelle avec les autorités en charge de l'aviation, dans le cadre de leurs programmes respectifs de certification en matière de sûreté, en tenant compte de la situation de chaque Etat membre. Les douanes encouragent bien souvent les autorités chargées de la sûreté aérienne à reconnaître que l'analyse des risques en matière douanière au niveau des envois joue un rôle dans la sûreté du fret aérien. Cette analyse des risques en matière douanière peut, occasionnellement, entraîner un contrôle par examen analytique supplémentaire des envois, en dehors des règles habituelles de la sûreté aérienne.

En appui à ces contrôles des voyageurs aériens, l'Union européenne et l'Organisation des Nations Unies contre le Crime et la Drogue (ONUDC) développent, souvent, des projets internationaux de sécurisation des aéroports. Exemple : le projet AIRCOP, dénommé « Communication sécurisée en temps réel entre certains aéroports en Afrique de l'Ouest, en Amérique latine et aux Caraïbes » vise à renforcer les capacités de lutte contre les grands trafics illicites[127].

Section III : La sécurisation des frontières terrestres

Pour lutter contre les fléaux modernes, susceptibles de fragiliser la stabilité économique des pays membres de l'espace CEDEAO, les différentes administrations des douanes, doivent travailler en synergie et développer des actions de lutte planifiées et concertées. Il faut reconnaitre qu'il existe, malheureusement dans cet espace, une forte probabilité qu'une population d'un pays donné puisse avoir tendance à entretenir « une contrebande dite de survie » en commerçant directement avec la population de l'autre pays frontalier qui offrirait plus d'opportunité et cela sans respecter la réglementation douanière.[128]

Dans l'espace CEDEAO, il arrive, souvent, que deux villages situés de part et d'autre des frontières historiques soient constitués de la même population avec une frontière dont la traçabilité et la surveillance douanière peut poser problème[129]. Cette proximité des populations séparées par les frontières de la

[127] Le projet AIRCOP de l'ONUDC a été lancé, officiellement, le 14 octobre 2010 à Dakar. Ce projet prévoit l'installation de Cellules aéroportuaires Anti-Trafics (CAAT), interconnectées aux systèmes de communication de l'OMD (CENCOM) et de l'OICP Interpol (I/24/7), pour la transmission instantanée d'informations opérationnelles visant à intercepter les cargaisons illicites.

[128] Enquêtes sur les flux transfrontaliers non enregistrés de l'UEMOA janvier- avril 2010.

[129] Exemple de difficulté à tracer les frontières délimitant le Sénégal : Touba tranquille (Sénégal) et de Dar-Salam (Gambie) ; Kidira (Sénégal) et Djiboli (Mali) ; Nayé (Sénégal) et

balkanisation est aussi, heureusement, source de rapprochement entre les pays membres, car comme pour reprendre le slogan de l'OMD : les frontières séparent, les douanes rapprochent[130].

Dans ce contexte, les douanes de l'espace CEDEAO devraient instaurer une coopération mutuelle avec les autorités compétentes en matière de transport terrestre y compris le transport ferroviaire. La coopération devrait porter sur des activités telles que la gestion coordonnée des frontières **(Paragraphe I)** et l'installation de postes de contrôle juxtaposés **(Paragraphe II)**.

Paragraphe I : La gestion coordonnée des frontières terrestres

Depuis l'élaboration du Cadre de normes SAFE, en 2005, la coopération entre la douane et les autres organes gouvernementaux et intergouvernementaux associés aux échanges internationaux et à la sûreté de la chaîne logistique revêt davantage d'importance.

Le pilier 3 intitulé ''Douane-autres organes gouvernementaux et intergouvernementaux'' est la preuve que l'OMD en a pris acte et a d'ailleurs mis en place divers outils et instruments de premier plan, au rang desquels figurent les Recueils sur la gestion coordonnée des frontières et sur le guichet unique qui influencent et guident la coopération entre la douane, les autres organes gouvernementaux et les organes intergouvernementaux **(A)**.

L'approche coordonnée des activités de toutes les agences de contrôle aux frontières est au cœur du concept de Gestion coordonnée des frontières (GCF), les défis étant d'acquérir une plus grande efficacité dans la gestion des flux commerciaux et des mouvements de personnes en vue de recueillir le maximum de renseignements sur les échanges commerciaux transfrontaliers **(B)**.

A : La gestion coordonnée des frontières : une recommandation de l'Organisation mondiale des douanes

Le terrorisme international, les flux énormes de contrebandes et de fraudes liés à la criminalité transnationale obligent les administrations douanières à

Nayé (Mali) ; Salikenié (Sénégal) et Taanaf (guinée Bissau) ; Niana (Sénégal) et Birana (Guinée Bissau)…

[130] La journée internationale de la douane célébrée le 26 janvier 2012 a eu pour thème : « La connectivité. Les frontières séparent, les douanes rapprochent ».

travailler, encore plus, sur la sécurité et la modernisation des procédures dans le cadre, notamment, de la gestion coordonnée des frontières[131].

Le concept de Gestion coordonnée des Frontières (GCF) est désormais reconnu par la communauté douanière comme une solution potentielle aux défis du XXIème siècle, ce pour une meilleure gestion des activités conduites aux frontières. Son importance découle du concept repris dans la politique stratégique du Conseil de l'Organisation mondiale des Douanes (OMD) sur la Douane au XXIème siècle. La gestion coordonnée des frontières figure parmi les dix (10) éléments constitutifs nécessaires pour gérer les frontières dans l'environnement actuel. La gestion coordonnée des frontières terrestres constitue, en matière de sécurité des corridors, une approche visant à impliquer et à coordonner les actions des organismes et services qui travaillent de part et d'autre des frontières. Au niveau national, la gestion coordonnée des frontières repose sur la coopération à l'intérieur des services ou entre les différents services. La coopération à l'intérieur des différents services est celle qui existe entre les différentes structures d'un gouvernement et comporte une dimension verticale ainsi qu'une dimension horizontale.

La dimension verticale de la coopération à l'intérieur des services porte sur la coordination et la coopération entre les différents niveaux administratifs, depuis l'organe d'État jusqu'aux unités travaillant aux frontières.

La dimension horizontale porte, pour sa part, sur la coopération entre diverses unités appartenant à différents services administratifs.

En fait, la sûreté de la chaîne logistique fait l'objet d'une coopération entre la douane et de nombreux services gouvernementaux dont, notamment, les autorités chargées de la sûreté des transports et des affaires intérieures (la police, p.ex.), les services opérant aux frontières (agriculture, entre autres) et les agences émettant des licences (biens à double usage, p.ex.).

Au niveau international, la gestion coordonnée des frontières repose sur la coopération entre les services internationaux. Elle repose sur un cadre juridique solide regroupant deux pays ou plus.

La coopération peut s'appuyer sur une déclaration de politique, un accord bilatéral ou multilatéral. La coopération et la coordination effectives entre les différents services aux frontières se déroulent sur trois niveaux. Ces niveaux sont la coopération locale entre les fonctionnaires des deux côtés de la frontière, la coopération entre États voisins et la coopération multinationale. C'est bien dans cette dynamique de mutualisation des activités des forces de sécurité que la version de juin 2012 du Cadre de normes SAFE a été

---

[131] Bernard Zbinden, Directeur régional de l'OMD pour l'Afrique occidentale et centrale était, alors, venu présider à Dakar (sénégal) la 6ème réunion régionale des points de contacts et des responsables chargés de la modernisation des administrations douanières des Etats de l'Afrique Occidentale et centrale (AOC).

complétée par les nouvelles parties 5 et 6 concernant respectivement la Gestion coordonnée des frontières et la continuité et la reprise des activités.

L'objectif d'un système de gestion coordonnée des frontières est de faciliter les échanges tout en garantissant la sécurité des frontières. C'est dans ce sens que l'Accord sur la facilitation des échanges (AFE) conclu à Bali en décembre 2013, stipule en son article 8 que tout « membre fera en sorte que ses autorités et ses organismes chargés des contrôles et des procédures à la frontière en ce qui concerne l'importation, l'exportation et le transit de marchandises coopèrent entre eux et coordonnent leurs activités afin de faciliter les échanges.

Les membres coopéreront dans la mesure du possible et de ce qui sera réalisable, selon des modalités mutuellement convenues avec les autres membres avec lesquels ils ont une frontière commune, en vue de coordonner les procédures aux points de passage des frontières pour faciliter le commerce transfrontière.

Cette coopération revêt des formes diverses et variées : les services peuvent partager des locaux ou mettre en commun leurs matériels et leurs bases de données. Ils peuvent, également, procéder à des échanges d'informations, mener des opérations conjointes de ciblage/d'évaluation des risques, de validation de programmes et effectuer, ensemble, les inspections. Elle peut inclure l'alignement des programmes sécuritaires et des mesures de contrôle des différents services. »

Comme stipulé donc par le Cadre de normes SAFE, les douanes sont appelées à instaurer une coopération mutuelle avec les autorités compétentes en matière de gestion du transport terrestre (y compris le transport ferroviaire). La coopération peut porter sur des activités telles que la procédure initiale d'évaluation de la sûreté, l'échange de renseignements disponibles et pertinents et, dans la mesure du possible, l'alignement des activités de suivi et de contrôle du respect de la loi.

B : Les défis de la gestion coordonnée des frontières

Aux frontières communautaires, la mise en œuvre des contrôles incombe habituellement à différents services et organismes. Cependant, les modifications de l'environnement d'exploitation, consécutives à la croissance du commerce et des déplacements internationaux, imposent aux gouvernements de relever de nouveaux défis en vue d'assurer la gestion des frontières nationales[132]. Pour ce faire, les Etats du Sahel[133] ont déjà donné

[132] OMD, Aniszewski Stefan, Direction du Contrôle et de la Facilitation de l'OMD, Juin 2009, Gestion coordonnée des frontières-un document conceptuel.

l'exemple en adoptant la Déclaration dite de Bamako du 11 mars 2016 sur la gestion des frontières et des communautés frontalières dans l'espace G5 sahel[134].

Au plan communautaire, les informations obtenues, soit directement par un service douanier soit, indirectement, à partir d'analyse de risque portant sur des activités ou tentatives délictuelles relatives à la législation douanière, perpétrées dans l'espace CEDEAO peuvent faire l'objet de mutualisation par les canaux ci-après :

- la base de données régionale : fichier informatique de recueil de données et d'infractions relevées et constatées par les administrations douanières puis mis en production au niveau des membres d'une région déterminée ;

- l'Assistance mutuelle administrative : dispositions d'ordre juridique applicables à l'ensemble des administrations douanières parties prenantes, portant sur une entraide mutuelle et sur l'échange de renseignements en vue de rechercher, de prévenir, de constater et de réprimer les infractions douanières ;

- la coopération douanière et l'échange d'expertise : mise en œuvre en commun des ressources dont disposent les administrations douanières impliquées dans le cadre de la réalisation des objectifs communs. Les administrations des douanes échangeront des renseignements sur leurs méthodes de travail, leurs techniques de formation et leurs ressources matérielles et personnelles en vue d'accroitre la compréhension des procédures et des techniques de chacune d'entre elles.

La démarche participative permet à l'administration douanière de mener des opérations conjointes douane-marine nationale, d'accompagner l'action du comité national de facilitation des transports à travers une coordination des contrôles, de développer des procédures et des actions communes en matière de contrôle des frontières, mais aussi, de redynamiser la coopération avec les pays frontaliers, en actualisant les accords d'assistance administrative mutuelle pour mieux intégrer l'approche de la gestion coordonnée des frontières[135].

---

133 Etaient présents les délégations des Pays du G5 Sahel (Burkina Faso, Mali, Mauritanie, Niger et Tchad) ainsi que les délégations des Etats observateurs (Nigéria et Sénégal).

134 Les 10 et 11 mars 2016, les Etats-membres du G5 Sahel ont conjointement organisé à Bamako (Mali) avec le Programme des Nations Unies pour le Développement (PNUD), et en partenariat avec le Gouvernement de la République du Mali, une Conférence Internationale sur le thème: « Gestion des Frontières et Communautés Frontalières au Sahel ». Cette Conférence avait pour but d'aboutir à un consensus sur une approche sécuritaire et développementale destinée à améliorer la gestion des zones-frontières et celles des communautés frontalières dans le Sahel.

135 « La gestion coordonnée des frontières : une démarche participative pour tous les acteurs concernés », était le thème retenu pour la célébration de la Journée internationale de la douane, année 2015. Il est important que les organes gouvernementaux associés aux échanges internationaux travaillent tous ensemble au service du bien commun, et ce, malgré leurs diverses obligations réglementaires. A cet égard, l'OMD et les administrations douanières soutiennent depuis longtemps le principe de Gestion Coordonnée des Frontières (GCF) dont

En réalité, c'est aux frontières que les pays exercent leur droit de contrôle de la circulation des marchandises, des personnes et des services qui entrent ou sortent de leur juridiction territoriale. Les frontières sont, également, l'endroit où s'applique la législation nationale dans des domaines comme la sécurité et la sûreté, les politiques commerciales, la sécurité alimentaire, l'agriculture, les procédures douanières, l'environnement et l'immigration.

L'absence de communication et de coordination entre les services aux frontières pourrait les empêcher d'établir un lien entre des renseignements essentiels et des activités criminelles[136].

Paragraphe II : L'érection de postes de contrôle juxtaposés

Il faut noter que la forme la plus accomplie de la coopération transfrontalière au niveau local renvoie au concept de « bureau frontalier unique » que l'UEMOA a dénommé « poste de contrôle juxtaposé » et dont les grandes lignes méritent d'être définies[137].

Le concept de « poste de contrôle juxtaposé » fait référence à un bureau frontalier géré par deux pays voisins **(A).** Les douanes des pays membres de la CEDEAO en général, et ceux membres de l'UEMOA en particulier, sont des acteurs clefs du dispositif de surveillance des mouvements transfrontaliers dans le cadre du fonctionnement des postes de contrôles juxtaposés **(B).**

A : Les grandes lignes du projet de postes de contrôle juxtaposés

Dans la dynamique de collaboration entre pays voisins et partenaires commerciaux, l'Union économique et monétaire Ouest africaine (UEMOA) a envisagé d'installer des postes de contrôle juxtaposés consistant à regrouper les services de contrôle sur un même site aux frontières[138].

---

l'objectif est d'améliorer l'efficacité des prestations de service public. J'invite tous les membres de l'OMD à promouvoir, tout au long de l'année 2015, leurs efforts en matière de coordination avec les autres organes ayant compétence aux frontières, que ce soit au niveau national ou international, et à partager leurs expériences, a déclaré le Secrétaire général de l'OMD, Kunio Mikuriya. www.wcoomd.org/.../world-customs-organization-dedicates-2015-to-coordinated-border-management.aspx, consulté le 03 avril 2017.

[136] Boko haram profite du fait que les frontières du Nigeria traversent des territoires aux reliefs divers et accidentés dans lesquels il est difficile de patrouiller. De plus de quatre (4.000) kilomètres de long, elles traversent un désert au nord du pays, le repaire tristement célèbre de la forêt de Sambisa au nord-est, ainsi que les marécages et les îles du Lac Tchad.

[137] Décision n°08/2001//CM/UEMOA portant adoption et modalités de financement d'un programme communautaire de construction de poste de contrôle juxtaposé aux frontières des Etats membres.

[138] La Commission de l'UEMOA a passé une convention avec la société anonyme Scanning Systems en vue d'exploiter sous forme de Partenariat Public-Privé (PPP) un projet de poste de

Un poste de contrôle juxtaposé est un poste où les contrôles, à la fois à l'entrée et à la sortie, sont menés simultanément, en parallèle ou en succession d'un seul arrêt, dans une zone de contrôle située sur des terres appartenant à l'UEMOA et/ou la CEDEAO. Aux fins de concrétisation du projet, les Etats membres de l'UEMOA disent prendre conscience de la nécessité d'instaurer les conditions propices à des performances élevées du fonctionnement des Postes de Contrôle Juxtaposés (PCJ) afin de faciliter le franchissement des frontières entre les Etats membres par les personnes, les véhicules, les marchandises et autres biens en réduisant les délais et les coûts de passage aux frontières[139].

Le projet vise à accélérer le contrôle aux frontières tout en réalisant des gains de temps afin de réduire la fraude, les taxes illicites et les coûts de transport. Le projet des postes de contrôles juxtaposés aux frontières entre les Etats membres de l'UEMOA participe d'ailleurs de l'accélération en toute sécurité des procédures douanières.

Selon l'article 2 de la décision portant mise en œuvre d'un programme de construction de postes de contrôle juxtaposés, « le programme indiqué sera réalisé par étapes, à arrêter par la Commission de l'UEMOA, en relation avec les Etats membres, sur ressources propres de l'Union, avec l'appui de partenaires au développement, ou sur financement du secteur privé[140]».

D'ailleurs, dans le cadre de la détermination des modalités de financement d'un programme communautaire de construction de postes de contrôles juxtaposés aux frontières entre les Etas membres de l'UEMOA[141], le

contrôles juxtaposés aux frontières du Burkina Faso et du Togo. L'opérationnalisation du poste de contrôle juxtaposé de Noépé entre le Ghana et le Togo est également envisagée.

[139] Règlement n°15/2009/CM/UEMOA, du 17 décembre 2009, portant régime juridique des postes de contrôle juxtaposés aux frontières des Etats membres de l'Union Economique et Monétaire Ouest Africaine (UEMOA).

[140] Aux termes de l'Article 20 de la Décision n° 08/2001/CM/UEMOA, l'UEMOA confie la gestion et l'exploitation des PCJ à une entreprise dans le cadre d'une convention de concession. Un cahier de charges, conforme aux dispositions du présent Règlement et de ses Règlements d'exécution, précise les modalités pratiques de gestion et d'exploitation. Le cahier de charges fait partie intégrante de la convention de concession. La mise en concession intervient, en règle générale, à l'issue d'un appel à la concurrence.
Article 21 : « Les Postes de Contrôle Juxtaposés n'ayant pas fait l'objet de mise en concession seront confiés à des comités de gestion par l'UEMOA en relation avec les Etats concernés pour l'exploitation sur la base d'un cahier de charges. Le cahier de charges précisera les modalités de gestion et d'exploitation de ces postes ».

[141] Décision n° 08/2001/CM/UEMOA du 26 novembre 2001 portant adoption et modalités de financement d'un programme communautaire de construction de postes de contrôles juxtaposés aux frontières entre les Etas membres de l'UEMOA/ et Décision n° 38/2009/CM/UEMAO modifiant les articles 2 et 5 de la Décision n° 08/2001/CM/UEMOA du 26 novembre 2001 portant adoption et modalités de financement d'un programme communautaire de construction de postes de contrôles juxtaposés aux frontières entre les Etas membres de l'UEMOA.

partenaire privé[142] mettra en place des équipements modernes afin d'accélérer les formalités de contrôle. Il s'agira, entre autres, de matériels suivants :

- un scanner qui va permettre de visualiser le contenu des marchandises ;
- un pèse essieux qui détectera les surcharges et permettra de comparer le poids lors du contrôle, et celui indiqué sur la déclaration en douane ;
- un système d'identification par radio (RFID) qui aide à identifier les objets et leurs caractéristiques précises au moyen d'une étiquette.

Il importe de noter que les terrains destinés à la construction des PCJ pour faciliter l'application de la réglementation échappent à la souveraineté des Etats frontaliers. C'est ainsi que le Règlement portant régime juridique des postes de contrôle juxtaposés aux frontières des Etats membres de l'Union Economique et Monétaire Ouest Africaine (UEMOA) traite de la localisation des activités de contrôle aux frontières dans les postes de contrôle juxtaposés (PCJ)[143].

A cet effet, les services de contrôle des Etats frontaliers opèrent dans la Zone Commune de Contrôle (ZCC) des PCJ. L'aménagement de la ZCC est conçu de sorte à faciliter un ordre de contrôles séquentiels. En outre, chaque Etat frontalier dispose d'un Espace de Contrôle Exclusif (ECE) dans lequel ses services effectuent leurs contrôles frontaliers.

L'Espace de Contrôle Exclusif d'un Etat à l'intérieur de la zone commune de contrôle (ZCC) et les locaux abritant les bureaux de ses services de contrôle aux frontières, sont signalés par des inscriptions et des écussons officiels. Avec ce système, chaque Etat frontalier effectue le dédouanement dans la limite des compétences attribuées aux services des douanes installés dans les PCJ[144].

B : Le contrôle douanier dans les postes de contrôle juxtaposés

Les contrôles de gabarits, de poids et de charges à l'essieu des véhicules lourds de transport de marchandises et, éventuellement, le contrôle de leur contenu par scanner et l'écor sont réalisés dans la Zone d'Opérations Internes (ZOE) des PCJ.

Pour tout véhicule, marchandise, personne, et bagage franchissant la frontière, les contrôles des services de l'Etat de sortie sont effectués avant ceux des services de l'Etat d'entrée. Les services de contrôle de l'Etat d'entrée

[142] La société Scanning Systems

[143] Article 15 du Règlement n° 15/2009/CM/UEMOA du 17 décembre 2009, portant régime juridique des postes de contrôle juxtaposés aux frontières des Etats membres de l'Union Economique et Monétaire Ouest Africaine (UEMOA).

[144] Article 30 du Règlement n°15/2009/CM/UEMOA du 17 décembre 2009 portant sur les activités de dédouanement.

ne sont pas autorisés à commencer leur contrôle avant la fin du contrôle des services de contrôle de l'Etat de sortie.

De même, les services de contrôle de l'Etat de sortie ne peuvent plus effectuer de contrôle lorsque les services de contrôle de l'Etat d'entrée ont commencé leurs opérations de contrôle. Exceptionnellement, les opérations relatives au contrôle de sortie peuvent être reprises sur demande des services de contrôle de l'Etat de sortie et acceptation des services de contrôle de l'Etat d'entrée[145].

Les services de contrôle de l'Etat de localisation ne peuvent intervenir dans la ZCC pour interpeller une personne, saisir un bagage, une marchandise ou un véhicule, pendant les opérations de contrôle par les services de contrôle de l'Etat limitrophe en situation d'Etat de sortie.

Les services de contrôle de l'Etat de localisation ne peuvent plus intervenir dans la ZCC pour interpeller une personne, saisir un bagage, une marchandise ou un véhicule, pendant les opérations de contrôle par les services de contrôle de l'Etat limitrophe en situation d'Etat d'entrée, sauf s'ils obtiennent l'accord des services de contrôle de l'Etat limitrophe[146].

Les marchandises refoulées dans l'Etat limitrophe par les services de contrôle dudit Etat lors du contrôle à la sortie, ou retournées dans l'Etat limitrophe sur demande de la personne intéressée, avant le début du contrôle d'entrée des services de contrôle de l'Etat de localisation, ne sont soumises, ni aux prescriptions d'exportation, ni au contrôle de sortie des services de contrôle de l'Etat de localisation[147].

Par rapport à la coopération inter-douanes, en vertu du Règlement[148], les agents des administrations des Etats frontaliers se prêtent, dans toute la mesure du possible, assistance dans l'exercice de leurs fonctions. Ils se communiquent, soit spontanément, soit sur demande, tous les renseignements qui présenteraient un intérêt pour l'exécution du service. En cas de besoin, les services de douanes des deux Etats peuvent recourir à l'assistance technique du concessionnaire.

Ainsi, les contrôles par scanner sont effectués par le concessionnaire en présence des services des douanes des deux Etats frontaliers[149]. Le concessionnaire transfère automatiquement et simultanément les résultats aux services des douanes des deux Etats frontaliers pour contrôle. En cas de

---

[145] Article 23 du Règlement n°15/2009/CM/UEMOA traite de l'ordre d'intervention des services de contrôle.

[146] Article 24 du Règlement traite de l'interpellation et de la saisie par l'Etat de localisation dans la ZCC.

[147] Article 25 du Règlement n°15/2009/CM/UEMOA, du 17 décembre 2009.

[148] Article 26 du Règlement n°15/2009/CM/UEMOA, du 17 décembre 2009.

[149] Article 29 du Règlement n°15/2009/CM/UEMOA du 17 décembre 2009 portant sur le contrôle par scanner et l'écor.

réserve des services des douanes, l'écor ou la visite physique est effectué par les douanes.

En résumé, il convient de retenir que le contrôle des marchandises aux frontières terrestres pose un défi majeur pour tout pays souhaitant renforcer son dispositif de lutte contre la criminalité transnationale organisée.

Conclusion du chapitre I

La défense du territoire et la surveillance de la frontière constituent des missions régaliennes dont l'importance est intimement liée à la politique douanière en vigueur dans l'espace concerné. Pour lutter efficacement contre la criminalité transnationale organisée, les douanes sont chargées d'assurer un maillage du territoire douanier à travers une présence aux frontières maritimes, aériennes et terrestres.

Dans l'espace maritime, les navires, les installations portuaires et les conteneurs constituent le dispositif, par excellence, qui permet au commerce de se développer dans le monde. Dans la perspective de contrer l'utilisation de ces trois piliers de la navigation maritime à des fins criminelles, un système de veille doit être mis en place. En effet, des dispositifs de contrôle et d'audit doivent être établis pour contrôler en permanence l'efficacité du système de sécurité installé aux frontières maritimes.

Les mécanismes douaniers de surveillance maritime prendront en compte, à cet effet, les types d'opérations de l'installation portuaire, les types de navires servis par l'installation portuaire, et les autres circonstances et directives réglementaires. Les résultats de ces activités (simulations, visites surprises, etc.) doivent être enregistrés et analysés pour avoir un retour d'informations permettant de tirer des enseignements utiles et stratégiques.

En ce qui concerne les frontières aériennes, le renforcement des normes et accords internationaux et un engagement commun sont nécessaires pour permettre aux douanes de la CEDEAO de protéger le transport aérien contre le terrorisme. A cet effet, l'assainissement du secteur de la navigation aérienne est une phase importante qui permettra à l'administration des douanes de mieux assurer sa mission de sécurisation de la chaîne logistique internationale. Le système de contrôle, par ciblage, permettra de faire face au développement rapide des transports aériens et à l'accroissement du trafic des passagers, sans nuire à ce développement économique.

Aux frontières terrestres, l'élément essentiel est le dialogue permanent entre les douanes et les autres services aux frontières et entre les douanes et le secteur privé.

Chapitre II : Le contrôle douanier des trafics liés à la criminalité transnationale organisée

Avec le développement fulgurant des activités transfrontalières illicites, la dynamique de la politique criminelle des Etats a beaucoup évolué ces dernières années. Prenant conscience de la dimension pluridisciplinaire et des ramifications interétatiques du fléau, les Etats essaient de s'entendre sur les stratégies à mettre en œuvre, du moins, en ce qui concerne la criminalisation de certaines pratiques illicites internationales.

Dans l'espace CEDEAO, la fluidité des frontières, l'absence de logistiques appropriées, la non harmonisation des procédures de contrôle du trafic transfrontalier rendent complexe la prise en charge douanière de la criminalité transnationale organisée.

Une assistance douanière sur demande, en matière de surveillance, est donc aménagée dans le cadre du contrôle douanier de lutte contre les trafics visés par la convention sur la criminalité transnationale organisée, en particulier des secteurs les plus résilients du crime organisé que sont les trafics des personnes, des armes et des stupéfiants (trafic des PAS) **(Section I)**.

Au demeurant, la criminalité transnationale peut renvoyer à d'autres trafics illicites portant atteinte à l'environnement et à la propriété intellectuelle et visés par d'autres Conventions spécifiques interprétables, conjointement, avec la Convention de Palerme **(Section II)**.

Section I : La répression douanière des trafics illicites visés par la Convention contre la criminalité transnationale organisée

Les activités frauduleuses concernées sont reprises par la Convention de Palerme et les protocoles qui s'y rapportent et par conséquent, sont passibles d'une peine privative de liberté dont le maximum ne doit pas être inférieur à quatre ans. En résumé, les activités illicites visées renvoient, pour l'essentiel, au contrôle et à l'élimination de tout transfert de flux de marchandises ou services prohibés.

Au sens de la législation douanière, lorsque l'importation ou l'exportation n'est permise que sur présentation d'une autorisation, licence, certificat ou tous autres documents, la marchandise est prohibée si elle n'est pas accompagnée d'un titre régulier, ou si elle est présentée sous le couvert d'un titre non applicable[150].

[150] Article 21 code des douanes du Sénégal.

La répression douanière des marchandises prohibées en liens avec la criminalité transnationale organisée vise, notamment, les armes **(Paragraphe I)**, les stupéfiants **(Paragraphe II)** et les personnes **(Paragraphe III)**.

Paragraphe I : Le contrôle douanier des armes

La question de l'accès aux armes est devenue une question majeure pour la communauté internationale qui, au regard des différentes résolutions adoptées, a manifestement pris conscience de la vulnérabilité de la paix et de la sécurité face à leur prolifération incontrôlée et leur trafic illicite[151].

La propension, pour un Etat, à se doter légitimement d'armes de défense, constitue une garantie de sécurisation du pouvoir et témoigne de l'existence d'une sureté sociétale si tant est que leurs utilisations obéissent à une réglementation républicaine et à une éthique reconnue. Il faut, toutefois, noter que la fluidité des frontières, l'absence de logistiques appropriées, la non harmonisation des procédures de contrôle du trafic transfrontalier rendent complexe la prise en charge, au cordon douanier des armes, objet d'importation.

Dans l'espace CEDEAO, l'architecture juridique communautaire de lutte contre la prolifération illicite des armes renferme des signaux positifs reflétés par l'adoption de systèmes de contrôles douaniers des armes légères et de petit calibre **(A)**, des armes nucléaires, biologiques et chimiques **(B)** et des mines anti personnels **(C)**.

A : Le contrôle douanier des armes légères et de petit calibre

Les armes légères et de petit calibre sont, bien présentes dans la région ouest africaine risquant ainsi de perturber la stabilité et la paix s'il n'est pas procédé à leur saisie douanière suivie de leur destruction. Force est de reconnaître, en effet que les armes légères, plus que toute autre arme, sont les premières causes des violences armées en Afrique de l'Ouest et, en tant que telles suscitent un intérêt particulier[152].

Dans le domaine de la lutte contre les armes, la CEDEAO avait élaboré, en 1998, à Bamako (Mali) un Code de conduite pour lutter spécifiquement contre

---

[151] Depuis le coup d'État du 22 mars 2012, l'Union Européenne à l'instigation de la France a imposé un embargo total sur les armes au Mali.

[152] Déclaration de Moratoire sur l'Importation, l 'Exportation et la Fabrication des armes légères adoptée par la vingt-et-unième session de la Conférence des Chefs d'Etat et de Gouvernement tenue à Abuja (Nigeria) les 30 et 31 octobre 1998, http://comnatalpc.org/documents/20150816declarationdemoratoiresurlestransfertsetlafabricationdesarmeslegeresenafiquedelouest.pdf. consulté le 03 avril 2017.

la prolifération des armes légères et de petit calibre illicites et avait imposé un moratoire sur l'importation, l'exportation, la fabrication et l'achat des armes légères. Le moratoire a été, finalement, transformé en un instrument juridiquement contraignant à travers l'adoption, en mars 2010, de la Convention sur les armes légères et de petit calibre, leurs munitions et autres matériels connexes. Cette Convention prévoit d'interdire le transfert des armes légères au sein de la communauté et entre les Etats membres[153], sauf pour les besoins de sécurité légitime de ses Etats ou pour leur participation à des opérations de maintien de la paix.

Dans la pratique, la législation douanière est le pilier principal soutenant l'action douanière d'encadrement de l'importation et de répression du trafic transfrontalier illicite des armes. C'est ainsi que les codes des douanes des pays membres[154] doivent autoriser l'application de diverses réglementations externes émanant soit de la communauté internationale s'agissant de l'acquisition étatique soit des autorités nationales en ce qui concerne l'utilisation individuelle. Les modalités d'application du régime général des armes et munitions, sont prévues par les lois nationales[155].

Pour autant, l'administration des douanes est, aussi, fondée à se référer à la Convention de Palerme sur la criminalité transnationale organisée, notamment au protocole y annexé relatif à la lutte contre la fabrication et le trafic illicites d'armes à feu, leurs pièces, éléments et munitions. En vertu du Protocole, l'expression "trafic illicite des armes" désigne « l'importation, l'exportation, l'acquisition, la vente, la livraison, le transport ou le transfert d'armes à feu, de leurs pièces, éléments et munitions à partir du territoire d'un État partie ou à travers ce dernier vers le territoire d'un autre État partie si l'un des États Parties concernés ne l'autorise pas ou si les armes à feu ne sont pas marquées[156]».

C'est ainsi que sous réserve de la liberté d'importation des armes et munitions de collection (septième catégorie), les administrations de contrôle, notamment, les douanes sont tenues d'assurer la prise en charge des armes autorisées à l'importation dans les conditions ci-après :

---

[153] Pour contrôler le trafic interne, le Nigeria a entrepris un plan d'action quadriennal supervisé par le Comité présidentiel sur les armes légères. Parmi ses tâches, il y aura l'identification des fabricants d'armes non enregistrés et l'institution d'un programme à l'échelle nationale pour le marquage et l'enregistrement des armes.

[154] Le code des douanes du Sénégal nous sert de référentiel dans ce chapitre.

[155] Au Sénégal par exemple, c'est la loi n° 66-03 du 18 janvier 1966 relative au régime général des armes et munitions et son décret d'application n° 66-889 du 17 novembre 1966 fixant les modalités d'application sur le régime général des armes qui consacre le principe de l'interdiction. Elle l'assouplit néanmoins pour des raisons évidentes de sécurité et de sûreté en aménageant des dispositions particulières en fonction de la classification des armes en sept catégories.

[156] Article 03 e) du Protocole annexé à la Convention de Palerme relatif à la lutte contre la fabrication et le trafic illicites d'armes à feu, leurs pièces, éléments et munitions.

- L'importation, l'exportation et l'entreposage des armes à feu dites de traite (sixième catégorie) sont strictement interdits.

- Toute personne physique ou morale qui désire importer, exporter ou entreposer des armes et munitions pour la guerre terrestre ou navale, la défense, la chasse, le sport ou les loisirs ainsi que des armes blanches toutes classées, respectivement, dans les cinq premières catégories doit requérir l'autorisation et le contrôle de l'administration.

- L'importation d'armes et de munitions est fonction d'un contingent fixé annuellement par l'administration. Le permis d'importation ne peut être échangé contre le permis de détention ou de port d'arme qu'après certification par les services des douanes ou la maison de commerce importatrice de la disponibilité de l'arme[157].

Sont exemptés d'inspection, dans le cadre du Programme de Vérification des Importations (PVI), les armes, munitions et leurs parties du chapitre 93 du système harmonisé à l'exception des armes de chasse et/ou de sport. Une autorisation de transit délivrée par le ministre de l'intérieur est nécessaire pour tout transit d'armes et de munitions[158].

Par ailleurs, un touriste qui désire détenir, porter ou utiliser une arme pendant son séjour dans l'espace CEDEAO, doit effectuer des formalités d'importation temporaire. Il est tenu de souscrire à son arrivée sur le territoire, une déclaration des armes qu'il possède, justifier des autorisations et permis nécessaires du pays lui ayant octroyé l'autorisation de détention ou de port.

B : Le contrôle douanier des armes nucléaires, radiologiques, biologiques et chimiques

L'instabilité qui a suivi le printemps arabe et une nouvelle fournée d'organisations terroristes agressives, y compris l'État islamique en Irak et en Syrie (EI), ont incité certains spécialistes du terrorisme à annoncer qu'une nouvelle ère de l'extrémisme est en train de s'ouvrir. Cela signifie qu'il est nécessaire de considérer les vieilles menaces sous des angles nouveaux en envisageant, sérieusement, la possibilité du recours à des armes nucléaires, radiologiques biologiques et chimiques (NRBC) par des organisations terroristes.

Les velléités d'acquisition d'armes NRBC en Afrique de l'ouest par des groupes organisés ne sont pas encore prouvées. Pourtant, la probabilité d'une attaque à l'arme NRBC dans l'espace CEDEAO n'est pas à écarter d'autant plus que « l'acquisition d'armes chimiques de qualité militaire, prêtes à l'emploi, dans une quantité permettant une attaque terroriste efficace, ainsi que

[157] Article 06 code des douanes du Sénégal.
[158] Article 22 du code des douanes du Sénégal.

des vecteurs nécessaires, reste possible pour les acteurs non étatiques dans trois circonstances :

- par le biais de canaux de criminalité transnationale organisée ;

- par l'intermédiaire d'un État voyou en possession d'armes chimiques ;

- par l'acquisition, par la force, d'armes provenant des stocks appartenant à l'État[159].

Dans l'hypothèse de parer à l'éventualité de l'utilisation des armes NRBC **(1)**, les administrations des douanes devront procéder au contrôle des précurseurs et desdites armes prêtes à l'emploi **(2)**.

1. L'utilisation d'armes nucléaires, radiologiques, biologiques et chimiques

Les armes chimiques, nucléaires, radiologiques, biologiques et chimiques (NRBC) utilisent, délibérément, les propriétés toxiques de ces substances pour tuer ou blesser. Elles sont, généralement, considérées comme des armes de destruction massive[160]. Des armes chimiques improvisées, fabriquées à partir d'explosifs conventionnels et de produits chimiques à double usage, comme les produits chimiques ou pesticides industriels toxiques, sont le type d'armes NRBC le plus probable pour le terrorisme. Le faible degré de complexité et la large disponibilité des composants nécessaires rendent ce genre d'arme chimique attrayant pour les extrémistes ayant des contraintes budgétaires[161].

Aux fins de l'utilisation d'armes chimiques[162], la méthode la plus simple est de libérer des agents chimiques dans la zone cible. Les extrémistes pourraient également utiliser le système de chauffage, de ventilation et de climatisation de la structure pour disperser le produit chimique. Un autre

---

[159] Cela s'est déjà produit lors de l'insurrection syrienne ou lors de la saisie par l'Etat Islamique du complexe d'armes chimiques irakien désaffecté de Muthanna.

[160] D'Alexander DETERT, « Des groupes extrémistes recherchent des armes NRBC, mais quelle est la probabilité d'une attaque ? », (en ligne), http/www.african-defense.com ou http://adf-magazine.com/?lang=fr Volume 08 numéro 02, pages 17 à 21. DETERT D'Alexander est un ancien élève du programme de maîtrise du Centre George C. Marshall pour les études de sécurité internationale, centré sur la lutte contre le terrorisme. Il a servi dans les Forces armées allemandes dans le domaine des opérations spéciales, comme aviateur et comme observateur militaire de l'ONU. Cette partie de nos réflexions inscrite au point n° 02 intitulée : « Le contrôle des armes NRBC » s'inspire largement de son article précité.

[161] En 1995, le groupe Aum Shinrikyo a libéré du sarin, un agent neurotoxique, dans une rame de métro de Tokyo causant le décès de douze (12) personnes et la contamination d'environs six milles (6.000) autres personnes. Lors de l'attaque de 1990, les Tigres de libération de l'Eelam tamoul ont libéré des agents chimiques sur une base militaire sri-lankaise de Kiran.

[162] Les complots d'al-Qaida, en 2004, qui visaient à utiliser des armes chimiques contre des bâtiments officiels à Amman, en Jordanie, et dans le métro de New York en 2003, impliquant des produits chimiques à double usage, montrent que les organisations terroristes ont déjà exploré ces méthodes.

scénario possible du terrorisme avec des armes NRBC serait le rejet de substances toxiques par le biais d'une attaque ou du sabotage d'une installation industrielle contenant des produits chimiques toxiques, située à proximité de la zone cible.

Il y a une sorte de continuité entre le concept de « risque chimique » et celui de « risque biologique ». La seule différence réelle se situe entre des agents ayant un génie épidémique potentiel (agents vivants) et ceux qui n'en ont pas (agents non vivants). Les agents naturels vivants sont à l'origine d'infections et peuvent occasionner des épidémies.

L'étroite interaction hôte/agent qui aboutit au déclenchement de la maladie, et l'absence de maitrise des facteurs de contagion, font de ces agents des outils difficiles à manier en pratique, pouvant même se retourner contre leur utilisateur[163].

Les agents pathogènes biologiques pourraient être dispersés à travers un système de ventilation ou d'approvisionnement en nourriture ou en eau, ou dans le courrier, ou peuvent être placés dans un engin explosif improvisé (EEI). Les agents pathogènes pourraient être récoltés dans la nature, acquis à travers des réseaux de criminalité transnationale organisée ou volés dans des installations de recherche médicale. Bien que les organisations terroristes puissent produire des agents pathogènes elles-mêmes, le processus impliquerait des installations de production high-tech, capables de produire des quantités adéquates et des moyens appropriés pour le stockage, le transport et le déploiement de l'agent spécifique[164].

En ce qui concerne l'acquisition des armes radioactifs, les terroristes peuvent les acquérir à travers des réseaux criminels ou en volant les matériaux y relatifs dans des installations médicales ou industrielles non sécurisées. Plusieurs éléments hautement radioactifs appropriés pour la construction de dispositifs de dispersion radiologique (DDR) ou de dispositifs émettant des radiations (DER) sont largement disponibles en raison de leur utilisation dans la médecine et l'industrie.

---

[163] Patrice BINDER, Olivier LEPICK, PUF, *Les armes biologiques,* 128 pages.

[164] Selon les recherches de James Forest, le problème avec la méthode impliquant un EEI est que jusqu'à 50% de l'agent pathogène est détruit par dispersion lors de l'explosion. D'ailleurs, selon une étude menée par Edward Hoffer, il y a moins de risque que des armes biologiques soient utilisées dans le terrorisme contemporain en raison de la complexité inhérente à l'acquisition, au stockage, au transport et aux vecteurs. En outre, une fois les problèmes d'identification de l'agent spécifique surmontés, son effet sur des cibles humaines peut, généralement, être atténué médicalement. Le degré élevé de complexité liée au développement et à la production de vecteurs, en comparaison avec d'autres types d'armes NRBC, et le manque d'impact immédiat sur la population cible, en raison du temps d'incubation d'agents pathogènes spécifiques, font des armes biologiques un mauvais choix pour un groupe terroriste contemporain.

Cependant, bien que la construction d'un dispositif radiologique soit un processus mécanique assez simple, le personnel risque d'être exposé pendant la manipulation des substances radioactives, lors de l'acquisition des matériaux, de la construction du dispositif, de son stockage, de son transport et de son déploiement.

En ce qui concerne l'acquisition des armes nucléaires, leur utilisation comme arme terroriste est très peu probable. Il est généralement admis que les acteurs non étatiques n'ont pas les moyens d'acquérir du matériel de qualité militaire dans les quantités requises, de fabriquer des pièces d'armes dans l'isolement, de construire un dispositif fonctionnel avec ces pièces et de stocker convenablement le dispositif pour le garder opérationnel[165].

2. Le contrôle des précurseurs chimiques, biologiques et autres matières nucléaires

Les produits chimiques sont inscrits à trois tableaux associés à différents niveaux de contrôle.

Ainsi, le tableau 1 recense les produits chimiques dont les usages légaux sont rares ou limités, par exemple le phényl-1-propanone-2 (rarement utilisé à des fins licites) et l'éphédrine (utilisée dans la fabrication de médicaments). Ces substances interviennent dans la fabrication illicite de drogues de synthèse et sont associés aux niveaux de contrôle les plus stricts.

Les tableaux 2 et 3 contiennent des produits chimiques beaucoup plus répandus, tels que l'acétone et l'acide chlorhydrique. Ces produits chimiques sont souvent commercialisés et ils sont par conséquent soumis à des contrôles moins stricts.

La plupart des produits chimiques sont inscrits dans la nomenclature de la Convention[166] sur l'interdiction de la mise au point, de la fabrication, du stockage et de l'emploi des armes chimiques et sur leur destruction subdivisée en trois tableaux en fonction du degré de nocivité et eu égard à leur propension à être utilisé comme arme chimique. Leur identification se fait par référence à plusieurs éléments notamment : un nom, un numéro CAS (Chemical Abstract Service), un code SH (système harmonisé).

La Convention sur l'Interdiction des Armes Chimiques (CIAC) ne mentionne pas les douanes spécifiquement mais les Etats parties sont tenus :

---

[165] Au cours des dernières décennies, des groupes extrémistes ont fait des efforts intermittents pour acquérir de l'uranium pour fabriquer des armes, mais leur capacité à produire ou à utiliser des armes nucléaires reste extrêmement faible.

[166] La Convention sur l'interdiction de la mise au point, de la fabrication, du stockage et de l'emploi des armes chimiques et sur leur destruction est ouverte à signature le 13 janvier 1993 à Paris et est entrée en vigueur le 29 avril 1997.

- d'empêcher que des transports de produits inscrits au tableau 1 aient lieu en provenance et à destination d'états non parties, et vers des pays tiers.

- de ne pas transférer de produits chimiques du tableau 1 à l'extérieur de son territoire qu'à un autre Etat partie, et seulement à des fins de recherche, à des fins médicales ou pharmaceutiques ou à des fins de protection et ne peut en stocker plus d'une tonne.

- d'empêcher tout transfert de produits du tableau 2 vers des Etats non parties, à moins qu'il soit possible d'appliquer une exemption particulière prévue par la Convention ;

- d'empêcher les transferts de produits chimiques du tableau 3 à destination d'Etats non parties s'il n'existe pas d'assurance que les produits inscrits ne seront utilisés qu'à des fins non interdites par la Convention (exemple : produits considérés comme biens de consommation conditionnés pour la vente au détail à usage personnel ou comme articles conditionnés pour un usage individuel).

L'administration des douanes est chargée d'enregistrer puis de communiquer, à la commission nationale chargée des armes nucléaires biologiques et chimiques toutes les importations et exportations de produits chimiques inscrits aux tableaux 2 et 3 de la Convention[167].

En fait, lorsqu'il a été décidé de contrôler les produits chimiques, il a fallu trouver un compromis entre les besoins liés à la lutte contre la production illicite de stupéfiants et ceux liés au commerce légal. En effet, bon nombre de substances servant à la fabrication de stupéfiants sont également très utilisées dans l'industrie chimique. Vingt trois (23) substances réglementées sont en général utilisées comme précurseurs, solvants ou réactifs dans la production de drogues illicites. Elles sont contrôlées à l'échelon international et à l'échelon local.

En ce qui concerne la lutte contre le transfert des armes biologiques, la Convention d'interdiction des armes microbiologiques et à toxines[168] (CABT) interdit « le développement, la production, le stockage, l'acquisition ou le transfert d'agents microbiologiques ou à toxines de types et en quantités qui n'ont pas de justifications pour des utilisations en prophylaxie, protection et autres applications spécifiques ».

[167] Confère décret n° 2002-839 du 27 août 2002 portant création de la Commission nationale chargée des armes nucléaires biologiques et chimiques et l'arrêté ministériel n° 852 en date du 8 février 2002 portant création de la Commission nationale de gestion des produits chimiques.

[168] La CABT a été ouverte à la signature le 10 avril 1972 et est entrée en vigueur le 26 mars 1975 après que 22 États ont déposé leur instrument de ratification. Elle compte actuellement 162 États parties (à part la Guinée, tous les Etats membres de la CEDEAO ont, soit ratifié, soit signé la Convention) qui se sont engagés à ne pas développer, produire, stocker ou utiliser des armes biologiques. Cependant, l'efficacité de la Convention reste limitée étant donné qu'elle ne prévoit aucun régime de vérification du respect de ses dispositions, en raison de l'opposition des États-Unis.

Pour prévenir d'éventuels attaques terroristes aux moyens d'armes chimiques, biologiques et nucléaires, les administrations des douanes devraient être dotées de laboratoires aptes à analyser les produits chimiques et s'inspirer, au besoin des recherches scientifiques innovantes en vue de réguler leur circulation licite. En effet, des séminaires scientifiques permettent, le plus souvent, aux experts douaniers de discuter des aspects techniques relatifs à la sécurisation de leurs analyses, aux mesures de radioactivité, à l'optimisation des échantillonnages, à l'utilisation de nanotechnologies ou à faire le point sur les plus récentes innovations en matière de laboratoires mobiles[169].

C : Le contrôle douanier des mines antipersonnel

Le fléau des mines terrestres n'a toujours pas été éradiqué, même si, depuis 1997, aucun pays n'a, ouvertement, exporté de mines. En raison du caractère sensible des opérations de déminage, il est fortement recommandé de mettre en place un programme à caractère civil, neutre et humanitaire qui opérera en étroite association avec toutes les parties impliquées.

C'est pourquoi, la convention sur l'interdiction de l'emploi, du stockage, de la production et du transfert des mines antipersonnel et sur leur destruction a visé quatre (04) objectifs principaux que sont l'adhésion universelle, la destruction de tous les stocks de mines à travers le monde, le déminage des zones contaminées et l'assistance aux victimes[170].

Dans l'espace CEDEAO, il faut se féliciter de l'action anti mines initiée par le Centre National d'Action Anti-mines au Sénégal (CNAMS) dans la zone sud de la Casamance marquée par la rébellion du mouvement des forces

[169] Il est donc important, pour les douanes des pays membres de la CEDEAO, d'être présentes aux rencontres de chimistes comme celle relative au « 5ème séminaire européen des chimistes douaniers » organisé par la France à Bercy sous l'égide de la Commission européenne. Au programme, l'échange d'informations sur les techniques d'analyse les plus poussées en matière de douane scientifique en vue de garantir la sécurité de la chaîne d'approvisionnement, des consommateurs et la protection du commerce légal. Les scientifiques présents à ce colloque ont échangé, notamment, sur les dernières avancées en matière de détection de nouvelles drogues et substances pharmaceutiques, le profilage des cigarettes saisies et des contrefaçons, l'authentification des vins, l'identification des poissons par codage ADN, l'analyse des biocarburants, la caractérisation des nouvelles fibres textiles et de leurs propriétés, la problématique des déchets toxiques, la différenciation des compléments alimentaires et médicaments, la reconnaissance des diamants, pierres précieuses et semi-précieuses et l'authentification des produits alimentaires.

[170] La convention sur l'interdiction de l'emploi, du stockage, de la production et du transfert des mines antipersonnel et sur leur destruction a été adoptée à Oslo le 18 septembre 1997 et ouverte à la signature les 03 et 04 décembre 1997 à Ottawa est entrée en vigueur le premier mars 1999. Au Sénégal, le décret n°2006-783 a créé la commission nationale chargée de la mise en œuvre de la convention sur l'interdiction de l'emploi, du stockage, de la production et du transfert des mines antipersonnel et sur leur destruction.

démocratiques de la Casamance (MFDC). L'administration des douanes sénégalaises est membre du CNAMS.

Le démarrage effectif, en 2008 des opérations de déminage humanitaire en Casamance[171] est la preuve qu'il est possible de mettre en œuvre un programme d'action anti-mines dans l'espace CEDEAO sans attendre l'aboutissement du processus de paix. Toutefois, des problèmes demeurent et tournent autour d'incidents liés aux conflits, de la sécurisation des zones déminées, du respect, par toutes les parties prenantes de l'interdiction des mines, des moyens disponibles pour la mise en œuvre du programme d'action antimines, de la surveillance des frontières pour empêcher la circulation des mines et de l'utilisation des chiens renifleurs de mines[172].

Globalement, l'élimination et la destruction des armes sont prônées par plusieurs Conventions. Il convient de relever que l'ambition affichée par certains Etats d'adopter un traité contraignant en la matière a abouti au traité sur le commerce des armes[173].

Le dénominateur commun des Conventions portant sur la circulation des armes est la référence à un contrôle douanier rigoureux et organisé de l'importation, l'exportation et le transit de tous les types d'armes, mettant de ce fait l'administration des douanes face à de réelles responsabilités de gestion de ces flux transfrontaliers.

Paragraphe II : Le contrôle douanier de la drogue

Le trafic illicite de stupéfiants n'est pas, expressément, visé par la Convention de Palerme, mais l'esprit de le réprimer est perceptible dans le processus ayant conduit à sa ratification. D'ailleurs, le Secrétaire général[174] de

---

[171] En premier lieu, les localités concernées étaient Kandialang - Boutoute Mandina Mancagne – Soukouta.
En 2009, les activités de dépollution ont pu se poursuivre grâce au soutien de la coopération Française et Allemande d'un montant de quatre cent vingt et un mille six cent quatre-vingt-huit (421.688) dollars USD. Ces soutiens ont permis de poursuivre le déminage dans les villages de : Bacounoume, Dar Salam, Etafoune et Kaguite.

[172] Voir le rapport final de l'atelier de renforcement des capacités, au profit des membres de la Commission Nationale chargée de la mise en œuvre de la Convention d'Ottawa organisé par le CNAMS les 20, 21 et 22 septembre 2011, à l'hôtel Téranga de SALY PORTUDAL (Sénégal), (en ligne) https://www.biblio-mine.org/.../Rapport_atelier_de_CN_20_-22_sept_2011.pdf consulté le 21 mars 2018.

[173] Le traité sur le commerce des armes est un traité de l'Organisation des Nations Unies sur le commerce international des armements conventionnels ; il a été adopté par l'Assemblée générale des Nations Unies le 02 avril 2013 à la suite de sa signature par cent trente (130) Etats et sa ratification par soixante et un (61) Etats, il est entré en vigueur le 24 décembre 2014. Ce traité est le premier texte majeur sur le désarmement depuis le traité d'interdiction complète des essais nucléaires.

[174] Monsieur Koffi ANNAN, Secrétaire général de l'ONU de 1997 à 2006.

l'ONU avait bien rappelé, dans l'avant-propos de la Convention de Palerme, la nécessité de lutter contre « la société incivile constituée, entre autres criminels, de trafiquants de drogues, qui défont le bel ouvrage de la société civile ».

C'est dans cet esprit que le Secrétaire général a confié au Centre pour la prévention internationale du crime de l'Office des Nations Unies pour le contrôle des drogues et la prévention du crime, le secrétariat de la Conférence des Parties à la Convention[175].

La répression du trafic de drogue par les douanes des Etats membres va s'opérer dans un cadre juridique très complexe compte tenu des nombreuses législations intervenant dans la détermination de la circulation des produits stupéfiants **(A)**. C'est pourquoi d'ailleurs, le dispositif douanier de lutte contre la fraude connaît des ajustements à travers l'émergence de structures spécialisées dans la répression de la drogue **(B)**.

A : Le cadre légal du contrôle douanier de la drogue

Les douanes se réfèrent, principalement, au code des douanes et au système harmonisé de classification des marchandises qui permettent de classer les produits stupéfiants, mais aussi à la loi portant code des drogues[176]. Il faut noter que certains produits stupéfiants peuvent être importés suivant des conditions légales prévues par les conventions internationales.

La question de la répression douanière des produits stupéfiants se pose avec acuité même si le principe demeure l'interdiction de leurs trafics **(1)**. La constatation de l'infraction de trafic de drogue, par les douanes, est, au départ, une simple présomption qui doit être confirmée par des tests effectués par des laboratoires agréés[177]. Les produits stupéfiants sont définis comme des substances psycho active, naturelle **(2)** ou synthétique **(3)** classées en quatre (04) tableaux I, II, III et IV de la Convention de Vienne (1961).

1. Les produits stupéfiants interdits à la circulation transfrontalière

Le dispositif régional de répression de la circulation transfrontalière des produits stupéfiants dans l'espace CEDEAO est une émanation du Plan

---

175 Article 33 de la Convention de Palerme.

176 Au Sénégal, se référer à la loi 2014-10 du 28 février 2014 portant code des douanes et à la loi 97-18 du 01er décembre 1997 portant code des drogues modifiée par la loi n° 2007-31 du 27 décembre 2007 en ses articles 95 à 103 criminalisant le trafic illicite de drogue et du décret 97-1220 fixant la liste des stupéfiants.

177 Il s'agit pour l'essentiel de la Convention de 1961 sur les stupéfiants, de la Convention de 1971 sur les substances psychotropes et de la Convention de 1988 sur le trafic illicite des stupéfiants et des substances psychotropes.

d'action de l'Union africaine sur la lutte contre la drogue et la prévention de la criminalité (PAUA). Il s'inspire du PAUA, Initiative sous-régionale[178] qui comporte une déclaration politique ainsi qu'un Plan d'action régional[179] destiné à lutter contre le trafic de drogue dans la région[180].

Pour réprimer le trafic illicite de stupéfiants, les douanes de la CEDEAO peuvent s'approprier les différents programmes de lutte contre le trafic de stupéfiants et se fonder sur la Convention unique de 1961 sur les stupéfiants. Cette Convention interdit la circulation des drogues dites "illégales". La circulation des produits stupéfiants est soumise à des mesures de contrôle strictes qui varient d'une substance à l'autre. Sont classés comme stupéfiants, substances psychotropes ou précurseurs les plantes, substances et précurseurs inscrits aux tableaux I, tableau II, tableau III et tableau IV des Conventions internationales[181].

Le tableau I comporte les substances à haut risque sans aucun intérêt en médecine parce qu'inutilisables. Le tableau II comporte les substances à haut risque, mais avec un intérêt médical ou vétérinaire. Le tableau III comporte des substances à risque très utilisées en médecine humaine ou vétérinaire. Le tableau IV comporte les précurseurs, c'est-à-dire tous les produits entrant dans la fabrication des drogues.

Toutes les activités portant sur les drogues reprises par le tableau I sont et doivent être interdites.

---

[178] L'Initiative a été adoptée lors de la Conférence ministérielle de la CEDEAO à Praia, au Cap-Vert, en 2008.

[179] En octobre 2008, la Communauté économique des États de l'Afrique de l'Ouest (CEDEAO), soutenue par l'ONUDC et le Bureau des Nations unies pour l'Afrique de l'Ouest et en partenariat avec l'Union européenne, a organisé une conférence ministérielle à Praia (Cap-Vert), pour contrer la menace sécuritaire entraînée par le trafic de drogues dans la région. La Déclaration politique et le Plan régional d'action qui ont résulté de cette conférence ont été approuvés par les Chefs d'Etats et de Gouvernements de la CEDEAO le 19 décembre 2008 à Abuja. Les déclarations de Praia reflètent un engagement politique fort et posent les bases d'un cadre de coopération détaillé pour la lutte contre le trafic de stupéfiants et la criminalité organisée en Afrique de l'Ouest. L'ONUDC était chargée de transposer cette Déclaration politique et ce Plan régional d'Action en des programmes concrets pour les Etats membres de la CEDEAO en partenariat avec le Bureau des Nations unies pour l'Afrique de l'Ouest, le Département des opérations de maintien de la paix, l'Organisation internationale de Police criminelle (INTERPOL) et l'Union européenne.

[180] S'appuyant sur ces mesures et dans le but d'accompagner la mise en œuvre de la Déclaration politique et du Plan d'action, la CEDEAO a adopté l'Initiative de Dakar, en février 2010, signée par sept (07) pays de la région.

[181] Ces différents tableaux sont visés par l'article 02 du code des drogues sénégalais et la Convention unique de 1961 sur les stupéfiants, la Convention de 1971 sur les substances psychotropes et la Convention des Nations Unies contre le trafic illicite des stupéfiants et des substances psychotropes de 1988.

Les activités de production, de fabrication, de commerce, de traitement industriel, de remise à des particuliers portant sur les drogues du tableau II sont assujetties à une réglementation et à des contrôles stricts.

Les drogues du tableau III et les précurseurs du tableau IV sont soumis à un régime souple, mais les opérations portant sur elles sont réglementées de façon à assurer une répression de toutes les activités nuisibles à la santé et à l'intérêt public. Les Conventions internationales établissent des normes minimales, par conséquent, il revient à chaque pays de contrôler les substances qui ne figurent pas dans les tableaux sus-indiqués et d'adopter des mesures plus strictes ou plus sévères.

Ainsi par exemple, la Convention unique sur les stupéfiants de 1961 retient un classement en quatre (04) tableaux, en fonction des risques d'abus et des effets nocifs du stupéfiant.

La cocaïne[182], le crack[183], l'opium[184], l'héroïne[185] ou le cannabis[186] sont classés au tableau 1 tandis que le dextropropoxyphène est, lui classé au tableau 2.

---

[182] La cocaïne (benzoylméthylecgonine), alcaloïde cristallin dérivé du tropane, obtenu à partir des feuilles de cocaïer (un arbuste de la famille des Érythroxylacées). Son nom vient du mot « coca » auquel vient s'ajouter le suffixe -ine propre aux alcaloïdes. C'est un stimulant du système nerveux central et un anorexigène. Plus précisément, c'est un inhibiteur de la recapture de la dopamine. En raison de son action sur le système de récompense mésolimbique, la cocaïne engendre une forte dépendance. Sous sa forme la plus pure, la cocaïne est une poudre blanche et floconneuse. À l'état de poudre, c'est un sel appelé chlorhydrate de cocaïne (CAS 53-21-4).

[183] Le crack caractérisé par sa couleur qui peut dépendre de plusieurs facteurs, notamment de l'origine de la cocaïne utilisée, du mode de préparation – avec de l'ammoniac ou du bicarbonate de soude – et de la présence d'impuretés, mais cette couleur varie généralement du blanc au marron clair en passant par une teinte crème jaunâtre ; sa texture dépend également des adultérants, de l'origine et du traitement de la poudre de cocaïne, et du procédé de transformation de la base. Il peut avoir toute une gamme de textures, de la plus friable, parfois extrêmement huileuse, à la plus dure, quasi-cristalline.

[184] L'opium, substance présente à l'état naturel dans les graines de pavot, est extrait grâce à un procédé assez rudimentaire : une incision que l'on pratique sur la capsule à trois ou quatre reprises pendant deux à trois jours. Le suc blanc exsudé des capsules incisées se solidifie alors légèrement et se transforme en une substance poisseuse et visqueuse rouge foncé, à l'odeur sucrée très proche de celle de la canne à sucre. À ce stade, l'opium brut peut être transformé en morphine base, puis en héroïne.

[185] L'héroïne, dérivé de l'opium est un opiacé semi-synthétique obtenu à partir de la morphine, qui est un alcaloïde contenu dans le pavot. C'est un ester dont le nom chimique est 3,6 diacétylmorphines. Lorsqu'elle se présente sous la forme d'une poudre blanche, il s'agit d'un sel, en général du chlorhydrate, qui est l'opiacé le plus consommé et à l'action la plus rapide. L'héroïne est tirée de la morphine, une substance que l'on trouve à l'état naturel dans la capsule de certaines variétés de pavot. Elle est vendue sous la forme d'une poudre blanche ou brune, ou encore d'une substance pâteuse et noire appelée black tar. L'héroïne peut se consommer de différentes façons ; lorsqu'elle est prise par voie orale, elle subit un effet de premier passage hépatique très important par désacétylation et devient alors un précurseur qui est transformé en morphine systémique. En fait, le mode d'administration le plus courant de

Lorsque les substances de ces deux tableaux sont sans valeur thérapeutique notable, elles sont classées au tableau 4, alors que leurs préparations sans risque d'abus ni d'effets nocifs sont reprises dans le tableau 3 qui inclut, également, les substances non aisément récupérables ou extractibles.

2. L'assimilation des substances psychoactives naturelles à la drogue

Les produits stupéfiants sont considérés, au sens douanier, comme de la marchandise prohibée.

Une marchandise est dite prohibée si des restrictions sont posées et un formalisme imposé pour son importation. En effet, « sont considérées comme prohibées toutes marchandises dont l'importation ou l'exportation est légalement interdite à quelque titre que ce soit, soumise à des restrictions, à des règles de qualité ou de conditionnement ou à des formalités particulières.

Lorsque l'importation ou l'exportation n'est permise que sur présentation d'une autorisation, licence, certificat, ou tous autres documents, la marchandise est prohibée si elle n'est pas accompagnée d'un titre régulier, ou si elle est présentée sous le couvert d'un titre non applicable[187]. » Quid maintenant des plantes psycho actives n'étant pas reprises par les différents tableaux susmentionnés ?

La problématique s'est éloquemment posée avec l'interpellation, au Sénégal de six (06) personnes, quatre (04) de nationalité sénégalaise, un (01) djiboutien et une (01) kenyane pour contrebande de khat faussement déclaré comme étant du « henné » à la position tarifaire n° 06.04.90.00.00 (feuilles, ...pour bouquets ou pour ornements).

Le khat est un arbuste ou arbrisseau (une sorte de fusain) de la famille des Célastracées, originaire d'Éthiopie, dont la culture s'est étendue à l'Arabie (surtout au Yémen) vers le XVe siècle. Il est consommé par les habitants de

---

l'héroïne est l'injection intraveineuse. Lorsque la drogue est prise en injection, elle évite cet effet de premier passage et traverse très rapidement la barrière hématoencéphalique en raison de la présence des groupements acétyle qui la rendent beaucoup plus soluble dans les lipides que la morphine elle-même. Une fois arrivée au cerveau, elle est désacétylée en 3 et 6-monoacétylmorphine et en morphine, qui se fixent sur les récepteurs opioïdes de type μ, ce qui procure une sensation de bien-être extrême et profond.

[186] Le cannabis, sous la forme de marijuana, est un mélange vert ou marron de fleurs, de tiges, de graines et de feuilles séchées et hachées de la plante Cannabis sativa, et son principal agent chimique actif est le THC (delta-9-tétrahydrocannabinol). Il est généralement fumé dans une cigarette ou une pipe, ou encore dans des « blunts », qui sont des cigares vidés de leur tabac et remplis de marijuana, souvent associée à une autre drogue. Le cannabis peut également être mélangé à de la nourriture ou pris en infusion comme du thé. La forme plus concentrée et résineuse du cannabis est appelée haschisch et le liquide noir et poisseux, l'huile de haschisch. La fumée de cannabis a une odeur forte et très caractéristique, habituellement aigre-douce.

[187] Article 21 du code des douanes du Sénégal.

ces régions qui en mâchent longuement les feuilles pour leur effet stimulant et euphorisant comparable à celui de l'amphétamine. Prenant prétexte de cette affaire, le statut de drogue du Khat, diversement apprécié, a fait débat au Sénégal[188].

Etant donné que la mission de lutte contre les produits stupéfiants revêt un caractère transversal en ce sens qu'elle est confiée à la police, à la gendarmerie à la douane et à la justice, les rapports de l'administration douanière avec les différents services de sécurité doivent être encadrés. Pour que ces différents services parlent le même langage, il faudra bien se référer à la loi pour cerner la notion de produits stupéfiants prohibés légalement et donc pouvant être assimilés à de la drogue.

3. L'assimilation de substances synthétiques ou de précurseurs chimiques à la drogue

En réalité, presque toutes les drogues, à l'exception de celles existant sous une forme consommable, par exemple le cannabis et les champignons hallucinogènes, nécessitent un réactif avant de pouvoir être transformées puis revendues sur le marché illicite. Hormis, donc, les substances présentes à l'état naturel, comme le cannabis, les drogues requièrent des produits chimiques lors de leur extraction ou de leur synthèse. Dans le cas de drogues semi-synthétiques telles que les drogues psychédéliques[189], le LSD[190], les produits

---

[188] Confère le Journal sénégalais L'Observateur du 15 juin 2015, page 15. Le Khat n'est nommément repris, ni par le décret 97-1220 fixant la liste des stupéfiants, ni par l'arrêté n° 12588/MEF/DGD/DERD du 19 octobre 1988, fixant la liste des produits auxquels sont applicables les dispositions de l'article 280 du Code des douanes sur l'ensemble du territoire douanier. Mais la cathinone et la cathine, principales composantes (principes actifs) du khat sont reprises dans le tableau I et III de la Convention de 1971 sur les substances psychotropes. L'organe international de Contrôle des Stupéfiants (OICS) parle du Khat dans ses rapports annuels tel que le rapport de 2014.

[189] Les drogues psychédéliques (le L.S.D, le peyotl, les champignons hallucinogènes, les buvards de LSD, les champignons psilocybes, les crapauds psychoactifs) : les drogues psychédéliques ont des propriétés psychoactives qui ont la capacité de modifier, de façon subjective, les processus de la pensée mise en œuvre dans le cerveau et l'esprit. Par ailleurs, elles déforment les sensations de façon à les rendre qualitativement différentes de celles produites par la conscience ordinaire, ce qui amène les consommateurs à prétendre qu'ils ont la sensation de sortir de leur corps. Le LSD, qui provoque des effets à des doses extrêmement faibles, se présente en général sous la forme d'un buvard ou d'un liquide. Les autres drogues psychédéliques sont les champignons psilocybes (il en existe plus de cent quatre vingt (180) espèces) et les crapauds psychoactifs, qui produisent un venin doté de propriétés semblables. Ce venin peut être léché ou fumé dans une pipe spéciale.

[190] Le LSD est une drogue semi-synthétique qui a été découverte par le chimiste Albert Hofmann en 1938. Elle est fabriquée à partir d'acide lysergique, dérivé de composés de l'ergot de seigle (sclérotes/capsules de spores d'un champignon parasite). Le LSD est une drogue psychédélique qui existe sous trois formes : en comprimés, en capsules et parfois sous la forme d'un liquide qui peut être pris en intraveineuse ou en intramusculaire. Le LSD est

chimiques sont indispensables à la transformation de la matière brute en drogue consommable.

Ces réactifs appelés produits chimiques précurseurs indispensables à la fabrication de stupéfiants peuvent être du permanganate de potassium pour la cocaïne, de l'anhydride acétique pour l'héroïne, de l'huile de sassafras pour le MDMA et les méthamphétamines[191].

Des rapports circulent au sein des services de renseignement concernant l'établissement de véritables installations de fabrication de drogue dans les Etats membres, en général, en Guinée, en particulier ainsi que des rumeurs sur des tentatives d'introduction de la culture du pavot à opium en Haute-Guinée. Suite à ces informations concordantes, les autorités guinéennes avaient même organisé, en juillet 2009, une descente de police dans une installation dont elles soupçonnaient qu'elle servait à la fabrication de drogue, et avaient, alors, saisi des équipements et des substances chimiques toxiques.

En outre, une mission ONUDC-INTERPOL a visité les huit (08) installations démantelées à Conakry (Guinée). Cette mission a confirmé que les équipements et les substances chimiques saisis (notamment éther, acide sulfurique, huile de sassafras et acétone) permettaient la fabrication de cocaïne et d'héroïne, ainsi que la production de méthamphétamine et de MDMA (ecstasy).

B : Le cadre opérationnel de la lutte contre la drogue

Les infractions liées au trafic de drogues ne sont pas fondamentalement douanières à la base, ce qui explique que leur répression, même douanière, ne saurait relever de la compétence exclusive de l'administration des douanes.

---

une substance inodore et incolore au goût amer. Sur le marché des drogues illicites, le LSD est vendu sous forme de papier imprégné (les buvards ou trips), de micropointes, de minces carrés de gélatine (« gélats ») ou de sucres en morceaux imprégnés. Les carrés de papier imprimé ou buvards constituent les doses les plus courantes. Ils sont faits d'un papier imprégné d'une solution de LSD alcoolique.

[191] D'un point de vue chimique, tous les stimulants de type amphétamine sont associés à la molécule bêta-phényléthylamine (PEA). Cette molécule est l'élément de base des neurotransmetteurs de l'organisme (tels que la dopamine et l'adrénaline) qui transmettent l'information neuronale du système nerveux central et végétatif. L'amphétamine peut être considérée comme le prototype (ou la substance mère) des psychostimulants. Elle a été synthétisée pour la première fois en 1887 mais n'a été utilisée à des fins thérapeutiques qu'au début des années 1930, lorsqu'on a découvert qu'elle augmentait la pression artérielle, stimulait le système nerveux central, permettait de soigner l'asthme grâce à son action bronchodilatatrice et était utile dans le traitement des crises d'épilepsie. C'est alors qu'elle a commencé à être utilisée comme une drogue. Sur le marché illicite, les amphétamines sont vendues sous forme de poudre, de liquide, de cristaux, de comprimés et de capsules. Actuellement, les comprimés sont les plus répandus et sont vendus sous le nom d'ecstasy.

La mutualisation des forces de sécurité est donc devenue une exigence dans la lutte contre les stupéfiants. Les exigences d'appropriation des nouvelles méthodes utilisées pour lutter contre la criminalité transnationale organisée impliquent des changements dans l'exécution des services classiques de lutte contre la fraude douanière.

Aujourd'hui, la modernisation des douanes renvoie, inéluctablement, à la mixité et à la mutualisation des actions des forces de sécurité **(1)** et au processus de spécialisation d'unités opérationnelles[192] dédiées à la lutte contre la criminalité transnationale organisée **(2)**.

1. La mutualisation des actions des forces de sécurité

Au plan communautaire, la mutualisation des forces de sécurité est devenue une exigence dans la lutte contre la criminalité transnationale organisée. A cet effet, l'Office des Nations Unies contre la Drogue et le Crime (ONUDC), l'Organisation mondiale des Douanes (OMD) et les autorités militaires des Etats de la CEDEAO ont lancé l'idée de mettre en place des unités et cellules mixtes maritimes et aéroportuaires anti trafics[193]. Ces unités sont composées d'agents de la police, de la gendarmerie et de la douane, chargés, principalement, de contrôler les flux transfrontaliers aux fins de sécurisation des trafics portuaire et aéroportuaire contre l'infiltration de la drogue et autres produits prohibés[194].

Seulement, pour permettre aux unités mixtes de bien remplir leurs missions, il serait souhaitable de procéder à leur mutation en Subdivision spéciale de Contrôle (SSC). Le chef de l'unité mixte pourra, de ce fait, se prévaloir légalement des compétences d'un receveur poursuivant[195].

Les unités mixtes ont pour missions de protéger les chaînes logistiques maritime et aéroportuaire de l'action des réseaux criminels. A cet effet et sous

[192] Il s'agit pour l'essentiel des équipes piétonnes, des équipes motocyclistes, des équipes de visites de navire de commerce et des équipes maîtres-chiens stupéfiants, maîtres-chiens tabac, maitres-chiens billets de banque.

[193] Au port de Guayaquil en Equateur, où l'Unité mixte est opérationnelle depuis mars 2006, une saisie record de cinq (05) tonnes de cocaïne a été enregistrée, après seulement deux semaines d'activité, a signalé le représentant de l'ONUDC pour l'Afrique de l'Ouest et du Centre, Antonio Mazzitelli. *www.panapress.com/L-ONUDC-dote-le-Port-de-Dakar-d-une-unite-speciale*, consulté le 08 mai 2017.

[194] L'UMCC du Sénégal, rattachée à la Subdivision des douanes de Dakar Port, regroupe les services de sécurité des douanes, de la police, de la gendarmerie et fait partie des quatre (04) unités pilote du PCC, à côté des unités basées au Ghana, en Equateur et au Pakistan.

[195] Toutefois, il faut regretter qu'au Sénégal notamment, les textes portant création, organisation et fonctionnement de l'Unité Mixte de Contrôle des Conteneurs (UMCC) n'ont pas été clairement définis et de 2006 à 2017, l'UMCC a fonctionné, tant bien que mal, malgré le fait que le Comité interministériel de Lutte contre la Drogue (CILD) n'a pas finalisé le processus de signature de l'arrêté devant l'instituer.

l'égide de l'Organisation mondiale des douanes, l'opération COCAIR a été instituée en collaboration avec l'OICP Interpol, l'ONUDC et les Unités de Coordination opérationnelle (UCO) des Etats membres. Il s'agit d'une opération anti-drogue se fondant sur l'échange sécurisé d'informations entre les différents aéroports en Afrique de l'Ouest via le réseau Cencomm de l'OMD et I-24/7 de l'OICP Interpol[196].

En appui à l'opération COCAIR, le programme AIRCOP développé par l'ONUDC en collaboration avec l'OMD et l'OICP Interpol vise à établir une communication sécurisée, en temps réel, entre certains aéroports en Afrique de l'Ouest, en Amérique latine et aux Caraïbes. Ce programme prévoit l'installation des Cellules aéroportuaires Anti Trafic (CAAT) interconnectées aux systèmes de communication de l'OMD (Cencomm) et de l'OICP Interpol (I-24/7) pour la transmission instantanée d'informations opérationnelles.

A l'instar d'AIRCOP, l'Union européenne a initié le programme SEACOP afin de renforcer la collaboration maritime de lutte contre la drogue[197]. Le programme SEACOP vise à accompagner les pays en voie de développement dans le renforcement des capacités de surveillance de leurs espaces maritimes.

En ce qui concerne la mutualisation du renseignement, les Etats-Unis d'Amérique sont en train de doter les pays de l'Afrique de l'Ouest d'un système automatisé de prise d'empreintes digitales interconnecté dénommé programme AFIS entre services de la police, de la douane et de la gendarmerie. Il permet l'échange instantané de renseignements entre les différents services sus mentionnés.

2. La spécialisation d'unités opérationnelles de lutte contre la drogue

Dans l'espace CEDEAO, les douanes restent, relativement, indépendantes et puissantes et l'enquêteur douanier qui n'est pas un agent judiciaire peut donc poser des actes d'enquêtes douanières sans s'en référer à l'autorisation et à la supervision du Procureur. Avec l'institution des douanes judiciaires placées, sous l'autorité du Procureur de la République, les actions des services de sécurité (police, douane, gendarmerie) impliqués dans des investigations

[196] Du 14 au 20 juin 2010, l'opération COCAIR2 a permis les saisies suivantes : douze (12) saisies de cocaïne d'une quantité supérieure à quinze (15) kg (Nigéria, Sénégal, Brésil, Ghana, Cap Vert, Mali et Gabon), deux (2) saisies de cannabis d'une quantité de mille huit cent dix (1810) kg (Gabon, Ghana) et une saisie de plus de trois (03) tonnes de précurseurs chimiques en Côte d'ivoire. Du 28 novembre au 04 décembre 2011, l'opération COCAIR 3 a permis d'enregistrer, notamment, les saisies suivantes : 468,5 kg de cannabis, 24,68 kg de cocaïne, 6,31 kg d'héroïne…

[197] Le Sénégal, le Ghana et le Cap-Vert sont choisis pour le démarrage avec une extension envisagée dans les autres pays de la sous région. A coté des unités maritimes basées au Ghana, en Equateur et au Pakistan, de nouvelles UMCC sont installées au Cap- Vert, au Togo et au Bénin.

criminelles de lutte contre la drogue seront mieux harmonisées et coordonnées.

En attendant l'institution de douanes judiciaires dans les Etats membres, la création de Bureaux des Investigations criminelles et des Stupéfiants[198] (BICS) est une réponse éloquente à la nouvelle exigence de renforcement de la sécurité de la chaîne logistique internationale.

L'administration des douanes se dote, ainsi, d'une structure sui generis apte à introduire dans son arsenal juridique les nouveaux contours de la fraude douanière et capable de participer efficacement à des enquêtes internationales sur les trafics de drogue. La création du BICS est donc une réponse aux exigences de la communauté internationale et constitue une des recommandations de l'OMD qui s'est résolument engagée dans la modernisation et l'harmonisation des administrations des douanes[199].

Les nouvelles unités douanières spécialisées dans la lutte contre la drogue, sont fondamentalement, d'inspiration policière et, pour exister réellement, ont besoin d'être accompagnées et appuyées par le procureur et par les services de police partageant les mêmes modus opérandi comme l'utilisation d'équipes maitres-chiens.

L'utilisation des chiens dans l'administration des douanes n'est pas une nouveauté. En France, jusqu'en 1950, environ deux cent (200) chiens étaient répartis le long des frontières terrestres.

Ils servaient aux missions traditionnelles de surveillance : patrouilles, embuscades, gardes de points fixes etc. Dans les années 70, les douanes américaines et allemandes mettent au point des méthodes, très efficaces, de dressage de chiens permettant la détection de stupéfiants. Devant les résultats

---

198 Au Sénégal, l'article 23 de l'arrêté n° 7282 du 30 juillet 2009 dispose que le Bureau des Investigations criminelles et des Stupéfiants (BICS) est chargé de lutter contre les trafics organisés en matière de stupéfiants et de blanchiment des capitaux , de lutter notamment contre le terrorisme et le trafic d'armes, de substances nucléaires, de personnes et d'organes humains, de déchets toxiques, etc. ; d'assurer la coopération avec les services nationaux et internationaux de répression dans ces domaines, de rechercher, de traiter et de diffuser le renseignement douanier et notamment en matière de trafic de stupéfiants, de collaborer avec les services nationaux et internationaux de répression dans le cadre d'enquêtes internationales ; de suivre les travaux organisés sur le plan international en matière de lutte contre la contrefaçon, de recueillir et de centraliser les informations sur les stupéfiants et le blanchiment de capitaux à l'effet de procéder aux recoupements nécessaires à leur exploitation par les services ; de gérer les bases de données sur les stupéfiants et d'assurer la police du Fichier national d'Information et de documentation (FNID) sur les stupéfiants et le blanchiment de capitaux, de suivre les travaux organisés sur le plan international en matière de criminalité transnationale organisée.

199 L'Ambassade de la République française au Sénégal a mis à contribution des crédits s'élevant à cinquante millions (50 000 000) de francs CFA provenant de la Mission Interministérielle de Lutte contre la Drogue et la Toxicomanie (MILDT) pour équiper le Bureau des Investigations criminelles et des Stupéfiants en matériels de bureaux, en véhicules et motocycles.

obtenus, l'administration des douanes décide la création d'équipes françaises de maître-chien[200].

A l'origine, les programmes cynophiles visaient à développer les capacités des douanes dans la lutte contre le trafic illicite des drogues. Ce rôle traditionnel s'est étendu à d'autres domaines tels que la lutte contre le terrorisme, notamment, par la détection des armes et des explosifs, et plus récemment la lutte contre le trafic de devises, de CD-Rom contrefaits, de cigarettes ou encore de médicaments et de produits de la CITES.

La mission des unités cynophiles est, aujourd'hui, reconnue en matière de détection de drogues et d'explosives dissimulées à l'intérieur de bagages et de véhicules mais aussi en matière d'immobilisation des contrevenants lors d'éventuelles tentatives de fuite. Le rôle du maître-chien, anti-stupéfiants est d'assister ses collègues douaniers dans la recherche des stupéfiants. Donc, chaque fois que le service trouve nécessaire le passage du chien, elle fait appel à une équipe cynophile.

L'Organisation mondiale des Douanes accorde une importance stratégique à la mise en place d'équipes cynophiles pour lutter contre la criminalité transnationale organisée. L'organisation du forum mondial sur la problématique des équipes cynophiles dans le dispositif de lutte contre la fraude s'inscrit dans cette dynamique. Le principal objectif du forum a consisté à échanger les meilleures pratiques et expériences en cours dans les différents pays ayant mis en place des centres de formation cynophile et d'identifier les défis communs en matière d'implantation de nouveaux centres canins avec les programmes de formation nécessaires et les modèles opérationnels qui s'y rapportent[201].

Les équipes cynophiles constituent, désormais, une composante essentielle des programmes mis en place par les services douaniers dans le cadre de la gestion globale des risques. D'ailleurs, à la suite du forum et au vu de l'intérêt qu'il avait suscité, il a été décidé de créer un réseau mondial d'experts canins. Opérationnel depuis le 27 janvier 2011, le « Global K9 Forum » utilise la plateforme CENcomm, qui a été spécialement adaptée pour la circonstance[202].

---

[200] Les premières équipes de maitre chiens ont été formées en Allemagne puis, par la suite, à l'école de la gendarmerie de Gramat. Ces deux filières ont permis la constitution d'une dizaine d'équipes. En 1982, la douane française décide, d'organiser, elle-même, la formation de ses équipes, avec pour objectif de porter leur nombre à cinquante (50) le plus rapidement possible. L'Ecole nationale des Brigades des Douanes à la Rochelle (ENBD) est retenue pour abriter les installations nécessaires et le centre est inauguré le 9 décembre 1983. Actuellement un peu moins de deux cent (200) équipes anti-stupéfiantes sont en activité.

[201] Le Forum mondial canin a été organisé du 25 au 27 janvier 2011 à Bruxelles, la journée du 26 coïncidant avec les célébrations de la Journée internationale de la douane.

[202] OMD actu N° 65 Juin 2011, (en ligne), www.wcoomd.org/.../premier-forum-mondial-canin-_-omd-actualités-_-juin-2011.pdf?... Consulté le 08 mai 2017.

Au plan communautaire, il existe un projet de création d'un centre régional de dressage de chiens spécialisés dans la recherche de produits stupéfiants pour l'Afrique de l'Ouest et centrale. Ce projet doit servir d'opportunité pour promouvoir le potentiel canin de la région et constituer une occasion de raffermir les efforts de développements relatifs à l'élevage et aux sciences vétérinaires. Dans cette dynamique, ce projet devrait prendre en considération les potentialités nationales[203].

La lutte contre la drogue implique, en définitive, une adaptation du dispositif douanier de surveillance du territoire. Il faudra coopérer avec les autres services de sécurité et créer des unités cynophiles afin de minimiser les risques d'utilisation des mécanismes d'importation pour faire circuler la drogue. L'institution d'agents des douanes judiciaires devrait entraîner certains changements dans l'action de l'administration des douanes.

En tout état de cause, une coopération entre tous les acteurs intervenant sur les différents maillons de la chaîne est essentielle pour définir, élaborer et appliquer des plans opportuns aptes à assurer la sécurité des flux transfrontaliers.

Paragraphe III : Le contrôle douanier du mouvement des personnes

Le Traité de la CEDEAO consacre les droits à la libre circulation, de résidence et d'établissement des personnes[204]. Le droit de mouvement des citoyens de la CEDEAO ne doit, cependant, pas faire perdre de vue les trafics illicites orchestrés par des bandes organisées pour faire entrer ou faire sortir, irrégulièrement, clandestinement voire dans la contrainte des personnes vulnérables. A ce sujet, il y a souvent méprise entre la traite des personnes et le passage en fraude d'immigrants illégaux à travers les frontières, c'est parce que, certainement, ils renvoient, tous les deux, à des mouvements transfrontaliers clandestins ou illégaux de personnes.

Les Etats membres ont adopté le protocole additionnel à la Convention des Nations Unies contre la criminalité transnationale organisée visant à prévenir,

---

203 En attendant la concrétisation du projet, le Sénégal, en partenariat avec les douanes françaises a mis en place deux équipes cynophiles formées à l'Ecole des douanes de la Rochelle.

204 Article 59 du traité de la CEDEAO : « les citoyens de la Communauté ont le droit d'entrée, de résidence et d'établissement, et les Etats membres s'engagent à reconnaître ces droits aux citoyens de la Communauté sur leurs territoires respectifs, conformément aux dispositions des Protocoles y afférents204 ; les Etats membres s'engagent à prendre toutes les mesures appropriées en vue d'assurer aux citoyens de la Communauté, la pleine jouissance des droits visés ci-dessus ; les Etats membres s'engagent à prendre, au niveau national, les dispositions nécessaires, pour assurer l'application effective des dispositions du présent article ».

réprimer et punir la traite des personnes, en particulier des femmes et des enfants **(A)**.

En outre, préoccupés par l'accroissement considérable des activités des groupes criminels organisés, relatives au trafic illicite de migrants et compte tenu du fait que le trafic illicite de migrants risque de mettre en danger la vie ou la sécurité des personnes concernées, les Etats parties, dont ceux de la CEDEAO, ont, également, adopté le Protocole contre le trafic illicite de migrants par terre, mer et air annexé à la Convention de Palerme pour réprimer les trafics de migrants **(B)**.

A : La répression de la traite des personnes en particulier des femmes et des enfants

Le trafic des personnes ou la traite des personnes s'assimile au recrutement illégal et au transport de personnes, par déception ou par force, à des fins d'exploitation. Ce trafic renvoie, généralement, à la prostitution forcée, mais les victimes sont aussi placées en servitude pour dette et en servitude domestique. Elles peuvent être des hommes, des femmes ou des enfants.

La traite des personnes[205] est considérée comme l'une des trois activités illégales les plus importantes en termes de profit, après la vente illégale d'armes et de drogues. Ce phénomène prend communément la forme d'un recrutement forcé d'enfants ou de jeunes filles et de femmes, à des fins d'exploitation économique ou sexuelle.

Les expressions «traite des personnes», «traite des êtres humains» et «esclavage moderne» ont été utilisées comme des termes génériques pour désigner le recrutement, l'hébergement, le transport, la fourniture ou l'obtention d'une personne à des fins de travail forcé ou d'actes sexuels commerciaux en recourant à la force, la fraude ou la contrainte.

Le Protocole additionnel à la Convention des Nations Unies contre la criminalité transnationale organisée visant à prévenir, réprimer et punir la traite des personnes, en particulier des femmes et des enfants[206] emploie, pour décrire ce service forcé, différents termes, notamment, ceux de servitude involontaire, d'esclavage ou de pratique analogue à l'esclavage, de servitude pour dettes et de travail forcé.

---

[205] Michel LUNTUMBUE, « Criminalité transfrontalière en Afrique de l'Ouest : cadre et limites des stratégies régionales de lutte », Note d'Analyse du GRIP, 9 octobre 2012, Bruxelles, (en ligne), http://www.grip.org/fr/siteweb/images/notes analyse/2012/NA_2012-10-09_FR_ M-LUNTUMBUE.pdf consulté le 03 avril 2017.

[206] Tous les pays de la CEDEAO ont ratifié le Protocole relatif à la traite ; seuls deux pays de la CEDEAO n'ont pas ratifié le Protocole relatif au trafic illicite de migrants.

Dans l'espace CEDEAO, il s'agit d'un phénomène, aux dimensions régionales, profondément enraciné dans le contexte de pauvreté et dans les conditions socio-économiques difficiles qui entravent la sécurité humaine et la protection effective des droits des catégories sociales les plus fragilisées **(1).**

Les mesures à prendre par les douanes relativement à la question de la surveillance douanière des services liés à la traite des personnes sont reprises dans le Protocole annexé à la Convention de Palerme qui a pour objet de prévenir et de combattre la traite des personnes **(2)**.

1. La criminalisation de la traite des personnes

Dans le domaine du trafic illicite de migrants, les États membres sont invités à renforcer, dans la mesure du possible, les contrôles aux frontières nécessaires pour prévenir et détecter le trafic illicite de migrants. L'acte fondateur de la stratégie ouest-africaine en matière de lutte contre la traite des êtres humains est l'adoption, en 2001, de la Déclaration politique et du Plan d'action initial de la CEDEAO sur la traite des personnes pour la période 2002-2003[207].

En référence au Protocole de Palerme, l'expression « traite des personnes » désigne le recrutement, le transport, le transfert, l'hébergement ou l'accueil de personnes, par la menace de recours ou le recours à la force ou à d'autres formes de contrainte, par enlèvement, fraude, tromperie, abus d'autorité ou d'une situation de vulnérabilité, ou par l'offre ou l'acceptation de paiements ou d'avantages pour obtenir le consentement d'une personne ayant autorité sur une autre aux fins d'exploitation.

Sont considérés comme une « traite des personnes » même s'ils ne font appel à aucun des moyens énoncés :

- l'exploitation de la prostitution d'autrui ou d'autres formes d'exploitation sexuelle ;
- le travail ou les services forcés ;
- l'esclavage ou les pratiques analogues à l'esclavage ;
- la servitude ou le prélèvement d'organes ;
- le recrutement, le transport, le transfert, l'hébergement ou l'accueil d'un enfant aux fins d'exploitation.

Les Etats membres deviennent une destination attirante pour le tourisme sexuel et les pédophiles.

Les enfants des Etats membres, ravagés par la guerre, ont, très souvent, été vendus comme esclaves pour travailler dans des plantations de thé, de coton et

[207] Le plan sera révisé et mis à jour, dans le cadre de la conférence régionale sur la traite des personnes en Afrique occidentale et centrale, tenue à Abuja en juin 2006.

de cacao. Des réseaux actifs transfrontaliers de trafics d'enfants opèrent dans, au moins, treize (13) pays d'Afrique occidentale et recrutent des milliers d'enfants loin de leur foyer chaque année pour les emmener vers d'autres lieux et les exploiter sexuellement ou par le travail forcé[208]. Le corridor commercial Abidjan-Lagos qui traverse cinq (05) pays (Côte d'Ivoire, Ghana, Togo, Bénin et Nigéria) a été identifié comme étant une importante route pour la migration liée à la prostitution ou à l'exploitation sexuelle en Afrique de l'Ouest.

De nombreuses femmes originaires de ces cinq (05) pays ou de pays plus éloignés sont victimes d'exploitation sexuelle dans les villes situées le long de cette route commerciale ou aux frontières.

A Cotonou (Bénin), par exemple, prés de 90% des femmes impliquées dans la prostitution sont originaires d'autres pays du corridor Nigéria-Ghana-Togo[209].

Les enfants sont l'objet d'un trafic intra-régional, à la fois interne et transfrontalier, dans les secteurs de l'agriculture, de la pêche ou de la mendicité. Le Bénin, le Burkina Faso, la Guinée-Bissau, la Guinée-Conakry, le Ghana, le Mali, le Nigeria et le Togo sont les principaux pays à partir desquels les enfants travailleurs sont acheminés vers les centres urbains et les sites agricoles d'autres localités et d'autres pays de la sous-région.

La Guinée équatoriale, la Côte d'Ivoire, le Gabon, le Nigeria ou le Sénégal[210] sont les principaux pays d'accueil. Toutefois, la plupart des pays de la région sont à la fois des pays de départ, de transit et d'accueil. Entre deux cent mille (200 000) et trois cent mille (300 000) enfants seraient chaque année victimes de la traite en Afrique occidentale et centrale, selon le Fonds des Nations Unies pour l'enfance (UNICEF), et l'Organisation internationale du travail (OIT)[211].

Selon les estimations de l'Organisation internationale du Travail (OIT), le travail forcé dans le secteur privé produit environ cent cinquante (150) milliards de dollars US de bénéfices illicites chaque année. Ces milliards

---

[208] Human Rights Watch<http : hrw.org/reports/2003/togo0403/togo0303.htm, consulté le 03 avril 2017.

[209] Enquête de surveillance intégrée du VIH et des autres infections sexuellement transmissibles chez les travailleuses du sexe au Bénin en 2002, Cahiers Santé, vol. 17, n° 3, juillet-août-septembre 2007.

[210] Dans le 16ème rapport annuel des Etats Unis sur la traite des personnes (Tip), cent quatre-vingt-sept pays ont été notés Le Sénégal est logé dans la catégorie « Tier 2 Wathch List », celle « des gouvernements n'ayant pas totalement respecté les normes minimales fixées par le Congrès pour lutter contre la traite des personnes ».

[211] Wilfried Relwende Sawado, The Challenges of Transnational Human Trafficking in West Africa African Studies Quarterly, volume 13, issues 1 & 2, printemps 2012 http://www.africa.ufl.edu/asq/v13/v13i1-2a5.pdf, p. 3.

inondent le marché officiel, corrompent l'économie mondiale et souillent, à l'insu des consommateurs, leurs achats[212].

Les jeunes filles et les femmes sont la catégorie de personnes la plus touchée par la traite entre la sous-région ouest-africaine et l'Europe ou le Moyen-Orient[213]. Selon une étude de l'ONUDC, entre trois mille huit cent (3 800) et cinq mille (5 000) jeunes filles et femmes sont chaque année victimes du trafic des êtres humains vers ces deux destinations, à des fins d'exploitation sexuelle.

Le trafic humain entre l'Afrique de l'Ouest et l'Europe rapporterait chaque année entre cent cinquante deux millions (152.000.000) et deux cent vingt huit millions (228.000.000) de dollars US.

Il a fallu que certains pays de l'espace CEDEAO (13 sur 15) signent et ratifient le Protocole annexé à la Convention des Nations Unies contre la criminalité transnationale organisée, visant à prévenir, réprimer et punir la traite des personnes, en particulier des femmes et des enfants, pour que les gouvernements des pays signataires décident d'introduire dans leur droit positif une incrimination spécifique à la traite des personnes[214].

C'est ainsi que le Plan d'action de Ouagadougou contre la traite des êtres humains, en particulier des femmes et des enfants[215] encourage les « Etats à modifier la législation nationale ou à en adopter une nouvelle, en conformité avec les instruments juridiques régionaux et internationaux, afin que le crime de la traite des êtres humains soit défini de manière précise dans la législation nationale, et veiller à ce que toutes les pratiques prévues dans la définition de la traite des êtres humains soient également criminalisées ».

---

[212] Rapport 2015 sur la traite des personnes suivre le lien https://www.state.gov/documents/organization/246360.pdf

[213] Mamadou THIANDOUM, Commissaire de police divisionnaire, « La traite des personnes en Afrique de l'Ouest, Présentation à la Conférence internationale sur les risques liés à la mondialisation de la criminalité et les spécificités de l'Afrique », Méridien Président Dakar les 14 et 15 octobre 2010, pages 04 et 05. http://www.centif.sn/Commissaire_Mamadou_Thiandoum_Traite_personnes_Afrique_Ouest consulté le 03 avril 2017.

[214] Sous l'initiative du Togo, l'idée de l'élaboration d'un Plan d'action couvrant l'espace CEDEAO a été lancée. En 2001, avec l'appui de l'Office des Nations Unies contre la Drogue et le Crime (ONUDC), une réunion d'experts regroupant tous les représentants des Etats membres de la CEDEAO a été organisée à Accra (Ghana) pour l'élaboration du Plan d'Action régional de lutte contre la traite des personnes qui devint le Plan d'Action Initial de la CEDEAO 2002/2003 sur la traite des personnes.

[215] Le plan d'action d'Ouagadougou a été adopté par la Conférence ministérielle sur la migration et le développement à Tripoli (Libye), les 22 et 23 novembre 2006.

2. Les mesures aux frontières de lutte contre la traite des personnes

Le mouvement des personnes physiques fait l'objet d'une attention particulière par la Convention de Palerme qui, à l'article 6 du Protocole sur la traite des personnes annexé à ladite Convention intitulé assistance et protection accordées aux victimes de la traite des personnes dispose que « lorsqu'il y a lieu et dans la mesure où son droit interne le permet, chaque État Partie protège la vie privée et l'identité des victimes de la traite des personnes, notamment, en rendant les procédures judiciaires relatives à cette traite non publique ».

La question de la surveillance douanière des services liés à la traite des personnes se retrouve, donc, dans les Protocoles annexés à la Convention de Palerme qui ont pour objet de prévenir et de combattre la traite des personnes en tant que services illicites rémunérés et donc prohibés par les moyens ci-après :

- en accordant une attention particulière aux mouvements des femmes et des enfants ;

- en protégeant et en aidant les victimes d'une telle traite en respectant pleinement leurs droits fondamentaux ;

- en promouvant la coopération entre les États Parties en vue d'atteindre ces objectifs.

Chaque État partie devrait s'efforcer, aussi, d'assurer la sécurité physique des victimes de la traite des personnes pendant qu'elles se trouvent sur son territoire. Cependant, si la plupart des États membres se sont dotés d'un cadre juridique en matière de lutte contre la traite, il subsiste, dans les faits, de nombreuses lacunes ainsi qu'un manque d'harmonisation et d'articulation entre les législations internes et les instruments juridiques internationaux signés par les États. Des services comme la douane devraient, aujourd'hui, être mieux outillés pour réprimer les mouvements des personnes.

Cette répression est conforme à l'article 10 : Échange d'informations et formation du Protocole annexé à la Convention qui stipule que les services de détection, de répression, d'immigration ou d'autres services compétents des États parties coopèrent entre eux, selon qu'il convient, en échangeant, conformément au droit interne de ces États, des informations qui leur permettent de déterminer si :

- les personnes franchissant ou tentant de franchir une frontière internationale avec des documents de voyage appartenant à d'autres personnes ou sans documents de voyage sont auteurs ou victimes de la traite des personnes ;

- les types de documents de voyage que des personnes ont utilisés ou tenté d'utiliser pour franchir une frontière internationale aux fins de la traite des personnes ;

- les moyens et méthodes utilisés par les groupes criminels organisés pour la traite des personnes, y compris le recrutement et le transport des victimes, les itinéraires et les liens entre les personnes et les groupes se livrant à cette traite, ainsi que les mesures pouvant permettre de les découvrir.

Il faut, par ailleurs, rappeler que le Protocole sur le trafic illicite des personnes, annexé à la Convention de Palerme en son article 11 recommande des mesures aux frontières en ces termes :

- sans préjudice des engagements internationaux relatifs à la libre circulation des personnes, les États parties renforcent, dans la mesure du possible, les contrôles aux frontières nécessaires pour prévenir et détecter la traite des personnes ;

- chaque État partie adopte les mesures législatives ou autres appropriées pour prévenir, dans la mesure du possible, l'utilisation des moyens de transport exploités par des transporteurs commerciaux pour la commission des infractions établies conformément à l'article 5 du Protocole ;

- lorsqu'il y a lieu, et sans préjudice des Conventions internationales applicables, ces mesures consistent, notamment, à prévoir l'obligation pour les transporteurs commerciaux, y compris toute compagnie de transport ou tout propriétaire ou exploitant d'un quelconque moyen de transport, de vérifier que tous les passagers sont en possession des documents de voyage requis pour l'entrée dans l'État d'accueil.

Le contrôle de la migration aux frontières bien que nécessaire est, malheureusement aussi, un cadre de graves violations des droits fondamentaux, de concussion de fonctionnaires, de corruption, et même de violences physiques ou sexuelles. Il s'y ajoute qu'avec la pluralité des services impliqués dans le contrôle, la surveillance et la gestion de la migration constituent une difficulté qu'il conviendra de surmonter par la mise en place d'une structure à composition étatique et non étatique chargée de la coordination des actions[216].

B : La criminalisation du trafic illicite de migrants

L'immigration irrégulière, également appelée «immigration illégale» ou «immigration clandestine », comprend le mouvement international des

[216] Il est courant que les gardes forestiers pour la protection de la nature et même les forces armées en patrouille de sécurisation des frontières entrent en jeu pour le contrôle de la migration perturbant ainsi une fois de plus le migrant, qui ne sait plus à quels services compétents se vouer.

personnes à travers les frontières en violation de la législation du pays de transit ou de destination. Ils sont nombreux les dirigeants européens à considérer que l'immigration clandestine est la porte ouverte à toutes sortes de délinquance avec une possibilité réelle de connexion avec des réseaux terroristes.

La jonction immédiate entre réseaux de trafiquants et de passeurs avec ceux des terroristes incarne, sans nulle doute, une peur obsessionnelle née depuis que l'organisation terroriste « l'Etat islamique » avait menacé de déverser, de manière spectaculaire, un demi million de candidats à l'immigration sur les côtes européennes[217] **(1)**.

Pour lutter contre l'immigration illégale, la Convention de Palerme fait référence aux mesures aux frontières que les services des douanes de la CEDEAO, notamment, sont appelées à prendre pour lutter contre l'immigration clandestine **(2)**.

1. Les liens entre l'immigration irrégulière et la criminalité transnationale organisée

L'immigration irrégulière implique l'entrée et/ou le séjour d'une personne dans un pays dont il n'est pas originaire, sans avoir d'autorisation officielle préalable. L'immigration clandestine constitue une menace sur la stabilité économique des pays d'accueil, souvent des pays développés, car elle favorise l'usage d'une main d'œuvre bon marché et non contrôlée en violation des règles relatives au droit des travailleurs.

L'immigration clandestine interpelle la CEDEAO du fait que les personnes concernées sont très souvent ressortissants des Etats membres. Il a, d'ailleurs, été mis sur place l'Observatoire ouest africain des migrations pour mieux juguler le phénomène.

Dans le cadre de la lutte contre la recrudescence des problèmes sécuritaires, notamment, les attaques terroristes attentatoires à la libre circulation des personnes, les ministres de la sécurité des Etats ouest africains ont décidé de la mise en place de systèmes de surveillance satellitaire, du renforcement de la coopération entre leurs ministères et ceux des transports et les forces de sécurité.

[217] Mustapha TOSSA, « Immigration et terrorisme, la dangereuse conjonction », http://www.atlasinfo.fr/Immigration-et-terrorisme-la-dangereuse-conjonction_a61510. html consulté le 28 septembre 2016. « Selon le Président français François Hollande, "en luttant conte ces trafiquants (les passeurs de migrants), nous lutterons contre le terrorisme. En luttant contre le terrorisme, nous lutterons contre les passeurs de migrants parce qu'ils se financent sur la détresse du monde, ils se financent sur la mort" ».

Ils ont préconisé la mise en place d'un mécanisme d'alerte et de collecte de renseignements et d'une base de données fiables, à cet effet.

Pour mieux maîtriser les flux migratoires, les ministres ont, aussi, décidé de la mise en place de la carte d'identité biométrique CEDEAO en 2017, de la délimitation et du bornage des frontières, de la construction des postes frontières juxtaposés, etc. La réunion a recommandé la suppression des cartes de résidence et de séjour dans tous les Etats membres et la protection des droits des migrants. Cette recommandation vise, selon les ministres, à faciliter la libre circulation des personnes et des biens dans l'espace CEDEAO.

Du côté européen, des efforts sont en train d'être consentis pour arriver à la régularisation des migrants, et d'ailleurs la Convention de Dublin impose aux demandeurs d'asile de faire leur demande dans le pays de l'Union européenne, où ils ont d'abord posé le pied, avant de pouvoir prétendre à une régularisation.

En réalité, « presque tous les flux migratoires ont été, pour une bonne part « clandestins », mais jusqu'aux années 1970, tout en passant par des vicissitudes plus ou moins pénibles, la très grande majorité des immigrés a eu accès à un statut régulier qui n'a presque jamais été remis en question[218].»

Aujourd'hui, la question de l'immigration clandestine a tendance à revêtir un caractère humanitaire depuis que plus de trois mille (3 000) migrants ont péri en Méditerranée et que, dans le même temps des populations entières sont contraintes de fuir leur terroir du fait des guerres et de conflits récurrents.

Après la catastrophe maritime de Lampedusa en octobre 2013, dans laquelle trois cent soixante six (366) migrants avaient péri dans les eaux méditerranéennes, l'Italie avait lancé Mare Nostrum, l'opération de sauvetage menée par sa marine militaire. En un an, la mission a permis de secourir plus de cent cinquante mille (150 000) personnes, soit plus de quatre cents (400) par jour en moyenne, et d'arrêter trois cent cinquante et un (351) passeurs. Elle n'a toutefois pas empêché les drames : au moins trois mille trois cents (3 300) migrants ont trouvé la mort en Méditerranée la même année.

D'ailleurs, le Haut conseil des réfugiés a fait part, de ses inquiétudes quand l'Union européenne a décidé de lancer l'opération baptisée « Triton »[219],

---

[218] Salvatore PALIDDA, 1999, « la criminalisation des migrants in » *Délits d'immigration, numéro thématique, (en ligne),* http://www.persee.fr/doc/arss_0335-5322_1999_num_129_1_3302 consulté le 03 avril 2017.

[219] L'opération Triton est une opération de l'Agence européenne de Surveillance des Frontières FRONTEX, effective depuis le 1er novembre 2014. Huit (08) pays avaient alors fait savoir qu'ils participeront à cette opération : la France, l'Espagne, la Finlande, le Portugal, l'Islande, les Pays-Bas, la Lituanie et Malte. Techniquement, le mandat de FRONTEX ne s'établit que jusqu'à trente mille (30.000) nautiques des côtes de l'île italienne de Lampedusa, mais les navires sont très fréquemment appelés au large de la Libye. Triton pourra compter sur vingt et un (21) navires, quatre (04) avions, un (01) hélicoptère et soixante cinq (65) officiers détachés par les Etats membres pour des rotations à durée variable. L'opération sera supervisée par les autorités italiennes.

critiquée pour être davantage centrée sur la surveillance des frontières que sur le sauvetage des migrants, contrairement à l'opération italienne « Mare Nostrum » à laquelle elle se substitue. Le Haut-commissariat aux réfugiés (HCR) exprimait ainsi sa préoccupation devant « l'annonce de la fin de l'opération italienne Mare Nostrum (...) sans la mise en place d'aucune autre opération similaire au niveau européen pour la recherche et le sauvetage.

Le risque sera sans doute augmenté pour les personnes qui tenteraient la traversée vers l'Europe en quête de sécurité. Cela pourrait également générer davantage de décès en mer parmi les réfugiés et les migrants. » C'est d'ailleurs dans ce contexte que le Pape François a appelé les Européens à « affronter ensemble la question migratoire estimant qu'on ne peut tolérer que la mer méditerranée devienne un grand cimetière[220] ».

2. Les mesures aux frontières pour lutter contre le trafic de migrants

Le Protocole contre le trafic illicite de migrants par terre, mer et air, a tenu à définir les termes les plus déterminants. L'expression « trafic illicite de migrants » désigne le fait d'assurer, afin d'en tirer, directement ou indirectement, un avantage financier ou un autre avantage matériel, l'entrée illégale dans un État partie d'une personne qui n'est ni un ressortissant ni un résident permanent de cet État.

L'expression « entrée illégale » désigne le franchissement de frontières alors que les conditions nécessaires à l'entrée légale dans l'État d'accueil ne sont pas satisfaites.

L'expression « document de voyage ou d'identité frauduleux » désigne :

- tout document de voyage ou d'identité qui a été contrefait ou modifié de manière substantielle par quiconque autre qu'une personne ou une autorité légalement habilitée à établir ou à délivrer le document de voyage ou d'identité au nom d'un État ;

- tout document de voyage ou d'identité qui a été délivré ou obtenu de manière irrégulière moyennant fausse déclaration, corruption ou contrainte, ou de toute autre manière illégale ;

- tout document de voyage ou d'identité qui est utilisé par une personne autre que le titulaire légitime.

Chaque État partie adopte les mesures législatives ou autres appropriées pour prévenir, dans la mesure du possible, l'utilisation des moyens de transport exploités par des transporteurs commerciaux pour la commission de

[220] Discours du Pape François prononcé au Parlement européen, Strasbourg, 25 novembre 2014. A cette occasion, le Pape a demandé aux eurodéputés de « travailler pour que l'Europe redécouvre sa bonne âme », (en ligne) https://w2.vatican.va/.../2014/.../papa-francesco_20141125_strasburgo-parlamento-europeo.html consulté le 08 mai 2017.

l'infraction établie conformément à l'alinéa a du paragraphe 1 de l'article 6 du présent Protocole. Lorsqu'il y a lieu, et sans préjudice des conventions internationales applicables, ces mesures consistent, notamment, à prévoir l'obligation pour les transporteurs commerciaux, y compris toute compagnie de transport ou tout propriétaire ou exploitant d'un quelconque moyen de transport, de vérifier que tous les passagers sont en possession des documents de voyage requis pour l'entrée dans l'État d'accueil.

Chaque État partie prend les mesures nécessaires, conformément à son droit interne, pour assortir de sanctions l'obligation énoncée au paragraphe 3 du présent article.

Chaque État partie envisage de prendre des mesures qui permettent, conformément à son droit interne, de refuser l'entrée de personnes impliquées dans la commission des infractions établies conformément au Protocole ou d'annuler leur visa.

Sans préjudice de l'article 27 de la Convention, les États Parties envisagent de renforcer la coopération entre leurs services de contrôle aux frontières, notamment par l'établissement et le maintien de voies de communication directes.

Un État partie qui a des motifs raisonnables de soupçonner qu'un navire battant son pavillon ou se prévalant de l'immatriculation sur son registre, sans nationalité, ou possédant en réalité la nationalité de l'État Partie en question bien qu'il batte un pavillon étranger ou refuse d'arborer son pavillon, se livre au trafic illicite de migrants par mer peut demander à d'autres États parties de l'aider à mettre fin à l'utilisation dudit navire dans ce but. Les États parties, ainsi requis, fournissent cette assistance dans la mesure du possible compte tenu des moyens dont ils disposent.

Aussi, un État partie qui a des motifs raisonnables de soupçonner qu'un navire exerçant la liberté de navigation conformément au droit international et battant le pavillon ou portant les marques d'immatriculation d'un autre État Partie se livre au trafic illicite de migrants par mer peut le notifier à l'État du pavillon, demander confirmation de l'immatriculation et, si celle-ci est confirmée, demander l'autorisation à cet État de prendre les mesures appropriées à l'égard de ce navire.

L'État du pavillon peut, notamment, autoriser l'État requérant à :

- arraisonner le navire ;

- visiter le navire ;

- prendre les mesures appropriées à l'égard du navire, des personnes et de la cargaison à bord, ainsi que l'État du pavillon l'a autorisé à le faire, s'il trouve des preuves que le navire se livre au trafic illicite de migrants par mer.

En définitive, un État partie qui a pris une des mesures conformément au paragraphe 2 du présent article informe sans retard l'État du pavillon concerné des résultats de cette mesure. Il s'agit des mesures suivantes :

- des informations sur les procédures judiciaires et administratives applicables ;

- une assistance pour faire en sorte que leurs avis et préoccupations soient présentés et pris en compte aux stades appropriés de la procédure pénale engagée contre les auteurs d'infractions, d'une manière qui ne porte pas préjudice aux droits de la défense.

Le trafic des personnes, soit sous la forme de l'immigration clandestine, soit sous celle de la traite des personnes, est considéré comme étant la troisième source la plus importante de profits pour le crime organisé dans le monde, après celui des armes et des stupéfiants.

Les Etats de la CEDEAO, en général, et les administrations des douanes en particulier, à travers le Plan d'action de Ouagadougou contre la traite des êtres humains, en particulier des femmes et des enfants, tel qu'adopté par la Conférence ministérielle sur la migration et le développement, sont invités à prendre des mesures pour réduire la demande de services impliquant l'exploitation des victimes de la traite des êtres humains et de l'immigration clandestine ou illégale.

Quid maintenant des autres trafics illicites dont la prise en charge en tant que menace n'est pas perceptible dans la lettre de ladite Convention ?

Section II : Les actions douanières de lutte contre d'autres trafics illicites

Les administrations des douanes sont, en priorité, responsables de la détection de la contrebande et du contrôle des mouvements aux frontières des marchandises, des moyens de transport et des personnes, et donc ont, pour responsabilité, d'enquêter en cas d'infractions graves de nature transfrontalière.

C'est pourquoi, en plus des missions de lutte contre les trafics de personnes d'armes et de stupéfiants visés par la Convention contre la criminalité transnationale organisée, d'autres trafics similaires visés par d'autres Conventions, des fois même, bien avant l'adoption de la Convention de Palerme sont pris en charge au cordon douanier. D'ailleurs, les Etats parties à la Convention de Palerme rappellent, dans le préambule, qu'ils sont « fermement convaincus que la Convention des Nations Unies contre la criminalité transnationale organisée constituera un outil efficace et le cadre juridique nécessaire de la coopération internationale dans la lutte contre, notamment, des activités criminelles telles que le blanchiment d'argent, la corruption, le trafic illicite des espèces de faune et de flore sauvages menacées d'extinction, les atteintes au patrimoine culturel, et contre les liens croissants entre la criminalité transnationale organisée et les crimes terroristes. »

Pour que la lutte contre la criminalité transnationale organisée soit complète, pérenne et efficace, il faudra appréhender tous les trafics illicites. Il s'agira, donc, dans cette section, de mettre en exergue les modalités du contrôle douanier des produits contrefaits ou piratés **(Paragraphe I)** et d'analyser les stratégies douanières de lutte contre les crimes environnementaux **(Paragraphe II)**.

Paragraphe I : La lutte contre la criminalité liée à la propriété intellectuelle

Les atteintes aux propriétés intellectuelles intéressent les douanes dès lors que les produits y relatifs font l'objet de transaction commerciale nécessitant le franchissement d'une frontière. Lorsqu'aux fins de ladite transaction commerciale, une organisation criminelle est impliquée dans les opérations d'importation et d'exportation desdits produits, les atteintes s'assimilent, alors, à des infractions en liens avec la criminalité transnationale organisée.

La contrefaçon organisée se rapporte à l'existence de filières spécialisées dans la fabrication, la commercialisation et la distribution de produits dont la marque ou le procédé breveté est faux parce que faisant l'objet d'une imitation frauduleuse. Répartis dans plusieurs pays, les membres de la filière opèrent en toute clandestinité et généralement ont des liens avec des activités criminelles : blanchiment, trafic de drogue, financement du terrorisme…

Les effets négatifs des infractions aux droits de propriété intellectuelle sont multiples : menaces sur la santé et sur la sécurité publiques, pertes de revenus des gouvernements, mais aussi dommages importants préjudiciables au commerce et aux activités commerciales légitimes.

En application de l'Accord sur les aspects des droits de propriété intellectuelle qui touchent au commerce (ADPIC)[221], la circulation transfrontalière des produits confectionnés sur la base d'une fraude intellectuelle est interdite. Les douanes sont, ainsi, interpellées, non seulement pour identifier les produits objet de contrefaçon ou de piraterie, mais aussi, en vue de détecter d'éventuelles connexions avec des réseaux criminelles spécialisées dans la contrefaçon et la piraterie.

---

[221] Les articles de l'Accord sur les ADPIC concernant la douane sont les articles 51 à 60 de la section 4 « Prescriptions spéciales concernant les mesures à la frontière ». Les droits de propriété industrielle sont fermement attachés à la notion de territoire et l'Organisation Africaine de la propriété intellectuelle (OAPI) tient lieu pour chacun des quinze (15) Etats membres, de service national de la propriété industrielle.

Le présent paragraphe donne un aperçu des atteintes transnationales aux droits de la propriété intellectuelle en rapport avec la criminalité transnationale organisée **(A)** et retrace les stratégies douanières de lutte contre la contrefaçon et à la piraterie **(B)**.

A : Les atteintes criminelles aux droits de la propriété intellectuelle

La contrefaçon a toujours été considérée comme une infraction mineure sans lien avec les activités criminelles ou terroristes. Si la fabrication de produits contrefaits suppose une organisation et un circuit de commercialisation, elle n'a pas toujours été considérée comme une infraction grave au sens de la Convention contre la criminalité transnationale organisée. En effet les sanctions privatives de libertés sont rarement appliquées pour les délits de contrefaçon et, le cas échéant dépassent rarement les quatre (04) années requises pour qualifier l'infraction de grave.

Seulement, prenant prétexte de la lutte contre le blanchiment d'argent, toute activité commerciale pouvant servir à financer les réseaux organisés en bande organisée peut intéresser les services de sécurité. La contrefaçon organisée peut donc être considérée comme une activité de financement d'organisations criminelles et terroristes.

La contrefaçon est considérée comme étant en lien avec la criminalité transnationale organisée lorsqu'elle porte sur des produits prohibés ou lorsque les ressources financières tirées de la commercialisation de produits contrefaits servent à financer des organisations criminelles ou terroristes.

1. La contrefaçon, comme moyen de financement de la criminalité transnationale organisée

Les droits de propriété intellectuelle protègent les intérêts des créateurs en leur conférant des droits sur leurs œuvres. C'est dans la Convention de Paris pour la protection de la propriété industrielle de 1883 et dans la Convention de Berne pour la protection des œuvres littéraires et artistiques de 1886 qu'a été reconnue pour la première fois l'importance de la protection de la propriété intellectuelle. Ces deux Traités sont administrés par l'Organisation Mondiale de la Propriété intellectuelle (OMPI).

En Afrique, c'est l'accord de Bangui[222] qui est l'instrument juridique qui régit la protection de la propriété industrielle dans l'ensemble des Etats

[222] L'Accord de Bangui, acte du 24 février 1999 fut précédé par l'Accord de Libreville du 13 septembre 1962 et de l'Accord de Bangui, acte du 02 mars 1977. Il comporte un accord proprement dit qui traite des dispositions générales qui mettent en œuvre un office commun et une loi uniforme de protection conforme aux stipulations et conventions internationales. La

membres. L'article 64 de l'Accord de Bangui définit la contrefaçon comme «toute violation d'un droit protégé en vertu de l'Annexe VII[223]». Il peut s'agir d'actes de reproduction, de représentation, de transformation, de distribution d'une œuvre littéraire et artistique en violation de la loi, de la communication au public ou la mise à disposition du public par vente, échange, location des créations protégées par les droits voisins en violation de la loi.

La propriété intellectuelle est généralement divisée en deux secteurs : la propriété industrielle et le droit d'auteur. La propriété industrielle s'entend dans l'acception la plus large et s'applique, non seulement à l'industrie et au commerce, mais également au domaine des industries agricoles et extractives et à tous produits fabriqués ou naturels. Il s'agit, notamment, des brevets protégeant les inventions et des dessins et modèles industriels, qui sont des créations esthétiques définissant l'apparence de produits industriels.

La propriété industrielle couvre aussi les marques de produits, les marques de services, les schémas de configuration de circuits intégrés, les noms commerciaux et les désignations commerciales ainsi que les indications géographiques, et la protection contre la concurrence déloyale.

Le droit d'auteur, quant à lui, vise les créations artistiques telles que les poèmes, les romans, la musique, les peintures et les œuvres cinématographiques. Les créations industrielles protégées concernent généralement les brevets d'inventions, les modèles d'utilités, les dessins et modèles industriels, les schémas de configuration…L'imitation de ces créations sans autorisation est interdite. Les auteurs de ces imitations, s'ils sont organisés en réseau pour la commercialisation des produits contrefaits, s'exposent ainsi à des poursuites judiciaires conformément à la Convention de Palerme.

La contrefaçon et la piraterie sont les principales fraudes à la propriété industrielle et au droit d'auteur. Elles affectent des secteurs importants du commerce international tels que la santé et la sécurité, les accessoires, les ordinateurs, les appareils électroniques, les chaussures, les téléphones portables, les articles de toilette et cosmétiques, les produits phonographiques, les produits du tabac, les textiles, les montres…

Les fraudeurs organisés en réseaux criminels font circuler, à travers les frontières, divers produits dangereux issus, généralement, de la contrefaçon de créations industrielles ou de signes distinctifs protégés. Différentes affaires élucidées mettent en évidence l'existence de réseaux très organisés pour importer et écouler des produits contrefaits. Ils sont parfois intégrés à de plus

---

deuxième partie qui constitue en réalité le code de propriété intellectuelle comporte dix annexes qui portent sur différentes matières dont principalement les créations industrielles et les signes distinctifs.

[223] L'annexe VII sur la propriété littéraire et artistique est constituée des dispositions générales qui régissent la protection du droit d'auteur et des droits voisins.

vastes ensembles criminels, pour lesquels l'activité contrefactrice est une source de revenus peu risquée.

« Nul pays ne peut à lui seul venir à bout des infractions de ce type. En ces temps où les responsables de police sont concentrés sur le terrorisme et sur d'autres formes de grande criminalité, il importe qu'ils ne sous-estiment pas le préjudice que les atteintes à la propriété intellectuelle causent à nos économies, ni le danger potentiel qu'elles représentent pour la sécurité publique[224] ».

Et d'ailleurs, la contrefaçon peut bien être en relation avec le terrorisme djihadiste[225], ce qui n'est pas toujours le cas pour le trafic de drogue jugé trop risqué.

2. La criminalisation de la contrefaçon

Un produit est prohibé au sens douanier lorsque pour son importation ou son exportation, est requis la présentation d'un document ou d'un certificat d'autorisation. C'est ainsi que sont considérés comme prohibés, les armes, les produits stupéfiants, les insecticides, les médicaments, les produits de la faune ou de la flore protégée. Certes, tous les produits prohibés peuvent faire l'objet de contrefaçon, mais c'est surtout la contrefaçon de produits pharmaceutiques et la cyber contrefaçon qui sont, plus, mis en exergue quand il faut lier la contrefaçon à la criminalité transnationale organisée.

Même si toutes les atteintes à la propriété intellectuelle commises en bande organisée peuvent être intégrées dans la criminalité transnationale organisée, force est de reconnaître que ce sont les crimes pharmaceutiques et la cybercriminalité qui sont plus mis en avant parce qu'ils sont traités, principalement comme des activités illicites de nature transnationale.

a. Le crime pharmaceutique

Confrontée à une diversité des définitions de la contrefaçon de médicament, l'Organisation mondiale de la Santé (OMS) a décidé d'en donner une définition autonome en 1992. Selon l'OMS, un médicament

---

[224] Congrès mondial sur la lutte contre la contrefaçon et le piratage, Lyon les 14 et 15 novembre 2005, Discours de NOBLE Ronald K., Secrétaire général d'Interpol.

[225] *Echos finances*, « Douanes, profession sous pression », (en ligne) http://www.lesechos.fr/journal enquete/douanier-profession-sous-pression-1189829.php?7jru3yHdBs24MkcC.01#xtor=CS1-31 consulté le 10 mars 2016. Hélène Crocquevieille, Directrice générale des Douanes et droits indirects de la République française de février 2013 à février 2017 a révélé que l'un des frères KOUACHI, les terroristes qui avaient attaqué des journalistes de « Charlie Hebdo » en janvier 2015, était déjà pisté par les douaniers français pour des importations de fausses chaussures de marque Nike.

contrefait est «un médicament qui est délibérément et frauduleusement muni d'une étiquette n'indiquant pas son identité et/ou sa source véritable ».

Il peut s'agir d'une spécialité ou d'un produit générique, et parmi les produits contrefaits, il en est qui contiennent les bons ingrédients ou de mauvais ingrédients, ou bien encore pas de principe actif et il en est d'autres où le principe actif est en quantité insuffisante ou dont le conditionnement a été falsifié. Ici, le problème de la contrefaçon est dangereux puisque les contrefacteurs ne respectent pas tout à fait les formules chimiques copiées ».

Le problème reste en l'état en ce qui concerne la contrefaçon organisée d'appareils médicaux[226]. La contrefaçon organisée de produits pharmaceutiques menace directement la santé et la sécurité sanitaire de la population. A travers le monde, de multiples cas de maladies ou de décès directement liés à la consommation ou à l'utilisation de produits contrefaits ont été répertoriés.

La dangerosité des produits contrefaits sur la santé de la population est avérée, d'autant plus que les entreprises de contrefaçon mettent à la disposition du public de faux produits mais présentés de sorte à ce qu'on les confonde avec les originaux ayant bénéficié du contrôle officiel des autorités compétentes[227].

La contrefaçon de médicaments est un procédé qui permet aux contrefacteurs de fabriquer des médicaments illégaux à partir de formules chimiques développées par des laboratoires pharmaceutiques dans le cadre de la fabrication d'un médicament légal. Les produits pharmaceutiques contrefaits vont ainsi se mettre dans le sillage de « produits originaux » dont les propriétaires ont fait des recherches et des investissements dans le cadre légal.

Une contrefaçon voisine à celle décrite ci-dessus est « la contrefaçon légitimée de médicaments » car acceptée, commise par des entreprises pourtant agréées, sous prétexte que la durée du brevet est expirée ou parce que le marché de destination n'a pas les moyens d'acheter le médicament original.

---

[226] En 1999, les douanes françaises ont saisi à l'aéroport d'Orly (Paris-France) plus de deux milles (2000) kits médicaux composés d'un stéthoscope et d'un tensiomètre destinés aux malades du cœur. En provenance de Chine et à destination de la Grèce, ils étaient entièrement faux, de l'emballage aux objets eux mêmes en passant par la notice technique et même les normes européennes. Les douanes néerlandaises ont saisi début 2001 plusieurs centaines de milliers de préservatifs en provenance d'Asie qui ne respectaient pas les standards de qualité requis pour ce type de produit.

[227] Au Nigeria en septembre 1990, cent neuf (109) enfants sont morts après l'absorption d'un sirop contre la toux contenant un solvant industriel (d'éthylène-glycol). En 2008, plus de quatre vingt quatre (84) enfants âgés de moins de huit (08) ans sont décédés à la suite de la prise d'un sirop fabriqué localement sous la marque my pink. Au Niger en 1995, deux mille cent cinq (2.500) personnes ont été victimes de vaccins contrefaits.

Le phénomène de la « contrefaçon légitimée » peut être perçue comme le fait, pour une multinationale légalement reconnue, de mettre, à la disposition d'un pays sous développé, notamment, des produits avec tous les critères de certification (marque, forme) alors même que les dits produits ne respectent pas les normes déposées par la multinationale pour breveter le produit originel.

Aussi, en Afrique, n'est-il pas rare de voir un produit portant une grande marque légalement importé par le propriétaire de la marque, mais, pourtant, totalement différent du produit vendu en Europe.

La « contrefaçon légitimée » est d'autant plus dangereuse qu'elle révèle la vulnérabilité des Etats ouest africains devant la volonté des grandes multinationales de tester d'abord, d'expérimenter ensuite et de commercialiser enfin leurs nouveaux produits.[228]

Pour renforcer la lutte contre le crime pharmaceutique, il est utile de mettre en place un fond spécial que les firmes pharmaceutiques pourraient contribuer à financer. S'agissant plus spécifiquement de la lutte douanière contre le crime pharmaceutique, elle passe, entre autres, par la motivation du personnel des douanes, d'autant plus que le contentieux douanier portant sur les médicaments contrefaits est classé dans la catégorie des affaires improductives (drogues, armes, produits chimiques…).

Dans les pays en développement, la plupart des agents des douanes préfèrent les « affaires productives à celles improductives » et donc, ont, de plus en plus, tendance à privilégier les saisies de marchandises commercialisables. En effet, il n'est pas possible de procéder à la vente aux enchères publiques des médicaments contrefaits, or aux fins de leurs saisies, diverses dépenses liées à la rémunération des indicateurs et à la mise en branle du dispositif de surveillance sont mises à contribution.

Généralement en cas de saisie, la vente des produits permet à la douane de couvrir ces dépenses, mais dans le cas d'une affaire improductive, l'administration des douanes est exsangue même si, aujourd'hui, des efforts sont faits consistant à intégrer les saisies de médicaments dans le paiement annuel de parts d'amendes portant sur des affaires de drogue.

---

[228] Le géant pharmaceutique américain Pfizer et l'Etat de Kano, au Nigeria, ont annoncé avoir conclu un accord amiable. Cet accord, par lequel Pfizer s'engage à verser soixante quinze millions (75.000.000) de dollars à un fonds de compensation et à développer des initiatives pour la santé publique dans la région, prévoit que le Gouvernement de Kano, un Etat au nord du Nigeria, renonce à ses poursuites contre la firme américaine. Les accusations contre Pfizer portent sur des faits remontant à avril 1996, lorsque ce dernier, qui faisait des essais cliniques sur son traitement contre la méningite Trovan, avait effectué une série de tests, illégaux selon le Nigeria, sur environ deux cent (200) enfants. Une triple épidémie de méningite, de rougeole et de choléra sévissait alors. Ces tests auraient entraîné la mort d'au moins onze (11) enfants et des dommages physiques à cent quatre vingt neuf (189) autres, dont la cécité, la surdité, des dommages cérébraux et des paralysies.

Par ailleurs, il existe un fort risque de voir des agents malintentionnés s'allier avec des organisations criminelles spécialisées dans la contrebande de produits pharmaceutiques. Le crime pharmaceutique est d'autant plus dangereux qu'il existe un risque réel de voir les autorités chargées de sa répression entrer en connivence avec les fraudeurs et, par conséquent, faciliter l'introduction dans le marché intérieur de médicaments contrefaits, mal conditionnés ou périmés[229].

En outre, il est essentiel que le renseignement, aux fins de saisie de produits pharmaceutiques soit reconnu comme une activité, à part entière, au sein des administrations des douanes des pays membres.

Les récompenses morales, à savoir les lettres de félicitations et médaille d'honneur des douanes doivent, par conséquent, être attribuées aux agents, non seulement, en fonction de leurs activités contentieuses, mais aussi selon l'activité produite en matière de renseignement portant sur des contentieux dits improductifs. Ainsi, les agents qui ont collecté des renseignements particulièrement pertinents ou débouchant sur des constatations significatives pourront recevoir de telles récompenses.

Mais seul le renseignement proprement dit, présenté comme le résultat naturel de l'activité de tout agent des douanes, sera rémunéré. Il s'agit des renseignements conduisant directement ou indirectement à une constatation, ceux relatifs à de nouveaux procédés de fraude, ceux qui justifient, dès réception, l'intervention d'un service quel qu'il soit et ceux qui ont été utilement enrichis à un autre niveau.

b. La cyber-contrefaçon

La cyber-contrefaçon renvoie à l'utilisation de logiciels informatiques non conformes à ceux brevetés et la commercialisation de produits contrefaits via l'internet[230]. Il y a un danger réel d'utiliser des logiciels contrefaits : danger sur la vie privée et sur la sécurité des ordinateurs…Pour lutter contre la cyber infraction, Microsoft suscite chaque année une « journée d'action des consommateurs » pour sensibiliser le public aux nouvelles technologies de Microsoft et à la coopération avec les pouvoirs en matière de lutte contre la

[229] Au Sénégal, pour permettre l'incinération des produits pharmaceutiques saisis lors de l'opération dénommée ''porc-épic'' qui s'est déroulée du 27 au 29 mai 2014 dans sept (07) pays de l'Afrique de l'Ouest, la Direction générale de la police nationale avait demandé à la douane de prendre les dispositions pour la centralisation de tous les médicaments saisis par elle au niveau de la Direction de la Police judiciaire (lettre n° 0828 DGPN/DPJ/DAJ du 10 mars 2015 du Directeur général de la Police nationale).

[230] *International Data Conseil (IDC),* Etude 2010 selon laquelle 80 % des logiciels sont une contrefaçon, « Le commerce de contrefaçon de logiciels sur internet : un double phénomène, un triple préjudice », (en ligne) www.journaldunet.com, consulté le 06 avril 2017.

contrefaçon. Les logiciels espions, les logiciels malveillants et les virus peuvent mener au vol d'identité, perte de données et plus encore à la commission d'actes terroristes...

Le délit de contrefaçon portant sur les créations informatiques peut recouper trois actes matériels.

Il s'agit de la violation des droits patrimoniaux, de la violation du droit moral des auteurs mais aussi et surtout, de la diffusion, de l'importation et de l'exportation d'exemplaires illicites.

Si le chiffre d'affaires de la contrefaçon de logiciels est difficile à évaluer, parce que souterraine, la contrefaçon de circuits intégrés quant à elle est relativement récente. La question du type de protection à accorder à un schéma de configuration ou à la topographie d'un circuit intégré est relativement nouvelle. « Bien que les composants préfabriqués des circuits électriques servent depuis longtemps à la fabrication d'équipements électriques (tels que les radios), l'intégration massive d'une multitude de fonctions électriques, dans un minuscule composant, n'est devenue possible qu'après que les techniques de fabrication des semi-conducteurs ont progressé.

Les circuits intégrés sont fabriqués conformément à des plans ou des schémas de configuration très détaillés[231] ». Pour trouver une parade à l'incertitude entourant la protection des schémas de configuration, le Traité sur la propriété intellectuelle en matière de circuits intégrés a été adopté sous les auspices de l'OMPI le 26 mai 1989. Ce traité n'est pas, encore, entré en vigueur mais ses dispositions de fond ont, dans une large mesure, été incorporées par renvoi dans l'Accord sur les Aspects des Droits de Propriété intellectuelle qui touchent au commerce (Accord sur les ADPIC), qui a été conclu en 1994.

Il est recommandé à la douane de vérifiez l'étiquette, l'emballage et les disques et de se méfiez des produits logiciels qui ne comprennent pas la preuve de l'authenticité, comme un hologramme de CD, un DVD, des supports de récupération, des manuels de microsoftware license Terms (TILE).

De même, la surveillance douanière devrait encore plus intégrer le contrôle des sites de commercialisation des produits contrefaits. Des sites comme "DarkNet, Silk Road" constituent une partie du Web dans laquelle les adresses IP, les adresses informatiques des ordinateurs émetteurs, sont cachées à l'aide d'un logiciel appelé Tor. Nombre de sites ne sont accessibles que par ce biais.

---

[231] OMPI N° 895(F), (en ligne), www.wipo.int ou wipo.int/ebookshop consulté le 06 avril 2017.

Il s'agit d'une sorte d'eBay de la drogue, sans les enchères. Le site lui-même ne vend rien, il met en contact des vendeurs et des acheteurs et prend une commission sur les transactions. Il s'agit principalement de vente au détail. A quelques exceptions près, on n'a pas affaire à des grossistes.

La plupart des ventes concernent des petites portions de produits prohibés. En entrant dans le moteur de recherche « Silk Road », l'une des premières mentions qui apparaît sera « Comment trouver sans risques Silk Road et des drogues ». Il s'agit d'un site Internet logé « sur la partie cachée d'Internet » aussi appelé darknet, ou F2F (friend-to-friend). Dans cette partie ombragée du web, l'anonymat et l'absence de traçabilité sont censés être garantis.

Deux atouts pouvant intéresser des activistes, des dissidents comme des trafiquants désirant communiquer et/ou échanger à l'abri d'une quelconque surveillance. Les outils d'accès à ce darknet sont entre autres : I2P, BitTorrent ou encore TOR. Ce dernier, « The Onion Router », le routeur en oignon, est généralement utilisé par les cyber-dealers. Quoi qu'il en soit, ces logiciels ne permettent pas de garantir un anonymat absolu.

B : Les stratégies douanières de lutte contre la criminalité liée à la propriété intellectuelle

La lutte contre la contrefaçon est une dynamique communautaire qui oblige les Etats membres à renforcer leur coopération en la matière. Il existe bien une volonté perceptible des Etats membres de respecter leurs obligations internationales en la matière qui apparait, notamment dans la transposition de nombreuses législations internationales de lutte contre les atteintes à la propriété intellectuelle[232].

La lutte contre les atteintes à la propriété intellectuelle est, à bien des égards, complexe parce que les infractions à la propriété intellectuelle ne sont pas, à la source de nature douanière. En outre, la preuve de cette infraction se révèle technique et les procédures de poursuites assujetties, dans la plupart des cas à une plainte préalable du détenteur de la marque ou du brevet.

[232] Il s'est agi de transposer, dans l'espace CEDEAO, la Convention de Rome du 26 octobre 1961 sur la protection des artistes-interprètes et des producteurs de phonogrammes, l'Accord ADPIC, volet « propriété intellectuelle » du Traité de Marrakech du 14 avril 1994 créant l'OMC, les deux Traités de l'OMPI du 20 décembre 1996, dits « Traités Internet », la Convention de Berne pour la protection des œuvres littéraires et artistiques, la Convention universelle sur le droit d'auteur, la Convention de Rome pour la protection des œuvres littéraires et artistiques au travers de l'Accord de Bangui du 2 mars 1977 révisé le 24 février 1999 et ses annexes instituant l'Organisation Africaine de la propriété intellectuelle (OAPI), l'Accord sur les ADPIC (Aspects des Droits de Propriété Intellectuelle), le Traité de l'OMPI sur le droit d'auteur (WCT), le Traité de l'OMPI sur les interprétations et exécutions et les phonogrammes (WPPT)...

La lutte contre la contrefaçon et le piratage constitue l'une des priorités du Secrétariat de l'Organisation mondiale des douanes qui axe ses interventions dans le renforcement des capacités des membres à travers l'assistance technique, les séminaires, les séminaires opérationnels, les missions de diagnostics et les opérations.

Cependant, le Groupe de travail SECURE, établi pour faire la promotion de l'utilisation d'outils de l'OMD, comme base de développement de certaines normes, s'est très tôt confronté à la méfiance des pays en voie de développement qui craignaient que cet exercice, établissant des normes en matière de droits de propriété intellectuelle, puisse être un moyen d'étendre les obligations que l'accord ADPIC de l'OMC imposait aux pays. Partant de ces difficultés, l'OMD a finalement opté pour la mise en place d'un nouvel organisme, le Groupe de l'OMD sur la contrefaçon et la piraterie approuvée lors des sessions du Conseil de juin 2009.

1. Le contrôle douanier des produits contrefaits

L'option douanière affichée et assumée par les Etats en voie de développement à l'instar des Etats membres privilégie les contrôles après dédouanement pour une lutte raisonnable et plus efficace de la contrefaçon.

Des contrôles en régimes suspensifs peuvent également être effectués mais à condition que l'autorité douanière dispose d'indices sérieux selon lesquels l'un ou plusieurs des opérateurs impliqués dans la fabrication, l'expédition ou la distribution des marchandises contrefaits, tout en n'ayant pas encore commencé à diriger ces marchandises vers les consommateurs dans l'espace CEDEAO, est sur le point de le faire ou dissimule ses intentions commerciales[233].

Dans les ports de la CEDEAO, dérouler, de manière stricte et rigoureuse des opérations de contrôle portant sur des produits soupçonnés contrefaits n'a aucune chance d'aboutir à des résultats probants ; Ce n'est pas exagérer de dire qu'une telle initiative risquerait même de recevoir la désapprobation de

[233] Décision de CJUE, 01er déc.2011, aff. C. 446/09, et C-495/09, Koninklijke Phillips Electronics NV/ Lucheng Meijing Industrial Company Ltd far east sourcing Ltd, Rohlig Hong Kong Ltd,…Selon la Cour de justice de l'Union européenne, « le placement de marchandises provenant d'Etats tiers en régime douanier suspensif sur le territoire douanier de l'Union ou avant leur arrivée ne porte pas atteinte, de ce seul fait, aux droits de propriété intellectuelle alors même que ces marchandises imiteraient, copieraient un droit protégé, l'intervention de l'autorité douanière n'étant, alors, possible que si celle-ci « dispose d'indices selon lesquels l'un ou plusieurs des opérateurs impliqués dans la fabrication, l'expédition ou la distribution des marchandises, tout en n'ayant pas encore commencé à diriger ces marchandises vers les consommateurs dans l'Union, est sur le point de le faire ou dissimule ses intentions commerciales. »

nombre d'opérateurs économiques, d'acteurs politiques, voire des populations…

Le fait que le Sénégal et le Mali étaient les deux seuls pays à avoir signalé des saisies de marchandises contrefaites en 2009[234], via le Bureau régional de liaison du renseignement pour l'Afrique de l'Ouest, montre que le contrôle des produits contrefaits n'est pas un exercice simple. Fort heureusement, des organisations comme Interpol, l'Organisation mondiale des Douanes unissent leurs forces pour mieux prendre en charge la lutte contre la contrefaçon.

En collaboration avec l'Organisation mondiale des douanes, les administrations des douanes des pays membres participent, très souvent, à des opérations conjointes de lutte contre la contrefaçon surtout en rapport avec le crime pharmaceutique[235].

2. L'Internet au cœur de la lutte contre la contrefaçon

Une attention particulière doit être accordée aux sites clandestins tels que le darknet, le Silk road… A cet effet, des méthodes de traçabilité doivent être établies par les analystes de la Direction du renseignement douanier (cyber-douane) et les informaticiens de la Direction des enquêtes douanières (cellule dite de recueil de la preuve informatique).

Les administrations des douanes des pays membres de l'OMD sont, en outre dotées de l'outil technologique Interface-Public membres (IPM) pour mieux prendre en charge la lutte contre la contrefaçon. Cet outil technologique promu par l'Organisation mondiale des Douanes (OMD) va faciliter une

---

[234] Le Sénégal a signalé une saisie importante réalisée par les fonctionnaires des douanes en 2009, impliquant trois milles (3.000) produits pharmaceutiques contrefaits de la marque « Bayer » (ID CEN 274651). Ces marchandises étaient parties de Mauritanie et étaient destinées au Sénégal mais leur origine est inconnue. Le Mali a signalé une saisie détectée à la frontière terrestre en 2009, impliquant quatre mille quatre cent (4.400) pièces de tabac contrefaites (ID CEN 277069)). Celles-ci avaient leur origine en Guinée, d'où elles étaient parties.

[235] Les opérations « MERCURY » portant sur les médicaments contrefaits, corrompus ou altérés et expédiés par la poste ou par l'aéroport, COBRA de lutte contre le crime pharmaceutique et FRED 60 en sont des exemples.

Suite à l'opération MERCURY qui s'est déroulé du 21 au 25 juin 2010, les douanes sénégalaises ont opéré les saisies suivantes : neuf (09) colis pharmaceutiques à l'Aéroport international de Dakar, dix huit (18) colis pharmaceutiques au Bureau postal et quatre vingt dix (90) boites de cinquante (50) flacons pénicilline de 26 mgI-+, effectuée par la Brigade mobile de Koumpentoum (Sud est du Sénégal).

Du 26 septembre au 02 octobre 2011 : (pour le Sénégal à noter une saisie douanière de quarante neuf mille trois cent quatre vingt dix neuf (49399) boites de comprimés et une saisie policière de cinq mille quatre cent soixante (5460) boites de comprimés).

Du 26 septembre au 02 octobre 2011 : (pour le Sénégal à noter une saisie douanière de quarante neuf mille trois cent quatre vingt dix neuf (49399) boites de comprimés et une saisie policière de cinq mille quatre cent soixante (5460) boites de comprimés).

communication sécurisée pour les échanges d'information entre les titulaires de droits (entreprises publiques et privées) et l'administration douanière. Cet instrument permet une rapide identification et la saisie de produits contrefaits et piratés. Plusieurs administrations des douanes de la CEDEAO ont actuellement accès à la base de données du système international à partir de leur propre réseau informatique[236].

Dans la pratique, l'opération PANGEA[237] est la meilleure illustration de l'utilisation de l'Interface-public members. Cette opération porte sur la lutte contre la circulation transfrontalière de médicaments dangereux ou contrefaits expédiés par voie postale ou par courrier express et vise à identifier les sites web impliqués dans ce trafic en vue de procéder à leur fermeture[238].

Ainsi, pendant une semaine d'action internationale sur Internet (IIWA), les autorités de régulation des médicaments et les services chargés de l'application de la loi vont cibler la fourniture illégale en ligne de médicaments au public et, notamment, de produits non autorisés et contrefaits.

En définitive, le dispositif douanier de contrôle des atteintes à la propriété intellectuelle vise, à sécuriser l'ensemble du territoire et embrasse tous les vecteurs de fraude.

Il s'adapte aux évolutions de la contrefaçon et s'appuie sur un large éventail de pouvoirs. Des services de renseignement permettent d'orienter les contrôles en la matière et des services d'enquêtes sont chargés du démantèlement des filières spécialisées dans la commercialisation de produits contrefaits.

Ce dispositif opérationnel est soutenu par un large éventail de pouvoirs : une procédure de retenue douanière permettant de bloquer les marchandises soupçonnées d'être contrefaisantes, un pouvoir de saisie douanière de produits contrefaits, des pouvoirs généraux de contrôle comme la visite des marchandises et des personnes, la possibilité de recourir à des livraisons surveillées, l'accès et le contrôle de locaux commerciaux et privés...

---

[236] Quarante trois (43) pays membres de l'IPM ont été répertoriés à travers le monde. Au total, cinquante cinq (55) titulaires de droits ont déjà rejoint l'IPM pour un total de trois cent (300) marques et plusieurs agents des douanes dans l'espace CEDEAO ont accès au nouveau système.
http://www.lesoleil.sn/index.php?option=com_content&view=article&id=20130:la-douane-se-dote-dun-systeme-didentification-rapide-des-produits-contrefaits&catid=51:economy&Itemid=63 consulté le 08 mai 2017.

[237] PANGEA est la plus vaste opération de ce type menée sur internet. Elle est coordonnée par Interpol, l'Organisation Mondiale des Douanes (OMD), le Permanent Forum on International Pharmaceutical Crime (PFIPC), le Head of Medecine Agencies Working Group of Enforcement Officers (HMA/WGEO) et appuyée par les industriels du médicament.

[238] Face à un nombre toujours croissant de sites Web faisant commerce de médicaments dangereux et illicites, INTERPOL a pris l'initiative, en coopération avec l'Organisation mondiale des douanes (OMD) et le groupe de travail international de lutte contre la contrefaçon de médicaments (IMPACT) de l'Organisation mondiale de la santé (OMS), de coordonner une opération internationale conjointe d'une semaine baptisée PANGEA.

Paragraphe II : Les douanes face à la criminalité environnementale

En réalité, les crimes environnementaux ne sont pas spécifiquement repris par la Convention de Palerme, mais nous pouvons, valablement, nous baser sur les incriminations générales de ladite Convention et les renvois à diverses législations mentionnées dans son préambule pour permettre aux douanes de réprimer tous les trafics transnationaux organisés affectant l'environnement.

Les Etats parties conviennent, en effet, que les crimes environnementaux ont des liens avec la Convention des Nations Unies contre la criminalité transnationale organisée, étant entendu qu'elle peut constituer un outil efficace de lutte contre le trafic illicite des espèces de faune et de flore sauvages menacées d'extinction et les atteintes au patrimoine culturel[239].

Les fonctionnaires des douanes peuvent être considérés comme étant placés en première ligne de la lutte contre ce type de fraude. La nature même de leur rôle, leurs activités de contrôle habituelles sur l'ensemble du territoire et l'emplacement de leurs postes de travail dans les ports et aéroports montrent que les agents des douanes occupent une place privilégiée pour lutter contre la fraude environnementale.

Les crimes environnementaux concernent généralement le déversement de déchets toxiques, l'exploitation forestière ou minière illégale, le braconnage et le trafic d'animaux sauvages, la pêche illégale non réglementée (INN), la pollution des conteneurs qui ne doivent pas être toxiques[240] ...

La fraude environnementale s'articule autour, essentiellement, des trafics illicites portant sur des déchets toxiques **(A)** et de ressources naturelles **(B)**.

A : La répression douanière du trafic des déchets toxiques

Le déchet est défini par la Convention de Bâle[241] comme « tout résidu d'un processus de production, de transformation ou d'utilisation, toute substance,

---

[239] Nellemann, C., Henriksen, R., Raxter, P., Ash, N., Mrema, E. (dir.), 2014, « La crise de la criminalité environnementale - le commerce et l'exploitation illégale de la faune et des ressources forestières menacent le développement durable. Évaluation du PNUE pour une intervention rapide », une publication du programme des Nations Unies pour l'environnement et GRID-Arendal, Nairobi et Arendal, (en ligne) http://grid.cld.bz, consulté le 10 février 2015.

[240] C'est en ce sens que le syndicat CGT des agents de douanes a eu à lancer une alerte sanitaire sous la forme de journée d'information dans six ports français. Pour le syndicat, la présence de gaz et vapeurs toxiques dans les conteneurs maritimes est un scandale qui dépasse de loin sa profession. Car si les agents des douanes sont les premiers exposés par ordre d'apparition, c'est l'ensemble des intervenants de la chaîne logistique – dockers, chauffeurs et manutentionnaires, qui sont concernés et même au-delà, jusqu'au consommateur final.

[241] La Convention de Bâle a été ratifiée par vingt trois (23) pays africains (Bénin, Burundi, Cameroun, Côte d'Ivoire, Comores, Congo, République démocratique du Congo, Egypte, Ethiopie, Gabon, Gambie, Libye, Mali, Mozambique, Maurice, Niger, Ouganda, Sénégal,

matériaux ou plus généralement tout bien meuble abandonné que son détenteur destine à l'abandon ».

Face aux difficultés de stockage et de traitement des déchets, un marché international s'est développé au sein duquel s'opèrent des transactions ayant pour objet des transferts de déchets dangereux d'un État industrialisé vers d'autres en développement y compris les pays membres de la CEDEAO **(1)**. Les administrations des douanes des Etats membres sont, par conséquent, interpellées pour une correcte application de la Convention de Bâle **(2)**.

1. L'importation irrégulière de déchets dangereux

L'exportation de déchets dangereux vers les pays membres ne disposant pas d'une technologie adéquate pour traiter, éliminer ou encore recycler lesdits déchets, peut avoir des effets dommageables irrémédiables sur la santé humaine et sur l'environnement des États d'importation.

La menace du trafic de déchets toxiques en Afrique de l'Ouest est, aussi, liée à l'importation d'équipements électriques et électroniques hors d'usage, appelées DEEE ou e-déchets. Les DEEE sont définis comme « toute substance ou tout objet dont le détenteur se défait ou a l'obligation de se défaire en vertu des dispositions nationales en vigueur[242] ». Rien qu'un ordinateur peut contenir environ deux (02) kilos de plombs ainsi que d'autres métaux (cadmium et mercure) et des éléments chimiques non organiques pouvant être dangereux s'ils sont relâchés dans l'environnement ou ingérés.

Les déchets dangereux sont souvent exportés vers des pays en développement caractérisés par une faible réglementation environnementale et donc, par des coûts de traitement et d'élimination plus bas[243]. Alors que les réglementations environnementales devenaient plus contraignantes dans les pays développés, une série de scandales a émergé concernant les déchets toxiques en Afrique de l'ouest.

Il s'agit d'incidents liés à des déversements de déchets toxiques dans des Etats membres[244] :

Soudan, Tanzanie, Togo, Tunisie, Zimbabwe). Il convient de noter que le Nigéria et le Ghana ne l'ont pas encore signée.

[242] Directive du Conseil 75/442//EEC du 15 juillet 1975 relative aux déchets. http://www..epa.gov/epawaste/conserve/materials/ecycling/rules.htm consulté le 10 février 2015.

[243] Selon le Programme des Nations unies pour l'environnement (PNUE), se débarrasser d'un quelconque déchet toxique ne coûterait que 2,50 dollars la tonne pour en Afrique contre 250 dollars en Europe.

[244] *ONUDC*, « Trafics transnationaux et Etat de droit en Afrique de l'Ouest : une évaluation des menaces », juillet 2009.

- un fermier du village de Koko au Nigéria, avait signé un contrat avec une compagnie italienne en vue de stocker sur son terrain dix huit mille (18 000) barils de déchets industriels, y compris des PCB[245] ;

- des ressortissants européens et les autorités locales étaient impliqués dans une affaire dans laquelle quinze mille (15 000) tonnes de cendres toxiques provenant de l'incinérateur de Philadelphie aux Etats-Unis ont été importées et déchargées dans une carrière de l'île de Kassa prés de Conakry ;

- un accord pour décharger quinze millions (15.000.000) de tonnes de déchets toxiques sur un terrain pour la somme de six cent millions (600.000.000) de dollars (deux fois le PIB) a été annulé en Guinée Bissau ;

- un contrat entre une société européenne de gestion de déchets et le gouvernement du Bénin pour l'importation d'une tonne de déchets toxiques par an pendant dix (10) ans a été annulé[246] ;

- en 2006, cinq cent (500) tonnes de déchets chimiques ont été déchargées dans divers sites situés autour d'Abidjan, causant la mort d'au moins dix sept (17) personnes. Le benzène qui compose le déchet toxique en question est susceptible de provoquer des cancers, des enfants anormaux, des avortements spontanés, des problèmes de peau, des troubles du comportement, de la mémoire, des insomnies, une perte de la libido, des nausées, des diarrhées. Quant au souffre mercaptan (une autre composition chimique de ces déchets), il peut être à l'origine de paralysie respiratoire et entraîner la mort par manque d'oxygène.

Les boues avaient été déroutées en direction de l'Afrique de l'Ouest après qu'un appel d'offre européen pour son traitement a été jugé inabordable par la société affrétant le navire[247]. Dans cette affaire dite Probo Koalo, la Commission nationale d'enquête ad hoc a retenu la responsabilité de fonctionnaires des douanes qui étaient chargés de surveiller le déchargement des soutes du cargo et à qui il est reproché de ne pas avoir fait arrêter le

---

245 Les biphényles polychlorés (BPC) sont des substances toxiques ayant de nombreuses applications dans l'industrie, notamment, en tant que retardateurs ou isolateurs. Les PCB ne se biodégradent pas, ils se bio-accumulent (s'accumulent dans le corps) et peuvent causer de graves problèmes de santé.

246 Bernstorff, A.et K. Stairs, « POPs in Africa Hazardous Waste Trade 1980-2000, Obsolete Pesticide Stockpiles : A Greenpeace Inventory ». Amsterdam : Greenpeace, 2001.

247 *Greenpeace Pays bas, Amnesty International*, septembre 2012, « Une vérité toxique, A propos de Trafigura, du Probo Koala et du déversement de déchets toxiques en Côte d'Ivoire », « Dans ce rapport, il est question de criminalité d'entreprise, d'atteintes aux droits humains et des carences des Etats qui n'assurent ni la protection des personnes ni celle de l'environnement. On constate ici que les systèmes de mise en œuvre du droit international n'ont pas joué leur rôle pour les compagnies agissant à une échelle transnationale. On voit qu'une société a pu profiter des flous juridiques et des conflits de juridiction et que son comportement a eu des conséquences désastreuses » in fine, La compagnie néerlandaise, ayant affrété le navire, a versé deux cent (200) millions de dollars de compensation au gouvernement de la Côte d'Ivoire en 2008.

pompage des « slops[248] », malgré l'odeur suffocante et nauséabonde qui s'en dégageait[249].

- En octobre 2016, quatre (04) négociants helvétiques, ont produit, vendu et livré aux marchés de huit (08) pays africains en l'occurrence l'Angola, le Bénin, le Congo, la Côte d'Ivoire, le Ghana, le Mali, le Sénégal et la Zambie des carburants hautement polluants, nocifs et même cancérigènes, dont la teneur en soufre est largement supérieure à la moyenne autorisée en Europe. Des traders helvétiques auraient fabriqué les mélanges d'orviétan. Leur procédé, le « blending », consistant à additionner plusieurs produits pétroliers semi-finis à d'autres substances pétrochimiques pour produire du carburant que le jargon de l'industrie pétrolière appelle la « qualité africaine »[250].

2. Le contrôle douanier du trafic des déchets dangereux

Deux principales Conventions internationales criminalisent le trafic de déchets dangereux, bien que, comme cela est le cas pour des violations similaires, les poursuites doivent se tenir dans le cadre de la législation nationale.

La Convention internationale pour la prévention de la pollution par les navires[251] (MARPOL) est la principale Convention internationale traitant de la prévention de la pollution du milieu marin, que les causes soient liées à l'exploitation ou à des accidents.

En 1997, un Protocole modifiant la Convention a été adopté, et une nouvelle Annexe VI, qui est entrée en vigueur le 19 mai 2005, a été ajoutée. Son champ d'application s'étend au-delà des seules pollutions par hydrocarbures pour viser d'autres pollutions par les navires : la pollution par les produits chimiques liquides, les substances nuisibles transportées par colis, les eaux usées, les ordures ainsi que la pollution du milieu marin par le rejet de

---

248 Les slops sont des déchets maritimes, des boues qui restent au fond des citernes des navires : quand il est stocké du pétrole brut ou d'autres produits pétroliers, après un certain temps, il y a décantation des produits lourds et des impuretés qui forment un magma de produits au fond de la capacité. Cette couche de produits est appelée slop.

249 Selon la Commission, M. Gnamien KONAN, Directeur général de la douane, en méconnaissant les obligations liées à sa fonction, a aussi contribué au déversement desdits déchets toxiques. Trois (03) douaniers, en l'occurrence TETIALOU Anne-Marie, AMBROISE Théophile et KOUASSI Yao, ont été, également, placés sous mandat de dépôt.

250 Les conclusions de trois années d'enquête menées, en Belgique, aux Pays-Bas et dans les pays de déchargement, par l'ONG Public Eye basée à Lausanne incriminent les négociants helvétiques Vitol, Trafigura, Addax & Oryx et Lynx Energy.
http://afrique.latribune.fr/entreprises/industrie/energie-environnement/2016-09-22/dirty-diesel-le-scandale-qui-tue.html consulté le 08 mai 2017.

251 La Convention MARPOL a été adoptée le 2 novembre 1973 à l'OMI. Le Protocole de 1978 été adopté à la suite d'une série d'accidents de navires-citernes survenus en 1976 et 1977.

substances nuisibles ou d'effluents contenant de telles substances en infraction aux dispositions de la Convention[252]. Elle ne définit pas la notion de pollution mais celle de rejet et de substances nuisibles.

Les substances nuisibles désignent toute substance dont l'introduction dans la mer est susceptible de mettre en danger la santé de l'homme, de nuire aux ressources biologiques, à la faune, et à la flore marines, de porter atteinte à l'agrément des sites ou de gêner toute autre utilisation légitime de la mer, et notamment toute substance soumise à un contrôle en vertu de la Convention MARPOL[253].

Le rejet de ces substances ou d'effluents les contenant désigne, quant à lui, tout déversement provenant d'un navire, qu'elle qu'en soit la cause, et comprend tout écoulement, évacuation, épanchement, fuite, déchargement par pompage, émanation ou vidange.

La Convention de Bâle sur le contrôle des mouvements transfrontaliers de déchets dangereux et de leur élimination crée, quant à elle, un système mondial pour le suivi et la réglementation des mouvements de déchets dangereux. Elle requiert l'expéditeur de notifier les pays d'exportation, de transit et de destination de toute cargaison de déchets dangereux impliquant son territoire. Elle requiert également l'obtention du consentement par écrit du pays de destination.

D'après la Convention de Bâle, les Etats parties ont le droit d'interdire l'importation de déchets étant entendu qu'aucune partie ne peut exporter de déchets sans le consentement préalable de la partie importatrice. Par conséquent, les douanes sont invitées à procéder aux contrôles suivant un schéma bien défini.

a. L'évaluation des risques liés aux exportations

Il s'agit de faire un ciblage sur des types de containeurs en tenant compte des critères suivants :

- conteneurs déclarés comme déchets ;
- conteneurs suspectés de contenir des déchets ;
- conteneurs déclarés par des marchands ou producteurs de déchets connus ;
- conteneurs gérés par des opérateurs qui ont été impliqués dans des envois illégaux antérieurs de déchets.

[252] Article 11 de la Convention de MARPOL.
[253] Article 2.2 de la Convention de MARPOL

b. La catégorisation des déchets saisis

Les déchets sont généralement classés par catégorie suivant le schéma ci-après :

- les déchets d'équipements électriques et électroniques (WEEE) ;
- les déchets ménagers (par exemple des réfrigérateurs contenant des CFCs, des TV usagées) ;
- la ferraille ;
- les déchets constitués de papier/matières plastiques ;
- les véhicules en fin de vie ;
- les batteries usagées classées dans la catégorie des déchets dangereux puisqu'elles renferment notamment du plomb et de l'acide, et représentent un danger grave de pollution pour l'environnement et la santé publique. Leur circulation est, de ce fait, étroitement réglementée[254]. En particulier, l'exportation des batteries usagées en vue de leur recyclage ou de leur destruction ne peut être réalisée qu'à destination de pays disposant de capacités techniques à cet effet, ou de pays autorisant l'importation de ce type de déchets chez eux.

c. La participation à des opérations spéciales

L'Organisation mondiale des douanes (OMD) s'implique, depuis longtemps, dans des mesures visant à lutter contre le commerce illégal de marchandises sensibles d'un point de vue environnemental, y compris les déchets dangereux et autres déchets relevant de la Convention de Bâle. Le Plan d'action de l'OMD visant à lutter contre les délits environnementaux transfrontières, adopté en février 2008, encourage la douane à organiser où à participer à des opérations conjointes de lutte contre ces délits, et invite également les administrations à échanger des informations sur des risques potentiels de fraude environnementale.

Après avoir décidé de consacrer l'année 2009 aux questions environnementales, sous le thème : "Douane et environnement : protéger notre patrimoine naturel ", l'OMD a lancé les préparatifs de la première opération internationale conjointe visant à lutter contre le crime environnemental jamais réalisée – l'Opération Déméter.

[254] Règlement CEE n° 259/93 du Conseil du 1er février 1993.

En fait, la référence en matière d'opérations spéciales de lutte contre le trafic des déchets toxiques en douane est bien l'opération DEMETER[255]. Elle sert de référence pour les raisons suivantes :

- il s'agit de la première opération conjointe à l'échelon mondial dans ce domaine[256] ;

- il s'agit de la première opération, de ce type, organisée par l'OMD ;

- l'opération DEMETER est une opération particulièrement réussie, notamment, en termes de volume de renseignements échangés et de nombre de saisies effectuées ;

- il s'agit de la première fois que l'Union européenne fournit des renseignements sur l'exportation vers des pays d'autres régions, notamment ceux de la CEDEAO.

Comme l'a souligné Mme Katharina Kummer Peiry, à l'époque, Secrétaire exécutive de la Convention de Bâle : «l'Opération Déméter a confirmé le rôle fondamental joué par les autorités douanières, l'importance capitale de systèmes d'échange de renseignements efficaces et la nécessité d'une coopération internationale pour lutter contre le trafic illicite de déchets dangereux ».

B : La répression douanière du trafic illicite de ressources naturelles

L'exploitation des ressources naturelles communes peut être la source de conflits potentiels dont pourraient profiter des bandes organisées en réseau. Fort heureusement, une panoplie de textes juridiques assimilables à la Convention contre la criminalité transnationale organisée peut servir de référentiels pour les douanes chargées du contrôle de l'exportation des ressources naturelles.

Les Etats membres peuvent aussi se référer à l'Initiative pour la Transparence dans les Industries Extractives (ITIE) qui est une norme internationale dont l'objectif est de renforcer la bonne gouvernance dans des pays riches en ressources minières, gazières, pétrolières. L'ITIE permet, également, d'accroître la transparence dans la gestion des revenus que l'Etat et

---

[255] Opération douanière conjointe visant à combattre le mouvement transfrontière illégal de déchets entre l'Europe, l'Asie-Pacifique et l'Afrique du 23 mars - 11 mai 2009.

[256] Les administrations des douanes participantes ont échangé des informations sur toutes les expéditions transcontinentales suspectes. Elles ont été soutenues par les organismes nationaux chargés de l'environnement, par les forces de police, ainsi que par le Secrétariat de la Convention de Bâle, le Réseau de l'Union européenne pour l'application et le respect du droit de l'environnement (IMPEL) et les sept Bureaux régionaux de liaison chargés du renseignement (BRLR), situés dans les régions participant à l'Opération. Le BRLR d'Europe occidentale (EO) a été désigné pour constituer l'Unité virtuelle de coordination de l'Opération (UCO), chargée de faciliter l'échange de renseignements et d'élaborer le rapport final.

ses démembrements tirent de l'exploitation des ressources minérales, en mettant à la disposition du public le récapitulatif des versements effectués par les sociétés minières. Une telle initiative offre aux citoyens la possibilité d'exercer un contrôle sur l'utilisation des ressources naturelles.

La surveillance douanière de ces ressources naturelles est de mise puisque le commerce des espèces sauvages **(1)**, la commercialisation du pétrole ofshoore surtout dans le Golfe de Guinée et dans les côtes ouest-africaines **(2)**, la commercialisation de diamants, notamment de la Sierra Leone et d'uranium du Niger par exemple **(3)** sont, entres autres, autant d'activités transfrontalières susceptibles d'être liées à la criminalité transnationale organisée.

1. Les douanes dans la mise en œuvre de la Convention sur le commerce international des espèces de faune et de flore sauvage menacées d'extinction (CITES)

La criminalité forestière et le trafic illicite d'espèces sauvages jouent un rôle considérable dans le financement de réseaux organisés et de groupes armés non étatiques[257]. « Le commerce illicite des espèces sauvages est une forme de criminalité transnationale organisée, tout comme le trafic de stupéfiants, d'armes et d'êtres humains qui apportent des conséquences négatives sur la sécurité et le développement. La criminalité envers la faune et la flore implique le blanchiment d'argent, la fraude, la contrefaçon et la violence, et, dans certains cas, elle peut avoir des liens avec des activités terroristes ou insurrectionnelles[258]. »

Des conventions ont été signées pour prohiber le trafic illicite des espèces de faune et de flore.

Il s'agit de :

- la Convention sur le commerce international des espèces de faune et de flore sauvages menacées d'extinction (CITES)[259] ;

- les Décisions de la Commission des Nations Unies pour la prévention du crime et la justice pénale, de l'ONUDC[260], du Conseil économique et social

---

[257] Le commerce de l'ivoire finance également en partie les groupes de miliciens en République démocratique du Congo et en République centrafricaine. Il s'agit probablement d'une des sources principales de revenus de l'Armée de résistance du Seigneur, qui opère à la frontière entre le Soudan du Sud, la République centrafricaine et la République démocratique du Congo. De même, l'ivoire offre une source de revenus aux Janjawids soudanais et autres groupes de cavaliers opérant entre le Soudan, le Tchad et le Niger.

[258] Yury FEDOTOV, Directeur général de l'Office des Nations Unies contre la drogue et le crime (UNODC).

[259] http://www.cites.org/fra/dec/index.php consulté le 08 mai 2017.

[260] ONUDC, Wildlife and forest crime overview. https://www.unodc.org/unodc/fr/ consulté le 08 mai 2017.

(ECOSOC), du Conseil de sécurité des Nations Unies, de l'Assemblée générale des Nations Unies, d'INTERPOL[261].

Le Conseil de l'OMD a adopté, à l'unanimité, la Déclaration concernant le commerce illégal des espèces sauvages qui renforce l'engagement pris par la communauté douanière mondiale de lutter contre ce type de criminalité. Cette Déclaration[262] souligne la menace imminente que soulève l'accroissement du commerce illégal des espèces sauvages, ainsi que la détermination des administrations des douanes à exercer un effet dissuasif contre la prolifération de ce phénomène, et contient dix mesures dont la mise en œuvre permettra aux administrations des douanes d'obtenir de meilleurs résultats dans ce domaine. Au demeurant, il existe un protocole d'accord entre l'Organisation mondiale des Douanes et la CITES pour lutter contre le commerce illicite des espèces de faune et de flore sauvages menacées d'extension[263].

Parmi les Conventions adoptées pour protéger la faune et la flore, la CITES est, sans doute, l'outil majeur de référence d'autant plus qu'elle a pour objectif d'assurer que la survivance de la faune et de la flore sauvages ne soit menacée par le commerce international de ces espèces.

L'application de la CITES repose sur un système de permis d'importation et d'exportation dont la délivrance est plus exigeante pour les espèces les plus menacées.

La Convention protège plus de trente mille (30 000) espèces de plantes et d'animaux sauvages. Leur nom figure dans une des trois annexes de la Convention. Ainsi, lorsqu'un exportateur souhaite exporter un spécimen CITES, il doit obtenir un permis ou certificat. Ce document est émis par l'organe de gestion du pays d'exportation. Pour obtenir ce permis ou certificat, il doit présenter un certain nombre de justificatifs sur l'origine du spécimen démontrant que la CITES en autorise le commerce international.

Les Annexes constituent l'élément essentiel de la Convention. Les trois premières Annexes énumèrent les espèces réglementées par la CITES et déterminent le niveau de contrôle à exercer.

---

[261] INTERPOL, Atteintes à l'environnement, https://www.interpol.int/fr/Criminalité/Atteintes-à-l'environnement consulté le 08 mai 2017.

[262] Déclaration adoptée lors des sessions du Conseil de l'OMD de 2014 à Bruxelles.

[263] Le 25 février 2010, une nouvelle alliance mondiale s'est réunie à Vienne pour soutenir la demande des États dans la lutte contre des puissantes organisations criminelles qui pillent la faune et la flore mondiale. Le Consortium international sur la Lutte contre la Criminalité environnementale (ICCWC) est composé de cinq organismes internationaux en l'occurrence le Secrétariat de la Convention sur le commerce international des espèces menacées d'extinction (CITES), INTERPOL, l'ONUDC, l'Organisation mondiale des Douanes et de la banque mondiale, s'emploient à adopter une approche globale et concertée pour aider à prévenir la surexploitation illégale des ressources naturelles y compris les espèces en voie de disparition. La collaboration entre les membres de l'ICCWC répond directement aux principes énoncés par la Commission sur la Prévention du Crime et la Justice pénale (CCPCJ) dans sa Résolution 16/1, de 2007.

La dernière décrit la forme des permis à utiliser pour réglementer ce commerce.

Les espèces dont la conservation soulève des préoccupations sont essentiellement divisées comme suit :

- espèces menacées d'extinction qui font ou pourraient faire l'objet d'un commerce ;

- espèces qui ne sont pas nécessairement menacées d'extinction mais pourraient le devenir si le commerce dont elles font l'objet n'est pas réglementé de manière stricte ;

- espèces dont le commerce est réglementé par certaines Parties, les autres Parties étant tenues de coopérer à cette réglementation.

L'Annexe I donne la liste des espèces rares ou menacées dont le transport hors frontière, à des fins commerciales, n'est pas autorisé[264]. S'agissant d'un transport à d'autres fins, l'importateur doit se munir d'un permis d'importation délivré par l'autorité de gestion de la CITES de son pays et d'un permis d'exportation exigé par la Convention et délivré par le gouvernement du pays exportateur.

Les espèces qui figurent à l'annexe II ne sont pas rares ni menacées, mais pourraient le devenir si leur commerce n'est pas réglementé[265]. L'exportateur doit se munir du permis d'exportation approprié, exigé par la Convention et délivré par le gouvernement du pays exportateur.

Les espèces énumérées à l'annexe III ne sont pas menacées d'extinction, mais font l'objet d'une gestion spéciale dans le pays qui les y a inscrites[266]. Un permis d'exportation CITES du pays en question est requis pour l'exportation d'une espèce ou d'un produit inscrit sur cette liste, ou encore un certificat d'origine ou un certificat de réexportation si l'importation ou l'exportation se fait à partir d'un Etat autre que l'Etat concerné.

La douane a un rôle crucial pour l'application de la CITES. En raison de sa présence aux frontières et des moyens juridiques dont elle dispose, elle est l'une des administrations les mieux placées pour participer à la lutte contre les fraudes à la CITES. Lors de l'exportation et de l'importation des espèces

---

[264] Plus de six cent (600) espèces d'animaux et de plantes sont reprises à l'annexe I dont tous les lémurs, gibbons, chimpanzés, gorilles,...la plupart des baleines, plusieurs ours, la plupart des félins, la plupart des éléphants, tous les rhinocéros, plusieurs faisans, toutes les tortues marines, plusieurs crocodiliens, quelques orchidées et cactus.

[265] Plus de deux mille trois cent (2300) espèces animales et plus de vingt quatre milles (24 000) espèces végétales sont incluses sous l'annexe II. Il s'agit de tous les singes, ours, félins, tous les dauphins, baleines, tous les flamants, éperviers, aigles, hiboux et chouettes, tous les colibris, tous les perroquets, toutes les tortues terrestres, tous les boidae (pythons, boas), tous les caméléons, tous les iguanes et les varans, les apollons (papillons), les cactus et les orchidées qui ne figurent pas déjà sur les listes de l'annexe I.

[266] Le buffle indien (népal), le poto (honduras), le morse (Canada), le pigeon biset (Ghana), la vipère de Russel (Inde).

visées, c'est à la douane de contrôler que le permis ou certificat CITES correspond au spécimen.

Dans de nombreux pays, les administrations douanières disposent de prérogatives légales leur permettant d'effectuer des enquêtes chez les commerçants ou des contrôles lors de transports intérieurs. Les documents commerciaux et douaniers permettent de mettre en œuvre les techniques de ciblage et sont un des éléments de base des enquêtes douanières.

2. Les douanes dans la lutte contre le trafic illicite de ressources pétrolières

Le pétrole est le principal produit des échanges économiques transporté principalement par la mer dans la région de l'Afrique de l'Ouest. D'ailleurs, l'importation de pétrole et/ou de produits dérivés vers des pays membres comme le Sénégal ne peut être effectuée que par la voie maritime[267].

Dans l'exercice de ses activités, l'importateur de pétrole et/ou de produits dérivés doit respecter les normes de qualité des produits, de sécurité des installations et de protection de l'environnement[268].

Ainsi, pour toute cargaison importée, l'importateur désignera un expert agréé qui procédera aux contrôles quantitatif et qualitatif de la cargaison[269].

L'essor du marché noir de carburant en Afrique de l'Ouest rend, en même temps, ses eaux attrayantes pour les pirates. Des pays comme le Nigéria[270], le Ghana et le Sénégal[271] ont des gisements de ressources pétrolières, avec pour corollaire les problèmes de sécurité liés à la contrebande au terrorisme, à la piraterie et à la corruption.

Le trafic illicite du pétrole, dans l'espace CEDEAO, renvoie à des manœuvres frauduleuses qui consistent à récupérer, en haute mer, d'importantes quantités de fuels et de les intégrer, frauduleusement, dans le marché intérieur des Etats membres. Les pirates opérant au large du Nigeria, du Togo ou du Bénin sont généralement bien armés et violents. Ils détournent

---

[267] Article 5 de la loi n° 98-31 du 14 avril 1998.

[268] Article 6 de la loi n° 98-31 du 14 avril 1998. Quel que soit son lieu d'immatriculation, aucun navire transportant plus de deux milles (2000) tonnes d'hydrocarbures en vrac en tant que cargaison ne peut avoir accès aux ports sénégalais ou à des installations terminales situées dans les eaux territoriales ou intérieures sénégalaises, ni les quitter, s'il n'est muni d'un certificat établissant que la responsabilité civile de son propriétaire pour les dommages par pollution est couverte par une assurance ou une garantie financière.

[269] Article 16 du décret n° 98-338 du 21 avril 1998.

[270] Le Nigeria est considéré comme le huitième plus important producteur de pétrole au monde, avec environ 4% de la production mondiale de pétrole brut. Le pays est également le cinquième fournisseur des Etats-Unis, qui est le premier consommateur au monde.

[271] Ousmane SONKO, (2017), *Pétrole et gaz au Sénégal, Chronique d'une spoliation*, Fauves éditions, Paris, pages 129 et suivants.

parfois les navires pendant plusieurs jours, le temps de piller les soutes, et brutalisent les équipages, de moins en moins enclins à naviguer dans ces eaux. D'autres les relâchent après paiement d'une rançon.

Au Ghana deux (02) actes de piraterie ont été relevés en 2014 alors que des victimes de piraterie au large de la côte béninoise ont signalé que des pirates anglophones et francophones travaillaient ensemble, ce qui prouve l'existence d'un réseau criminel transfrontière[272].

Au Nigéria, la plupart des puits de pétrole sont localisés dans le delta du Niger[273] qui, devient malheureusement, le théâtre d'une guérilla mi-ethnique, mi mafieuse, frappant quatre provinces : Rivers, Akwa, Ibom, Delta et Bayelsa[274]. Dans cette zone, le détournement illégal de pétrole renvoie à un mauvais entretien du réseau de pipelines, à la pratique du « flaring » consistant à brûler le gaz extrait en même temps que le pétrole pour s'en débarrasser, au percement des pipelines et à la collecte frauduleuse du pétrole dans un seau.

Ce déversement frauduleux de carburant s'inscrit ainsi dans la dynamique du trafic transnational de carburant, du Nigéria vers les Etats de l'Afrique de l'Ouest, par des réseaux criminels s'adonnant au soutage du pétrole[275]. Les bénéfices sont, selon toute vraisemblable, utilisés pour financer la course aux armements entre les bandes criminelles et les milices tribales... Le détournement illégal de pétrole provoque, également, des fuites qui polluent l'environnement et des explosions qui peuvent faire beaucoup de victimes.

---

[272] En 2011, on a recensé 22 attaques au Bénin, pays jusqu'alors relativement épargné par les actes de piraterie commis en permanence au large de Lagos, la capitale nigériane, située à quelques kilomètres à peine des côtes béninoises. Les attaques ont cependant cessé aussi rapidement qu'elles sont survenues, et on n'en a signalé que deux depuis le début de 2012 dans les eaux du Bénin. https://www.unodc.org/.../West_Africa_TOC_PIRACY_FR.pdf

[273] Le Delta du Niger, aussi appelé bouches du Niger, est un delta formé par le fleuve Niger au niveau de son embouchure dans l'océan Atlantique. Situé en intégralité au Nigeria, dans le Sud du pays, il se trouve au fond du Golfe de Guinée et sépare le Golfe du Bénin au nord-ouest du golfe du Biafra au sud-est.

[274] « La lutte autour du pétrole peut prendre une forme pacifique à l'instar du MOSOP *(Movement for the Survival of the Ogoni People)* recrutant notamment chez les Ogoni. Elle peut également se traduire par une lutte armée dont l'un des acteurs les plus médiatiques demeure le MEND (Mouvement pour l'Émancipation du Delta du Niger) recrutant chez les Ijo. Leurs actions se manifestent entre autres par des confrontations avec les militaires nigérians, par des sabotages des pipelines, par des enlèvements d'agents des compagnies pétrolières,... La situation fut compliquée en raison de l'apparition d'autres mouvements aux origines confuses comme les Vigiles du Delta du Niger (VDN) fondé en 2003 la Force volontaire du peuple du delta du Niger (NVPDN) créee en 2005 et le Mouvement pour l'émancipation du delta du Niger (MEDN) apparu en 2006. Le 19 juin 2008 le MEDN revendique l'attaque de la plateforme Bonga appartenant à SHELL. » ADF Magazine, « Sécurité maritime dans le golfe de Guinée », Volume 8, Numéro 3, (en ligne) http://adf-magazine.com/ consulté le 07 avril 2017.

[275] Le terme « soutage » est utilisé de façon répandue au Nigéria en vue de désigner le vol de pétrole. Cependant, le mot est plus utilisé sur le plan international pour désigner le remplissage d'un navire avec du pétrole ou du charbon. Le crime est plus précisément décrit en tant que « soutage illégal ».

D'ailleurs, les préjudices environnementaux causés par l'exploitation anormale du pétrole et les nombreux trafics illicites sources de violence ont poussé des firmes à se retirer de l'exploitation pétrolière, notamment, dans la partie du Golfe de Guinée[276].

En 2004, le Fonds monétaire international (FMI) a conclu que ce trafic était si important qu'il avait de lourdes conséquences sur la politique monétaire du Nigéria et la valeur du franc CFA[277].

La criminalité transnationale relative au trafic du pétrole est de plus en plus préoccupante pour la communauté internationale qui est, d'ailleurs, en train de s'interroger sur la possibilité et la pertinence de s'inspirer du « processus de Kimberly » de lutte contre le trafic de diamants, en vue de l'appliquer à la lutte contre le trafic portant sur le « pétrole dit de sang ».

En attendant, les douanes peuvent, toujours, mettre à contribution les brigades de surveillance pour procéder à des contrôles le long des façades maritimes. Il est, en effet, fréquent que des populations riveraines, prétextant exercer leurs activités de pêche, deviennent complices de ce trafic illicite, en participant au transbordement frauduleux de carburants issus du soutage qu'ils récupèrent en mer au moyen de leurs petites embarcations avant de procéder à leurs introduction et vente dans le marché intérieur.

Des investigations doivent, par conséquent, être menées par les services des douanes pour lutter contre les déversements frauduleux de carburant, produit brut donc considéré comme originaire de la zone maritime de la CEDEAO.

3. La répression douanière du trafic frauduleux de ressources minières

Bien que l'Afrique de l'ouest soit riche en ressources minières[278], corruption et instabilité politique compliquent leur contribution au

---

[276] En janvier 2017, la firme française Michelin a décidé de fermer son usine de Port-Harcourt. Durant la même année, sur seize (16) incidents à travers le monde où des bateaux ont essuyé des coups de feu, sept (07) ont été recensés dans le Golfe de Guinée. Au mois de septembre 2018, un navire opérant sous pavillon suisse et transportant du blé de Lagos à Port Harcourt (sud du Nigeria) a été attaqué au large du Nigeria. Douze des dix neuf membres de l'équipage ont été enlevés.

[277] Jian-ye WANG, , « *Macroeconomic Policies and smuggling : an analysys of illégal oil trade in Nigéria* », Département du FMI sur la politique de développement et l'analyse, septembre 2014. Le pétrole et l'essence de contrebande en provenance du Nigéria représenteraient 20% de la consommation du Bénin en 1986, passant à 68% en 1991. En réaction à la baisse des ventes licites de produits pétroliers au profit du Bénin, alors que paradoxalement la consommation réelle augmentait, le gouvernement nigérian avait dû ordonner, le 10 août 2003, la fermeture de sa frontière avec le Bénin, accusant les autorités béninoises de fermer les yeux sur la contrebande de pétrole.

développement économique. La disponibilité de minerais précieux est un atout, mais bien un atout fragile car souvent source de conflits.

L'extraction de telles ressources cause bien de dommages environnementaux et les trafics portant sur des minéraux comme les diamants **(a)** et l'uranium **(b)** peuvent servir à financer l'achat de main-d'œuvre lié à la traite des personnes, d'armes et de drogues.

a. Le trafic de diamants

Le commerce illicite de diamants a attisé et financé des conflits dans plusieurs pays de l'Afrique comme ce fut le cas en Angola, en Sierra Leone et en République démocratique du Congo. Une initiative conjointe a été prise par les milieux gouvernementaux, les milieux industriels et la société civile en vue de combattre le trafic de diamants « des conflits » ou diamants bruts utilisés par les mouvements et factions rebelles pour financer les conflits avec les gouvernements. L'initiative a permis de combattre les importations de diamants bruts interdites aux termes de la Résolution 1643 de 2005 du Conseil de sécurité des Nations-Unies.

Lui emboitant le pas, le Système de Certification du processus de Kimberley[279] (SCPK) exige des gouvernements signataires que chaque chargement de diamants bruts soit exporté/importé dans un conteneur sécurisé et accompagné d'un certificat validé par un gouvernement. Ce document doit comporter un numéro de série unique, attestant que les diamants ne proviennent pas de pays en guerre.

Les Etats sont tenus de mettre en place des dispositions législatives et des institutions nationales, ainsi que des contrôles à l'exportation, à l'importation et au commerce intérieur des diamants. Ils doivent, également, s'engager à assurer la transparence des activités relatives aux diamants et à procéder à des échanges de données statistiques[280].

---

[278] L'Afrique de l'ouest exploite de nombreux type de minéraux : Uranium, bauxite, cuivre, cobalt, chrome, platine ; étain, argent, tungstène, or, diamants, fer, saphirs, kaolin, marbre, etc.

[279] L'origine du système de certification du processus de Kimberley (SCPK) remonte à mai 2000, date à laquelle les pays producteurs de diamants d'Afrique australe se sont réunis à Kimberley, en Afrique du Sud, pour débattre des moyens à employer pour mettre un terme au commerce des « diamants de la guerre » et pour veiller à ce que le commerce des diamants ne finance pas les activités de mouvements rebelles violents et de leurs alliés visant à déstabiliser des gouvernements. Le système de certification du processus de Kimberley est entré en vigueur en 2003, lorsque les pays participants ont commencé à l'appliquer.

[280] Les factures des diamants taillés, vendus selon le processus Kimberley doivent comporter la phrase (en anglais) suivante, à chaque étape commerciale, de l'origine jusqu'au client final :

Selon les termes du Processus de Kimberley, les chargements de diamants ne peuvent être exportés et importés que depuis et vers les pays signataires du Processus de Kimberley. Aucun chargement de diamants bruts non certifiés n'est autorisé à pénétrer ni à quitter le territoire d'un pays participant. Ces mesures garantissent que « les diamants de la guerre » ne puissent pénétrer la chaîne d'approvisionnement légale. Le système de certification du processus de Kimberley (SCPK) est mondialement reconnu comme un instrument unique de prévention des conflits en faveur de la paix et de la sécurité.

D'ailleurs, les efforts conjoints des gouvernements, des dirigeants de l'industrie et des représentants de la société civile ont permis au processus de Kimberley notamment, d'endiguer le flux de diamants des conflits en très peu de temps[281]. Le processus de Kimberley a également contribué à stabiliser des pays fragiles et a appuyé leur développement.

Alors qu'il complique la vie des criminels, le processus de Kimberley a ramené d'importantes quantités de diamants sur le marché légal, ce qui a accru les recettes de gouvernements pauvres et a aidé ceux-ci à relever les défis du développement national.

Ainsi, la Sierra Leone a pu exporter, légalement, des diamants pour une valeur d'environ cent vingt cinq millions (125.000.000) de dollars en 2006, contre un volume pratiquement nul à la fin des années 90. Cet optimisme est, cependant, à relativiser car selon des informations communiquées par des membres du Processus de Kimberley, le trafic de diamants bruts, provenant de la Côte d'Ivoire notamment, est en augmentation.

La méthode la plus usitée du trafic de diamant, mais non exclusive, consiste à expédier ces diamants bruts par courrier postal dans les colis postaux. C'est pourquoi, les services des douanes sont, instamment, invités à multiplier les contrôles du courrier postal et des envois par la poste en provenance de pays ciblés.

Dans l'espace CEDEAO, les saisies de diamants bruts non accompagnés de certificats délivrés par le processus de Kimberley devront être notifiées au Bureau Régional de Liaison chargé du Renseignement pour l'Afrique de l'Ouest (BRLR-AO) sis à Dakar, pour coordination ultérieure avec le Processus de Kimberley.

« The diamonds herein invoiced have been purchased from legitimate sources not involved in funding conflict and in compliance with United Nations resolutions. The seller hereby guarantees that the diamonds are conflict-free, based on personal knowledge and/or written guarantees provided by the supplier of these diamonds ».

[281] Selon les spécialistes du secteur diamantaire, la part des diamants des conflits dans le commerce international des diamants est actuellement de moins de 01% alors qu'elle s'élevait à 15 % dans les années 90. Suivre le lien www.diafin.ch/ethique consulté le 23 janvier 2017.

b. Le trafic d'uranium

Au cours des dernières décennies, des groupes extrémistes ont fait des efforts intermittents pour acquérir de l'uranium pour fabriquer des armes, mais leur capacité à produire ou à utiliser des armes nucléaires reste extrêmement faible. Les mines d'uranium dans la zone désertique du nord du Niger font, donc, l'objet d'une surveillance militaire et douanière très stricte[282].

Les Etats membres sont invités à mettre sur pied des commissions de sureté nucléaire chargées de réglementer l'importation et l'exportation des substances nucléaires comme l'uranium. Ces commissions composées des services de sécurité dont les douanes, dans les Etats qui en sont pourvus, mettent en œuvre un processus d'autorisation et de vérification de la conformité qui garantit que les importations et les exportations de ces articles sont conformes aux exigences réglementaires, à la politique de non-prolifération nucléaire ainsi qu'aux obligations et engagements internationaux.

Au Niger, la gestion des ressources comme l'uranium est révélatrice du phénomène de la corruption en rapport avec les menaces transfrontalières. Les quarante (40) années d'exploitation minière de l'uranium du Niger ont eu plusieurs conséquences néfastes sur l'économie et l'environnement[283].

Il s'agit, essentiellement de :

- la spoliation des terres agro-pastorales autour des sites situés dans la région d'Agadez ;
- des bénéfices énormes réalisés par les multinationales sans retombées pour les populations ;
- la destruction de la faune et de la flore aux alentours des mines ;
- la contamination de l'air par des poussières et des gaz radioactifs ;
- la contamination radiologique des ressources en eau ;
- l'épuisement des deux grandes nappes fossiles ;
- des pollutions annexes innombrables, essentiellement dues aux activités périphériques.

---

[282] Le Niger dispose d'un sous-sol regorgeant d'importantes ressources minières et énergétiques dont l'uranium, le charbon, le cuivre, l'or, le phosphate, le molybdène, le zinc, le pétrole, le gaz, le fer, le ciment et d'autres métaux précieux, selon des études réalisées par le ministère en charge des Mines. En 2014, Le Niger était le quatrième producteur d'Uranium après le Kazakhstan, le Canada et l'Australie selon la World Nuclear Association : http://www.world-nuclear.org/info/Facts-and-Figures/Uranium-production-figures.

[283] En 1969, le Gouvernement du Niger a accordé au Commissariat français à l'Energie Atomique (C.E.A.) pour une période de 75 ans, une concession de 360 km² couvrant les gisements d'Arlit et d'Akouta. Voir PALLIER Ginette, *L'Uranium au Niger*, les cahiers d'Outre-Mer, Année 1984…pages 37 à 146 pages 175-191.

En tout état de cause, le traité sur la non-prolifération des armes nucléaires[284] recommande le contrôle de l'importation et de l'exportation de l'uranium. Sous ce rapport, les importateurs et les exportateurs doivent obtenir un permis pour le transfert international d'articles à caractère nucléaire et d'articles à double usage dans le secteur nucléaire et s'y conformer.

4. La répression douanière de la pêche illicite

L'ampleur de la pêche INN sur l'environnement marine est scandaleuse étant entendu qu'aujourd'hui, de gros chalutiers étrangers sans permis adéquats ramassent de grandes quantités de poissons dans les eaux de l'Afrique de l'Ouest[285].

La pêche illicite[286] est effectuée :

- par des navires dans les eaux territoriales d'un pays sans autorisation et en violation des lois ;

- par des navires d'un pays partie à une organisation régionale de gestion des pêches, mais ne respectant pas les mesures adoptées par cette organisation ;

- en violation d'obligations internationales telles que celles contractées avec une organisation régionale de gestion des pêches.

La pêche non déclarée est, quant à elle effectuée, de façon fallacieuse par une autorité nationale compétente ou par une organisation régionale de gestion des pêches.

La pêche non réglementée est effectuée :

- de façon non conforme aux mesures de conservation et de gestion d'une organisation de gestion des pêches par des navires sans nationalité ou battant pavillon d'un État non partie à cette organisation ;

---

[284] Le traité sur la non-prolifération des armes nucléaires (TNP) est un traité international conclu en 1968 et signé par les pays membres. Il vise à réduire le risque que l'arme nucléaire se répande à travers le monde, et son application est garantie par l'Agence internationale de l'énergie atomique (AIEA).

[285] Le Daily Graphic a rapporté, en 2013, que le Ghana avait créé une Unité chargée de l'application des lois sur la pêche du Ghana (FEU) et l'a autorisée à combattre les activités de pêche illicite. La FEU comprend des personnels de la Marine ghanéenne, de l'Armée de l'Air ghanéenne, de la Commission des pêches, du bureau du procureur général, de la police maritime du service de la police ghanéenne et du Bureau des investigations nationales. La FEU contrôle et suit toutes les opérations de pêche dans les eaux territoriales ghanéennes. En décembre 2014, la FEU a arrêté vingt six (26) pêcheurs soupçonnés d'avoir péché à la dynamite, ce qui est à la fois illicite et dangereux.

[286] L'Organisation des Nations Unies pour l'alimentation et l'agriculture a approuvé, en 2001, un Plan d'action international visant à prévenir, à contrecarrer et à éliminer la pêche illicite, non déclarée et non réglementée.

- dans des zones ou dans des stocks halieutiques pour lesquels il n'existe pas de mesures de gestion et de façon non conforme aux responsabilités de l'État en matière de conservation, en vertu du droit international.

Dans un rapport publié par Greenpeace[287], il est mis en évidence les pratiques frauduleuses des sociétés chinoises de pêche lointaine, particulièrement la China National Fisheries Corporation (CNFC), opérant dans les eaux ouest-africaines. Les informations recueillies par Greenpeace, principalement au Sénégal, en Guinée et en Guinée Bissau, montrent que les navires battant pavillon chinois ou ceux opérant sous d'autres pavillons, par le biais de sociétés mixtes, mènent une vaste entreprise de sous déclaration du tonnage brut de leurs navires.

Les douanes devraient, en définitive, jouer un rôle plus appuyé contre la pêche illicite, non déclarée et non réglementée en apportant leur expertise avérée en matière de gestion des fichiers des navires opérant dans les eaux maritimes de l'espace CEDEAO. Dans ce domaine, les douanes sont appelées à développer des partenariats avec les acteurs de la pêche pour répondre aux défis de la sécurité maritime. En fait, la pêche illicite, non déclarée et non réglementée (INN) peut détruire les sources de revenus et les économies locales en empêchant les petits pêcheurs d'exercer convenablement leur métier. Non seulement cette pratique épuise une ressource naturelle précieuse, mais elle coûte également des emplois et aggrave le ressentiment des pêcheurs des communautés côtières.

C'est l'une des raisons qui explique pourquoi dans le Golfe de Guinée[288] par exemple, les pêcheurs au chômage se sont tournés vers la piraterie comme activités principales.

En définitive, il convient de retenir que les produits toxiques et dangereux peuvent polluer l'environnement si leurs manipulations ne sont pas réglementées ni encadrées par les forces de sécurité. Des ressources naturelles peuvent être pillées et menacées d'extinction en méconnaissance des lois sur le développement durable. Il s'agit, souvent, de l'exploitation illicite à des fins commerciales de la faune, de la flore, de ressources minières, énergétiques et halieutiques.

---

[287] *Greenpeace*, « Arnaque sur les côtes africaines : la face cachée de la pêche chinoise et des sociétés mixtes au Sénégal en Guinée Bissau et en Guinée », mai 2015.

[288] Les méthodes des grands navires de pêche peuvent détruire les sources de revenus, les économies locales voire la sécurité alimentaire de toute une région.

Conclusion du chapitre II

Les trafics en rapport avec la criminalité transnationale organisée sont réprimées aussi bien par la Convention de Palerme que par d'autres Conventions et législations assimilables. Dans le cadre de la lutte contre la drogue, il s'agira d'appréhender les aspects théoriques de la classification des produits stupéfiants telle que retenue par les réglementations internationales et nationales.

S'agissant de la lutte contre les produits contrefaits, les douanes sont chargées de contrôler les marchandises signalées, sur tous les points du territoire, à l'importation, à l'exportation, à la circulation, à la détention, et même après leur dédouanement.

Des services douaniers dédiés permettent de contrôler chaque vecteur d'introduction de contrefaçons :

- cellules de ciblage dans les ports et aéroports pour contrôler le fret commercial ;

- brigades pour effectuer des contrôles de personnes et de moyens de transport sur routes ;

- services spécialisés pour les contrôles postaux et pour le fret express ;

- cyber-douane, service spécialisé chargé de traquer les fraudes sur Internet.

En ce qui concerne la surveillance des mouvements des personnes, il est recommandé d'envisager la création, en douanes, d'unités spéciales ayant expressément pour mandat de mettre en œuvre et de cibler efficacement des activités opérationnelles de lutte contre la traite des êtres humains, ainsi que la mise en place de points focaux nationaux spécifiques.

S'agissant de la lutte contre les crimes environnementaux, elle renvoie au concept de « douanes vertes » qui exprime la volonté des administrations douanières à jouer pleinement leurs rôles d'avant-garde en la matière. A travers les deux principales composantes de la protection de l'écologie et de la conservation de la nature, il s'agit pour les douanes de soumettre, les produits de la nature ou nocifs à la nature, à des régimes de contrôles douaniers en phase avec les Conventions internationales édictées en la matière.

Le rôle des douanes consistant, en définitive, à dissuader les acteurs de telles activités illicites en empêchant, notamment, l'importation ou l'exportation de ressources naturelles rares et précieuses ou en exigeant que les dites ressources soient couvertes par un permis ou un certificat dûment signé par les services compétents.

Conclusion du TITRE I

La coopération et la communication aux fins de surveillance douanière des frontières dans l'espace CEDEAO a été consacrée par la Convention d'Assistance mutuelle administrative. A cet effet, à l'article 12, y sont prévues les modalités de coopération requises pour lutter contre la criminalité transnationale organisée.

En tant que marchandises prohibées parce que soumises à un régime encadré lors de leur importation, les produits, pouvant avoir des liens avec la criminalité transnationale organisée, sont soigneusement pris en charge par les bureaux de dédouanement chargés d'appliquer les lois et règlements conformément aux dispositions communautaires et internationales en la matière.

En tant que marchandises interdites à l'importation, les produits du crime objet de contrebande, doivent être saisis et confisqués dans le cadre d'une procédure contentieuse. Il est donc important de cerner les caractéristiques et les composantes de ces produits prohibés en vue de pouvoir contrer leurs trafics illicites. Il convient, à cet effet, de se féliciter de la mise en place de postes de contrôle juxtaposés et du réseau des points de contact et des responsables chargés de la modernisation des administrations douanières des Etats de l'Afrique occidentale et centrale (AOC) aux fins de la sécurisation des frontières et ce, conformément au Cadre de normes SAFE sur la sécurité et la facilitation de la chaîne logistique internationale.

Seulement, ces interventions douanières, même si elles participent à la protection des ressources naturelles de l'espace CEDEAO, ne sauraient suffire à englober toute la lutte contre la criminalité environnementale.

TITRE II : LA SECURISATION DOUANIERE DES ECHANGES COMMERCIAUX

Le contrôle des échanges commerciaux obéit à une procédure douanière qui est définie comme l'ensemble des étapes nécessaires au traitement d'une déclaration en douane. Le traitement d'une telle déclaration suit un ensemble de règles complexes, emblématiques du caractère périlleux de la chaîne logistique internationale.

Les procédures douanières sont, aujourd'hui, alignées sur les normes internationales définies, entre autres dans la Convention de Kyoto révisée (CKR) ainsi que dans les autres outils mis au point par l'Organisation mondiale des Douanes[289] tels que le Cadre de normes SAFE (Sécurité et Facilitation des Echanges). Dans l'espace CEDEAO, les échanges commerciaux qu'ils soient intracommunautaires ou extracommunautaires sont vulnérables à la fraude douanière compte tenu de la fluidité des frontières et de la faiblesse des moyens humains et logistiques mis à la disposition des administrations chargées de les contrôler. C'est pourquoi d'ailleurs, les modalités de sécurisation du contrôle douanier des échanges commerciaux doivent s'inspirer, le plus possible, du Cadre de normes SAFE.

Ce Cadre est considéré comme étant un jeu de normes minimales que les administrations des douanes sont appelées à mettre en œuvre selon les capacités et prérogatives de chaque Etat membre de la CEDEAO dans le but de concilier la sécurité à la facilitation dans le contrôle **(Chapitre I)**.

Par rapport aux échanges commerciaux proprement dit et qui sont, soit régis par la Communauté, soit encadrés par des accords bilatéraux, il s'agira pour les administrations des douanes de la Communauté de s'accorder sur des modalités harmonieuses de contrôle visant à concilier la sécurité et la libre circulation des marchandises **(Chapitre II)**.

[289] L'Organisation mondiale des Douanes a adopté plusieurs instruments douaniers portant sur la sécurisation de la chaîne logistique internationale organisée conformément à sa Recommandation concernant la criminalité transnationale organise.

Chapitre I : La conciliation de la sécurité et de la facilitation dans le contrôle douanier

La chaîne logistique internationale comprend les différentes étapes de la vie d'un produit depuis sa fabrication jusqu'à sa livraison à son destinataire final. A chaque maillon de cette chaîne, une administration publique ou privée met sa compétence technique pour sécuriser et faciliter le commerce dudit produit. Dès lors, l'engagement de tous les maillons, publics ou privés, de la chaîne logistique, aux côtés des douanes est indispensable au succès de sa sécurisation.

Conformément au souci sécuritaire, les travaux du groupe d'action pour la mise en œuvre du Cadre de normes SAFE sont principalement axés sur le renforcement de la coopération et de l'échange d'informations entre les divers acteurs concernés.

La dichotomie apparente entre simplification des procédures et contrôles des opérations douanières constitue, en réalité, une sorte d'harmonie qui s'impose à l'administration des douanes, soucieuse d'être une administration moderne et performante. En effet, ces deux modalités d'action sont interdépendantes ; puisque l'on ne peut procéder à simplifier les procédures de dédouanement sans mesures de contrôle préalables et que l'instauration de certaines mesures de contrôle n'a de sens que si elle débouche sur la simplification des procédures de dédouanement et si ces mesures sont perçues comme mesures de facilitation.

L'Organisation mondiale des Douanes a, ainsi, pour ambition, d'instaurer et de conserver un équilibre entre sécurité et facilitation du commerce. En réalité, l'ambition de l'Organisation mondiale des Douanes de lutter contre la criminalité transnationale organisée est subordonnée à l'appropriation du cadre des normes SAFE dans les aires régionales comme celle de la CEDEAO **(Section I)**.

Cependant, en cherchant à trouver un équilibre approprié entre la facilitation des échanges et le contrôle réglementaire, les douanes devront gérer deux risques simultanément : la non-facilitation des échanges internationaux et l'éventuelle non-conformité aux règlements douaniers. L'application de principes de gestion du risque dans le contrôle des procédures douanières permet d'atteindre cet équilibre[290] **(Section II)**.

---

[290] David WIDDOWSON, « Gestion du risque dans l'environnement douanier », in « Manuel de modernisation douanière », Luc DE WULF, José B.SOKOL, (2007), Editions ESKA, Banque mondiale, pages 99 à 107.

Section I : Le Cadre de normes SAFE : instrument de sécurisation des procédures de dédouanement

Les missions de sécurisation des flux transfrontaliers commerciaux sont devenues essentielles dans toutes les administrations douanières soucieuses de prendre en charge les nouveaux contours de la fraude douanière de plus en plus empreinte de criminalités financière et terroriste.

Aujourd'hui, la fraude douanière s'internationalise, les contrebandiers s'organisent en réseaux obligeant, de ce fait, les administrations douanières et sécuritaires à coordonner leurs actions. Cette situation a poussé les douanes à travers le monde, en plus de l'exercice de leurs missions économique et fiscale, de s'orienter davantage vers une meilleure prise en compte de la sécurisation de la chaîne logistique internationale à travers l'adoption des mécanismes de mise en œuvre du Cadre de normes SAFE **(Paragraphe I)**.

Seulement, les préoccupations croissantes suscitées à l'échelon mondial par les actes de terrorisme international et la criminalité organisée, y compris le blanchiment d'argent, sont diversement appréhendés par les Communautés. En fait, la multiplication des cas de criminalité organisée transfrontalière sont, aujourd'hui, des risques majeurs pour l'ensemble de la communauté internationale. L'OMD s'inquiète des lors, de la vulnérabilité des échanges commerciaux passant par les pays en voie de développement et des difficultés de mise en œuvre du Cadre de normes SAFE dans l'espace CEDEAO **(Paragraphe II)**.

Paragraphe I : Les mécanismes de mise en œuvre du Cadre de normes SAFE

Le Cadre SAFE repose sur un triple pilier, celui du réseau douane-douane, celui des partenariats douane-entreprises et celui de la coopération entre les administrations des douanes et les autres services gouvernementaux.

Ce triple pilier présente de nombreux avantages. Il comprend un jeu de normes qui sont regroupées de manière à en garantir une compréhension aisée et une mise en œuvre rapide à l'échelon international. En outre, le Cadre SAFE est directement inspiré des mesures existantes de l'OMD en matière de sûreté et de facilitation, ainsi que des programmes élaborés par les administrations membres.

Dans l'espace CEDEAO, les administrations des douanes pourront ainsi mettre en œuvre le Cadre de normes SAFE en fonction du niveau de développement et des conditions et exigences qui leur sont propres à travers d'abord le pilier douane-douane **(A)** ensuite à travers le pilier douane-entreprise **(B)**.

A : Le pilier douane-douane

Dans le souci de promouvoir le partenariat douane-douane, un plan d'action prioritaire pour le renforcement des capacités de la région de l'OMD de l'Afrique de l'Ouest et du centre a été adopté[291].

Il est constitué de quatre axes que sont :

- le renforcement de la gestion stratégique ;
- la gestion des ressources humaines ;
- l'éthique et la bonne gouvernance ;
- la mise en œuvre des instruments et Conventions de l'OMD.

Les initiatives régionales[292] traduisent la volonté des administrations des douanes des Etats membres de se conformer à la Convention de Palerme dont le préambule énonce, en tant que principes de base, au point (d), une coopération avec d'autres administrations douanières et avec la communauté commerciale. L'article 28 de ladite convention traite « de la collecte, de l'échange et de l'analyse d'informations sur la nature de la criminalité organisée ».

À cet effet, chaque État Partie envisage d'analyser, en consultation avec les milieux scientifiques et universitaires, les tendances de la criminalité organisée sur son territoire, les circonstances dans lesquelles elle opère, ainsi que les groupes professionnels et les techniques impliquées. Les États parties envisagent, par ailleurs, de développer leurs capacités d'analyse des activités criminelles organisées et de les mettre en commun directement entre eux et par le biais des organisations internationales et régionales.

Tout comme la Convention de Palerme, le Cadre de normes SAFE a pour objet de promouvoir la coopération afin de prévenir et de combattre plus efficacement la criminalité transnationale organisée.

Le Cadre de normes SAFE constitue, à cet égard, un excellent référentiel pour la transposition de la Convention de Palerme. En effet, le Cadre de normes SAFE est, aujourd'hui, l'outil d'harmonisation des mesures de simplification et de sécurisation des procédures douanières.

Expérimentées et compétentes en matière de protection de la société, de lutte contre la fraude commerciale, de contrôle et de facilitation des échanges,

---

[291] Le plan d'action prioritaire fait suite à la 14ème Conférence des Directeurs généraux des douanes de la région de l'OMD de l'Afrique de l'Ouest et du Centre qui s'est tenu en Avril 2009 à Brazzaville.

[292] Le Bureau régional de renforcement des capacités de l'Afrique de l'Ouest et du Centre (Brrc-Aoc) de l'Organisation mondiale des Douanes a aussi organisé à Dakar, en mi avril 2011, un atelier à l'endroit des administrations de la région. L'objectif était de permettre aux bénéficiaires d'acquérir de nouvelles approches et de bonnes pratiques relatives à la Convention de Kyoto révisée et le Cadre de normes SAFE

les administrations des douanes doivent être à même de mettre en application la Convention de Palerme en s'inspirant du Cadre de normes SAFE. Pour assurer la célérité des opérations de dédouanement, le Cadre de normes SAFE est constitué de quatre éléments clés :

- le Cadre permet, tout d'abord, d'harmoniser les renseignements préalables de la déclaration de chargement, qui doivent être transmis par voie électronique pour les envois à l'arrivée, au départ et en transit ;

- ensuite, chaque pays qui décide de mettre en œuvre le Cadre de normes SAFE s'engage à appliquer une démarche cohérente de gestion des risques afin d'utiliser les renseignements préalables pour identifier les envois présentant un risque élevé et de répondre aux menaces en matière de sécurité ;

- en outre, le Cadre de normes SAFE impose de procéder à l'inspection au départ des envois à haut risque en utilisant, de préférence, du matériel de détection non intrusif, tel que des machines à rayons X de grande capacité et des détecteurs de rayonnements ;

- enfin, le Cadre SAFE définit les avantages que les douanes offriront aux entreprises qui respectent les normes minimales en matière de sécurité de la chaîne logistique.

Les accords de réseau douane-douane, en tant que pilier essentiel du cadre de normes SAFE, visent à promouvoir la circulation ininterrompue des marchandises le long de chaînes logistiques internationales sécurisées.

Ces accords de réseau entraîneront, notamment, des échanges de renseignements précis, en temps opportun, qui permettront aux administrations des douanes de gérer plus efficacement les risques de fraude. Cela renforcera non seulement la capacité de la douane à détecter les envois à haut risque mais permettra, également, aux administrations des douanes d'améliorer les contrôles et d'assurer un déploiement plus efficace des ressources dont elles disposent. Traditionnellement, les administrations douanières inspectent le fret et les moyens de transport à l'arrivée dans leurs ports nationaux.

Aujourd'hui, il convient de mettre en place des mécanismes permettant d'inspecter et de contrôler, par examen analytique, le fret et les moyens de transport avant leur arrivée. Au moyen d'outils de ciblage informatisés, les administrations douanières identifient les envois qui présentent des risques élevés le plus tôt possible dans la chaîne logistique, au port de départ ou avant celui-ci.

Les accords du réseau douane-douane renforceront la coopération entre les administrations des douanes et permettront aux administrations d'exercer des contrôles plus tôt dans la chaîne logistique, par exemple lorsque l'administration d'un pays d'importation demande à l'administration du pays d'exportation d'entreprendre des vérifications en son nom. Le Cadre prévoit également la reconnaissance mutuelle des contrôles dans certaines circonstances[293].

L'application du Cadre permettra, en définitive, aux administrations des douanes d'avoir une vue plus large et plus exhaustive de la chaîne logistique mondiale et créera une opportunité pour supprimer les doubles emplois ainsi que la multiplication des exigences en matière de notification.

En complétant les contrôles habituellement réalisés lorsque les marchandises arrivent à destination, l'utilisation de techniques de ciblage et d'évaluation des risques permet d'identifier au plus vite les marchandises et moyens de transport susceptibles de présenter un risque en matière de sécurité.

B : Le pilier douane-entreprise

Au lendemain du 11 septembre 2001, le partenariat entre la douane et le secteur privé a été renforcé. Des mesures concrètes ont pu être préconisées notamment pour :

- assurer la sécurité de la chaîne de distribution ;

- établir des définitions et normes internationales (expéditeur connu, agrément, norme de sécurité de la chaîne de distribution) ;

- tirer les petites entreprises vers le haut en n'utilisant pas le dispositif uniquement pour les grandes entreprises multinationales ;

- étendre le BASC (Business anti-smuggling coalition en français Coalition contre l'entreprise de la contrebande) au risque terroriste et non plus seulement au risque de trafic de drogue effectué par infiltration de cargaisons licites ;

- promouvoir l'éthique pour lutter contre toute forme de corruption à la fois dans la douane et dans l'entreprise.

Il faut noter que l'outil majeur au service de la relation O.M.D/ entreprises du commerce international pour faciliter le commerce est bien la Convention internationale pour l'harmonisation et la simplification des régimes douaniers appelé Convention de Kyoto révisée (CKR).

Face au terrorisme, les Directeurs généraux représentant les membres de l'Organisation mondiale des douanes (OMD) ont adopté le Cadre de normes SAFE visant à sécuriser et simplifier le commerce mondial[294].

---

[293] L'assistance mutuelle administrative en matière douanière fait l'objet de développements plus approfondies dans la deuxième partie au deuxième chapitre traitant de la mutation du contentieux douanier s'agissant plus précisément de la mise en œuvre des enquêtes conjointes.

[294] Le Cadre de normes SAFE a été adopté lors des sessions annuelles du Conseil de juin 2005 qui se sont tenues à Bruxelles

Selon le secrétaire général de l'OMD, « l'apparition de cet instrument international laissait présager non seulement la mise en œuvre de normes modernes en matière de sûreté de la chaîne logistique, mais annonçait également l'aube d'une nouvelle approche s'agissant de la gestion, de bout en bout, de la circulation transfrontalière des marchandises qui tient compte de l'importance que revêt une coopération plus étroite entre la douane et les entreprises ». Depuis lors, des travaux d'actualisation et d'amélioration du Cadre de normes SAFE n'ont cessé d'être entrepris à intervalles réguliers.

Le partenariat avec le secteur privé et les pouvoirs publics est essentiel pour définir, élaborer et appliquer des plans opportuns, et à long terme, destinés à assurer la sécurité des marchandises et des moyens de transport du commerce international. Dans sa mise en œuvre, le Cadre SAFE prévoit la création du statut d'Opérateur économique agrée (OEA) qui désigne « tout intervenant dans le mouvement international des marchandises à quelque titre que ce soit et qui a été reconnu par ou au nom d'une administration nationale des douanes, comme respectant les normes de l'OMD ou des normes équivalentes en matière de sécurité de la chaîne logistique ». Les opérateurs bénéficiant de ce statut auront un traitement plus rapide de leurs expéditions, notamment, par la réduction sensible du nombre de contrôles effectués sur leurs opérations d'importation et d'exportation.

Compte tenu de ce qui précède et dans le cadre de la coopération douane-entreprise, le Programme de Partenaires privilégiés (PPP) proposé par certains Etats membres comme le Sénégal est un outil pertinent de collaboration qui devrait assurer simultanément la fluidité des échanges pour les opérateurs économiques et la sécurisation des contrôles pour l'administration des douanes[295]. En effet, de par les facilités qu'il offre à l'entreprise, le PPP constitue un pas important vers la création du statut d'Opérateur économique agréé (OEA) tel que conçu et développé par l'OMD.

Grâce au Programme de partenaires privilégiés, l'attribution du bon à enlever est automatique dans le système informatique douanier pour les entreprises agréées. En contrepartie, il est attendu des futurs partenaires privilégiés de la douane, un degré élevé de conformité vis-à-vis de la législation et une collaboration sans faille avec la douane afin de l'aider à

---

[295] Birame Sidy KANE, « Le Programme de partenaires privilégiés (PPP) comme moteur du développement des échanges au Sénégal », Revue semestrielle des douanes sénégalaises, numéro spécial, février 2012, pages 10 à 11.C'est dans le sillage des deux colloques Douane/Entreprise tenus en 2007 et 2009 et qui ont permis à l'Administration des Douanes sénégalaises de définir un cadre de partenariat avec l'Entreprise et d'organiser une journée (la première), exclusivement dédiée au secteur privé, le 10 janvier 2012. C'est dans ce contexte que la Direction générale des douanes a mis en place le Programme de Partenaires privilégiés (PPP) par note de service n°1013 DGD/DSID/a.d du 30 mars 2015 portant effectivité du bon à enlever automatique pour les entreprises agréées au programme de partenaires privilégiés.

s'acquitter au mieux de ses missions sécuritaires, notamment, par l'échange de renseignements en matière de lutte contre la fraude.

Les avantages proposés sont au nombre de dix (10) :

- mainlevée immédiate accordée aux marchandises dès l'enregistrement de la déclaration en détail et procédure accélérée d'enlèvement ;

- admission pour conforme pour les opérations sélectionnées de manière aléatoire en circuit de contrôle et priorité de traitement desdites opérations ;

- possibilité de substituer un engagement personnel de l'entreprise aux garanties (cautions, consignation…) habituels ;

- déplacement des contrôles physiques sur le site de l'entreprise ;

- fixation au service des douanes de délais impératifs de traitement à toutes les étapes ;

- signature éventuelle de protocoles pour régler les situations particulières ;

- possibilité d'obtenir des renseignements préalables contraignants ;

- réduction et rationalisation des contrôles après dédouanement ;

- procédure simplifiée à l'exportation ;

- label d'entreprise citoyenne.

Le bénéfice de ce programme est accordé sur demande, accompagnée des différents documents permettant d'apprécier l'organisation interne, aussi bien fonctionnel que sécuritaire et le niveau prévisible de respect de la réglementation. A cela, s'ajoute la possibilité pour l'administration des douanes de procéder à un audit de l'entreprise en complément du dossier déposé. Il est également prévu, pour les partenaires qui le souhaitent, la signature de protocoles d'accord leur octroyant des privilèges personnalisés au-delà de ceux du PPP.

Poursuivant sa vocation de faciliter la mise en œuvre du Cadre de normes SAFE et de le garder à jour, la version de juin 2015 du Cadre SAFE comprend, entre autres, l'ajout d'un nouveau pilier 3 visant à encourager la coopération entre les douanes et d'autres organes gouvernementaux, afin d'assurer une réponse gouvernementale efficace et effective aux défis de la sûreté de la chaîne logistique.

Elle intègre également des normes portant, entre autres, sur les renseignements préalables concernant le fret (RPCF) avant chargement pour le fret aérien qui constituent la première couche d'analyse des risques sûreté. Le Dossier SAFE a, également, été mis à jour pour y inclure de nouveaux outils tels que la boîte à outils pour le pilier 1, les nouvelles Directives pour l'acquisition et le déploiement de matériels d'imagerie et/ou d'inspection non intrusive y compris les Directives sur les menaces et les solutions technologiques et la Recommandation de l'OMD concernant les formalités douanières relatives aux dispositifs de sécurité des conteneurs (CSD) dans le cadre de l'admission temporaire.

Paragraphe II : Les difficultés de mise en œuvre du Cadre de normes SAFE

La mission de contrôle douanier hissée au premier plan par le Cadre de normes SAFE devient aujourd'hui l'affaire de coalition d'Etats. Selon le Conseil : « l'OMD doit contribuer à améliorer la capacité des administrations des douanes à collaborer de manière à renforcer le potentiel des membres en matière de lutte contre la fraude et de facilitation en favorisant une plus grande harmonisation, une normalisation plus poussée et l'élaboration des directives internationales pour créer les fondements d'une coopération internationale renforcée. »

Dans ce contexte, les administrations des douanes de l'espace CEDEAO sont, presque, dans l'obligation d'harmoniser les mesures de surveillance et de facilitation des échanges commerciaux. C'est pourquoi, même si les douanes occupent une place de choix dans ce processus complexe, elles doivent orienter leurs efforts vers le renforcement de la coopération avec le secteur privé.

La mise en œuvre du Cadre de normes SAFE suppose une complicité réelle entre les douanes et les opérateurs économiques. Cette collaboration risque, cependant, d'être fragilisée dans l'espace CEDEAO, au vu des inquiétudes formulées par le secteur privé **(A)** et compte tenu des insuffisances notées dans le contrôle douanier des flux commerciaux informels **(B).**

A : Les inquiétudes du secteur privé

Le Cadre SAFE tient compte et s'inspire des modèles de distribution et de production modernes internationaux. C'est là une preuve que l'obsession sécuritaire constitue, dans bien des cas, un adversaire de taille à la conviction douanière de simplification des opérations en douane.

Le Cadre de normes SAFE prévoit, l'octroi de facilités et de privilèges à un opérateur économique sur la base du respect par celui-ci des normes de sécurités envisagées. Les opérateurs économiques agréés qui remplissent certains critères fixés par les douanes, devraient, selon le Cadre de normes SAFE, être autorisés à participer à des procédures de mainlevée rapides et simplifiées pour autant qu'ils fournissent un nombre minimum d'informations.

Ces critères comprennent notamment le fait d'avoir des antécédents satisfaisants en matière douanière, de s'être notoirement engagé à assurer la sécurité de la chaîne logistique en participant à un programme de partenariat douane-entreprises et d'utiliser un système efficace pour la gestion des écritures commerciales.

Mais, dans un contexte mondial caractérisé par la recherche effrénée de gains de temps dans toutes les procédures liées au commerce, ces mesures de sécurisation de la chaîne logistique internationale qui se traduisent par des lenteurs probables, la multiplication des contrôles envisageables, l'allongement possible des circuits peuvent plomber la volonté d'émergence des entreprises des Etats membres.

S'y ajoute que dans ces Etats, l'absence de transports, de fonction logistique, de gestion de la chaîne logistique et de systèmes douaniers intégrés et efficaces sont autant d'écueils à l'émergence d'industries viables. Il était donc prévisible que des opérateurs économiques se plaignent eu égard aux mesures sécuritaires prises par les Etats Unis d'Amérique[296].

Sur le terrain, les USA, pour se prémunir à l'avenir d'attaques terroristes ont mis en place un système de sécurisation des conteneurs appelé « initiatives en matière de sécurité » qui définit les conditions que doit remplir un port et les moyens techniques de contrôle dont il doit disposer pour pouvoir embarquer des marchandises à destination des USA. Dans ce cadre, vingt (20) ports représentant à eux seuls 75% des mouvements mondiaux de conteneurs ont été ciblés en vue d'être sécurisés à l'extrême.

Les préoccupations du secteur privé face à ces mesures de « sécurisation à outrance » ont été éloquemment exprimées, à l'époque, par la Coordination Patronale du Sénégal (CPDS) en ces termes : « la compétitivité des opérateurs économiques est mise à rude épreuve s'il faut allonger les circuits de transport en passant obligatoirement par des ports ou aéroports extérieurs au continent avant d'accéder au marché américain. Or, chaque jour de retard dans le transport multimédia des marchandises entraîne des frais équivalent à 0,5% de la valeur de ces marchandises[297].»

Avec la faillite récurrente de compagnies aériennes à l'image de la compagnie Air Afrique qui ont bien du mal à se conformer aux nouvelles mesures requises pour effectuer des dessertes vers les USA, il est légitime de

[296] Comme pour affirmer avec Jean Marc Ela que « dès lors que le géant tremble et que le héros se comporte en victime, n'est-ce pas tout le monde occidental qui vit dans l'inquiétude ? » ELA Jean-Marc, « Les dynamiques du désordre mondial, Regards africains sur la première guerre du siècle », Le Monde Diplomatique, septembre 2002.

[297] Mansour CAMA, Président de la confédération patronale du Sénégal (C.P.S.), Panel III, Conférence régionale de l'Organisation Mondiale des Douanes pour l'Afrique organisée au Sénégal en janvier 2004 sur le thème : « Sécurité et facilitation de la chaîne logistique internationale ».

s'inquiéter car à ce rythme : « il ne restera, dans le paysage aérien mondial, que trois grandes alliances globales[298] ».

Illustration ne peut être plus éloquente que l'augmentation des tarifs d'assurance pour lutter contre la recrudescence de la piraterie en mer suite à la découverte notamment de pétrole en Afrique de l'ouest. Des études ont, en effet, démontré qu'une montée de la piraterie au large des côtes du Ghana a eu un effet non négligeable sur les tarifs d'assurances internationaux pour les importateurs et les exportateurs et augmente le coût du commerce dans les ports du pays.

La lutte contre la CTO accroît le niveau de risques et amène les compagnies d'assurances à augmenter leurs tarifs[299]. Le constat est que l'augmentation des coûts d'importation fait diminuer les recettes, augmente le coût de la vie et entraîne une baisse de compétitivité des importations.

La lutte contre la criminalité transnationale organisée engendre donc des conséquences économiques majeures. En effet, ces mesures de sécurité contenues dans le Cadre de normes SAFE risquent d'engendrer des conséquences sur les transactions aussi bien en termes de coûts que de fluidité des échanges.

B : Le secteur informel : maillon faible de la sécurisation de la chaîne logistique internationale

Au-delà des inquiétudes de l'entreprise structurée et formelle quant à l'applicabilité du Cadre de normes SAFE, la grande menace proviendrait également de l'émergence du secteur informel dans les échanges commerciaux. En fait, ce secteur est difficilement identifiable[300].

---

[298] Jean Cyril SPINETA est ancien Président du Conseil de Surveillance d'AREVA et ancien Président-directeur général d'Air France. Il siège aussi aux conseils d'administration d'Alcatel-Lucent, de Saint-Gobain et d'Engie.

[299] Sous ce rapport, l'ONUDC a eu à observer qu'à la suite d'une recrudescence des attaques en 2011, les experts des assurances ont placé les eaux territoriales du Bénin au même niveau de risque que celles du Nigeria. Cela a fait considérablement augmenter le coût du transport de marchandises vers le Bénin. Conséquence, des assureurs ont désigné les eaux territoriales du Nigeria, du Togo et du Bénin comme une « zone de risque de guerre », ce qui a renchéri le coût des assurances.

[300] La Commission en charge du Commerce, des Douanes et de la Libre circulation dans l'espace CEDEAO, a organisé à Cotonou (Novotel hôtel) les 20 et 21 novembre 2013, un atelier de validation du Programme régional d'Appui à la Régulation du Commerce informel dans l'espace CEDEAO. Conformément au rapport du Programme régional d'Appui à la Régulation du Commerce Informel (PARCI), le concept de Commerce informel est perçu comme l'absence d'enregistrement d'une activité commerciale des produits et services licites et des activités criminelles ou clandestines liées à des produits et services illégaux.

Envoyer des marchandises à haut risque est une opération assez délicate quand il faut emprunter les voies du secteur formel. C'est pourquoi, l'alternative pour les fraudeurs est de passer par le canal qu'utilise le secteur informel pour porter atteinte à la sécurité de la chaîne logistique internationale. D'importants efforts restent à faire pour encourager l'identification des entreprises du secteur informel[301].

Le concept de secteur informel a fait son apparition dans la théorie économique du développement avec les premiers travaux du programme mondial de l'emploi entrepris par le Bureau international du Travail (BIT) au début des années 70.

Ce secteur a fait l'objet de critiques doctrinales économiques assez importantes, néanmoins, sa présence dans l'économie des Etats membres est irréfutable.

Du fait qu'il y a une sorte d'inadaptation des systèmes fiscaux aux modes d'organisation et à la mentalité du secteur informel, la conciliation de la sécurité et de la facilitation risque de se compliquer davantage voire compromise. En effet, le système déclaratif en douane a du mal à se concilier avec l'analphabétisme des acteurs économiques de ce secteur.

Comment, dès lors, leur accorder des facilités douanières ? Si aujourd'hui, il est risqué de parler de facilitation à l'égard du secteur informel, la difficulté à sécuriser son environnement demeure encore plus hypothétique. En effet, « l'absence de statistiques fiables et complètes sur le secteur informel crée un décalage entre les comptes nationaux et la réalité qu'ils entendent appréhender.

Le produit intérieur brut (PIB) publié n'intègre pas une bonne partie de la valeur ajoutée produite par ce secteur. L'outil macro-économique ne reflète pas, totalement, la réalité et les bases même des négociations financières internationales y sont faussées[302] ».

La mise en œuvre de la sécurité et de la facilitation de la chaîne logistique internationale connaît, donc, certaines difficultés liées à la relativité du contrôle douanier sur les échanges informels. La fiscalisation et l'encadrement du secteur informel permettraient à la douane de faire un pas de plus dans l'identification et la sécurisation de la chaîne logistique agréé.

---

301 L'illustration peut être faite à travers une enquête menée en 1996 par la Direction de la Prévention et de la Statistique du Sénégal. Sur mille cinq cent (1500) entreprises interrogées, seules 10% possédaient un numéro de registre de commerce, alors que seulement 2% possédaient un Numéro d'Immatriculation nationale des Entreprises et Associations (NINEA). Source : Ministère de l'Economie des Finances et du Plan, « Enquête sur la production et la consommation en 1996 des entreprises du secteur informel. Région Urbaine de Dakar », Sénégal, novembre 1997.

302 FALL Abdoul Hamid, Thèse de doctorat en Droit, « Contribution à une Réflexion sur la fiscalité de développement au Sénégal », Université des Sciences Sociales de Toulouse.

Le secteur informel constitue, ainsi, un maillon faible de la sécurisation de la chaîne logistique et son développement révèle une difficulté dans l'appropriation du Cadre de normes SAFE par les Etats membres. Le Cadre de normes SAFE exclut, de facto, le secteur informel dans le processus d'octroi de privilèges à un certain nombre d'acteurs reconnus comme intègres et composant une chaîne déterminée d'entreprises dont les opérations sont à moindres risques.

En outre, il n'est pas à écarter que des agents économiques formels, détenteurs d'un registre de commerce, aient recours à des pratiques liées à l'informel pour pouvoir bénéficier des avantages de l'informel.

Le Cadre de normes SAFE permet de sécuriser la chaîne logistique agréée qui est une notion reposant sur l'agrément octroyé par les douanes, de l'ensemble des participants à une transaction commerciale internationale du fait qu'ils respectent les normes fixées aux fins de la gestion sécurisée des marchandises.

Les envois acheminés de l'origine à la destination dans une telle chaîne bénéficieront, lors du franchissement des frontières, d'une procédure simplifiée intégrée dans le cadre de laquelle une seule déclaration simplifiée contenant des informations minimales sera exigée tant à l'exportation qu'à l'importation. Cependant, les mesures sécuritaires pour légitimes qu'elles soient, peuvent, malheureusement, déboucher sur des restrictions ou un ralentissement des exportations.

En réalité, les gouvernements des Etats sous développés, peinent à trouver l'alternative à l'économie parallèle et ne semblent avoir d'autres choix que de laisser faire les barons de l'importation informelle qui dictent leur loi au marché : pas de facture, pas de garantie sur le produit.

D'une manière ou d'une autre, le secteur informel étend ses tentacules dans tous les maillons de la chaîne logistique. Il s'est, en effet, bonifié des largesses fiscales et, est, aujourd'hui, un monstre économique pour les organisations étatiques et une opportunité d'affaires pour les organisations terroristes.

Section II : L'application des principes de gestion du risque dans le contrôle douanier

Le système commercial n'est pas à l'abri d'actes terroristes qui porteraient gravement atteinte à l'économie mondiale dans son ensemble et au bien-être social des nations. Organismes publics chargés de contrôler et de gérer le mouvement des marchandises à l'échelon international, les administrations des douanes occupent une position stratégique aux frontières pour renforcer la sûreté de la chaîne logistique internationale et contribuer au développement socio-économique en assurant la perception des recettes et la facilitation des échanges.

Le préambule de la Convention de Kyoto révisée ainsi que le deuxième élément clef du Cadre de normes SAFE invitent les Etats signataires à s'engager à appliquer une démarche cohérente en matière de gestion des risques, afin de lutter contre les menaces en matière de sûreté. En tant que principes de base, l'adoption de techniques modernes telles que la gestion du risque, figure en bonne place dans l'annexe générale de la Convention de Kyoto révisée[303]. Ainsi donc, les techniques d'analyse de risque vont être appelées à jouer un rôle de plus en plus important dans l'orientation des contrôles.

En complétant les contrôles habituellement réalisés lorsque les marchandises arrivent à destination, l'utilisation de techniques de ciblage et d'évaluation des risques permet, en effet, d'identifier, au plus vite, les marchandises et moyens de transport susceptibles de présenter un risque en matière de sécurité.

Par conséquent, le contrôle douanier par la gestion du risque permet de lutter efficacement contre la criminalité transnationale organisée **(Paragraphe I)**. Cependant dans l'espace CEDEAO, l'externalisation de certaines procédures douanières dont le contrôle ou la gestion sont confiés à des sociétés d'inspection et à des agences spécialisées dans la promotion des investissements risque de perturber l'application des principes de gestion du risque dans le contrôle des procédures douanières **(Paragraphe II)**.

Paragraphe I : La gestion du risque pour lutter contre la criminalité transnationale organisée

La gestion des risques est « l'application systématique de pratiques et de procédures de gestion qui fournissent à la douane les informations nécessaires pour traiter les mouvements ou les envois qui présentent un risque ». Par ce système, le traitement de la déclaration en douane, en plus du circuit obligatoire doit se faire impérativement en totale conformité avec les prescriptions qu'il contient et, toute intervention y divergeant entraîne la responsabilité personnelle du vérificateur **(A)**.

À coté de la déclaration en douane classique, d'autres procédures de dédouanement simplifiées ou informatiques ont été aménagées par les douanes et doivent, tout autant, être sécurisées. En effet, les Autorisations provisoires d'Enlèvement (APE), les Déclarations provisoires d'Enlèvement (DPE), les Déclarations d'Enlèvement spécial (DES) sont, toutes, des procédures

---

[303] La Convention de Kyoto est un instrument international adoptée par l'OMD en 1973 et entrée en vigueur en 1974 pour normaliser et harmoniser les politiques et les procédures des douanes dans le monde entier. La Convention de Kyoto révisée a été adoptée par cent quatorze (114) administrations douanières assistant à la 94ème session de l'OMD en juin 1999.

simplifiées qui permettent un enlèvement provisoire des marchandises, avec engagement de régularisation, par le dépôt d'une déclaration en détail dans un délai déterminé.

Parce que la sécurisation des procédures simplifiées ou informatisées va obéir à un système de gestion du risque différent, il convient, également, d'analyser comment les administrations des douanes arrivent à les contrôler pour mieux lutter contre la criminalité transnationale organisée dans l'espace CEDEAO **(B)**.

A : La gestion du risque dans le traitement de la déclaration en douane

L'analyse du risque est une méthode de travail qui consiste à identifier l'ensemble des composantes du risque, à les évaluer et à en assurer la synthèse en les organisant selon une méthodologie permettant de déterminer un risque de fraude sur un objectif particulier, que seul un contrôle ou une enquête peut confirmer ou infirmer.

Afin d'éviter que les procédures douanières ne soient utilisées pour faire entrer des marchandises à haut risque, il est recommandé que les administrations des douanes mettent sur pied des cellules de ciblage spécialisées dans la détection de la fraude par le mécanisme de la gestion du risque.

C'est d'ailleurs dans ce cadre que l'évaluation des risques, recommandation forte de l'OMD, peut servir à sécuriser les éventuelles failles du système. En effet, dans le cadre de la chaîne de contrôle douanier intégré, les contrôles douaniers et l'évaluation des risques aux fins de la sécurité constituent un processus partagé et permanent qui commence au moment où les marchandises sont préparées pour l'exportation par l'exportateur et se poursuit par la vérification régulière de l'intégrité de l'envoi.

Afin de permettre cette reconnaissance mutuelle des contrôles, les douanes devraient marquer leur accord sur des normes cohérentes et harmonisées de contrôle et de gestion des risques, l'échange des renseignements et des profils de risques, ainsi que l'échange de données douanières.

De tels accords devraient prévoir la possibilité d'appliquer des procédures conjointes de surveillance ou de contrôle de la qualité afin de s'assurer du respect des normes. Si nous prenons l'exemple du Sénégal, un Système informatique d'Analyse du Risque (S.I.A.R) [304] a été élaboré par

[304] Le S.I.A.R est l'aboutissement d'un long travail mené par la Direction Générale des Douanes à travers le dossier SDEC. La finalité du dossier Suggestions et Directives d'Enquête et de Contrôle (SDEC) est de permettre la diffusion la plus large possible de l'information sur la fraude. Le dossier SDEC permet aussi de porter à la connaissance de l'ensemble des services, les analyses de risques opérationnels et d'initiatives de portée nationale ainsi que

l'administration des douanes avec l'appui de la société d'inspection COTECNA, présentes dans la plupart des Etats de la CEDEAO.

Le système se base sur le Programme de Vérification des Importations (PVI) qui a, essentiellement, pour objectif d'accompagner les douanes dans la réorientation des stratégies à travers la mise en place d'un outil performant de gestion du risque. C'est à ce titre, qu'un nouveau système de gestion des risques et l'usage de l'imagerie par rayons X de scanner ont été intégrés à ce programme[305].

Le Système informatique d'Analyse du Risque (SIAR) aujourd'hui, propriété exclusive de COTECNA, est une solution automatisée destinée aux douaniers en leur permettant de déterminer le risque encouru dans les transactions commerciales sur la base d'une modélisation économétrique.

Le SIAR applique des critères de manière systématique pour déterminer le niveau de risque pour chaque transaction et attribue un degré d'intervention des douanes en fonction du niveau de risque déterminé et des ressources disponibles.

Après six (06) mois d'opérations PVI, la COTECNA, sur la base des données collectées, a pu mettre en place un module de Sélection automatique du Risque Importateur (SARI) qui correspond à l'étape permettant l'évaluation statistique des données précédant le déploiement du Système Informatique d'Analyse du Risque (SIAR).

La vérification par scanner des marchandises qui n'ont pas fait l'objet d'inspection par la COTECNA peut être considérée comme un additif à la gestion du risque tant et si bien que le passage au scanner comble les lacunes du SIAR, même si certains opérateurs économiques se plaignent des lenteurs occasionnées par l'introduction du scanner.

Compte tenu du fait que le SIAR est une propriété exclusive de COTECNA qui l'a d'ailleurs breveté, les douanes, avec l'appui d'AFRITAC, ont déclenché un processus visant à développer leur propre système de gestion des risques. Plusieurs missions ont déjà été conduites par AFRITAC pour

---

les analyses spécialisées réalisées par le Bureau Renseignement, Documentation (BRD) sous la forme de fiches de synthèse. Le dossier SDEC constitue un support efficace pour l'analyse du risque en ce qu'il permet la diffusion la plus large possible de l'information sur la fraude.

[305] Niger: Cotecna équipe les douanes de scanners. L'acquisition de trois scanners mobiles et leur mise en service devrait permettre au Niger de mobiliser plus vite et plus sûrement ses ressources douanières. Les nouveaux équipements, qui seront utilisés sur les sites de contrôle et de vérification des marchandises de Niamey et de Maradi, permettent de contrôler en moyenne cent soixante (160) camions par jour, ce qui assure une vraie fluidité des passages en douane. Les cargaisons sont analysées sans avoir à effectuer de déchargement. Suivre le lien http://www.agenceecofin.com/fiscalite/2304-4509-niger-cotecna-equipe-les-douanes-de-scanners

appuyer la mise en œuvre d'un système d'analyse et de gestion des risques propre aux douanes des Etats membres de la CEDEAO[306].

B : La gestion du risque dans le contrôle des procédures de dédouanement simplifiées

En cherchant à trouver un équilibre approprié entre la facilitation des échanges et le contrôle réglementaire, les douanes doivent gérer deux risques simultanément, la non facilitation des échanges internationaux et l'éventuelle non –conformité aux règlements douaniers. L'application de principes de gestion du risque permet d'atteindre cet équilibre.

En phase avec le processus de modernisation, il convient de relever que beaucoup d'Etats membres conformément à l'esprit et à la lettre de la Convention de Kyoto sur l'harmonisation et la simplification des régimes douaniers, ont mis en place des systèmes informatiques susceptibles de garantir un enlèvement rapide des marchandises. Dès lors, s'est posé le problème de sécuriser ces procédures simplifiées et informatiques.

Les Autorisations provisoires d'Enlèvement (APE), les Déclarations provisoires d'Enlèvement (DPE), les Déclarations d'Enlèvement spécial (DES) sont, toutes, des procédures simplifiées qui permettent un enlèvement provisoire des marchandises avec engagement de régularisation par le dépôt d'une déclaration en détail dans un délai déterminé.

---

[306] Kalou Doua-Bi et Bertrand Laporte, « L'analyse de risque dans le système GAINDÉ », Rapport de mission AFRITAC, novembre 2007 ; Ahmed Mahmoudi Boilil et Bertrand Laporte, « Analyse de risque et aide à la décision à la douane sénégalaise », Rapport de mission AFRITAC, avril 2009, septembre 2010, novembre 2010, juin 2011.
Une première mission d'assistance technique d'AFRITAC s'était rendue à Dakar en novembre 2007 pour étudier l'efficacité du SIAR de COTECNA et l'opportunité de développer un système d'analyse et de gestion des risques dans GAINDÉ. Une seconde mission d'AFRITAC s'est rendue à Dakar en avril 2009. Un plan d'action a été élaboré afin de développer dans GAINDÉ ce système. Conformément au plan d'action et aux recommandations de la mission, un bureau d'Analyse du risque et d'aide à la décision (BAD) a été créé et un statisticien économètre recruté. Le plan d'action n'a pas été respecté en raison du retard pris dans le développement de la nouvelle version de GAINDÉ. La troisième mission d'AFRITAC de septembre 2010 a permis aux agents du BAD d'acquérir les techniques et savoirs nécessaires au développement et à la mise en œuvre du système, de constituer une base de données exploitable, de réaliser une première analyse statistique de la base de données, et enfin d'actualiser le plan d'action. La quatrième mission a permis de définir les contours du système d'analyse et de gestion des risques et les besoins d'assistance technique complémentaire d'AFRITAC pour la mise en œuvre effective du système, y compris le développement d'un projet d'assistance technique pluriannuel. La dernière mission a eu pour objectif d'évaluer la version 1.0 du système et d'appuyer le BAD dans le développement de la version 2.0 qui repose sur des techniques statistiques plus élaborées.

Les procédures simplifiées visent, en priorité, les opérations d'importations mais, compte tenu de la situation peu reluisante de l'économie des Etats en voie de développement et en vue de stimuler la croissance et l'exportation dans les Etats de la CEDEAO, des facilités ont été, aussi, octroyées aux entreprises spécialisées dans l'exportation.

Un travail de sécurisation de ces procédures simplifiées doit être fait notamment avec un suivi plus rigoureux des dépôts périodiques de déclarations de régularisation. Cette procédure simplifiée doit, par conséquent, être vulgarisée et contrôlée conformément au Cadre de normes SAFE.

A cet effet et aux fins de la déclaration de marchandises à l'exportation, l'exportateur, ou son agent, doit transmettre par voie électronique à la douane du lieu d'exportation une déclaration préalable de marchandises à l'exportation, et ce, avant le chargement des marchandises à bord du moyen de transport ou dans le conteneur utilisé pour leur exportation.

Aux fins de la sécurité, la douane ne devrait pas exiger que la déclaration préalable de marchandises à l'exportation contienne des renseignements autres que ceux énumérés par le Cadre SAFE. L'exportateur doit confirmer au transporteur par écrit, et de préférence par voie électronique, qu'il a fourni à la douane une déclaration préalable de marchandises à l'exportation.

Lorsque la déclaration de marchandises à l'exportation est une déclaration incomplète ou simplifiée, elle peut devoir être complétée à une date ultérieure par une déclaration supplémentaire, aux fins du recueil des statistiques commerciales notamment, conformément à la législation nationale.

Paragraphe II : La difficile application de la gestion du risque dans le contrôle des procédures douanières externalisées

En vue de mieux assurer la complémentarité entre le souci de sécurité et celui de facilitation des échanges commerciaux, le choix a été fait, notamment, par les pays en voie de développement de faire appel aux entreprises d'inspection avant expédition à travers le Programme de Vérification des Importations (PVI) **(A).**

Ce processus d'externalisation des missions de contrôle des procédures douanières dans l'espace CEDEAO touche, également, la gestion des régimes douaniers, des investissements et des procédures d'octroi des agréments y relatifs qui sont dévolus dans l'espace CEDEAO à des agences spécialisées **(B)**.

A : La gestion du risque dans le Programme de Vérification des importations (PVI)

L'Accord de l'OMC sur l'inspection avant expédition négocié lors du cycle de l'Uruguay, chantre en la matière, devrait s'appliquer à toutes les activités d'inspection avant expédition menées sur le territoire des pays membres, que de telles activités soient confiées par contrat ou prescrites par le gouvernement, ou par tout autre organisme public.

L'Accord reconnaît aux pays en développement la possibilité d'avoir recours aux services des Programmes de Vérification des Importations (PVI) aussi longtemps que nécessaire en vue de pouvoir vérifier la qualité, la quantité, ou le prix des marchandises importées[307].

Soucieux qu'un tel programme soit mené à bien sans causer de retards ni de traitements inégaux, l'Accord établit les droits et obligations des membres exportateurs afin de garantir que les principes et obligations du GATT 1994 s'appliquent aux activités des PVI. Il tend, également, à résoudre efficacement et équitablement les litiges entre les exportateurs et les sociétés d'inspection survenant dans le cadre de l'Accord.

L'Accord concerne les normes d'inspection, la transparence dans les procédures, la protection de la confidentialité des informations commerciales, les délais maximum pour mener à bien les opérations du PVI, les vérifications de prix, la méthodologie et la procédure d'appel. L'Accord stipule, également, pour les pays exportateurs des obligations liées à la non-discrimination, la publicité des lois et réglementations et la provision d'une assistance technique aux membres utilisateurs.

La référence au contrôle de sécurité est quasi nulle dans l'Accord, peut être parce que la mission sécuritaire relève principalement des Etats et non de la responsabilité des sociétés d'inspection, structure relevant de la gestion privée. Il est remarquable que le souci sécuritaire ait été, fort heureusement, pris en compte aujourd'hui puisque les sociétés d'inspection s'engagent, de plus en plus, sur la base de contrats conclus avec les Gouvernements, à mettre à la disposition des administrations des douanes des Etats en voie de développement des scanners mobiles permettant de passer au contrôle par photographie certains conteneurs ciblés[308].

---

[307] Les principales sociétés d'inspection, à l'échelle mondiale, sont la SGS (Société Générale de Surveillance) basée à Genève, Bivac International (Paris) Cotecna (Genève), Inchape testing services International (ITSI, Londres) et Inspectorat (Etats Unis).

[308] COTECNA est présente au Sénégal depuis 2001, année où la société a obtenu son premier appel d'offre international pour l'inspection avant embarquement qui devait, par la suite, inclure l'Analyse du Risque. COTECNA a remporté un autre appel d'offre international en 2003 pour un contrat dont les services ont été étendus pour inclure l'Inspection à destination et l'exploitation de deux scanners mobiles dans le port de Dakar. Dans le cadre de la poursuite

En fait, le PVI de nouvelle génération prend en compte de nouveaux éléments comme le scanner qui permet de savoir le contenu d'un conteneur sans l'ouvrir pour un dédouanement rapide, le suivi électronique des marchandises en transit (tracking) basé sur l'utilisation des balises GPS pour éviter les déversements frauduleux sur le territoire national pouvant entraîner d'énormes pertes de recettes, la gestion automatisée des Magasins et Aires de Dédouanement (MAD) et des Magasins et Aires d'Exportation (MAE), la gestion du vrac par la certification des valeurs et des poids des produits liquides, gazeux et solides.

Le PVI de nouvelle génération vise également l'intensification de la lutte contre la fraude douanière et l'insécurité tout en sauvegardant la facilitation des formalités d'enlèvement des biens au cordon douanier.

Cet élan de solidarité sécuritaire noté dans la mise en œuvre du PVI ne devrait, pourtant, pas faire perdre de vue que l'objectif devait être, à terme, de se passer des sociétés d'inspections lorsque les douanes des pays membres de la CEDEAO seront, suffisamment, outillées pour maîtriser les secteurs à risques.

Parce que le Programme de Vérification des Importations (PVI) fait appel à une assistance externe, il est perçu comme un moyen d'externaliser une fonction administrative au secteur privé sous le manteau du partenariat public-privé.

De l'avis des experts douaniers, l'érosion des prérogatives de la douane, en matière de contrôle des importations et l'émiettement de ses attributions, pourtant consacrées par la loi, ont porté un grand coup au moral de ses troupes alors que l'intervention d'une tierce entité dans son domaine régalien a fini de désorganiser sa structure et son fonctionnement.

La vérité est que le PVI est souvent considéré comme le symbole de l'incapacité des administrations des douanes des pays en voie de développement, comme celles de la CEDEAO, à exercer leurs missions de manière responsable et souveraine sans l' « assistance gracieusement rémunérées » des sociétés d'inspection.

---

et du renforcement du programme d'Inspection à destination lancé en 2003, COTECNA installera et exploitera trois nouveaux scanners à haute énergie et haute performance (deux Gantry Relocatable et un Portal) et continuera de gérer les deux scanners mobiles existants. Outre les opérations dans le port de Dakar, qui seront modernisées avec la toute dernière technologie de scanners, plusieurs nouvelles opérations de scanner sont prévues devant couvrir des sites à l'intérieur du pays afin de renforcer le contrôle des douanes sur les principaux axes de communication avec les pays voisins. Un scanner à palette sera installé et exploité à l'aéroport de Dakar pour le contrôle du fret aérien. Les nouveaux scanners sont fournis par Nuctech Company Ltd. Source : www.les afriques.com/cotecna-inspection.

Sous ce rapport et en phase avec les griefs soulevés ci-haut, le Secrétaire général de l'OMD, Monsieur kunio Mikuriya[309] a tenu, d'ailleurs, à clarifier la politique de l'OMD à cet égard en déclarant que : « *ces programmes doivent être considérés comme des mesures temporaires et ajoute que lorsqu'un Gouvernement a décidé d'avoir recours à de tels services, les douanes devraient travailler avec ces sociétés d'inspection afin de renforcer la capacité des douanes à s'acquitter de ses fonctions en matière de recettes et de développer une stratégie en vue de mettre fin dans les meilleurs délais aux contrats existants. Ceci impose à la douane de se focaliser sur la modernisation et le développement de partenariats avec le secteur privé reposant sur la confiance* ».

B : La gestion du risque dans les régimes douaniers de promotion des investissements

Dans les régimes économiques, l'on se réfère à des programmes douaniers dans lesquels les marchandises sont importées en bénéficiant d'une suspension de paiement de droits de douane avant d'être réexportées ou mises à la consommation.

Un tel régime de suspension peut concerner l'admission temporaire pour perfectionnement actif, la fabrication en zone franche industrielle, l'admission temporaire pour la réexportation dans le même Etat, l'entreposage, et le transit. Il désigne, également, un régime sous lequel les droits payés à l'importation sont remboursés quand les marchandises sont réexportées.

Les régimes de franchise sont, souvent, également, appelés régimes suspensifs, régimes économiques ou régimes douaniers spéciaux. Les termes « franchises » et « exemption » sont utilisés de manière interchangeable dans les lois douanières[310].

Les régimes économiques (Transit, Drawback, Exportation préalable, Usine exercée...) ont un rôle de premier plan dans l'action visant à la redynamisation de l'appareil productif, à l'élargissement du tissu industriel et surtout au soutien des entreprises exportatrices afin de les amener à la réalisation de performances susceptibles de servir d'impulsion à la croissance.

L'article 31 de la Convention de Palerme peut servir de prétexte pour sécuriser les régimes suspensifs afin qu'ils ne soient pas utilisés à des fins

---

[309] Les Directeurs généraux des douanes participant aux sessions annuelles du Conseil de l'Organisation mondiale des douanes (OMD) à Bruxelles, Belgique ont réélu Kunio Mikuriya, Secrétaire général en fonction, pour un nouveau mandat de cinq ans, qui prendra cours le 1er janvier 2014.

[310] Adrien GOORMAN, « Franchise douanière et contrôle des exonérations », in « Manuel de modernisation douanière », Luc DE WULF, SOKOL José B., (2007), Editions ESKA, Banque mondiale, pages 229 à 257.

criminelles. Cette disposition stipule, en effet, que « la prévention de l'usage impropre par les groupes criminels organisés des procédures d'appel d'offres menées par des autorités publiques ainsi que des subventions et licences accordées par des autorités publiques pour une activité commerciale, devraient conduire les Etats membres d'adopter des mesures préventives. Celles-ci pourraient inclure :

- l'établissement de registres publics des personnes morales et physiques impliquées dans la création, la gestion et le financement de personnes morales ;

- la possibilité de déchoir les personnes reconnues coupables d'infractions visées par la présente Convention, par décision de justice ou par tout moyen approprié, pour une période raisonnable, du droit de diriger des personnes morales constituées sur leur territoire ;

- l'établissement de registres nationaux des personnes déchues du droit de diriger des personnes morales ;

- l'échange d'informations contenues dans les registres. »

Ces mesures préventives doivent inspirer, sinon, être cœur du dispositif d'octroi de régimes de franchise à des personnes morales éligibles. Cependant, avec le transfert des missions d'octroi de régimes préférentiels à des agences spécialisées dans la promotion des investissements, la prise en compte des ces exigences de la Convention de Palerme n'est pas garantie. Concilier la sécurité et la facilitation dans les régimes de franchise est devenu, aujourd'hui, complexe du fait de l'immixtion de structures nouvelles telles que les agences spécialisées dans la promotion des investissements[311].

Ces agences créées par les autorités politiques ont, souvent, une coloration politique et l'expertise douanière et sécuritaire n'est pas au cœur des préoccupations dans leur fonctionnement[312].

Il est impératif que cette nouveauté dans l'environnement économique intègre les préoccupations croissantes suscitées à l'échelon mondial par les

---

[311] Au Sénégal, les agences spécialisées dans la promotion des investissements sont entre autres l'ASEPEX et l'APIX. L'Agence de Promotion des Investissements et des grands travaux APIX prévue par la loi n° 2004-06 du 06 février 2004 portant agrément au bénéfice des avantages du Code des investissements qui prévoit : l'exonération des droits de douane à l'importation des matériels et des matériaux qui ne sont ni produits ni fabriqués au Sénégal et qui sont destinés, de manière spécifique, à la production ou à l'exploitation, dans le cadre d'un programme agréé ; suspension de la taxe sur la valeur ajoutée (TVA) exigible à l'entrée sur les matériels et matériaux qui ne sont ni produits ni fabriqués au Sénégal et qui sont destinés, de manière spécifique, à la production ou à l'exploitation dans le cadre du programme agréé.

[312] Au regard de ce qui précède, le transfert des pouvoirs de l'administration des douanes aux agences spécialisées dans la promotion des investissements tels qu'au Sénégal APIX et ASEPEX risque de fragiliser la sécurisation des régimes économiques douaniers dans l'espace CEDEAO.

actes de terrorisme international et la criminalité organisée tant il est vrai que l'importance des avantages octroyés et l'existence d'une réglementation, parfois fort complexe, font des régimes économiques de potentiels vecteurs de fraude.

Pour des raisons sécuritaires, l'octroi de l'agrément et le séjour des marchandises sous régime suspensif doivent faire l'objet d'un contrôle minutieux. C'est ainsi que la demande d'agrément à un régime suspensif fait l'objet de contrôle strict pour prévoir toute surprise désagréable[313].

En référence aux normes de l'OMD, les entreprises ont l'obligation de sécuriser leur environnement économique. Aussi, pour la mise en œuvre d'une méthodologie de contrôle efficace et cohérent des régimes douaniers suspensifs, importe t-il de recenser de façon exhaustive et d'identifier toutes les entreprises bénéficiaires encore en activités dans l'espace CEDEAO.

Afin de sécuriser, sans porter atteinte à la promotion des investissements, il convient de procéder à une gestion informatique des agréments et autorisations et autres licences, en vue de se doter d'une banque de données sur les régimes pour permettre aux douanes de réaliser les recommandations contenues dans le Cadre de normes SAFE.

Des opportunités sécuritaires sont ainsi offertes aux fins de contrôle des régimes économiques douaniers et de sécurisation des investissements.

Les principes de gestion du risque peuvent être appliqués par toutes les administrations, que celles-ci fassent usage de systèmes manuels ou automatisés, si elles adoptent des stratégies qui incorporent les éléments clés d'une approche basée sur le risque visant à gérer convenablement les problèmes de respect de la loi.

---

[313] Au Sénégal, ce contrôle est effectué par le Bureau des Franchises et des Investissements et par le Bureau des Régimes économiques et particuliers relevant de la Direction de la Facilitation et du Partenariat avec les Entreprises (DFPE).

Conclusion du Chapitre I

Si la Résolution de juin 2002 sur la sécurité et la facilitation de la chaîne logistique internationale exprime l'opinion et la volonté de l'Organisation mondiale des Douanes de renforcer l'efficacité des administrations des douanes membres à l'échelon national, le Cadre de normes SAFE lui, est plus pratique en ce qu'il définit des normes claires pertinentes et consensuelles.

Une stratégie ayant reçu l'aval de l'Organisation mondiale du commerce (OMC) est donc indispensable pour sécuriser la circulation des marchandises dans l'espace CEDEAO de manière à ne pas entraver, mais, au contraire, à faciliter les échanges.

L'Accord de l'OMC sur la facilitation des échanges (AFE), constitue à cet égard, une étape majeure pour le système commercial mondial, avec l'entrée en vigueur du premier accord multilatéral.

L'entrée en vigueur de cet accord, qui vise à accélérer le mouvement, la mainlevée et le dédouanement des marchandises aux frontières, marque le début d'une nouvelle phase des réformes destinées à faciliter les échanges dans le monde entier et crée une dynamique importante pour le commerce et le système commercial multilatéral dans son ensemble[314].

En réalité, les mesures de sécurisation préconisées par l'OMD et imposées par la menace terroriste ne doivent pas affecter la croissance économique basée sur le développement du commerce international[315].

En cherchant à trouver un équilibre approprié entre la sécurisation des échanges et la libre circulation des marchandises, les douanes doivent gérer deux risques simultanément : la criminalité transnationale organisée et les menaces sur l'intégration économique. L'appropriation du cadre de normes SAFE et l'application du principe de gestion du risque permettent d'atteindre cet équilibre[316] ».

---

[314] Le 22 février 2017, une étape majeure pour le système commercial mondial a été franchie avec l'entrée en vigueur du premier accord multilatéral conclu depuis l'établissement de l'Organisation mondiale du commerce il y a 21 ans. En recevant quatre ratifications supplémentaires, l'OMC a obtenu les instruments d'acceptation des deux tiers de ses 164 Membres nécessaires à l'entrée en vigueur de l'Accord sur la facilitation des échanges (AFE). Voir le lien https://www.wto.org/french/news_f/news17_f/fac_31jan17_f.htm

[315] Michel DANET est ancien Secrétaire général de l'O.M.D.

[316] David WIDDOWSON, op.cit.

Chapitre II : La conciliation de la sécurité et de la liberté de circulation des marchandises

La libre circulation des marchandises et des personnes[317] dans l'espace CEDEAO est le reflet de la communautarisation fondée sur le démantèlement tarifaire et de la diplomatie économique qui renvoie à la promotion de relations bilatérales. La Communauté s'étend à l'ensemble des échanges de marchandises et implique l'interdiction, entre les Etats membres, de prélever des droits de douane à l'importation et à l'exportation ou toutes autres taxes d'effet équivalent. C'est ainsi que la Communauté s'appuie sur l'adoption d'un tarif douanier commun dans ses relations avec les pays tiers[318]. Mais pour des soucis de sécurité, l'administration des douanes est habilitée à contrôler sur le territoire douanier les bénéficiaires d'avantages alloués en application de mesures spécifiques arrêtées par les communautés économiques régionales[319].

L'adaptation des procédures de dédouanement des échanges commerciaux face à la criminalité transnationale organisée devrait renvoyer, donc, à l'adoption de mesures pertinentes et harmonisées visant à sécuriser les instruments commerciaux qui régissent la circulation des marchandises dans l'espace CEDEAO **(Section I)**.

Par ailleurs, les stratégies de lutte proposées par la Communauté pour combattre la CTO devront, également, être menées en harmonie avec la commercialisation sans taxation douanière des marchandises telle que prônée par des accords bilatéraux dans le cadre, notamment, des partenariats signés avec l'Union européenne ou avec les Etats Unis d'Amérique **(Section II)**.

Section I : La sécurisation douanière des instruments commerciaux

Conformément à l'article 3 du traité révisé de la CEDEAO, parvenir à une union économique ouest africaine, passe par la mise en place d'un marché commun, à travers « l'établissement d'un tarif extérieur commun (TEC) et d'une politique commerciale commune à l'égard des pays tiers[320] ».

---

[317] Lors de la cérémonie d'ouverture de la 49ème session de la Conférence des chefs d'Etat de la CEDEAO, le Président de la République du Sénégal, Monsieur Macky SALL s'est réjoui de la mise en place de la Task-force sur la libre circulation des personnes et des biens, qui devrait urgemment travailler à la levée des multiples entraves qui affectent la mobilité des personnes et des biens dans la région''. Suivre le lien www.enqueteplus.com/.../cedeao-6-pays-ne-respectent-pas-le-tarif-extérieur-commun consulté le 07 avril 2017.

[318] Voir l'article 23 du Traité de Rome du 25 mars 1957.

[319] Voir l'article 55 de la loi 2014-10 du 28 janvier 2014 portant code des douanes du Sénégal.

[320] Décision n° A/DE.17/01/06 en date du 12 janvier 2006 par laquelle la Conférence des chefs d'Etat et de gouvernement, a recommandé à la Commission de mettre en place un TEC de la CEDEAO.

Aussi, pour être en phase avec les objectifs de l'OMC qui prône un démantèlement tarifaire progressif et l'élimination des barrières physiques non essentiel, la CEDEAO a-t-elle mis en œuvre une politique commerciale basée sur des mécanismes d'intégration axés sur un Schéma de Libéralisation des Echanges communautaires (SLEC) et un Tarif extérieur commun (TEC).

La mise en œuvre des ces instruments commerciaux dans l'espace CEDEAO va nécessiter une reformulation du dispositif de lutte contre la fraude douanière car des groupes criminels peuvent profiter de la liberté de circulation des marchandises. Un minimum de contrôle des frontières externes, c'est-à-dire entre Etats membres et Etats tiers, sera en effet requis ne serait ce que pour assurer une traçabilité et une surveillance des échanges commerciaux effectués dans le cadre du TEC CEDEAO **(Paragraphe I)**.

A l'instar des autres unions douanières, les frontières internes de la CEDEAO devront tout aussi faire l'objet de surveillance en vue de pallier les faiblesses du schéma de libéralisation des échanges communautaires (SLEC) **(Paragraphe II)**.

Il s'y ajoute, qu'en conformité avec la libre circulation des marchandises, les Etats membres sont aussi tenus de faire traiter rapidement et simplement les marchandises en transit, spécialement pour celles voyageant dans le cadre d'une procédure de transit communautaire **(Paragraphe III)**.

Paragraphe I : La sécurisation du Tarif extérieur commun

Dans la pratique, le contrôle douanier ouest africain est essentiellement orienté vers le renforcement des recettes budgétaires. De ce fait, plus la catégorisation du produit objet d'importation dans le TEC est élevée plus le contrôle est allégé. Les réseaux criminels pourront être tentés de faire circuler les produits du crime en les classant dans une catégorisation élevée du tarif extérieur commun de sorte à éviter le ciblage ad valorem **(A).**

Il est, dès lors, indiqué de mettre en place, dans la structuration même du tarif extérieur commun un système d'analyse du risque à travers une catégorisation des produits soupçonnables d'être en lien avec le crime **(B)**.

A : L'utilisation du Tarif extérieur commun à des fins frauduleuses

Le Tarif extérieur commun (TEC) se définit comme un mécanisme de taxation des produits extérieurs lors de leur entrée dans le territoire douanier de la Communauté.

Il est composé d'une part, d'une nomenclature tarifaire et statistique et d'autre part, d'un ensemble de droits et taxes à caractère permanent (droit de douane, redevance statistique, prélèvement communautaire d'intégration) ou temporaire (sous forme de dispositif complémentaire de taxation comprenant un code antidumping ainsi que des mesures de sauvegarde).

Ce mécanisme est appuyé par la mise en place d'un dispositif complémentaire de protection (taxe dégressive de protection, taxe conjoncturelle à l'importation et valeurs de référence) et doit être sécurisé par un plan communautaire de lutte contre la fraude car, il y a un risque réel de voir se développer une fraude douanière liée aux failles dans la mise en œuvre du TEC[321]. Ces pratiques frauduleuses peuvent même renvoyer à une exploitation des opportunités tarifaires à des fins criminelles d'où l'importance de la sécurisation du régime de mise à la consommation suite importation directe (régime C100).

Lorsqu'ils utilisent le TEC, les organisations terroristes trouveront des sociétés écrans habilités à faire des opérations d'importation, de transit, de circulation et d'entreposage sur des produits destinés à la commission du crime. Les fraudes au TEC sont donc, essentiellement, de nature fiscale parce qu'ayant pour objet de minorer ou de majorer (pour fuite de devises en complicité avec les fournisseurs) les droits et taxes à payer au cordon douanier par le mécanisme des glissements tarifaires.

Les procédures douanières étant alignées sur les normes internationales en matière de contrôle aux frontières extérieures, l'utilisation du TEC à des fins frauduleuses s'entend donc de faux classements tarifaires soit pour bénéficier d'une taxation préférentielle soit pour introduire des produits prohibés couverts par une déclaration en douane en bonne et due forme.

La gestion du risque à travers l'instrument du TEC se focalise, aujourd'hui, plus sur l'évaluation en douane que sur le contrôle de produits prohibés, toxiques ou dangereux voire criminels…C'est pourquoi, même si le TEC s'applique dans sa totalité, les douanes doivent conserver des contrôles douaniers dans les installations aux frontières externes pour éviter les pertes fiscales résultant de fausses déclarations d'espèces. En effet, « le paiement de droits et taxes est une condition préalable au dédouanement sous le modèle du gardien, et un tel dédouanement doit attendre tant que les formalités et les contrôles n'ont pas été effectués[322] ».

Vu sous cet angle, les administrations douanières ont l'obligation d'établir une cartographie des risques qui devra recenser les points potentiellement vulnérables liés à la réglementation internationale afin d'éviter que les

[321] En fait le TEC de la CEDEAO est calqué sur celui de l'UEMOA qui comporte quatre bandes tarifaires (0, 5, 10, 20) réparties selon le degré de transformation du produit et la nature sociale du bien. Il a été créé dans le TEC CEDEAO une cinquième bande au taux de 35%. Cependant, en raison du faible niveau de protection de certains secteurs stratégiques pour le développement régional, l'extension du TEC de l'UEMOA à celui de la CEDEAO constitue un désarmement tarifaire pour certains pays comme le Nigéria et le Ghana, et un réarmement pour d'autres comme la Gambie.

[322] WIDDOWSON David, op.cit.

insuffisances du système ne profitent aux réseaux criminels. Il est à regretter que la Communauté ouest africaine n'ait pas accordé aux produits dangereux (armes, matières nucléaires et chimiques) un traitement spécial dans la configuration du TEC, comme le prévoit la Communauté européenne dans la plupart de ses instruments commerciaux telle que l'Initiative tout sauf les armes[323].

Pourtant, vu l'ingéniosité des organisations criminelles et en vue de faire profil bas, il est à craindre que les organisations criminelles classent leurs produits dans la catégorie 04 avec la taxation la plus élevée de 20% et avec le nouveau TEC CEDEAO, ils seront, peut être, tentés de s'orienter vers la catégorie 05 avec une taxation la plus élevée de 35%. Ainsi, ils évitent astucieusement un contrôle approfondi du produit étant donné, alors, que ledit contrôle semble ne plus revêtir d'intérêt fiscal.

Cette forme de fraude confère aux acteurs une certaine légitimité auprès de la douane et il n'est pas à écarter que des organisations criminelles puissent s'allier avec des entreprises bénéficiaires de statut d'Opérateur Economique Agréé.

B : Le Tarif extérieur commun : instrument de lutte contre la criminalité transnationale organisée

La fraude au TEC en rapport avec la criminalité transnationale organisée est visée par la Convention de Palerme qui stipule que : « les États parties s'efforcent d'évaluer périodiquement les instruments juridiques (le TEC et le SLEC pour la CEDEAO) et les pratiques administratives pertinentes en vue de déterminer s'ils comportent des lacunes permettant aux groupes criminels organisés d'en faire un usage impropre[324]. » Il y a lieu, à cet effet, de mettre en place un dispositif de contrôle des opérations douanières et procéder à l'analyse du risque criminel dans la gestion des régimes économiques douaniers.

La gestion du risque criminel par le biais de l'instrument du TEC se fonde sur l'identification de domaines à haut risque (criminel), en vue de leur consacrer un contrôle plus rigoureux. À défaut, une intervention minime des douanes sera requise pour des activités identifiées comme porteuses d'un

---

[323] L'Europe, à travers l'initiative tout sauf les armes, a accordé aux pays les moins avancées (PMA) d'accéder librement à son marché sous réserve du respect de l'exception sur les importations d'armes et leur munition qui, d'ailleurs va inspirer la dénomination de cette initiative. L'initiative ''Tout sauf les armes '' date de 2001 et s'inscrit dans le cadre plus général du « schéma pluriannuel de préférences tarifaires généralisées » (SPG) de l'Union Européenne qui offre aux pays en développement des droits moins élevés sur leurs exportations vers l'UE.

[324] Article 31 alinéa 4 de la Convention de Palerme.

risque criminel faible. Il faut préciser, néanmoins, que le risque criminel dans le cadre de nos travaux, réside dans l'utilisation de ce mécanisme par des fraudeurs d'obédience criminelle quand le produit importé est toxique et dangereux (explosifs, stupéfiants, armes) ou permet la fabrication de produits à usage criminogènes (les précurseurs pour la fabrication des armes chimiques ou biologiques).

Le concept de risque criminel peut être défini, ici, comme la probabilité pour les douanes d'identifier, en vue de leur répression, d'éventuels événements et activités frauduleux, qui réalisés ensemble, peuvent concourir à ce qu'une organisation criminelle atteigne ses objectifs.

Le TEC peut constituer, dans le cadre d'une enquête douanière, une porte d'entrée aux fins de contrôle, à travers, notamment, la mise en place d'un système de ciblage basé sur la position tarifaire. Cette procédure permettra de dresser, d'abord, la liste des produits à risque, objet d'enquête, avant d'identifier les importateurs illégaux.

S'agissant par exemple du ciblage des médicaments à partir du TEC, il convient de relever qu'ils sont actuellement considérés, dans l'UEMOA, comme des produits sociaux, et à ce titre, classés dans la catégorie 0 avec des droits de douane nuls. N'empêche, du fait de l'émergence d'une production communautaire en la matière, le contrôle des médicaments à partir du TEC est requis pour la protection des unités industrielles nationales spécialisées dans la fabrication du médicament.

D'ailleurs, en raison de la sensibilité des produits médicamenteux, les deux commissions (CEDEAO, UEMOA) ont commandité une étude pour voir comment concilier la dimension sociale du produit et le besoin de protection de la production locale.

Tout comme pour le contrôle de médicaments, il convient de faire un traitement particulier sur l'ensemble des importations des produits prohibés toxiques dangereux ou chimiques tels que les pesticides, les armes, les explosifs et certaines matières premières notamment chimiques. Ces produits, en effet, sous certaines conditions, peuvent tout de même être importés. Généralement, lorsqu'ils sont autorisés à l'importation, ils bénéficient d'une taxation préférentielle du fait qu'ils sont classés dans la catégorie des biens sociaux.

Dans cet ordre d'idées, les armes (93 03 10) catégorie 04 du TEC UEMOA devraient être classées à la catégorie 5 du TEC CEDEAO comme biens spécifiques pour le développement économique à un taux de taxation plus élevé (35%) pour, davantage, décourager leur introduction par des particuliers.

Il est à préciser que l'importation des armes, par les Etats membres, est exonérée de droits et taxes et, car, revêtue du cachet secret défense et leur classification dans le TEC peut s'avérer d'une grande utilité statistique et permet la traçabilité desdits armes.

S'agissant du contrôle des matières dangereuses mais utiles appelées produits à double usage, le problème réside dans le fait qu'elles risquent aussi d'être utilisées par les organisations criminelles pour mener leurs opérations de déstabilisation du système sécuritaire. Seulement, l'accès des Etats membres à ces matières dangereuses est assujetti au respect des législations douanières et environnementales en la matière. Des Conventions internationales encadrent la prise en charge des produits à double usage par la fixation d'un taux planché d'importation.

Du fait de l'importance liée au développement de l'énergie nucléaire et de l'industrie chimique en Afrique, il serait souhaitable de faire glisser le classement tarifaire de ces produits nucléaires ou chimiques vers la catégorie biens sociaux essentiels avec un taux de 0%.

Le TEC CEDEAO, en tant qu'instrument de communautarisation, a un impact beaucoup plus fiscal que sécuritaire, étant entendu que les droits et taxes collectés par l'administration des douanes alimentent, pour l'essentiel, le budget des pays membres de la CEDEAO à faible niveau d'industrialisation. Pourtant, la réussite du TEC CEDEAO doit aussi être gage de sécurisation budgétaire et financière à travers, notamment, une correcte collecte des droits et taxes d'origine licite au cordon douanier[325].

Paragraphe II : La sécurisation du schéma de libéralisation des échanges communautaires

Selon le Schéma de Libéralisation des Echanges communautaires (SLEC) de la CEDEAO, les produits du cru et les articles faits à la main sont en libre circulation au sein de la Communauté, ainsi que ceux ayant fait l'objet d'une ouvraison ou d'une transformation suffisante. Ces derniers devant, depuis 2006, être entièrement agréés dans le pays d'origine, membre de la CEDEAO et attestés par un certificat d'origine de format commun.

[325] La 49ème Conférence des Chefs d'Etats de la CEDEAO réunis à Dakar, les 04 et 05 juin 2016 a marqué sa préoccupation quant à l'application effective du Tarif extérieur commun de la CEDEAO. Dans son discours prononcé, le lundi 15 août 2016, à Dakar, au Sénégal, à l'ouverture de la 18ème réunion du Comité conjoint CEDEAO/UEMOA de gestion du TEC, M. Chaïbou a indiqué qu'à ce jour, 9 Etats membres appliquent le TEC/CEDEAO, ce qui n'est pas encore le cas pour les six (6) autres (Gambie, Guinée Conakry, Libéria, Sierra Léone, Guinée Bissau et Cap-Vert) pour diverses raisons. Suivre le lien www.ecowas.int/lapplication-du-tarif-exterieur-commun-de-la-cedeao consulté le 20 avril 2017.

En attendant la réalisation du marché unique, la CEDEAO a pris l'option de libéraliser les échanges intracommunautaires en responsabilisant les services nationaux pour l'octroi des certificats d'origine[326].

Les agréments des produits industriels originaires au régime préférentiel des échanges intra-communautaires sont accordés par une autorité désignée par chaque Etat membre sur proposition d'un Comité national d'agrément (CNA)[327] créé à cet effet.

Il s'agira donc d'analyser le risque criminel que peut renfermer la mise en œuvre des deux mécanismes ; l'un à travers une analyse de la fraude sur l'origine communautaire **(A),** l'autre en répertoriant les infractions douanières sur le certificat d'origine **(B).**

A : Les fraudes organisées sur l'origine préférentielle

Il appert de l'article 12, point 07 de la Convention de Palerme que : « Les États parties peuvent envisager d'exiger que l'auteur d'une infraction établisse l'origine licite du produit présumé du crime ou d'autres biens pouvant faire l'objet d'une confiscation, dans la mesure où cette exigence est conforme aux principes de leur droit interne et à la nature de la procédure judiciaire et des autres procédures. »

Lorsque le produit du crime est originaire de la Communauté, se pose la problématique de la lutte contre l'octroi frauduleux des certificats d'origine. La lutte contre cette pratique frauduleuse est rendue complexe du fait que la procédure prévue pour dénoncer le certificat d'origine est assez complexe longue et décourageante. En plus, elle requiert le concours de différentes structures et l'aval des plus hautes autorités écartant, de fait, toutes velléités de l'agent des douanes préposé à la surveillance de remettre en cause le certificat d'origine à lui présenté.

Les administrations des douanes sont, très souvent, confrontées aux frontières à des situations de fraudes inédites où un produit, même du crime, est substantiellement étranger mais couvert par un certificat d'origine délivré par les services compétents du pays d'origine.

C'est ainsi que des contentieux sur l'origine préférentielle, du fait du refus d'autres Etats à considérer les produits couverts comme étant véritablement

[326] En effet, le 23 Avril 2002 à Abuja, lors de la Cinquième Réunion Extraordinaire, le Conseil des Ministres a adopté le Règlement C/REG.3/4/02 relatif à la procédure d'agrément des produits originaires au schéma de libéralisation des échanges de la CEDEAO.

[327] Sont membres du Comité national d'agrément les représentants des ministères et services ci-après : ministère du Commerce, ministère de l'Industrie, ministère des Finances (service des Douanes), Cellule nationale CEDEAO, Chambre de Commerce d'Industrie et d'Agriculture, toute autre structure ou institution jugée utile.

originaires, font légion dans la Communauté. Il est, en effet, à craindre que des individus malintentionnés utilisent les mandats reçus par les Etats membres, pour privilégier des produits soit disant nationaux alors qu'ils sont en réalité étrangers, de sorte à leur faire bénéficier des règles préférentielles y attachées.

Les fraudes liées aux faux en écritures dans le certificat d'origine faussent ainsi le système de libéralisation des échanges communautaires. Il s'agit d'un mécanisme de fraude surtout utilisé par le secteur informel pour faire bénéficier à des produits non éligibles de la préférence originaire. Ce type de fraude doit être réprimé doublement d'autant plus que le fraudeur, en plus de l'infraction douanière, commet un délit de faux et usage de faux réprimé par le Code pénal.

Dans l'espace CEDEAO, le secteur informel occupe une place sociale très sensible et constitue un creuset de pratiques irrégulières. L'application stricte de la réglementation douanière hypothèque l'accompagnement de ce secteur. Les fraudes commises par le secteur informel sont, le plus souvent, qualifiées de « fraude de survie ». C'est pourquoi, les administrations douanières adoucissent la réglementation douanière tout en instaurant des taxations spécifiques pour, justement, les formaliser de manière progressive.

Le risque criminel va résider dans le fait que ce secteur peut être infiltré par des groupes criminels qui, par la présentation de certificats d'origine faux, vont faire circuler dans la sous région des produits liés au crime. Le risque dans le cadre de la lutte contre la criminalité transnationale organisée est la possibilité offerte ainsi aux réseaux criminels d'utiliser ces failles du secteur informel et les pratiques frauduleuses sur l'origine préférentielle pour mettre sur pied un système d'importation de produits dangereux en se structurant en entreprise agréée et donc mobiliser les ressources financières requises et entretenir leurs opérations.

B : L'authentification des certificats d'origine : un mécanisme de lutte contre la criminalité transnationale organisée

Malgré les règles établies pour renforcer les échanges intracommunautaires, force est de reconnaitre que les fraudes sur l'origine impactent, aussi, sur le dispositif de lutte contre la criminalité transnationale organisée. Les fraudes sur l'origine concernent :

- les fraudes liées à la non-déclaration des produits originaires pour échapper aux lourdeurs administratives relatives à l'octroi du certificat d'origine ;

- les fraudes sous forme de dumping pour faire bénéficier d'avantages indus des produits abusivement déclarés originaires. La structure compétente délivre le certificat d'origine à ces produits pour promouvoir un secteur déterminé au profit du pays d'où le produit est supposé originaire ;

- enfin, le certificat lui-même peut être un document faux d'où la pertinence de le sécuriser au besoin, par l'informatisation.

La problématique posée par l'authentification des certificats d'origine est telle que l'UEMOA a du faire une précision ultime sur les produits originaires et la pluralité des protocoles additionnels[328]. Ainsi donc, contrairement à une idée largement répandue, la perception des droits et taxes sur des produits non communautaires ne saurait conférer, l'origine communautaire auxdits produits. Par conséquent, reprécise l'UEMOA, les certificats d'origine accompagnant ces produits ne sauraient être acceptés.

L'authenticité des certificats d'origine est, largement, tributaire de la détermination du Comité compétent pour les délivrer. Le Comité, présidé par le représentant de l'autorité chargée d'accorder les agréments au niveau national est compétent pour prendre les mesures suivantes :

- la dispense de production des certificats d'origine pour les produits de l'agriculture et de l'élevage ;

- l'adoption d'une règle supplémentaire : le changement de position tarifaire ;

- l'allègement du dossier d'agrément ;

- le transfert de l'agrément aux Etats membres.

Plus le Comité compétent pour délivrer les certificats d'origine est indépendant et autonome, plus le niveau de leur sécurisation est élevé.

Donnons l'exemple des produits de la pêche d'origine sénégalaise objet d'exportation par des entreprises franches d'exportation et, souvent sources d'interprétations différentes entre la Côte d'Ivoire et le Sénégal.

Il s'est agi de la délivrance, par les autorités sénégalaises de certificats d'origine joints à des déclarations portant sur des produits de la pêche relevant du chapitre 3 du Système harmonisé alors que lesdits produits n'étaient vraisemblablement pas éligibles aux schémas de libéralisation de l'UEMOA. A l'issue des réunions bipartites, il a été retenu que les bureaux des douanes de la zone franche industrielle n'étaient pas compétents pour signer des certificats d'origine couvrant ces produits. Ainsi, non seulement la déclaration en exportation de produits suite à une entrée en entreprise franche d'exportation (E950) qui apure une déclaration en entrée en entreprise franche d'exportation de produits suite à une importation directe (S951) ne fait pas bénéficier de l'origine communautaire, mais en plus, les bureaux maritimes sont, désormais, seuls compétents pour délivrer les certificats d'origine pour les produits de la pêche déclarés sous le régime E950 en apurement d'une

---

[328] Protocole additionnel n° I/2009/CCEG

déclaration en entrée de produits sénégalais en entreprise franche d'exportation (S955)[329].

L'authentification des certificats d'origine est un premier pas vers l'assainissement de la libéralisation du commerce intracommunautaire. A défaut, des groupes organisés pourront profiter des vulnérabilités de l'origine communautaire et s'adonner à des opérations de blanchiment et de financement du terrorisme sans être inquiétés. Il convient de s'accorder sur le fait qu'avec la communautarisation, la douane voit son rôle se métamorphoser.

La libre circulation des produits dans l'espace CEDEAO implique une prise en charge douanière dés le dépôt de la déclaration en douane assignant un régime douanier aux marchandises concernées.

L'annulation ou la suspension des droits de douane sur un produit importé va ainsi dépendre de son origine ou de sa destination. Il faut éviter que les défaillances sécuritaires notées dans la mise en œuvre du Schéma de Libéralisation des Echanges communautaires (SLEC) ne constituent une opportunité pour les réseaux criminels qui risqueront d'entretenir un courant de fraude en fonction des facilités octroyées par l'origine communautaire.

Paragraphe III : La sécurisation du Transit routier Inter Etats (TRIE)

Les produits originaires de la Communauté bénéficient d'une annulation des droits et taxes tandis que ceux destinés à un Etat membre et passant par un autre Etat membre bénéficie d'une suspension desdits droits et taxes à travers le régime du transit intracommunautaire.

Le transit douanier désigne les procédures douanières par lesquelles les marchandises sont transportées entre pays d'un bureau douanier à un autre sans payer de droits d'importation, de taxes à la consommation domestique ou d'autres charges normalement dues sur les importations. Ces procédures sont destinées à protéger les recettes du pays de transit, et d'empêcher que les biens destinés au transit ne soient consommés dans le marché intérieur.

Il est important de faire la distinction entre le transit national et le transit international. Le transit national intervient quand les marchandises sont transférées au sein des frontières nationales, du premier point d'entrée dans le pays vers un lieu ou les procédures douanières seront entreprises (par exemple, les ports secs/avancés ou les dépôts de conteneurs terrestres).

Les deux types de transit peuvent être combinés ; en fait, cette situation est monnaie courante dans de nombreux pays enclavés en développement. La

[329] Voir la note de service de la Direction générale des Douanes n° 1480 DGD/DRCI/SP du 21 juin 2013 portant sur le traitement des exportations des produits de la pêche et le mémorandum de la rencontre de la délégation sénégalaise avec les douanes ivoiriennes du 06 au 08 mai 2013.

plupart du transit a lieu entre des pays enclavés et des pays disposant d'un accès à la mer. Il existe de ce fait une concurrence entre les ports de la CEDEAO pour capter le maximum de conteneurs objet de transit vers les pays de l'interland[330].

Les conditions actuelles de traitement du trafic en transit au niveau de la CEDEAO jurent avec celles qui sont en cours dans d'autres espaces, avec des avancées timides (le Niger en est à sa phase expérimentale) et qui varient d'un pays à l'autre **(A).**

Mais en mettant en œuvre la convention sur le transit routier inter-états (TRIE) par l'adoption du « carnet TRIE », document unique pour simplifier et réduire les contrôles et les procédures », les Etats membres ont pour ambition de sauvegarder le régime du transit qui, au demeurant doit faire l'objet de surveillance intelligente afin de décourager les réseaux organisés à l'utiliser comme moyen de transfert de produits du crime **(B)**.

A : Le cadre juridique du transit routier inter-Etats des marchandises

« Le transit douanier est, en un sens, simple car il est fondé sur des principes prouvés : sécuriser la marchandise, fournir un mécanisme de garantie, et utiliser une circulation centralisée de la documentation[331] ».

Les dispositions de transit ont été codifiées, au fil des ans, par un certain nombre de Conventions internationales, les plus importantes étant celles relatives au transit dans l'Accord général sur les tarifs douaniers et le commerce (GATT), la Convention de Kyoto révisée de l'Organisation mondiale des douanes (OMD), et la Convention de Genève de 1982 sur l'harmonisation du contrôle frontalier des marchandises.

L'article V du GATT établit la « liberté de transit à travers le territoire des parties contractantes pour le trafic en transit à destination ou en provenance du territoire d'autres parties contractantes empruntant les voies les plus commodes pour le transit international ».

La Convention de Genève de 1982, en son article 10, s'applique aux marchandises en transit en précisant que « les parties contractantes sont tenues de faire traiter rapidement et simplement les marchandises en transit, spécialement pour celles voyageant dans le cadre d'une procédure de transit international. » Les parties doivent également faciliter, au maximum, le transit

---

[330] Dans le même ordre d'idées, en France, le Directeur interrégional des douanes de Roissy a caricaturé ce phénomène en appelant à surtout, être suffisamment compétitif sur le plan douanier pour que les cargaisons entrant en Europe passent par la France plutôt que par la Belgique ou les Pays-Bas, réputés pour leurs formalités allégées.

[331] ARVIS Jean François, « Le transit et le cas particulier des pays enclavés », in, « Manuel de modernisation douanière », op.cit., page 280.

des marchandises par conteneurs et autres vaisseaux garantissant une sécurité suffisante.

Les transports et transit routiers inter-états sont régis, en Afrique de l'Ouest, par deux Conventions :

- la Convention TIE, qui traite des normes techniques et des conditions à remplir pour prendre part au transport routier inter-Etats de marchandises et fixe les itinéraires à emprunter ;

- la Convention TRIE[332], qui traite de façon spécifique du transit routier inter-Etats.

Le TRIE s'effectue sous le couvert d'un document appelé carnet unique sans rupture de charges « exclusivement mis à la disposition des commissionnaires en douanes par la Chambre de Commerce ». Le TRIE est le régime qui « permet le transport par route d'un bureau de douane d'un Etat membre donné, à un bureau de douane d'un autre Etat membre, de marchandises en suspension des droits, taxes et prohibitions[333] ». Il s'effectue sous la couverture d'un document douanier unique et sans rupture de charge suivant un itinéraire donné, un délai de route prescrit et sur la base d'un document douanier unique.

La mise en œuvre de la Convention repose sur trois conditions de base :

- la levée d'une déclaration TRIE, sommaire, unique, au point de départ de l'opération de transit routier inter-Etats ;

- la mise en place d'un fonds de garantie jouant le rôle de caution ;

- la mise aux normes des véhicules agréés suivant des critères définis, d'inviolabilité et de scellement.

Ces conditions sont résumées à l'article 02 de la Convention de la CEDEAO en ces termes : « pour bénéficier des dispositions de la présente Convention, les transporteurs agréés par leur propre Etat doivent :

- utiliser les véhicules routiers ou des conteneurs préalablement agréés conformément aux dispositions indiquées à l'annexe B ;

- avoir reçu la garantie d'une caution agréée sous le couvert d'un carnet dans les conditions fixées par l'annexe C. »

Ce sont les chambres de commerce qui jouent le rôle des associations nationales chargées de contrôler l'accès aux procédures pour les opérateurs de

---

[332] Les Etats membres de la CEDEAO ont adopté, le 29 mai 1982 à Cotonou, le régime du Transit Routier inter-Etats (TRIE), aux termes de la Convention A/P4/82, complétée par la Convention additionnelle A/SP/1/5/90, portant institution d'un mécanisme de garantie des opérations sous TRIE, adoptée le 30 mai 1990 à Banjul (Gambie). Le TRIE s'inspire de la Convention sur le Transport international routier (TIR), basée sur la Convention douanière des Nations Unies sur le transport international des marchandises sous le couvert de carnets TIR (1960).

[333] Article 01 de la Convention TRIE de 1982.

transport en émettant les documents appropriés et en gérant le système national de garantie. Dans la pratique, environ 70% des procédures de transit dans la région de la CEDEAO proviennent toujours d'accords bilatéraux et de réglementations et de pratiques nationales.

Conformément à l'article 3, le TRIE « ne s'applique pas aux transports de marchandises effectués sous le régime du transit international par fer[334] et aux envois par la poste (y compris les colis postaux) ».

Il serait, pourtant, opportun pour la CEDEAO de réfléchir sur l'adoption d'un traité sur les autres modes de transit non pris en compte par le TRIE ; il s'agit en l'occurrence des transits maritimes, aériens, ferroviaire et postal[335]. Ces futures conventions sur ces types de transit auront l'avantage d'harmoniser les mesures de sécurisation et les mécanismes de surveillance des marchandises en transit.

B : Les mesures de sécurisation du transit routier inter-Etats

Le régime du transit peut bien être infiltré par des fraudeurs organisés en réseaux. L'affaire de la disparition mystérieuse de la cargaison du navire battant pavillon tanzanien et ayant à son bord trente sept (37) containeurs de huit milles (8000) fusils de chasse et cartouches de chasse ainsi que quatre containeurs contenant des explosifs et autres matières destinées au fonctionnement de l'atelier de recharge de cartouches pour fusils de chasse installé au Mali montre qu'il n'est pas écarté que le régime du transit soit utilisé à des fins clandestines d'où la nécessité de le sécuriser[336].

---

[334] Sur le transit par voie ferroviaire, l'affaire Adel KORBAN au Sénégal est une illustration que le circuit du transit ferroviaire peut être utilisé pour commettre des fraudes. Il s'est agi de la mise à la consommation, sans acquittement des droits et taxes, de marchandises provenant d'un entrepôt fictif et déclarées pour la réexportation au Mali. Selon le juge (CA n°298 du 25 mai 1994), il appartenait à Monsieur KORBAN , en dernière analyse, d'apporter la preuve que les marchandises admises en suspension des droits de douane sont sorties du territoire douanier sénégalais, par la production, notamment, du numéro d'expédition remis en zone malienne du môle III du port de Dakar, à laquelle est substituée, en cas de présentation au niveau de la gare, le dit récépissé d'expédition.

[335] Sur le transit par voie postale, voir la Convention internationale de l'Union postale, (en ligne), www.upu.int/fr/lupu/actes/actes-en-quatre-volumes.html consulté le 07 avril 2017.

[336] Selon Panapress qui reprend le quotidien privé malien «L'Indépendant», la cargaison qui se trouvait dans le navire qui a coulé le 14 août 2014 au fond de l'océan Atlantique à Dakar appartenait à la société Socatram- Sa dont le promoteur est un commerçant Import-export, Baba Mangané installé au Mali. La marine sénégalaise n'écarte pas l'hypothèse que ce soit l'équipage du navire lui-même constitué d'Egyptiens qui se soit sabordé. Ces derniers redoutaient de se faire arrêter avec une telle quantité d'armes et de munitions comme pièces à conviction. Selon «L'Indépendant», la SOCATRAM-SA n'est pas à son premier transport de fusils de chasse et munitions. Elle a toujours fourni la police malienne en équipements et elle importait, avant la crise de 2012 au Mali, son matériel de la France. Elle s'est ensuite tournée vers la Turquie et ses marchandises ont toujours transité par le Port de Dakar. Se fondant sur

Les conditions à respecter par les transporteurs pour pouvoir bénéficier du régime de transit sont reprises par les normes édictées pour sécuriser ce type d'envois de cargaison par la route.

- L'agrément accordé aux moyens de transport vise à garantir la sécurisation des chargements qui doivent être scellés et accompagnés par un système d'escorte, soit par un agent des douanes, soit par des moyens technologiques tels que le système de suivi des cargaisons et le GPS.

- L'établissement du macaron : Il s'agit de mentionner le macaron, l'immatriculation du véhicule et le code du convoi du jour. Ce macaron permet d'identifier l'ensemble des véhicules en escorte sur tout le long du trajet. Le macaron est la preuve matérielle que les camions les ayant apposés sur leurs pare-brises avant, font partie du convoi du suivi de trafic des camions de marchandises.

- L'Observatoire des Pratiques anormales pour sécuriser le transit routier inter Etat de la CEDEAO a pour objectif d'instaurer une bonne gouvernance routière sur les principaux axes routiers de l'Afrique de l'Ouest[337].

- Le système de contrôle contradictoire : il s'agit d'un double contrôle documentaire puis physique effectué par l'agent des douanes. Ledit contrôle s'effectue avant le départ effectif des camions. Il s'articule en deux étapes. La

des documents qu'il a reçus, le journal affirme que les quarante et un (41) containers incriminés par la douane sénégalaise ont fait l'objet d'autorisations officielles du ministre malien de la Sécurité, le général Sada Samaké accordées à l'opérateur économique malien. Du côté sénégalais, c'est le Directeur de la surveillance du territoire, le commissaire de police divisionnaire Matar Diop qui a délivré le 23 juillet 2014 trois (03) autorisations à l'importateur malien, selon le journal qui précise qu'il s'agit entre autres de l'autorisation de transit de cartouches de chasse, soit trente sept (37) containers contenant deux mille cent quatre vingt douze (2192) cartons de deux cent cinquante (250) cartouches de chasse chacun, l'autorisation de transit de substances explosives, soit quatre (04) containers contenant soixante quatorze (74) fûts de vingt (20) kg chacun, et l'autorisation de transit de fusils de chasse, soit quatre (04) containers contenant deux cent (200) pièces chacun, soit au total huit milles (8000) fusils de chasse. Côté malien, on ne comprend pas pourquoi, en dépit des documents officiels en bonne et due forme délivrés à l'opérateur, le navire a été saisi pendant quelques jours par la marine sénégalaise avant de sombrer dans les eaux de l'océan Atlantique. L'opérateur économique malien a constitué des avocats. Il s'est engagé à se mettre à la disposition de la justice sénégalaise si d'aventure des armes de guerre se trouvaient à bord de son navire. Par contre si tel n'est pas le cas, la société menace de poursuivre la marine et la douane sénégalaise pour réparation du préjudice qui lui a été causé au double plan moral et financier, révèle le journal. Suivre le lien : http://www.dakaractu.com/Senegal-Mali-les-armes-de-chasse-de-la-discorde_a74247.html consulté le 07 avril 2017.

[337] L'Observatoire des Pratiques Anormales (OPA) sur les axes routiers est une émanation de l'UEMOA et de la CEDEAO mis en place en 2005 avec l'appui financier de l'Agence des Etats-Unis pour le Développement International (USAID) et du Programme des Politiques de Transport en Afrique Sub-saharienne (SSATP) de la Banque Mondiale, ainsi que du partenariat technique du Centre Ouest Africain pour le Commerce (West Africa Trade Hub, WATH). Les corridors étudiés jusqu'à présent étant : Tema-Ouagadougou, Ouagadougou-Bamako, Lomé-Ouagadougou, Bamako-Dakar, Abidjan-Ouagadougou et Abidjan-Bamako.

première étape consiste à vérifier la conformité des mentions portées sur le document douanier et la fiche de convoi. Ainsi, pour la deuxième étape, il est question du contrôle physique des camions qui doivent prendre le départ ; l'agent de douane vérifie sur le parc le numéro d'immatriculation (remorque et tracteur), le contenu du véhicule, la nature de la marchandise et l'identification de l'équipage.

- Le plombage et le scellement électronique du véhicule sont obligatoires[338].

- La garantie technologique de l'intégrité des containeurs ; la douane doit faciliter l'utilisation volontaire de technologies pour contribuer à garantir l'intégrité des conteneurs tout au long de la chaîne logistique. Sous ce rapport, la lutte contre la fraude, le traitement et l'automatisation des informations, particulièrement la mise en place de modules d'e-transit dans les systèmes de technologie de l'information devrait sécuriser et faciliter le transit à long terme. C'est ainsi que l'utilisation d'un système EDI présente déjà un grand avantage (illustré par le Ghana qui a étendu ses opérations GCN et automatisées au poste frontalier avec le Burkina Faso).

- La pose des balises : il s'agit pour l'agent des douanes de procéder à la pose des balises qui sont des traceurs ou des transpondeurs dans les différents camions qui font le transit import pour une question de protection du marché local, et ce pour éviter qu'ils déversent leurs marchandises sur le territoire. Ainsi, ces balises vont permettre à la douane d'avoir un regard sur le camion et son itinéraire durant tout le voyage sur des écrans dans leurs locaux.

- Le suivi électronique du transit douanier : les services de suivi électronique du transit douanier utilisent un GPS portable pouvant détecter et rendre compte en temps réel de la position exacte d'un véhicule et d'un éventuel comportement suspect[339].

Les véhicules en transit utilisent un système GPS pour déterminer l'emplacement précis d'un véhicule ainsi qu'un module de communication pour transmettre, à une station de contrôle à distance, les données sur le statut du véhicule (par exemple : position, vitesse, direction et compte-rendu en cas d'événements préalablement définis). Les informations ainsi obtenues permettent aux douaniers de renforcer la conformité avec les règles du transit et de déceler rapidement tout comportement anormal voire criminel survenant pendant le voyage, comme une immobilisation prolongée du véhicule et une

[338] Les véhicules agréés effectuent le trajet sans rupture de charge, le délai de route étant de sept jours. Le moyen de transport utilisé, en l'occurrence le véhicule ou le conteneur, doit être préalablement agréé par la direction des Transports routiers et sera matérialisé par la délivrance d'un macaron unique et d'un certificat d'agrément.

[339] Au Sénégal, COTECNA s'est engagé à mettre en œuvre la technologie de suivi électronique et à aider les Douanes dans leurs opérations. La technologie et les logiciels GPS seront fournis par le Groupe ASTRATA, spécialiste en systèmes de géo positionnement.

déviation du couloir autorisé. La solution permet aux douanes de mieux lutter contre la fraude tout en facilitant les échanges commerciaux.

Les formalités en cours de route sont réduites au strict minimum après scellement du véhicule[340].

D'ailleurs, concernant lesdits scellements, le Cadre de normes SAFE précise que, « dans l'intérêt de la sécurité de la chaîne logistique et de la chaîne de contrôle douanier intégré, et, notamment, en vue d'assurer un mouvement pleinement sécurisé depuis l'empotage du conteneur jusqu'au moment où il est exonéré du contrôle à destination, les douanes devraient appliquer un programme d'intégrité des scellements tel que celui décrit en détail dans les Directives de la Convention de Kyoto révisée[341].

De tels programmes d'intégrité des scellements, qui reposent sur l'utilisation de scellements mécaniques de haute sécurité au point d'empotage comme le prescrit la norme ISO 17712, comprennent notamment des procédures permettant d'enregistrer l'apposition et la modification de scellements ainsi que la vérification de leur intégrité à des points clés, par exemple lors d'une rupture de charge.

Le transit douanier ne représente qu'une part dans l'ensemble des problématiques relatives à la politique douanière qui inclut les réglementations de véhicules transfrontaliers, les visas pour les routiers, l'assurance et les contrôles de police. Même si les procédures de transit douanier sont, en passe de devenir efficaces et rentables, la facilitation totale des échanges nécessitera que des progrès soient effectués à tous les autres niveaux. Certaines mesures surtout de sécurité peuvent être prises au niveau national tandis que d'autres nécessitent une forme de coopération régionale.

Section II: La sécurisation douanière des accords commerciaux

Les aires économiques régionales contractent très souvent des accords de libre échange avec d'autres zones similaires dans des secteurs commerciaux déterminés. La CEDEAO est, présentement, en négociation avec les deux (02)

---

[340] Le long du corridor Dakar-Bamako, seuls deux points de contrôle par pays sont désormais reconnus. Ces points sont à Diamniadio et Kaffrine au Sénégal et à Kayes et Kati au Mali. La police, la gendarmerie, la douane et les eaux et forêts sont appelées à se regrouper à ces deux endroits pour effectuer leurs opérations de routine. Les deux axes routiers du corridor sont le tronçon Dakar-Diamniadio-Kaffrine-Tambacounda, Kidira-Diboli-Kayes-Kati-Bamako et la route du sud Dakar-Tambacounda-Kédougou-Saraya-Kéniéba-Kati-Bamako. Par ailleurs, l'escorte douanière est obligatoire pour des produits sensibles à la fraude comme le sucre, les huiles végétales, le double concentré de tomates, les cigarettes, les produits pétroliers, les piles électriques, etc.

[341] Chapitre 6 de l'Annexe générale de la Convention de Kyoto révisée. Paragraphe 3.3. Intégrité des scellements visant à sécuriser les conteneurs.

plus puissantes aires économiques régionales que sont l'Union européenne et les Etats unis d'Amérique pour nouer des Accords de libre échange.

Seulement, ces Accords peuvent constituer une opportunité pour des groupes organisés de s'introduire dans les activités commerciales en vue de faire passer des produits du crime.

Avec l'Union européenne, il s'agira de faire apparaître le risque de fraude dans les Accords de Partenariat Economique (APE) relativement aux agissements des organisations criminelles **(Paragraphe I)**.

Avec les USA, la coopération tourne autour de la loi sur la croissance et les opportunités économiques en Afrique (AGOA), le Millennium Challenge Corporation (MCC) et le Millenium Chalenge Account (MCA). Le dispositif de lutte contre la fraude douanière est au cœur de la coopération américaine compte tenu de l'attachement des USA à la problématique de la sécurité et à la lutte contre la criminalité transnationale organisée **(Paragraphe II)**.

Paragraphe I : La sécurisation des Accords de Partenariat économique (APE)

Les opérations commerciales étant le terreau naturel de la criminalité transnationale organisée, il est important de toujours interconnecter les politiques commerciales et les mesures sécuritaires, notamment dans les Accords de Partenariat économique (APE) en cours de négociation. Les APE doivent, par conséquent, être perçus en eux-mêmes, comme un double processus d'intégration régionale avec de grands enjeux sécuritaires **(A)**.

Mais pour les détracteurs des APE, ces accords menacent sérieusement la compétitivité des entreprises du sud qui, déjà, souffrent des méfaits de la fraude douanière et de la présence, dans le marché ouest africain, de flux financiers non maîtrisés et de produits contrefaits ou contrefaisants...d'où l'importance de sécuriser le processus de ratification desdits APE **(B)**.

A : La place de la sécurité dans le processus de négociation des APE

Les ambitions commerciales poursuivies par les APE devront, bien, être couplées avec les exigences de sécurité de la chaîne logistique internationale. D'ailleurs, l'instauration d'une force contraignante adossée au respect des droits de l'Homme fait suite à l'adoption par la Communauté économique européenne du Traité de Maastricht en 1992 qui a donné naissance à l'Union Européenne.

A son article 177, le Traité lie la politique de développement de l'Union européenne à « la consolidation de la démocratie et de l'État de droit ainsi qu'à l'objectif du respect des droits de l'Homme et des libertés fondamentales».

Pourtant, malgré cette ambition sécuritaire affichée par la politique européenne, il n'est fait que timidement référence à la lutte contre la criminalité transnationale organisée dans les APE. Hélas, force est de reconnaître aujourd'hui que la place marginale de la sécurité dans les accords Europe /ACP **(1)** demeure même perceptible dans les accords intérimaires **(2)**.

1. La sécurité dans les APE précédents

La politique communautaire de coopération entre l'UE et les pays ACP a été formalisée par les Conventions de Yaoundé (1963 et 1969) et de Lomé (1975, 1979, 1984 et 1989 révisée en 1995), qui ont créé un cadre institutionnel permanent et paritaire accompagné par des mécanismes d'échanges spécifiques. Le volet de la criminalité a, pendant longtemps, occupé une place marginale dans les accords Europe/ACP puisque la Convention de Yaoundé[342] ne faisait référence aux questions sécuritaires qu'à l'article 10 en ces termes : « les dispositions d'exonération de droits de douane ne font pas obstacle aux interdictions ou restrictions d'importation, d'exportation ou de transit justifiées pour des raisons de moralité publique, d'ordre public, de sécurité publique, de protection de la santé et de la vie des personnes et des animaux ou de préservation des végétaux, de protection des trésors nationaux ayant une valeur artistique, historique ou archéologique, ou de protection de la propriété industrielle et commerciale. Toutefois, ces interdictions ou restrictions ne doivent constituer, ni un moyen de discrimination arbitraire, ni une restriction déguisée au commerce».

Faisant suite à la Convention de Lomé[343], le préambule de l'Accord de Cotonou[344] qui, elle-même, avait remplacé la Convention de Yaoundé, les Etats parties « reconnaissent qu'un environnement politique garantissant la paix, la sécurité et la stabilité, le respect des droits de l'homme, les principes démocratiques et de l'Etat de droit et la bonne gestion des affaires publiques fait partie intégrante du développement à long terme ».

---

342 Le 20 juillet 1963, la Communauté économique européenne et les dix-huit (18) États africains et malgache associés (EAMA) signent à Yaoundé (Cameroun) la première Convention qui, valable pour cinq (05) ans, confirme l'association Europe-Afrique sur la base d'une liberté des échanges commerciaux et d'une aide financière.

343 La Convention de Lomé est un accord de coopération commerciale signé le 28 février 1975 entre la CEE et 46 pays d'Afrique, des Caraïbes et du Pacifique (dits pays ACP), et renouvelé en 1979 (Lomé II, 57 pays), 1984 (Lomé III, 66 pays), 1990 (Lomé IV, 70 pays) et en 1995 (Lomé IVbis, 70 pays).

344 L'Accord de Cotonou entre l'Union européenne et les États d'Afrique, Caraïbes et Pacifique (ACP) a été signé le 23 juin 2000 dans la capitale économique du Bénin, après l'expiration de la Convention de Lomé. Conclu pour 20 ans, cet accord, révisé tous les 5 ans, réunit les 79 États du groupe ACP et les 28 pays de l'Union européenne, soit une population totale de plus de 700 millions de personnes.

Plus explicite, l'article 11 de l'Accord de Cotonou traite en cinq points des politiques en faveur de la paix, de la prévention et de la résolution des conflits en insistant sur le règlement des conflits dans le cadre du partenariat, la prise en compte de la problématique des enfants soldats et de la réinsertion sociale des anciens combattants, la lutte contre les mines antipersonnel et contre la diffusion, le trafic illicite et l'accumulation excessive et incontrôlée des armes de petit calibre et armes légères et le détournement des fonds à des fins bellicistes.

L'article 3O traite de la coopération régionale couvrant une large gamme de domaines fonctionnels et thématiques tels que la limitation des armements, la lutte contre la drogue, le crime organisé, le blanchiment de capitaux, la fraude et la corruption.

Les autres domaines traités concernent le commerce des services, la santé des consommateurs, les accords de pêche (article 53) la sécurité alimentaire… avec de réelles possibilités d'échanger des renseignements comme stipulé par l'article 51 : « la coopération visera, notamment, à renforcer la capacité institutionnelle et technique en la matière, créer des systèmes d'alerte rapide et d'information mutuelle sur les produits dangereux, assurer des échanges d'informations et d'expérience au sujet de la mise en place et du fonctionnement de systèmes de surveillance des produits mis sur le marché et de la sécurité des produits, mieux informer les consommateurs au sujet des prix et caractéristiques des produits et services offerts, encourager le développement d'associations indépendantes de consommateurs, promouvoir la coopération aux enquêtes sur les pratiques commerciales dangereuses ou déloyales et appliquer, dans les échanges entre les parties, les interdictions d'exportation de biens et de services dont la commercialisation a été interdite dans leur pays de production ».

Dans le cadre de sa politique d'immigration, l'Union européenne a inséré dans l'accord une clause-cadre obligeant les États ACP à prévoir des accords de réadmission de leurs ressortissants entrés irrégulièrement en Europe. La révision de 2005 porte principalement sur la consolidation de la dimension politique par l'adoption d'une approche axée sur le dialogue et les résultats (articles 8, 9, 96, 97 et annexe VII) et sur la référence à la lutte contre la prolifération des armes de destruction massive et le terrorisme…

2. La sécurité dans les APE intérimaires

Ces Accords sont spécifiquement qualifiés d'« intérimaires » car ils ont été négociés dans la perspective affichée de leur remplacement par des APE régionaux complets. Chaque APE intérimaire est unique car il a été négocié avec une région ACP spécifique, caractérisée par sa combinaison d'intérêts particuliers et de projets d'intégration. L'étendue de la couverture régionale varie également.

Cependant, si l'on n'y prend pas garde, les Accords intérimaires risquent de renforcer les mésententes entre pays de la CEDEAO et de compromettre la réalisation de l'Union douanière ouest africaine déjà mise à rude épreuve par l'instabilité politique, les conflits ethniques, et les crises armées récurrentes. Ces Etats partent en sens dispersés dans les négociations.

Le Ghana et la Côte d'ivoire, de par l'intérêt qu'ils trouvent dans l'exportation de leurs produits de base (café, cacao...) vers l'Europe, ont décidé de signer des APE intérimaires. Ces deux pays ont privilégié des Accords plus limités afin de ne pas nuire au processus plus large d'intégration régionale et aux négociations ultérieures des APE[345].

Les APE intérimaires de la Côte d'Ivoire et du Ghana ont eu, en définitive, comme conséquences immédiates, la coexistence de trois (03) régimes commerciaux applicables aux échanges des pays de la région CEDEAO avec l'UE. Il s'agit des régimes suivants :

- le régime Tout sauf les armes (TSA)[346] pour les treize (13) Pays les moins avancées (PMA) [347] de la région, y compris le Cap-Vert qui est en phase transitoire ;

- le régime de zone de libre-échange APE avec l'UE, pour la Côte d'Ivoire et le Ghana ;

[345] Ainsi selon la Côte d'Ivoire, il s'agit de préserver ses exportations pour maintenir sa compétitivité car sans la signature des APE intérimaires, sur les 48% des exportations vers la Côte d'Ivoire les 33% auraient été affectés voire compromis par des droits de douane et ou des droits spécifiques. A noter que pour les importations européennes, les produits les plus sensibles (19, 2%) doivent être exclus de la libéralisation.

[346] Pascal LAMY, Commissaire européen chargé du commerce, Bruxelles, le 20 septembre 2000 : «Nous voulons libéraliser tous les échanges, sauf le commerce des armes. Nous avons procédé ligne par ligne, produit par produit, et nous sommes parvenus à la conclusion qu'il fallait maintenant franchir ce pas important. Naturellement, certains produits sont relativement sensibles, mais il ne sert à rien d'offrir des concessions commerciales sur des produits que les PMA ne peuvent pas exporter. L'avancée doit être réelle. Nous sommes bien sûr pleinement conscients que l'accès en franchise de droits ne suffit pas à lui seul pour permettre aux pays les plus pauvres de profiter de la libéralisation des échanges. Nous devons les aider à renforcer leurs capacités à produire des marchandises d'une qualité suffisante pour être exportées, et nous réaffirmons l'engagement de la Commission à poursuivre son assistance technique et financière à cette fin».

[347] PMA faisant partie des ACP: Soudan, Mauritanie, Mali, Burkina Faso, Niger, Tchad, Cap-Vert, Gambie, Guinée-Bissau, Guinée, Sierra Leone, Liberia, Togo, Bénin, République centrafricaine, Guinée équatoriale, São Tomé e Príncipe, République démocratique du Congo, Rwanda, Burundi, Angola, Éthiopie, Érythrée, Djibouti, Somalie, Ouganda, Tanzanie, Mozambique, Madagascar, Comores, Zambie, Malawi, Lesotho, Haïti, Îles Salomon, Tuvalu, Kiribati, Vanuatu et Samoa.

- le système de préférences généralisées (SPG) pour le Nigeria. Le SPG est un système de commerce préférentiel grâce auquel l'Union européenne accorde un accès facilité à son marché à des pays en développement.

Le Cap-Vert bénéficie du régime spécial d'encouragement en faveur du développement durable et de la bonne gouvernance du schéma de préférences tarifaires généralisées (SPG+) et le Nigéria du régime général du schéma de préférences tarifaires généralisées (SPG). L'Accord prendra la relève de ces régimes dès son entrée en vigueur. Les autres pays de la région bénéficient de l'initiative «Tout sauf les Armes» en vertu de leur classification parmi les pays moins avancés (PMA).

Les Accords intérimaires ont, aussi, généré de véritables menaces sur les acquis du processus d'intégration économique régionale en Afrique de l'Ouest. En effet, cette différence de politiques dans le processus de négociations des APE fragilise le système immunitaire desdits Accords commerciaux, du moins sur le plan sécuritaire.

D'ailleurs, sur le plan de la lutte contre la criminalité transnationale organisée, la signature des APE intérimaires par la Côte d'Ivoire, membre de la CEDEAO et de l'UEMOA ainsi que par le Ghana, membre de la CEDEAO élargit en même temps l'assiette de la fraude douanière du fait de la baisse de l'enjeu du contrôle douanier et partant élève les probabilités de circulation des marchandises issues du crime organisé.

Il est tout de même possible que la lutte contre la criminalité transnationale puisse être mieux prise en compte au moment de la mise en œuvre des Accords complets avec l'espoir, d'ici là, que les organisations criminelles n'aient pas eu le temps de phagocyter le système pour le transformer en «Accord de Partenariat criminel » (APC).

B : L'intégration de la sécurité dans les APE complets

Les APE sont, essentiellement, d'essence commerciale et le maitre d'œuvre à savoir l'Union européenne a pour ambition de promouvoir le libre échange et de permettre à ses entreprises d'élargir l'assiette de ses consommateurs au-delà de ses frontières.

Pour mieux cerner la place résiduelle accordée à l'aspect sécuritaire dans les APE, il suffit de s'en référer aux profils des acteurs impliqués dans la rédaction des projets de textes et dans les rencontres entre l'Union européenne et la CEDEAO.

D'abord, ce sont les acteurs politiques, en lieu et place des techniciens dans le domaine de la lutte contre la criminalité, qui y sont représentés.

En plus, les pays de la CEDEAO confrontés à un sous-développement économique, partent en négociation avec l'idée de ne pas « fâcher » les anciens colonisateurs, actuelles puissances économiques et en espérant voir se concrétiser des promesses considérables en termes de compensations financières, d'aides diverses disponibles avant terme et d'une ouverture gracieuse de leurs matières premières au marché de l'Europe.

Enfin, la finalité de ces Accords fait l'objet de divergences politiques en fonction des doctrines économiques et des rapports historiques nés, notamment, de la colonisation[348].

Si donc une levée de boucliers est perceptible au niveau des populations du Sud qui considèrent ces Accords comme une recolonisation économique de l'Afrique, force est de constater que les aspects sécuritaires ne sont pas élevés au premier rang des priorités dans les APE compte tenu de la timidité avec laquelle les acteurs étatiques y traitent de la criminalité transnationale organisée.

Pourtant ces Accords pourraient constituer, à terme, une véritable opportunité pour les organisations criminelles de mettre en place, elles aussi, leurs « Accords de Partenariat criminel » (APC).

Devant l'ampleur de la contrebande dans la zone ouest africaine, la problématique de la sécurisation des échanges voire de la lutte contre la criminalité transfrontalière doit être au cœur, ou tout au moins, figurer en bonne place dans les Accords de Partenariat Economique (APE) étant entendu que la criminalité est un fléau assimilable à un cancer qui risque de détruire l'architecture même des politiques d'intégration.

Pour éviter que l'ouverture du marché ouest africain aux entreprises européennes ouvre la possibilité aux organisations criminelles basées en Europe de faire commerce dans l'espace CEDEAO, il est recommandé d'interconnecter les politiques commerciales et les mesures sécuritaires.

Les Accords de partenariat économique (APE), actuellement, signés par les Chefs d'Etats ouest africains doivent faire, ultérieurement, l'objet de ratification par les parlements de la CEDEAO avant leur entrée en vigueur. Les APE n'entreront, donc, en vigueur dans l'espace CEDEAO qu'après leur ratification par 2/3 des Etats signataires. Le préalable à la ratification reste toutefois, la signature des APE par l'ensemble des Etats membres de la CEDEAO et de la Mauritanie.

Les opérations commerciales étant le terreau naturel de la criminalité transnationale organisée, l'insécurité peut être analysée aussi bien à l'aune des accords dits intérimaires en vigueur dans l'espace CEDEAO, qu'à travers les APE complets signés, notamment, entre l'Union européenne et les pays du CARIFORUM. Les APE signés par les Etats CARIFORUM ne devraient pas

[348] Abdoulaye WADE, Sommet Euro-Afrique tenu à Lisbonne, les 8 et 9 décembre 2007 : « Si l'Europe n'a plus que la camisole de force des APE à nous proposer, on peut se demander si l'imagination et la créativité ne sont pas en panne à Bruxelles ».

différer de ceux que signeront la CEDEAO, c'est pourquoi, il est fort probable que les mesures de sécurités soient reconduites.

Les APE déjà signés entre les Etats du CARIFORUM, d'une part et la Communauté européenne d'autre part, peut, valablement, servir de support pour passer en revue le système sécuritaire de protection des APE complets contre la criminalité transnationale organisée[349].

1. La prise en compte des atteintes à la propriété intellectuelle

Les APE signés par les Etats du CARIFORUM mettent l'accent sur la lutte contre la contrefaçon qui, à terme, peut altérer les objectifs fixés en offrant aux contrebandiers un marché supplémentaire.

Les règles relatives aux droits de propriété intellectuelle sont ainsi prévues à l'article 143 des APE CARIFORUM intitulé droit d'auteur et droits voisins[350]. C'est ainsi qu'il est, même, prévu des mesures conservatoires et répressives des atteintes aux droits de propriété intellectuelle compte non tenu de la diversification des législations nationales en la matière.

Les mesures de conservation des preuves sont prévues à l'article 154 qui permet aux autorités judiciaires compétentes, avant même l'engagement d'une action au fond, de requérir une partie ayant présenté des éléments de preuve raisonnablement pour étayer des allégations selon lesquelles il a été porté atteinte à un droit de propriété intellectuelle ou qu'une telle atteinte est imminente, ordonner des mesures provisoires rapides et efficaces pour

---

349 Antigua-Barbuda, le Commonwealth des Bahamas, La Barbade, Le Belize, le Commonwealth de Dominique, la République dominicaine, La Grenade, la République de Guyana, Haïti, Jamaïque, Saint-Christophe-et-Nevis, Sainte-Lucie, Saint-Vincent-et-les-Grenadines, Suriname, Trinidad-et-Tobago, ci-après dénommés les "États du CARIFORUM", d'une part, et le royaume de la Belgique, la Bulgarie, la République tchèque, le royaume de Danemark, la république fédérale d'Allemagne, la République d'Estonie, l'Irlande, la République hellénique, le Royaume d'Espagne, la république française, la république italienne, la république de Chypre, la République de Malte, le royaume des Pays-Bas, la république d'Autriche, la République de Pologne, la République portugaise, la Roumanie, la République de Slovénie, la République Slovaque, la république de Finlande, le Royaume de Suède, le Royaume-Uni de Grande-Bretagne et d'Irlande du nord , parties contractantes au Traité instituant la Communauté européenne et au Traité sur l'Union européenne, ci-après dénommées les "États membres de l'Union européenne», et la Communauté européenne conviennent de l'application de l'APE provisoire qui prend effet le plus tôt possible, mais au plus tard le 31 octobre 2008.

350 La partie CE et les États signataires du CARIFORUM s'engagent à respecter les Traités de l'Organisation mondiale de la propriété intellectuelle (OMPI) sur le droit d'auteur (Genève, 1996) ainsi que sur les interprétations et exécutions et les phonogrammes (Genève 1996). En outre, les États signataires du CARIFORUM s'efforcent d'adhérer à la Convention de Rome sur la protection des artistes interprètes ou exécutants, des producteurs de phonogrammes et des organismes de radiodiffusion (1961).

conserver les éléments de preuve pertinents, au regard de l'atteinte alléguée, sous réserve que la protection des renseignements confidentiels soit assurée.

De telles mesures peuvent inclure la description détaillée avec ou sans prélèvement d'échantillons ou la saisie réelle des marchandises litigieuses et, dans les cas appropriés, des matériels et instruments utilisés pour produire et/ou distribuer ces marchandises, ainsi que les documents s'y rapportant.

2. La prise en compte de la cybercriminalité

Conscient que l'Internet est aujourd'hui l'espace privilégié de transaction des marques contrefaites, les APE ambitionnent de sécuriser cet espace virtuel à travers une utilisation correcte des données informatiques[351]. À cet égard, la partie Communauté européenne et les États signataires du CARIFORUM s'efforcent d'appliquer la recommandation commune concernant la protection des marques, et autres droits de propriété industrielle relatifs à des signes, sur l'Internet, adoptée par l'OMPI[352]. La formule « les Etats signataires s'efforcent d'appliquer la recommandation commune concernant la protection des marques » manque de fermeté. Ce simple « effort » prouve encore, si besoin, que la lutte contre la criminalité transnationale organisée n'est pas la principale préoccupation des signataires des APE. Il s'agirait, tout au plus, d'un condensé de bonnes intentions qu'il fallait mettre, impérativement, dans le corpus du texte, au risque d'essuyer des critiques, déjà très nombreuses, contre la signature des APE.

3. L'interdiction des activités financières illégales

L'article 237 de l'APE CARIFORUM traite de la lutte contre les activités financières illégales et crée un espace de collaboration pour les services de sécurité. La partie Communauté européenne et les États signataires du CARIFORUM s'engagent à prévenir et à combattre les activités illégales, les fraudes, la corruption, le blanchiment d'argent et le financement du terrorisme et prennent les mesures législatives et administratives nécessaires afin de se conformer aux normes internationales, notamment, celles établies par la

---

351 L'article 144 dispose en effet que : « la partie CE et les États signataires du CARIFORUM reconnaissent la nécessité d'un cadre juridique clair pour les titulaires de marques qui souhaitent faire usage de celles-ci sur l'Internet et participer au développement du commerce électronique. Ce cadre doit prévoir des dispositions permettant notamment d'établir si l'utilisation d'un signe sur l'Internet a permis d'acquérir une marque ou a contribué à lui porter atteinte, ou si cette utilisation constitue un acte de concurrence déloyale, et doit également déterminer les sanctions applicables. »

352 La recommandation a été adoptée lors de la trente-sixième série de réunions des assemblées des États membres de l'OMPI, qui s'est tenue du 24 septembre au 3 octobre 2001.

Convention des Nations unies contre la corruption, la Convention des Nations unies contre la criminalité transnationale organisée et ses protocoles et la Convention des Nations unies pour la répression du financement du terrorisme. La partie CE et les États signataires du CARIFORUM conviennent d'échanger leurs informations et de coopérer dans ces domaines.

Pour les administrations des douanes, les APE aménagent même de larges possibilités d'action pour lutter contre la Criminalité transnationale organisée en prenant en compte le Cadre de normes SAFE de l'OMD.

L'article 31 est consacré à la législation et aux procédures douanières en ces termes : « La partie CE et les États signataires du CARIFORUM conviennent que leurs législations, dispositions et procédures commerciales et douanières respectives se fondent sur les instruments et les normes internationales en vigueur dans les domaines douanier et commercial, notamment les éléments matériels de la Convention révisée de Kyoto concernant la simplification et l'harmonisation des régimes douaniers, le Cadre de normes de l'OMD visant à sécuriser et à faciliter le commerce mondial, la base de données de l'OMD et la Convention relative au Système Harmonisé (SH).

La partie CE et les États signataires du CARIFORUM conviennent que leurs législations, dispositions et procédures commerciales et douanières respectives se fondent sur la nécessité d'éviter le recours obligatoire à des inspections avant expédition ou mesures équivalentes, sans préjudice des droits et obligations qui en découlent pour les parties en vertu de l'accord de l'OMC sur l'inspection avant expédition ».

4. Les échanges de renseignements et les exceptions de sécurité dans les APE

Pour une meilleure efficacité du dispositif de lutte contre la criminalité, les échanges de renseignement et le partage d'information sont consacrés et encadrés par l'article 155 intitulé : droit d'information comme suit : La partie CE et les États signataires du CARIFORUM veillent à ce que, dans le cadre d'une action relative à une atteinte à un droit de propriété intellectuelle et en réponse à une demande justifiée et proportionnée du requérant, les autorités judiciaires compétentes soient habilitées à ordonner que des informations sur l'origine et les réseaux de distribution des marchandises ou des services qui portent atteinte à un droit de propriété intellectuelle soient fournies par le contrevenant et/ou par toute autre personne… A la lumière de cet article « aucune des dispositions du présent Accord ne peut être interprétée comme :

a) obligeant la partie CE ou un État signataire du CARIFORUM à fournir une information dont la divulgation serait jugée contraire à des impératifs de sécurité ;

b) empêchant la partie CE ou un État signataire du CARIFORUM d'entreprendre une action jugée nécessaire pour la défense d'impératifs de sécurité :

i) relative à des matières fissiles et fusibles ou à des matières qui servent à leur fabrication ;

ii) relative à des activités économiques entreprises directement ou indirectement dans le cadre de l'approvisionnement des forces armées ;

iii) relative à la production ou au commerce d'armes, de munitions et de matériel de guerre ;

iv) relative à des marchés publics indispensables pour la sécurité nationale ou pour les besoins de la défense nationale ;

v) décidée en temps de guerre ou face à toute autre situation d'urgence dans les relations internationales ;

c) empêchant la partie CE ou un État signataire du CARIFORUM d'entreprendre toute action en vue d'honorer ses obligations pour le maintien de la paix et de la sécurité internationales.

Ce sont les articles 224 et 225 qui prévoient la possibilité, pour les Etats parties à l'Accord, de prendre des exceptions de sécurité. Il s'agit des exceptions générales et de sécurité. Sous réserve que ces mesures ne soient pas appliquées de façon à constituer, soit un moyen de discrimination arbitraire ou injustifiable entre les parties où les mêmes conditions existent, soit une restriction déguisée au commerce de biens ou de services et à l'établissement, aucune disposition du présent Accord ne peut être interprétée comme empêchant la partie CE, les États du CARIFORUM ou un État signataire du CARIFORUM d'instituer ou d'appliquer des mesures nécessaires à la protection de :

- la moralité publique, l'ordre public ou la sécurité publique ;

- la santé, la vie des personnes et des animaux ou la préservation des végétaux.

L'article 225 est beaucoup plus précis dans la description des pouvoirs reconnus aux Etats parties sous la rubrique intitulé : exceptions de sécurité. A la lumière de cet article, aucune des dispositions du présent Accord ne peut être interprétée:

a) comme obligeant la partie CE ou un État signataire du CARIFORUM à fournir une information dont la divulgation serait jugée contraire à des impératifs de sécurité;

b) comme empêchant la partie CE ou un État signataire du CARIFORUM d'entreprendre une action jugée nécessaire pour la défense d'impératifs de sécurité :

i) relative à des matières fissiles et fusibles ou à des matières qui servent à leur fabrication ;

ii) relative à des activités économiques entreprises directement ou indirectement dans le cadre de l'approvisionnement des forces armées ;

iii) relative à la production ou au commerce d'armes, de munitions et de matériel de guerre ;

iv) relative à des marchés publics indispensables pour la sécurité nationale ou pour les besoins de la défense nationale;

v) décidée en temps de guerre ou face à toute autre situation d'urgence dans les relations internationales ;

c) comme empêchant la partie CE ou un État signataire du CARIFORUM d'entreprendre toute action en vue d'honorer ses obligations pour le maintien de la paix et de la sécurité internationales.

Toutefois, il convient de préciser que le comité CARIFORUM-CE "Commerce et développement" est, dans toute la mesure du possible, tenu au courant des mesures prises en vertu de la sécurité et à la date à laquelle il y sera mis fin. Comme pour dire qu'un droit de regard est reconnu à l'instance de régulation des APE sur, notamment, tout ce qui concerne des mesures nationales imposées par des situations de crise d'insécurité et de vulnérabilité à la fraude douanière.

Paragraphe II : La sécurisation des échanges commerciaux entre les USA et les Etats membres

Les conséquences dévastatrices du terrorisme sur la chaîne logistique internationale sont si importantes que la méconnaissance, par les Etats membres, des politiques sécuritaires, peut les conduire à être exclus des bénéfices de la coopération américaine. La politique de sécurité des Etats Unis d'Amérique pour l'Afrique est, peut-être, la vraie raison des transactions commerciales existantes entre les Etats Unis d'Amérique (USA) et les pays membres.

En réalité, la criminalité transnationale organisée est bien au cœur de la coopération américaine **(A)** qui tourne, principalement, autour de la sécurisation des échanges commerciaux **(B)**.

A : La politique sécuritaire au cœur de la coopération américaine

En général, les Etats Unis d'Amérique consentent à augmenter et à maintenir leur aide lorsque des situations durables ou conjoncturelles engagent deux sortes d'intérêts sécuritaires primordiaux : la sécurité de l'Amérique et celle des sources d'approvisionnement énergétiques, ou bien l'un et l'autre.

D'un point de vue géopolitique, la place de l'Afrique dans le système international est appréhendée par les Etats Unis d'Amérique conformément à sa doctrine de sécurité nationale qui introduit une révision des notions de leadership, d'influence et de puissance.

L'Amérique peut décider unilatéralement de modifier sa coopération avec les Etats membres de la CEDEAO en décidant, par exemple, d'étendre ou de diminuer la liste des produits africains éligibles à l'AGOA **(1)** ou d'annuler purement et simplement cette loi sans avoir à en discuter avec les bénéficiaires **(2)**.

1. L'éligibilité des Etats membres à la coopération américaine

L'expertise militaire des Etats unis d'Amérique ne les a pas empêchés d'être la cible d'attaques terroristes répétées, rattachées, le plus souvent à des réseaux criminels ayant des liens, peu ou prou, avec les trafics perpétrés dans l'espace CEDEAO.

Des mesures d'infiltration économique des échanges commerciaux devraient, dès lors, permettre de mieux réguler les flux transfrontaliers entre les Etats unis d'Amérique et la CEDEAO. C'est là, à notre avis, un des enjeux de la coopération, entre les deux espaces, dans le cadre de la Loi sur la croissance et les opportunités en Afrique (AGOA) et du Millénium Challenge corporation (MCC).

L'éligibilité ou non des Etats membres seront appréciées par rapport à la mise en œuvre de ce qui a été jugé comme étant des mécanismes efficaces de renforcement de la démocratie. Des Etats peuvent, donc, être ajoutés à la liste des pays bénéficiaires de la coopération américaine ou supprimés de celle-ci.

Le risque de sanction permettant de cadrer l'orientation des réformes dans les pays concernés en mettant l'accent sur les points suivants :

- économie de marché ;
- normes de travail définies par l'Organisation internationale du Travail (OIT) ;
- abolition du travail des enfants ;
- respect des droits de l'homme ;
- politique anticorruption ;

- mesures de protection de la propriété intellectuelle ;
- lutte contre le commerce illicite, le blanchiment d'argent et le terrorisme.

Il convient de relever que la plupart des pays africains bénéficiaient déjà, avant l'AGOA, du système des préférences généralisées[353], qui couvre une liste définie de produits, représentant 10 % des importations américaines et offre des dispositions plus favorables pour les pays les moins avancés (PMA).

L'AGOA a été conçue pour évoluer vers des accords de libre accès dans les deux sens ; elle est aussi un moyen supplémentaire de conditionner le commerce international par des règlements sur la propriété intellectuelle ou les normes de travail. C'est peut-être dans cette logique que l'AGOA est perçue comme une nouvelle vision des Etats unis d'Amérique qui consiste à élargir les opportunités au profit des Etats de l'Afrique dont l'éligibilité est assujettie au respect des droits de l'homme et de la promotion de la bonne gouvernance, de la démocratie et donc de la sécurité.

Il va de soi, dès lors, que pour être éligible à l'AGOA et au Millénium Challenge Corporation (MCC), un Etat ne saurait figurer dans la liste noire des pays accusés par les Etats unis d'Amérique de soutenir le terrorisme.

D'ailleurs, face à la montée inquiétante des attaques terroristes dans le monde, les Etats unis d'Amérique avaient décidé de passer du Système généralisé de Préférence SGP[354] à l'AGOA et d'étendre la liste des produits importés hors taxes en provenance d'Afrique de mille huit cent (1 800) lignes tarifaires, s'ajoutant aux quatre mille six cent (4 600) lignes tarifaires existant déjà.

Ce programme bi-régional, renouvelé tous les cinq (05) ans, établit ainsi des préférences commerciales en accordant une exemption de taxes à plus de six mille quatre cent (6400) produits exportés vers les USA en provenance des pays éligibles.

Les pays de la CEDEAO bénéficiaires de l'AGOA entre 2004 et 2005 sont les suivants : Nigeria, Ghana, Sénégal, Niger, Benin, Burkina Faso, Cap-Vert, Guinée, Guinée-Bissau, Mali, Sierra Leone, Gambie. La Gambie n'a été ajoutée à cette liste qu'en 2003, en même temps que la République

---

[353] Le Système généralisé de préférences (SPG) est un programme de préférences commerciales pour les biens provenant des pays en développement, mis en place par plusieurs pays développés, en dérogation au système de la nation la plus favorisée, dans le cadre de l'OMC. Sans négociation ni réciprocité, il ne s'applique pas sur les droits de douanes des pays pauvres, mais seulement sur leur exportation. C'est un système d'aide pour les pays en développement pour les soutenir dans leurs échanges commerciaux.

[354] Le Système Généralisé des Préférences (SGP) américain accorde une entrée en franchise de droits de douane à près de quatre mille six cinquante (4650) produits provenant de cent quarante quatre (144) pays et territoires. Tous les pays de la CEDEAO bénéficient de cet accord américain (USTR, 2008). Les préférences accordées dans ce cadre étaient non seulement limitées à certains produits mais également le suivi desdites transactions ne constituait pas une priorité comme c'est le cas dans l'AGOA.

démocratique du Congo (après formation du gouvernement de transition), en raison de progrès notables enregistrés via des réformes économiques et de renforcement de la démocratisation.

Dans la même dynamique, l'administration américaine avait rétabli le Niger[355], la Guinée et la Côte d'Ivoire en octobre 2011 pour saluer les avancées démocratiques et la restauration de l'ordre institutionnel. Trente six (36) pays[356] avaient, également, été reconduits en 2012, comme éligibles aux préférences tarifaires définies par l'AGOA parmi lesquels onze (11) Etats membres : Bénin, Cap-Vert, Côte d'Ivoire, Ghana, Guinée, Guinée-Bissau, Mali, Niger, Nigeria, Sénégal, Sierra Leone.

En outre, les Etats unis d'Amérique cherchent, avec le programme initiative trade Africa[357] à nouer un partenariat afin de renforcer les capacités commerciales et d'accroitre les avantages de l'AGOA. Cette initiative était, dans un premier temps, axée sur la communauté de l'Afrique de l'Est avant d'être élargie à trois (03) pays de l'Afrique de l'ouest, à savoir la Côte d'Ivoire, le Ghana et le Sénégal.

Par ailleurs, en se fondant sur les trois piliers responsabilité, transparence et résultats qui fondent la coopération américaine, le Ghana, le Liberia et le Nigeria devraient aussi bénéficier du programme Power Africa[358] qui vise à redynamiser l'énergie.

2. L'exclusion des Etats membres de la coopération américaine

Les Etats unis d'Amérique ont décidé, non seulement, de limiter dans le temps l'AGOA avec une possibilité de rallonge tous les cinq (05) ans, mais aussi, prévoient une procédure d'exclusion en cas de non respect des droits de l'Homme par les Etats bénéficiaires. Les Etats Unis peuvent décider, unilatéralement, de modifier l'AGOA (en décidant par exemple d'étendre ou de diminuer à sa guise la liste des produits africains éligibles, d'assouplir ou de

---

355 Motifs du satisfecit américain : le Président Mamadou Tandja, réélu démocratiquement pour cinq (05) ans en décembre 2004 est, en effet, le premier chef d'Etat nigérien à avoir terminé son mandat sans avoir été renversé par un coup d'Etat ou assassiné.

356 Au 31 décembre 2012, les autres pays reconduits étant constitués de : Botswana, Cameroun, République centrafricaine, Tchad, Congo, Djibouti, Erythrée, Ethiopie, Gabon, Kenya, Lesotho, Madagascar, Malawi, Mauritanie, Maurice, Mozambique, Namibie, Rwanda, Sao Tome et Principe, Seychelles, Afrique du Sud, Swaziland, Tanzanie, Ouganda et Zambie.

357 Cette initiative est dotée d'un budget d'un milliard de dollars accordé par l'Etat fédéral américain qui reste maitre de ses choix d'affectation de l'aide financière.

358 Le Programme Power Africa s'étale sur cinq (05) ans et représente un investissement de sept (07) milliards de dollars destinés à faciliter l'accès à l'électricité propre et fiable des pays d'Afrique subsaharienne où deux tiers de la population vivent sans électricité.

durcir la réglementation douanière etc.) ou d'annuler simplement cette loi sans avoir à en discuter avec les bénéficiaires[359].

En décembre 2009, les Etats unis ont confirmé l'exclusion, de la liste des pays éligibles à l'AGOA, au titre de l'année 2010 de la Guinée et du Niger pour non–respect des critères d'éligibilité[360].

Le Burkina Faso, le Liberia et le Togo ne bénéficient pas de l'AGOA pour des raisons d'instabilités politiques récurrentes.

Le Niger, la Côte d'Ivoire[361], la Guinée BISSAU, le Libéria et la Gambie ont été exclus de l'AGOA pour des questions de violation des droits humains et de crises institutionnelles prolongées.

Depuis le 1er janvier 2015, la Gambie[362] ne bénéficie plus des avantages commerciaux au titre de la loi sur la croissance et les opportunités en Afrique (AGOA).

Bien qu'aucune raison spécifique n'ait été identifiée dans la déclaration officielle concernant l'élimination de la Gambie de l'AGOA, diverses sources attribuent son exclusion à des violations des droits humains et à l'instabilité politique[363].

Le Mali, quant à lui, fut, à un moment d'instabilité politique, retiré de la liste des Etats de l'Afrique de l'Ouest bénéficiaire du Millenium Account Challenge (MCA) analogue, dans son principe de fonctionnement, à l'AGOA. En outre, la Côte d'Ivoire n'avait pas été mentionnée dans la liste des pays éligibles au titre de l'année 2010. L'éligibilité de la Côte d'Ivoire fut à un moment, en 2010 notamment, conditionnée à la tenue d'élections présidentielles fiables et démocratiques.

---

[359] Le Bureau du Représentant américain au commerce extérieur avait demandé au Swaziland d'adopter un certain nombre d'amendements ayant trait, entre autres, aux relations industrielles, aux syndicats et au terrorisme. Le Gouvernement du Swaziland n'ayant pas respecté ces exigences à la date butoir de décembre 2014, son éligibilité avait été annulée.

[360] Les critères d'éligibilité sont prévus par les dispositions de la section 506 de la loi américaine sur la croissance et les opportunités en Afrique (AGOA).

[361] Les sanctions avaient été décidées par le Président George W. Bush en février 2006 contre plusieurs dirigeants politiques ivoiriens pour obstruction au processus de paix engagé en 2003. Le pays était, alors, en proie à une profonde division depuis la guerre civile provoquée, en 2002, par une rébellion contre le président de l'époque, Laurent Gbagbo. L'élection présidentielle de 2010 avait également débouché sur un conflit civil dans le pays et des tensions demeurent entre les partisans de l'ancien président Gbagbo et ceux de son successeur, Alassane Ouattara.

[362] La Gambie, le Swaziland et le Sud Soudan ont été exclus en même temps des Etats bénéficiaires de l'AGOA. Pour rappel, le Bureau du Représentant américain au commerce extérieur a eu à demander au Swaziland d'adopter un certain nombre d'amendements ayant trait, entre autres, aux relations industrielles, aux syndicats et au terrorisme.

[363] Selon la déclaration, « les désignations du Sud-Soudan et de la Gambie comme pays subsahariens bénéficiaires aux fins de la section 506A de la loi de 1974 prennent fin à compter du 1er janvier 2015.»

Au demeurant, la Commission d'éligibilité pour l'AGOA a reconnu que des progrès ont été réalisés sur les cinq (05) mesures de préoccupation (benchmarks) identifiées par l'administration américaine en 2005 lors de l'exclusion de la Côte d'Ivoire, fin 2004, à l'exception d'une, qui est la sortie de crise avec des élections présidentielles crédibles[364].

En résumé, les Etats Unis, en présentant la loi sur la croissance et les opportunités en Afrique, ont étendu le nombre de produits bénéficiant de tarifs douaniers préférentiels vers les Etats Unis sous le système SGP. Tout comme l'AGOA, le Millennium Challenge Corporation (MCC) qui existe depuis 2004 occupe une place de choix dans la politique de coopération économique entre les États Unis et l'Afrique. Il serait, peut être, opportun de réfléchir sur les effets de la coopération américaine avec les Etats membres sur le dispositif communautaire de sécurisation des échanges commerciaux.

Les Etats membres gagneraient à harmoniser, sous la bannière de la CEDEAO, leurs relations commerciales avec les USA tout comme ils essaient de le faire dans les négociations en vue de la signature des APE. A défaut, la coopération américaine, même si elle vise à renforcer la sécurisation de l'espace CEDEAO risque de porter préjudice à l'uniformité des stratégies douanières de lutte contre la criminalité transnationale organisée.

B : Les instruments de sécurisation des échanges commerciaux entre les Etats Unis d'Amérique et les Etats membres

Depuis le 11 septembre 2001, force est de reconnaitre que les opérateurs économiques surtout d'Afrique, ne cessent de se plaindre vu les mesures de contrôle renforcée par la politique sécuritaire. Alors que les défis sécuritaires se présentent différemment selon que l'on se situe au niveau des Etats unis ou alors l'on se positionne à partir de l'espace CEDEAO, les mesures, objet d'accord se traduisent, elles, par une collaboration à fort relents sécuritaires.

Il existe de nombreuses initiatives gouvernementales américaines liées à la sécurité des chargements. Les Etats unis ont imposé un cadre de normes aux pays voulant commercer avec eux. Les initiatives de l'administration des douanes et de la protection des frontières des E-U consistent en un partenariat entre le secteur privé et la douane.

---

[364] Ces préoccupations touchaient à l'amélioration de l'environnement des affaires (entre autres la résolution des conflits avec les sociétés américaines, l'instauration d'un dialogue secteur privé et secteur public, le traitement du problème du travail des enfants dans la cacao-culture, les réformes au niveau de la justice et de la police et celles au niveau du secteur du cacao et café, et enfin l'amélioration de l'environnement sociopolitique (sortie de crise et tenue des élections présidentielles). Dixit Guy M'BENGUE, Directeur général de l'APEX-CI (Côte d'Ivoire).

Ces mesures portent, principalement, sur la lutte contre le terrorisme potentiel (C-TAP) **(1)**, l'initiative en matière de sécurité des conteneurs (CSI) afin de filtrer les conteneurs posant un risque terroriste potentiel dans les ports étrangers **(2)**, la règle des 24 heures **(3)** et le programme AFRICOM **(4)**.

1. Le programme C-TPAT

Le programme C-TAP est un partenariat recommandé mais non obligatoire qui permet à l'administration douanière américaine de s'assurer de la sécurité de la chaîne d'approvisionnement. L'objectif est que chaque entreprise qui exporte vers les Etats unis fasse l'objet d'une certification au programme C-TPAT, c'est-à-dire d'un agrément de la chaîne logistique et de la mise en place, le cas échéant, d'un plan d'amélioration de la sécurité.

Une fois l'entreprise accréditée, l'entreprise va bénéficier en contrepartie de simplifications et aura la responsabilité de sa chaîne logistique. Pour être accréditée, l'entreprise doit présenter une analyse détaillée de sa chaîne logistique et doit partager des informations sur ses fournisseurs, transporteurs et autres intervenants. Elle fait ensuite l'objet d'un audit par un spécialiste en sécurité de la chaîne d'approvisionnement. Il existe trois niveaux d'accréditation.

L'entreprise se voit attribuer le niveau 1 lorsqu'elle répond aux critères. Elle se voit attribuer le niveau 2 si elle dépasse les critères exigés et le niveau 3 si ces pratiques sont meilleures que celles du référentiel. Une discussion serait en cours afin d'effectuer une reconnaissance mutuelle entre l'agrément au C-TPAT américain et l'agrément à l'Opérateur économique agrée (OEA) de l'Organisation mondiale des Douanes.

2. L'initiative CSI

L'initiative en matière de sécurité des conteneurs CSI (Container Security Initiative) concerne les ports maritimes. Dans ces lieux, le risque est très élevé à cause des ruptures de charge dues aux chargements et déchargements qui y sont réalisés. L'initiative CSI vise à assurer la sécurité du commerce maritime dans un lieu sensible de la chaîne logistique. Elle vise à empêcher et dissuader toute utilisation des conteneurs maritimes dans un but terroriste, tout en encourageant les échanges commerciaux légitimes en accélérant le transport des marchandises à faible risque.

Avec ce système, les données commerciales et les informations sur les marchandises sont obtenues par les douanes à l'avance qui disposent, à cet égard de technologies de pointe les plus avancées.

L'objectif du CSI est le 100% scanning, c'est-à-dire le contrôle radiographique de 100% des conteneurs. Seulement, cet objectif nécessite d'importants moyens dont ne disposent pas toujours les pays membres de la CEDEAO.

3. La règle des 24 heures

La règle des 24 heures (24 hour advance manifest rule) oblige les armateurs à soumettre aux douanes américaines les données du manifeste 24 heures avant le chargement du fret à destination des Etats-Unis. Cette règle n'est pas dédiée aux transports aériens puisqu'en aérien, la transmission s'effectue lors du décollage. Cette transmission doit permettre à la police chargée de la protection des frontières (Customer Border Protection, CBP) de réaliser une analyse de risque dans le domaine de la sécurité, afin d'empêcher les terroristes de faire entrer des armes sur le territoire américain.

Les importateurs doivent transmettre des informations supplémentaires (Importer security Filing) pour certaines marchandises sensibles. Ces dispositifs américains placent les institutions internationales devant un choix. Adhérer aux normes de sécurité et s'ouvrir le marché américain ou bien risquer de ne plus pouvoir commercer avec les Etats-Unis en désapprouvant leurs règles.

4. Le Programme AFRICOM

Dans le cadre du programme AFRICOM[365] de lutte contre les stupéfiants et le terrorisme, un système automatisé d'identification et de prise d'empreintes digitales dénommé AFIS (Automated Fingerprint Identification System) est mis à la disposition des Etats membres[366].

La douane est directement connectée au système via un commutateur. Les serveurs de stockage et de retransmission AFIS sont installés à la Police et à la Gendarmerie nationale.

L'installation négociée d'une base militaire américaine permanente d'AFRICOM sur le territoire d'un des pays membres pourrait, sous certaines conditions, permettre à la CEDEAO, de renforcer sa sécurité et d'élargir le système AFIS dans les autres Etats membres.

---

[365] L'AFRICOM Créé en 2007, actuellement basé à Stuttgart, en Allemagne.

[366] Au Sénégal, l'installation du système s'est déroulée du 16 au 17 juin 2011 et concerne la Police (Cité de la police) la douane (Ecole des Douanes) et la gendarmerie (section recherche sise à la caserne Samba Dierry DIALLO) ; le système AFIS permettra aux différents services de sécurité de procéder automatiquement à des prises d'empreintes digitales et d'échanger les informations grâce au caractère interconnecté du système.

Conclusion du Chapitre II

Les mécanismes d'ouverture des marchés de la zone CEDEAO aux produits étrangers risquent d'être dévoyés et se heurter à l'ingéniosité des fraudeurs qui, soit essaieront d'utiliser les privilèges y rattachés, soit parviennent à se démarquer de l'esprit du TEC, du SLEC et du TRIE.

Il faudrait, in fine, que les Etats membres de la CEDEAO se dotent de structures communautaires de suivi de ces instruments commerciaux spécialisées dans l'enregistrement et l'exploitation des données statistiques en la matière. Il est, à cet effet, recommandé que des comités de facilitation du transport et du commerce national soient mis en place pour sécuriser le transit des marchandises.

Les politiques publiques doivent encourager l'émergence d'opérateurs modernes, et éliminer tous les équipements obsolètes et les opérateurs informels, avec lesquels des dispositions de transit efficaces sont quasiment impossibles.

L'aménagement d'un dispositif douanier de lutte contre la criminalité transnationale organisée doit, par ailleurs, s'accommoder des textes relatifs aux Accords conclus par la CEDEAO puisque ces derniers ne font pas entrave à l'adoption, par les Etats membres, de mesures nationales aptes à garantir la sécurisation des flux commerciaux.

L'engagement des deux Commissions UEMOA et CEDEAO à accompagner le processus de négociation en vue de la signature des APE et les relations entretenues par les Etats unis d'Amérique avec les Etats membres de la CEDEAO devant être compatibles avec les exigences de sécurisation de la chaîne logistique internationale.

Conclusion du TITRE II

Les règles de l'Organisation mondiale du Commerce (OMC) ont offert de belles opportunités d'affaires au secteur privé. Mais le risque de dérapage dans l'emploi des moyens d'amélioration de la compétitivité est bien réel et les fraudeurs, notamment, ne se gêneront pas pour exploiter ces failles.

De par leur esprit, les règles de l'OMC en faveur du démantèlement tarifaire, s'adressent plus aux entreprises occidentales qui ont dépassé les problèmes économiques existentiels. Parce que les Etats membres de la CEDEAO sont très loin du niveau d'industrialisation des pays occidentaux, l'essentiel des échanges est de nature extracommunautaire.

Les opérateurs économiques risquent, donc, d'utiliser les opportunités d'affaires, soit de manière maladroite, soit de manière malencontreuse voire frauduleuse. Les entreprises faibles des Etats membres peuvent, donc, perdre le contrôle et être englouties par des structures écran qui, à leur tour, peuvent exceller dans les échanges frauduleux.

L'insuffisance des moyens en personnels et en logistiques ont poussé les autorités, notamment des Etats membres à privilégier, de plus en plus, le partenariat public-privé. Par l'externalisation de certaines missions douanières, le contrôle de la valeur, de l'espèce et de la quantité est confié à des sociétés d'inspection tandis que l'octroi de privilèges à des entreprises agréées pour booster l'économie relève de la compétence d'agences spécialisées. Ce sont là des missions de nature douanière que des structures privées exercent et, donc, l'approche sera nécessairement différente.

Aux fins de sécurisation de la circulation des marchandises, une gestion efficace du risque constitue un élément essentiel dans l'exécution des opérations douanières de contrôle, car, elle fournit les moyens de parvenir à un équilibre entre la facilitation des échanges et le contrôle réglementaire.

Mais, le système de gestion du risque, pour lutter, notamment, contre la criminalité transnationale organisée ne sera pas, nécessairement, au cœur du dispositif de surveillance des procédures douanières externalisées.

Fort heureusement, il est toujours possible, pour les administrations des douanes de reprendre la main au cordon douanier, en procédant à un contrôle physique qui ne peut être écarté à priori.

Conclusion de la première partie

L'adaptation du droit douanier à la Convention contre la criminalité transnationale organisée renvoie au processus de modification du dispositif douanier compte tenu des nouvelles missions de la lutte contre les trafics transfrontaliers de nature criminelle. Le changement survenu dans le droit douanier est donc voulu, orienté, non aléatoire et n'affecte pas fondamentalement l'identité de ce droit qui demeure fonctionnel malgré la référence à de nouveaux concepts et méthodes.

En fait, le droit douanier contemporain, loin de devoir souffrir de la criminalité transnationale organisée qui est en train de bouleverser les données de la vie économique internationale, s'enrichit, en réalité, de nouveaux objectifs à haute portée sécuritaire. Si les tensions conflictuelles et les crises institutionnelles participent de la compromission des missions douanières, il n'en demeure pas moins que l'action de lutte contre la fraude douanière, en général, et de la criminalité transnationale organisée, en particulier, est prise en charge à l'échelle communautaire à travers la Convention d'assistance mutuelle administrative[367]. Car, aussi bien dans le domaine de la surveillance des frontières qu'en matière d'opérations commerciales, il est nécessaire de maîtriser les domaines d'interventions des organisations criminelles en luttant contre les trafics illicites, le blanchiment d'argent et le financement du terrorisme.

La lutte contre la criminalité transnationale organisée dans l'espace CEDEAO va se heurter, malheureusement, aux différences culturelles, linguistiques et économiques entre les Etats membres. En effet, « dans la marche vers son unité, l'Afrique de l'Ouest a traîné le boulet de son passé colonial. Les Etats ouest-africains ont certes travaillé à leur unité plus tôt et plus efficacement que d'autres, qu'elle fut souvent prise en main par l'ancienne puissance coloniale[368]». Il s'agit, d'apprécier le poids d'une telle hypothèque, dans la mise en œuvre de la Convention de Palerme dans l'espace CEDEAO.

---

[367] La Convention d'assistance mutuelle administrative en matière de douane A/P5/5/82 a été signée par les Etats membres de la CEDEAO à Cotonou, le 29 mai 1982.

[368] Alioune SALL, (2010), *Les mutations de l'intégration des Etats en Afrique de l'Ouest : une approche institutionnelle*, L'Harmattan, Dakar, pages 15 à 16.

DEUXIEME PARTIE : LES MUTATIONS DU DROIT DOUANIER A L'AUNE DE LA CRIMINALITE TRANSNATIONALE ORGANISEE

La criminalité transnationale organisée est en constante évolution ; c'est un phénomène nuisible qui s'adapte aux marchés et génère de nouvelles formes de délinquance. Il s'agit d'un commerce illicite qui transcende les frontières culturelles, sociales, linguistiques et géographiques et qui ne connaît ni limites, ni règles. Les services des douanes sont, donc, invités à réviser leurs dispositifs de lutte contre la fraude de plus en plus empreinte de criminalité.

En effet, « dans les périodes de calme, la douane a contribué au triomphe des théories libérales donc à la facilitation de la chaîne logistique, alors qu'en temps de crise, elle a imposé des mesures protectionnistes[369] ».

Aujourd'hui, la criminalité transnationale organisée ne laisse plus le choix au droit douanier.

Alors que ses missions traditionnelles se modernisent, sa mission sécuritaire tend à se judiciariser. Les administrations des douanes des pays membres de la CEDEAO, pour intégrer la lutte contre la criminalité transnationale organisée, devront adapter leurs missions de surveillance et de prise en charge des flux commerciaux.

L'adaptation contrainte du droit douanier à la criminalité transnationale organisée est perceptible à travers les mutations notées, aussi bien dans l'exercice des missions douanières **(Titre I)** que dans le cadre du contentieux douanier **(Titre II)**.

---

[369] Claude BERR, (2008), *Le droit douanier,* tome III, Economica, Paris.

TITRE I : LA REFORME DES MISSIONS DOUANIERES

L'article 2 de la Convention des Nations Unies contre la criminalité transnationale organisée énonce, au premier paragraphe, que « l'expression groupe criminel organisé désigne un groupe structuré de trois personnes ou plus existant depuis un certain temps et agissant de concert dans le but de commettre une ou plusieurs infractions graves ou infractions établies conformément à la présente Convention, pour en tirer, directement ou indirectement, un avantage financier ou un autre avantage matériel ». Cette définition de la criminalité transnationale organisée est cependant très réductrice quant il faut réprimer, par exemple, les activités des cybercriminels.

En réalité, le scénario socio-économique dans lequel, sont perpétuées, les pratiques criminelles, est en train de changer au vu d'un monde de plus en plus interconnecté. Compte tenu des nouvelles méthodes de fraude, de plus en plus sophistiquées, la répression du terrorisme et la lutte contre la criminalité transnationale organisée va impliquer, de la part des administrations des douanes, un suivi régulier de tous les courants de fraude portant aussi bien sur des marchandises frauduleuses que sur des services illicites.

La mission sécuritaire va conduire à des réaménagements au niveau du dispositif de surveillance mis en place par les douanes. En définitive, cette mutation des missions douanières induite par la lutte contre la criminalité transnationale organisée va se manifester, d'une part à travers la modernisation de la surveillance douanière **(Chapitre I)** et d'autre part dans le processus de dématérialisation des procédures douanières **(Chapitre II)**.

Chapitre I : La modernisation de la surveillance douanière

Au cours de la dernière décennie, plusieurs pays ont consacré d'importantes ressources à la réforme et à la modernisation de leurs administrations douanières, souvent avec l'appui financier et technique d'institutions financières internationales et de bailleurs de fonds bilatéraux[370].

En réponse à l'augmentation du volume des échanges et des nouvelles exigences en matière de sécurité, de nombreuses administrations douanières procèdent à la révision de leurs opérations pour se conformer aux normes internationales et à la Convention contre la criminalité transnationale organisée.

Mais, en face, les criminels apprennent aussi à exploiter les nouvelles technologies pour dérouler de nouvelles stratégies de fraude et perturbent, de ce fait les actions des services de sécurité placés aux frontières.

C'est dans ce contexte de modernisation douanière marqué par l'ingéniosité des pratiques frauduleuses que va apparaitre la nécessité de spécialiser les services des douanes d'une part en matière de surveillance des activités de corruption et de blanchiment d'argent et d'autre part, dans le domaine de la lutte contre le financement du terrorisme **(Section I)**.

Il faut, à cet effet, que les douanes assurent leur présence dans le monde électronique et virtuel à travers, entre autres, la création de services cyber-douanes spécialisés dans la lutte contre la cybercriminalité. La réforme douanière ainsi envisagée est, aujourd'hui, devenue une exigence communautaire et implique le recours à une série de techniques nouvelles s'agissant du contrôle, au cordon douanier, des marchandises des passagers et des services **(Section II)**.

Section I : L'adjonction de la lutte contre la criminalité financière dans la surveillance douanière

Tout comme dans l'Union européenne (UE), les restrictions aux mouvements de capitaux dans l'espace CEDEAO, entre les Etats membres et entre les Etats membres et les pays tiers sont, en principe, interdites[371]. Cependant les Etats membres sont habilités à prendre toutes les mesures justifiées par des motifs liés à la sécurité publique[372] et indispensables pour

[370] La Banque mondiale, l'Organisation mondiale des douanes, le Fonds monétaire international, la Conférence des Nations Unies sur le commerce et le développement et les banques de développement régionales ont fourni cet appui.

[371] Article 56 du Traité de Rome du 25 mars 1957.

[372] Article 58 du Traité de Rome : l'interdiction des restrictions aux mouvements de capitaux entre les Etats membres et entre les Etats membres et les pays tiers ne porte pas atteinte au

faire échec aux infractions à leurs lois et règlements, afin d'éviter la sortie clandestine des capitaux.

Il apparaît donc nécessaire, pour les douanes, notamment, de maintenir une certaine rationalisation dans la surveillance des mouvements de capitaux, dont le renforcement pourra participer, de manière efficiente, à la lutte contre le blanchiment d'argent **(Paragraphe I)** et le financement du terrorisme (LBCFT) **(Paragraphe II)**.

Paragraphe I : La lutte contre le blanchiment d'argent et la corruption

Pour être mieux en phase avec les impératifs sécuritaires engendrés par l'utilisation abusive de l'espace CEDEAO, comme zone de transit de la criminalité transnationale, les douanes des Etats membres, ont opéré des réformes structurelles importantes.

Il s'agit, in fine, de se doter de structures sui generis capables de participer efficacement à des enquêtes internationales sur les grands trafics frauduleux, notamment, ceux liés au blanchiment d'argent **(A)** et à la corruption **(B)**.

A : Le cadre juridique de la lutte contre le blanchiment d'argent

Dans l'espace CEDEAO, les actions engagées pour lutter contre le blanchiment se sont traduites par la création, le 03 novembre 2000, du Groupe intergouvernemental d'Action contre le Blanchiment de l'Argent (GIABA) en Afrique de l'Ouest, chargé de promouvoir les législations anti-blanchiment et de faciliter la coordination des activités des Etats membres de la CEDEAO dans ce domaine[373].

---

droit qu'ont les Etats membres : 1-d'appliquer les dispositions pertinentes de leur législation fiscale qui établissent une distinction entre les contribuables qui ne se trouvent pas dans la même situation en ce qui concerne leur résidence ou le lieu où leurs capitaux sont investis ; 2- de prendre toutes les mesures indispensables pour faire échec aux infractions à leurs lois et règlements, notamment en matière fiscale ou en matière de contrôle prudentiel des établissements financiers, de prévoir des procédures de déclaration des mouvements de capitaux à des fins d'information administrative ou statistique ou de prendre des mesures justifiées par des motifs liés à l'ordre public ou à la sécurité publique.

[373] Les ministres des finances et les gouverneurs des banques centrales des pays membres de la zone Franc ont, au cours de leur réunion tenue en avril 2001 à Abidjan, affirmé solennellement leur volonté de se doter d'une législation contre le blanchiment de capitaux. Conformément aux recommandations des instances internationales et régionales, le Conseil des Ministres de l'Union Economique et Monétaire ouest africaine (UEMOA) a adopté une Directive relative à la lutte contre le blanchiment de capitaux, le 19 septembre 2002. Ce texte communautaire fait obligation, aux Etats membres de l'UEMOA, d'édicter au plan national, dans un délai de six (06) mois, les textes législatifs et réglementaires relatifs à la lutte contre le blanchiment des capitaux. A cet effet, la Banque centrale des Etats de l'Afrique de l'Ouest

Les efforts déployés par la CEDEAO pour prévenir et réprimer les activités liées au blanchiment ont abouti à une toile complexe d'instruments internationaux[374] sur lesquels les Etats s'appuient pour parvenir à détecter des échanges commerciaux en rapport avec le blanchiment de capitaux **(1)**.

Il faut noter qu'un réseau de correspondants nationaux dont les fonctions sont clairement énoncées dans les statuts du Groupe Intergouvernemental d'Action contre le Blanchiment d'Argent en Afrique de l'Ouest soutient les activités dans chaque Etat membre[375].

Les administrations des douanes ont assumé les fonctions de correspondant national auprès du GIABA dans plusieurs pays membres de la CEDEAO avant de transmettre le relais aux Cellules nationales de Traitement des Informations financières (CENTIF)[376]. Les douanes sont invitées à lever des déclarations de soupçon à chaque fois que des faits qualifiés de blanchiment ont été relevés par ses services **(2)**.

1. La détection des mouvements de capitaux issus du blanchiment

Le volet financier de la criminalité transnationale organisée renvoie aux manœuvres frauduleuses utilisées par des criminels pour justifier l'origine de leurs fonds et argents, obtenus grâce aux trafics illicites de drogues, d'armes, de produits contrefaits…Il s'agit du blanchiment des capitaux qui porte atteinte, non seulement, à la sécurité mondiale mais aussi compromet la stabilité, la transparence et l'efficacité des systèmes financiers.

(BECEAO) a proposé au Conseil des Ministres de l'Union Monétaire ouest africaine (UMOA), qui l'a adopté, un projet de loi uniforme relatif à la lutte contre le blanchiment des capitaux. L'harmonisation de la législation des Etats membres de l'Union Economique et Monétaire Ouest Africaine avec celles des autres Etats membres de la Communauté Economique des Etats de l'Afrique de l'Ouest a conduit l'UEMOA a adopté la Directive n°02/2015/CM/UEMOA relative à la lutte contre le blanchiment de capitaux et le financement du terrorisme dans les Etats membres de l'Union économique et monétaire ouest africaine (UEMOA).

[374] Il s'agit, pour l'essentiel de la Convention des nations unies contre le trafic illicite de stupéfiants et de substances psychotropes, adoptée à vienne le 19 décembre 1988, de la Convention du Conseil de l'Europe du 08 novembre 1990 relative au blanchiment, au dépistage, à la saisie et à la confiscation des produits du crime, de la Directive de Bâle de 1988 formulées par le Comité des règles et pratiques de contrôle des opérations bancaires de la Banque des règlements internationaux (BRI) et des quarante (40) recommandations du Groupe d'Action financière (GAFI) sur le blanchiment de capitaux.

[375] Le siège du GIABA est situé à Dakar au Sénégal. En Côte d'Ivoire, le Comité National de Suivi des Activités du GIABA a été créé par arrêté N° 009/MDPMEF/DGTCP/DIF du 13 février 2006.

[376] C'est ainsi qu'au Sénégal, par exemple, la Cellule nationale de Traitement des Informations financières (CENTIF) devenu membre du groupe Egmont, a été créée par décret n° 2004-1150 du 18 août 2004.

Pendant longtemps, le blanchiment était défini en considération du trafic de stupéfiants[377]; d'ailleurs, il trouve sa source première dans ce trafic. L'élargissement du blanchiment aux fonds issus d'autres infractions va inciter les Etats réunis autour du Groupe d'action financière (GAFI) à s'accorder, en avril 1990 sur quarante (40) recommandations dont le respect témoigne de leur volonté politique à lutter contre ce fléau.

Le blanchiment comporte trois étapes fondamentales :

- le placement qui implique l'injection initiale de fonds dans le système financier (utilisation de chèques, titres, traites, chèques de voyage et mandats) ;

- l'empilement qui consiste à convertir ou à transférer les fonds à d'autres endroits et institutions financières pour les éloigner de leur origine frauduleuse ; exemple des mouvements transfrontaliers d'espèces ou d'autres moyens de paiement ;

- l'intégration qui consiste à réintégrer les fonds dans l'économie légitime.

Le blanchiment de capitaux est défini comme l'infraction constituée par un ou plusieurs des agissements énumérés ci-après, commis, intentionnellement, à savoir :

- la conversion, le transfert ou la manipulation de biens dont l'auteur sait qu'ils proviennent d'un crime ou d'un délit ou d'une participation à ce crime ou délit dans le but de dissimuler ou de déguiser l'origine illicite desdits biens ou d'aider toute personne impliquée dans la commission de ce crime ou délit à échapper aux conséquences judiciaires de ses actes ;

- la dissimulation, le déguisement de la nature, de l'origine, de l'emplacement, de la disposition, du mouvement ou de la propriété réelle de biens ou de droits y relatifs dont l'auteur sait qu'ils proviennent d'un crime ou d'un délit ou d'une participation à ce crime ou à ce délit ;

- l'acquisition, la détention ou l'utilisation de biens dont l'auteur sait, au moment de la réception desdits biens, qu'ils proviennent d'un crime ou d'un délit ou d'une participation à ce crime ou délit[378].

Il y a blanchiment de capitaux, même si les faits qui sont à l'origine de l'acquisition, de la détention et du transfert des biens à blanchir, sont commis sur le territoire d'un autre Etat membre ou sur celui d'un Etat tiers.

L'article 3 de loi uniforme n° 2004-09 du 6 février 2004 relative à la lutte contre le blanchiment de capitaux réprime, également, les ententes,

[377] Convention des Nations Unies contre le trafic illicite de stupéfiants et substances psychotropes de 1988.

[378] La loi uniforme n° 2004-09 du 6 février 2004 relative à la lutte contre le blanchiment de capitaux. www.centif.sn/Loi_2004_09_fevrier_2004.pdf consulté le 10 février 2015.

associations, tentatives de complicité en vue du blanchiment de capitaux. Constituent également une infraction de blanchiment de capitaux, l'entente ou la participation à une association en vue de la commission d'un fait constitutif de blanchiment de capitaux, l'association pour commettre ledit fait, les tentatives de le perpétrer, l'aide, l'incitation ou le conseil à une personne physique ou morale, en vue de l'exécuter ou d'en faciliter l'exécution.

Sauf si l'infraction d'origine a fait l'objet d'une loi d'amnistie, il y a blanchiment de capitaux même :

- si l'auteur des crimes ou délits n'a été ni poursuivi ni condamné ;

- s'il manque une condition pour agir en justice desdits crimes ou délits. Ainsi donc la prescription de l'infraction d'origine n'a aucun impact sur la poursuite de l'action publique contre les auteurs de l'infraction de blanchiment de capitaux.

2. L'action douanière de lutte contre le blanchiment de capitaux

Les douanes peuvent se référer à l'article 6 de la Convention de Palerme qui incrimine le blanchiment du produit du crime étant donné que chaque État partie est invité à adopter, conformément aux principes fondamentaux de son droit interne, les mesures législatives et autres nécessaires pour conférer le caractère d'infraction pénale ou douanière, lorsque l'acte de blanchiment a été commis intentionnellement.

Dans le cadre de la lutte contre le blanchiment, les administrations des douanes des pays membres sont, généralement, autorisées, sous réserve de réciprocité, à communiquer les informations qu'elles détiennent en matière de commerce extérieur et de relations financières avec l'étranger aux services relevant des autres départements ministériels et de la Banque Centrale des Etats de l'Afrique de l'Ouest.

Les informations communiquées doivent être nécessaires à l'accomplissement de ces missions. Il s'agit, pour l'essentiel, de promouvoir des règles de bonne gouvernance à travers l'attachement, des administrations des douanes aux indicateurs tels que :

- les obligations de vigilance ;

- la promotion de l'assistance mutuelle administrative ;

- l'adoption de textes interdisant la tenue de comptes anonymes ou sous des noms fictifs… ;

- la ratification et la transposition des Conventions internationales pertinentes et de lois uniformes répressives ;

- l'existence de cellules de renseignements financiers chargées de notifier les transactions suspectes[379].

C'est l'article 7 de la Convention de Palerme qui traite des mesures de lutte contre le blanchiment d'argent. Il précise, en effet, que chaque État partie :

- institue un régime interne complet de réglementation et de contrôle des banques et institutions financières non bancaires, ainsi que, le cas échéant, des autres entités particulièrement exposées au blanchiment d'argent, dans les limites de sa compétence, afin de prévenir et de détecter toutes formes de blanchiment d'argent, lequel régime met l'accent sur les exigences en matière d'identification des clients, d'enregistrement des opérations et de déclaration des opérations suspectes ;

- s'assure, sans préjudice des articles 18 et 27, que les autorités administratives, de réglementation, de détection et de répression et autres, chargées de la lutte contre le blanchiment d'argent sont en mesure de coopérer et d'échanger des informations aux niveaux national et international, dans les conditions définies par son droit interne et, à cette fin, envisage la création d'un service de renseignement financier qui fera office de centre national de collecte, d'analyse et de diffusion d'informations concernant d'éventuelles opérations de blanchiment d'argent.

Les États parties envisagent, par ailleurs, de mettre en œuvre des mesures réalisables de détection et de surveillance du mouvement transfrontalier d'espèces et de titres négociables appropriés, sous réserve de garanties permettant d'assurer une utilisation correcte des informations et sans entraver d'aucune façon la circulation des capitaux licites. Il peut être, notamment, fait obligation aux particuliers et aux entreprises de signaler les transferts transfrontaliers de quantités importantes d'espèces et de titres négociables appropriés.

---

[379] Au Sénégal, la Cellule nationale de traitement des informations financières (CENTIF) est composée comme suit (Art.18.- Composition de la CENTIF) d'un haut fonctionnaire issu soit de la Direction Générale des Douanes, soit de la Direction Générale de la Comptabilité Publique et du Trésor, soit de la Direction Générale des Impôts et Domaines ayant rang de directeur d'administration centrale, détaché par le Ministère chargé des Finances qui assure la présidence de la CENTIF, d'un magistrat, détaché par le Ministère chargé de la Justice, d'un haut fonctionnaire de la Police Judiciaire, détaché par le Ministère chargé de la sécurité, d'un représentant de la Direction de la Monnaie et du Crédit, détaché par le Ministère chargé des finances, d'un représentant de la Direction Générale des Douanes, détaché par le Ministère chargé des Finances, d'un représentant de la Direction Générale de la Comptabilité Publique et du Trésor, détaché par le Ministère chargé des Finances, d'un représentant de la Direction Générale des Impôts et Domaines, détaché par le Ministère chargé des Finances, d'un chargé d'enquêtes, officier de police judiciaire, détaché par le Ministre chargé de la sécurité ; d'un représentant de la BCEAO qui assure le secrétariat de la CENTIF, détaché par la BCEAO.

Quoi qu'il en soit, lorsqu'ils instituent un régime interne de réglementation et de contrôle aux termes de l'article 07, et sans préjudice de tout autre article de la Convention de Palerme, les États Parties sont invités à prendre pour lignes directrices les initiatives pertinentes prises par les organisations régionales, interrégionales et multilatérales pour lutter contre le blanchiment d'argent.

Les États parties s'efforcent, également, de développer et de promouvoir la coopération mondiale, régionale, sous-régionale et bilatérale entre les autorités judiciaires, les services de détection et de répression et les autorités de réglementation financière en vue de lutter contre le blanchiment d'argent.

B : La détection des mouvements de capitaux issus de la corruption

L'Organisation de Coopération et de Développement Economique (OCDE) définit la corruption transnationale comme « le fait d'offrir (...) un avantage indu pécuniaire ou autre (...) à un agent public étranger, à son profit ou au profit d'un tiers, pour que cet agent agisse ou s'abstienne d'agir dans l'exécution de fonctions officielles, en vue d'obtenir ou conserver un marché (...) dans le commerce international ».

La banque mondiale et l'OMD définissent, quant à elles, la corruption comme « l'abus d'un pouvoir public à des fins privées ». Il existe une relation étroite entre la corruption en douanes et la criminalité transnationale organisée puisque la dernière se nourrit de la première pour étendre ses méandres au-delà des frontières **(1)**.

Sous ce rapport et conformément à la Convention de Palerme qui fait obligation aux Etats membres, d'adopter les mesures législatives et autres nécessaires pour conférer le caractère d'infraction pénale, aux actes de corruption commis intentionnellement, l'Organisation mondiale des douanes a édicté des instruments de lutte contre la corruption en douanes[380] **(2)**.

1. Les liens entre la corruption en douanes et la criminalité transnationale organisée

L'article 8 de la Convention de Palerme qualifie de corruption les actes suivants lorsqu'ils sont commis intentionnellement :

- le fait d'offrir ou d'accorder à un agent public, directement ou indirectement, un avantage indu, pour lui-même ou pour une autre personne

[380] Déclaration d'Arusha révisée concernant la bonne gouvernance et l'éthique en matière douanière faite à Arusha (Tanzanie) le 07 juillet 1993.

ou entité, afin qu'il accomplisse ou s'abstienne d'accomplir un acte dans l'exercice de ses fonctions officielles ;

- le fait pour un agent public de solliciter ou d'accepter, directement ou indirectement, un avantage indu pour lui-même ou pour une autre personne ou entité, afin d'accomplir ou de s'abstenir d'accomplir un acte dans l'exercice de ses fonctions officielles.

Chaque État partie à la Convention de Palerme adopte les mesures nécessaires pour conférer le caractère d'infraction pénale au fait de se rendre complice d'une infraction établie conformément à la Convention sur la criminalité transnationale organisée.

En outre, chaque État membre doit envisager de conférer le caractère d'infraction pénale à d'autres formes de corruption telles que prévues par la Convention de Merida[381] et par le Protocole de la CEDEAO portant sur la lutte contre la corruption[382].

La lutte contre la corruption interpelle les administrations des douanes, principalement, pour trois (03) raisons :

- la raison fiscale puisque la corruption engendre une perte considérable de recettes, et hypothèque les efforts de développement, notamment dans les pays sous-développés où les recettes douanières représentent une part importante dans le budget de l'Etat ;

- la raison sécuritaire de la corruption car, de par la corruption, des individus, organisés en réseau peuvent contourner les dispositions mises en place pour interdire ou limiter l'accès dans le territoire douanier, des produits réputés dangereux pour l'environnement, la santé ou la sécurité publique ;

- la raison économique étant donné que la corruption instaure une concurrence déloyale au détriment des « entreprises honnêtes » qui refusent de prêter le flanc à la pratique des pots-de-vin.

La corruption en douane est souvent organisée en réseaux, les membres du réseau partageant l'obligation de distribuer les profits provenant de pratiques illégales avec des collègues et des supérieurs. La corruption et le manque d'éthique peuvent saper la légitimité de l'administration des douanes et limiter, ainsi, considérablement sa capacité à lutter contre la fraude et la criminalité transnationale organisée. La corruption en douanes[383] peut être

---

381 La Convention des Nations unies contre la corruption (ou Convention de Merida) est entrée en vigueur le 19 janvier 2013. Elle fournit un cadre légal général pour lutter contre la corruption à travers des mesures de prévention, d'application du droit et de recouvrement d'avoirs.

382 Protocole de la CEDEAO A/P3/12/01 portant sur la lutte contre la corruption.

383 Un cadre analytique utile pour comprendre la corruption est proposé par Klitgaard (1988). Selon lui, la corruption sera d'autant plus grande si les fonctionnaires monopolisent le pouvoir, s'ils ont un grand pouvoir de décision sur l'attribution de biens ou services, et si les moyens de contrôle sont faibles. Les conclusions de Klitgaard sont très proches de celles

divisée en deux catégories, la petite et la grande et pose de sérieuses menaces pour les économies des États.

a. La petite corruption en douanes

La petite corruption, banalisée et systématique, qui se traduit par des versements de sommes d'argent ou de dons en nature lors des passages aux frontières ou lors des opérations de dédouanement.

Ces pratiques visent, entres autres, à faciliter l'accomplissement des formalités, à accélérer l'enlèvement des marchandises, à minorer le montant des droits et taxes, etc. Par exemple, il est constant qu'au niveau des postes de contrôle frontaliers, les agents de contrôle perçoivent des sommes d'argent qui ne sont prévues par aucune réglementation. C'est le cas du transporteur à l'arrivée au poste de contrôle qui ramasse les pièces d'identité des passagers accompagnées d'une somme d'argent déterminée par les agents. Ces agents, après avoir compté le nombre de pièces correspondant à la somme présentée donne l'ordre de lever la barrière pour laisser le véhicule passer.

La concussion de fonctionnaires est, également, de mise lorsqu'à l'occasion d'un contrôle portant sur les documents de voyage, l'agent constate l'absence de pièce d'identification chez un passager. Ce dernier est souvent conduit au poste de contrôle et soumis au paiement d'une « amende » sous peine d'être enfermé et refoulé. Le versement de la somme est libératoire bien que l'agent se soit rendu coupable de corruption.

L'étude conduite au Burkina Faso, par le Réseau national de Lutte anticorruption (REN-LAC) cite diverses propositions d'arrangements et les qualifie de petite corruption constatée au niveau même des services des douanes. Elles impliqueraient des opérateurs économiques qui en font un levier essentiel dans la réalisation de leurs affaires. L'existence de cette pratique au Burkina Faso et dans l'espace CEDEAO a été reconnue par des agents de la douane[384].

Les fausses déclarations constituent les cas les plus récurrents dans presque tous les bureaux des douanes. Elles concernent, aussi bien les quantités des marchandises que les espèces et consistent à déclarer des marchandises qui ne

---

d'Irene HORS du Centre de développement de l'OCDE. Irene HORS, capitalisant sur les leçons tirées des efforts de lutte contre la corruption et de modernisation dans les administrations douanières de trois pays, a conclu que l'environnement de travail dans les douanes est vulnérable à la corruption parce qu'il y a (a) une interface discrétionnaire entre les agents douaniers et les opérateurs du secteur privé, (b) la possibilité pour les agents douaniers d'opérer au sein d'un réseau de complices , et (c) un manque de contrôle.

[384]http://renlac.com/download/rapports/Rapport_2015_sur_letat_de_la_corruption.pdf consulté le 26 mars 2017.

sont pas celles effectivement importées. D'après le rapport du REN-LAC, bien souvent, « le transitaire négocie avec le chef de bureau ».

Autre pratique courante, l'organisation des faux transits. Ils concernent les produits initialement destinés à transiter par le territoire d'un pays membre à destination d'un autre pays membre, et, par conséquent ne sont pas soumis aux droits et taxes des douanes. Mais en définitive, ces produits restent sur le territoire national avec la complicité d'agents des douanes.

En outre, certains bénéficiaires de la suspension des droits et taxes produisent des faux en utilisant les exonérations pour importer des marchandises non concernées par lesdites exonérations[385]. Quand le manège est découvert, ils tentent de corrompre les agents.

Les pratiques de corruption dans les services des douanes peuvent se présenter sous la forme de sous-facturations à l'importation avec la complicité de certains chefs et agents des douanes et des transitaires illégaux ne disposant d'aucun bureau, mais rodant toujours autour des bureaux des douanes. Ces réseaux fractionnent les valeurs des marchandises qui sont réparties entre plusieurs propriétaires fictifs, pour se soustraire à l'inspection de COTECNA[386] effectuée obligatoirement lorsque la valeur atteint un certain montant[387].

---

[385] La délivrance des fausses exonérations a été rendue publique par l'affaire mettant en cause l'ex-DG des douanes, Ousmane GUIRO. Elle portait sur les fausses exonérations dans l'importation de carburant d'une valeur de cinq cent millions (500.000.000) de francs CFA. « N'eût été l'intervention du politique, il aurait été déféré à la Maison d'arrêt et de correction de Ouagadougou (MACO) avant même l'affaire des cantines de deux (02) milliards retrouvées chez lui. La pratique des fausses exonérations est toujours usitée à la douane. Suivre le lien lefaso.net/spip.php?article71678 ».

[386] L'étude indique que la fraude et le contournement de l'administration douanière sont connus de l'administration douanière au plus haut niveau, puisqu'un compte rendu d'un conseil de direction de la Direction générale des douanes en 2011 relevait les mauvaises pratiques suivantes : la Brigade de Ouagadougou a saisi des camions citernes, les pénalités se chiffraient à près de six cent millions (600 000 000) francs CFA, mais les transactions avec la hiérarchie ont ramené ces pénalités à cent vingt millions (120 000 000) francs CFA. Les agents de la Brigade du suivi du transit (BST) ont instauré un système généralisé de corruption au niveau des points de péage et aussi à l'occasion des escortes mal faites avec en plus de retentions de carnets afin d'exiger paiement.

[387] Au Sénégal, la note de service N° 002794 du DGD/DEL/DRCISP du 5 novembre 2003 apporte les modifications ci-après :

- les marchandises exemptées du Programme de vérification des importations (PVI) et de l'Inspection avant embarquement feront toujours l'objet d'une déclaration préalable d'importation (DPI) avec la mention « non soumis ». Pour ces marchandises, l'intervention de la COTECNA compétente depuis 2001 se limitera le cas échéant à l'enregistrement de cette DPI ;
- les autres marchandises d'une valeur fob supérieure ou égale à trois millions (3 000 000) francs C FA soumis au PVI continueront à faire l'objet d'une DPI avec la mention « soumise ».

L'intervention de la COTECNA est matérialisée par une attestation de vérification. Ainsi, à toute DPI avec la mention « soumise » correspond une Attestation de Vérification dont

Par ailleurs, les importateurs ont tendance à sous-estimer ou surestimer les marchandises pour échapper aux droits de douane et impôts sur les sociétés, les exportateurs, en revanche, tendent à sous-facturer leurs produits pour pouvoir dissimuler ailleurs une partie des paiements.

Les entreprises qui pratiquent cette forme de commerce illicite préfèrent passer par des systèmes informels de transfert de fonds plutôt que par le secteur bancaire officiel, ceux-ci ne laissant pas de trace, contrairement aux établissements bancaires qui appliquent des procédures de suivi et de traçabilité. Les factures et les déclarations en douane sont couramment manipulées, surtout si transitaires et douaniers s'entendent.

Seules, des investigations financières permettront d'examiner, plus spécifiquement, tout écart entre les montants que les entreprises sont censées verser et recevoir et les montants réellement versés ou reçus.

b. La grande corruption en douanes

La grande corruption concerne les hauts fonctionnaires qui prennent des décisions dans des secteurs importants de l'activité des douanes (Programme de vérification des Importations, octroi de contrats, d'exonérations ou d'avantages indus).

L'étude du REN-LAC a qualifié de « tolérance complice » le silence coupable des premiers responsables du Ministère de l'Economie et des Finances (MEF) à l'égard des pratiques douteuses des premiers responsables des services des douanes.

Pouvait-il en être autrement puisque, citant le journal ''L'Evènement'', l'étude informe que : « tous les ministres de l'économie et des finances ont accepté de recevoir d'importantes sommes d'argent de la part des directeurs généraux successifs de la douane, sans jamais se poser la question de la provenance de l'argent à eux remis ».

L'étude a révélé également l'affaire de corruption dans laquelle l'ancien Directeur général des Douanes du Burkina FASO, Ousmane GUIRO serait impliquée suite à la découverte dans un de ses domiciles de deux (02) cantines contenant près de deux milliards de FCFA (1 906 190 000 FCFA) et divers objets précieux.

Il a été ensuite inculpé et placé sous mandat de dépôt pour « enrichissement illicite, corruption passive et violation à la réglementation des changes de 2007 à 2011 ». Avant cette affaire, monsieur GUIRO a fait l'objet de poursuites judiciaires dans un précédent dossier en justice pour son

---

l'absence au moment du dépôt de la déclaration en douane, est assimilée à un contournement du PVI et dûment sanctionnée.

implication présumée dans des pratiques de fausses exonérations douanières dans l'importation d'hydrocarbures d'un montant d'environ cinq cent (500) millions de FCFA. Ces deux affaires étaient pendantes en justice jusqu'à l'insurrection des 30 et 31 octobre 2014[388].

Le trafic d'influence provenant des hautes sphères politiques et de l'administration douanière est décrié par certains responsables des services des douanes, comme l'un des principaux goulots d'étranglement dans le fonctionnement des services des douanes. Selon les témoignages de certains douaniers, de nombreuses immixtions des hommes politiques dans les opérations de dédouanement portent sur les importations des matériaux de construction, des produits de consommation de luxe, de la machinerie et autres consommables pour « leurs sociétés prête-nom ».

2. Les instruments douaniers de lutte contre la corruption

Selon Transparency International[389], principale organisation issue de la société civile, qui combat la corruption dans les institutions publiques, sur cinquante-deux (52) Etats africains, trente-six (36) avaient une note inférieure à trois (03) sur dix (10), « signe de corruption rampante[390] ».

Déjà, il y a lieu de relever que les pays africains[391] ayant une note au-dessous de la médiane pour la corruption ont également plus de risques de connaître un conflit civil[392].

Les douanes se doivent d'analyser les données des opérations de change pour vérifier les mouvements de capitaux relatifs au paiement des transactions

---

388 Rapport 2015 sur l'état de la corruption au Burkina Faso, page 45.

389 Transparency International est une organisation à but non lucratif basée à Berlin et présente dans plus de soixante (60) pays. Elle vise à prévenir la corruption aux niveaux local et international. Son indice de perception de la corruption est l'indicateur quantitatif le plus complet disponible sur la corruption transfrontalière.

390 Classement selon l'indice de perception de la corruption (IPC) de 2007.

391 Sur l'indice de perception de la corruption, le Sénégal a, depuis deux ans, acquis 3,5 points positifs. Une avancée dans la lutte anti-corruption qui ne l'a pas encore sorti de la zone rouge des pays les plus corrompus, malgré son rang de 10ème en Afrique et 69ème dans le monde. Le Cap vert, lui est considéré par les classements de transparency international comme le pays le moins corrompu de l'Afrique de l'Ouest.

392 Les conflits autour de la gestion de l'uranium du Niger est révélateur du phénomène de la corruption en rapport avec les menaces transfrontalières. Au cours des dernières décennies, des groupes extrémistes ont, en effet, fait des efforts intermittents pour acquérir de l'uranium pour fabriquer des armes, mais leur capacité à produire ou à utiliser des armes nucléaires reste extrêmement faible. En effet, depuis la fin des années 1980, les Touaregs réclament un partage des richesses plus équitable et une guérilla sporadique ensanglante l'Aïr, malgré des accords de paix toujours remis en question. Suivre le lien www.sortirdunucleaire.org.pdf/ la malédiction de l'uranium, le nord-Niger victime de ses richesses. Issouf ag Maha. Collectif Tchinaghen - Paix et Solidarité au Nord-Niger.

commerciales conformément aux instruments douaniers de lutte contre la corruption.

La communauté douanière internationale, à travers l'Organisation mondiale des Douanes (OMD), a très tôt pris conscience de la nécessité de lutter contre la corruption et de promouvoir l'éthique au sein des administrations douanières. Elle s'est dotée, à cet effet, d'un certain nombre d'instruments pour lutter contre ce fléau : la Déclaration d'Arusha, le Plan d'Action en faveur de la promotion de l'éthique, le Guide sur le développement de l'éthique, le Recueil des meilleures pratiques en matière d'éthique.

a. La Déclaration d'Arusha révisée sur l'éthique douanière

Pour lutter efficacement contre la corruption, et par la même occasion, améliorer l'éthique, les administrations douanières ont un rôle primordial à jouer. Face à cette situation, la Déclaration d'Arusha révisée sur l'éthique douanière est composée de dix (10) éléments distincts mais reliés, considérés comme essentiels au développement et à la mise en œuvre d'un programme anti-corruption.

Les dix (10) éléments de la déclaration révisée sont :

- la conduite et l'engagement des responsables ;
- le cadre réglementaire ;
- la transparence ;
- l'automatisation ;
- la réforme et la modernisation ;
- les contrôle et enquête ;
- le code de conduite ;
- la gestion des ressources humaines ;
- la morale et la culture dans l'Administration ;
- les relations avec le secteur privé.

b. Les meilleures pratiques en matière d'éthique

Le contrôle efficace et l'élimination de la corruption ne sont pas une tâche aisée. En effet, de par leur position stratégique aux frontières et les larges prérogatives dont elles sont dotées et qui se justifient par la nécessité de la perception des recettes et de la lutte contre la fraude, les administrations des douanes sont aussi exposées dans de nombreux cas à la corruption.

Afin d'atteindre des résultats durables, les administrations douanières doivent :

- obtenir le soutien entier de leurs gouvernements, des entreprises, et des autres parties prenantes ;

- procéder à un diagnostic complet de leurs problèmes d'éthique et de leurs stratégies ;

- collecter les données de base appropriées et établir des indicateurs de performance vérifiables et réalistes ;

- développer un plan d'action complet en matière d'éthique fondé sur les 10 éléments de la déclaration d'Arusha révisée ;

- évaluer et revoir les résultats de manière continue et établir un processus permanent d'amélioration ;

- s'engager à partager les résultats de leurs efforts ;

- mais surtout, assigner à tous les cadres supérieurs, fonctionnaires et usagers des tâches appropriées relatives au programme de l'administration de lutte contre la corruption.

Les activités criminelles financières vont, inéluctablement, interpeller les administrations des douanes chargées de lutter contre le blanchiment d'argent et le recyclage des biens issus de la corruption.

Dès lors, l'action de l'administration des douanes dans la lutte contre la corruption est prépondérante surtout en ce qui concerne la répression des mécanismes du financement de la criminalité transnationale.

En définitive, « l'intégrité est la qualité dans l'exécution du service douanier consistent à se conformer ou à être conforme à ce que commandent le devoir et la conscience morale. L'éthique est ainsi une disposition individuelle à agir selon les vertus, afin de rechercher la bonne décision dans une situation donnée.

Aussi, importe-t-il, pour chaque agent des douanes de se demander face à une situation donnée si c'est la meilleure chose à faire, considérant que la décision prise aura des conséquences sur soi, sur les autres et sur l'environnement[393] ».

[393] Boubacar CAMARA, « L'éthique dans les administrations des douanes : l'expérience des douanes sénégalaises » in, « Partenariat douane entreprises afin de lutter contre la corruption et d'œuvrer pour le respect de l'éthique », Atelier de l'Organisation mondiale des douanes en Afrique du Sud, (Communication en ligne), www.wcoomd.org/.../146554DF7BB54D86B9 D92CDB0B585D09.ashx consulté le 07 avril 2017.

Paragraphe II : La lutte contre le financement du terrorisme

Le Conseil de sécurité de l'Organisation des Nations Unies a déclaré que : « ... les actes, méthodes et pratiques du terrorisme ainsi que le financement et l'organisation d'actes de terrorisme ou l'incitation à de tels actes en connaissance de cause sont contraires aux buts et principes de l'Organisation des Nations Unies[394] ».

Il est, donc, apparu indispensable de doter les Etats membres de la CEDEAO d'un dispositif législatif spécifique permettant de définir et d'incriminer le financement du terrorisme **(A)**.

Dans le cadre de la lutte contre le terrorisme, l'exercice des pouvoirs de police judiciaire, par les douanes, doit impérativement s'adosser sur des mesures normatives tendant à lutter contre le phénomène, en vue d'une part, de réprimer plus efficacement les actes terroristes et leur financement, d'autre part de permettre la mise en place d'institutions destinés à prévenir les actes de terrorisme[395].

S'appuyant sur ce dispositif normatif, les douanes de la CEDEAO pourront être en avant-garde de la lutte anti-terroriste grâce notamment à leurs positionnements stratégiques au niveau des frontières communautaires **(B)**.

A : Les initiatives de lutte contre le financement du terrorisme

Les exigences de combattre le terrorisme ont amené la CEDEAO à prendre diverses initiatives pour pouvoir lutter, plus efficacement, contre le financement du terrorisme[396]. Il s'agit principalement des initiatives prises pour transposer les Conventions et protocoles mondiaux liés à la lutte contre le terrorisme **(1)**, mais aussi de l'adoption de mesures communautaires de lutte contre les actes d'extrémisme violent et d'activités terroristes **(2)**.

---

[394] Résolution 1373 (2001) du 28 septembre 2001.

[395] Au Sénégal, pour encore plus intégrer la lutte contre le terrorisme, le titre XV du livre IV de la loi n° 65-61 du 21 juillet 1965 portant Code de procédure pénale a été abrogé et remplacé par un nouveau titre XV intitulé : de l'enquête, de la poursuite, de l'instruction et du jugement en matière de lutte contre les actes de terrorisme et actes assimilés comportant les articles 677-24 à 677-31.

[396] Au Sénégal, à la faveur de la réforme du code pénal visant à intégrer de nouvelles infractions liées au terrorisme, le législateur précise que « constituent des actes de terrorisme, lorsqu'ils sont commis intentionnellement en relation avec une entreprise individuelle ou collective, ayant pour but d'intimider une population de troubler gravement l'ordre public ou le fonctionnement normal des institutions nationales ou internationales, de contraindre un gouvernement ou une organisation internationale à accomplir ou à s'abstenir d'accomplir un acte quelconque par la terreur ».

1- Les mesures internationales de la lutte contre le terrorisme

Les États Membres « doivent adopter les mesures édictées au plan international[397] pour prévenir la commission d'actes de terrorisme ». D'après la Convention africaine (OUA) portant sur la prévention et la lutte contre le terrorisme[398] et la Décision-cadre[399] du Conseil de l'Union européenne « constituent des infractions terroristes, les actes qui, de par leur nature ou leur contexte, peuvent porter gravement atteinte à un pays ou à une organisation internationale, lorsque l'auteur les commet dans le but de gravement intimider une population ou contraindre indûment des pouvoirs publics ou une organisation internationale à accomplir, ou à s'abstenir d'accomplir un acte quelconque, ou gravement déstabiliser ou détruire les structures fondamentales politiques, constitutionnelles, économiques ou sociales d'un pays ou d'une organisation internationale ».

L'article 01 de la Décision-cadre énumère neuf (09) types d'actes susceptibles de constituer le support du terrorisme que sont :

- les atteintes à la vie pouvant entraîner la mort, les atteintes graves à l'intégrité physique, l'enlèvement ou la prise d'otage, la destruction massive d'installation gouvernementale ou publique, d'un système de transport ou d'une infrastructure, d'un lieu public ou d'une propriété privée et mettant en

---

[397] Les treize (13) moyens, conventions et protocoles mondiaux liés à la lutte contre le terrorisme, en 2008, sont : la Convention relative aux infractions et à certains autres actes survenant à bord des aéronefs Signée à Tokyo le 14 septembre 1963, la Convention de 1970 pour la répression de la capture illicite d'aéronefs (dite « Convention de La Haye »), la Convention de 1971 pour la répression des actes illicites dirigés contre la sécurité de l'aviation civile (dite « Convention de Montréal »), la Convention de 1973 sur la prévention et la répression des infractions contre les personnes jouissant d'une protection internationale, y compris les agents diplomatiques, la Convention internationale de 1979 contre la prise d'otages, la Convention de 1980 sur la protection physique des matières nucléaires, les Amendements à la Convention sur la protection physique des matières nucléaires, le Protocole de 1988 pour la répression des actes illicites de violence dans les aéroports servant à l'aviation civile internationale, la Convention de 1988 pour la répression d'actes illicites menés contre la sécurité de la navigation maritime, le Protocole de 2005 à la Convention pour la répression d'actes illicites contre la sécurité de la navigation maritime, le Protocole à la Convention du 10 mars 1988 sur la répression des actes illicites contre la sécurité des plateformes fixes situées sur le plateau continental, la Convention de 1991 sur le marquage des explosifs plastiques et en feuilles aux fins de détection, la Convention internationale de 1997 pour la répression des attentats terroristes à l'explosif, la Convention internationale de 1999 pour la répression du financement du terrorisme, la Convention internationale de 2005 pour la répression des actes de terrorisme nucléaire.

[398] La Convention africaine de prévention et de lutte contre le terrorisme, adoptée lors du 35ème sommet de l'OUA à Alger en 1999, comporte cinq (05) grands chapitres étalés sur vingt trois (23) articles.

[399] Décision-cadre 2002/475/JAI du Conseil (13 juin 2002) relative à la lutte contre le terrorisme ; Journal officiel des Communautés européennes (JOCE). 22.06.2002, n° L 164. [s.l.].

danger des vies humaines ou produisant des pertes économiques considérables ;

- la capture d'aéronefs, navires et autres moyens de transport collectifs de personnes et de marchandises ;

- la fabrication, possession, acquisition, transport, fournitures ou utilisation d'armes à feu, d'explosifs, d'armes nucléaires, biologiques et chimiques ;

- la mise en danger de la vie humaine par la libération de substances dangereuses ;

- la provocation d'incendies, d'inondations, d'explosions ;

- la perturbation ou l'interruption de l'approvisionnement en eau, électricité ou toute autre ressource naturelle fondamentale ;

- la menace de réaliser ces actes.

La Convention internationale pour la répression du financement du terrorisme des Nations Unies définit, en son article 2, les actes de terrorisme comme une infraction. Ainsi, est considéré comme acte de terrorisme, tout acte commis par toute personne qui, par quelque moyen que ce soit, directement ou indirectement, illicitement et délibérément, fournit ou réunit des fonds dans l'intention de les voir utilisés ou en sachant qu'ils seront utilisés, en tout ou partie, en vue de commettre :

- un acte qui constitue une infraction au regard et selon la définition de l'un des traités énumérés en annexe ;

- tout autre acte destiné à tuer ou blesser grièvement un civil, ou toute autre personne qui ne participe pas directement aux hostilités dans une situation de conflit armé, lorsque, par sa nature ou son contexte, cet acte vise à intimider une population ou à contraindre un gouvernement ou une organisation internationale à accomplir ou à s'abstenir d'accomplir un acte quelconque.

Pour lutter contre le terrorisme, il a été élaboré, en 2001, de nouvelles normes pour lutter contre son financement qui ont été adjointes à la mission du Groupe d'Action financière (GAFI).

Le GAFI a bouclé le processus de publication de neuf (09) autres recommandations renforçant les standards internationaux de lutte contre le blanchiment de capitaux et le financement du terrorisme en octobre 2004 (les 40+9 Recommandations du GAFI). Les nouvelles recommandations du GAFI tournent autour des points suivants :

- la ratification et la mise en œuvre des instruments des Nations unies[400];

- la déclaration des transactions suspectes liées au terrorisme ;

- la remise de fonds alternatifs ;

[400] Transposition dans le droit interne sénégalais et adoption de la loi uniforme n° 2009-16 du 02 mars 2009 relative à la lutte contre le financement du terrorisme.

- la criminalisation du financement du terrorisme ;
- le gel et la confiscation des fonds des terroristes ;
- les passeurs de fonds (« cash courriers »).

2- Les mesures communautaires liées à la lutte contre le terrorisme

Au titre de la lutte contre le financement du terrorisme, les initiatives menées ont permis de doter les Etats membres de l'UEMOA d'une base légale permettant de rendre exécutoires, sur le territoire communautaire, les décisions de gel de fonds prises par le Comité des sanctions du Conseil de Sécurité des Nations Unies[401].

En outre, l'UEMOA a adopté la Directive relative à la lutte contre le financement du terrorisme dans les Etats membres[402]. Cette Directive fait obligation aux Etats d'appliquer ses dispositions dans leur droit interne[403].

L'accomplissement de cette obligation suppose l'adoption, au niveau communautaire, d'une loi uniforme[404] qui reprend les principales orientations de la Directive susvisée, auxquelles s'ajoutent un dispositif harmonisé de sanctions et des règles spécifiques organisant la coopération internationale (compétence, entraide judiciaire et extradition).

La Directive fait obligation aux Etats de transposer ses dispositions dans leur droit interne[405].

---

[401] Le Conseil des Ministres de l'Union a adopté le 19 septembre 2002, le Règlement n°14/2002/CM/UEMOA sur le gel des fonds des personnes, organismes et entités terroristes. Pour la mise en œuvre de ce Règlement, le Conseil des Ministres de l'Union prend régulièrement des Décisions relatives à la liste des personnes et entités visées par cette procédure.

[402] Le Conseil des Ministres de l'UEMOA a adopté, lors de sa session du 04 juillet 2007 à Dakar, la Directive n° 04/2007/CM/UEMOA relative à la lutte contre le financement du terrorisme dans les Etats membres de l'UEMOA.
Dernièrement, le Conseil des Ministres de l'UEMOA a adopté, la Directive n°02/2015/CM/UEMOA relative à la lutte contre le blanchiment de capitaux et le financement du terrorisme dans les Etats membres de l'UEMOA en date du 02 juillet 2015.

[403] Article 4 : Application de la Directive dans l'espace. Les Etats membres s'engagent à prendre les dispositions nécessaires pour que les infractions définies aux articles 7 et 8 de la présente Directive soient applicables à toute personne physique ou morale, et à toute organisation justiciable, sans tenir compte du lieu où l'acte a été commis.

[404] La loi uniforme n° 2009-16 du 02 mars 2009 relative à la lutte contre le financement du terrorisme a été élaborée sur le fondement de l'article 22 du Traité du 14 novembre 1973 constituant l'UMOA, afférent à l'harmonisation des législations monétaire et bancaire.

[405] Article 119 : Obligation de transposition. Les Etats membres de l'Union prennent les dispositions législatives et réglementaires nécessaires à la mise en œuvre de la présente Directive, au plus tard six mois, à compter de la date de sa signature.

Outre la législation relative à la lutte contre le blanchiment de capitaux en vigueur dans l'Union qu'elle vise à compléter, la loi uniforme sur le financement du terrorisme s'est inspirée notamment :

- des recommandations spéciales sur le financement du terrorisme, formulées par le Groupe d'Action Financière (GAFI) sur le blanchiment de capitaux ;

- du projet de loi-cadre contre le financement du terrorisme dans les Etats membres de la Communauté Economique des Etats de l'Afrique de l'Ouest (CEDEAO), élaboré par le Groupe Inter-gouvernemental d'Action contre le Blanchiment d'Argent et le financement du terrorisme en Afrique de l'Ouest (GIABA).

Dans le cadre de la lutte contre le blanchiment, des Etats membres comme le Sénégal ont pris des initiatives législatives à saluer puisqu'en 2007, puis en 2016[406], le gouvernement a modifié le Code pénal pour lutter plus efficacement contre le terrorisme. Le nouveau Code pénal établit des infractions pour les actes terroristes tels que définis dans l'Organisation de l'Unité africaine et conformément à la Convention sur la prévention et la lutte contre le terrorisme. Résultat de cet amendement, l'Etat peut poursuivre un individu ou un groupe qui « pose un acte qui trouble l'ordre public ou le fonctionnement normal des institutions nationales et internationales, par l'intimidation ou la terreur[407] ».

B : La surveillance douanière du financement du terrorisme

Dans le processus d'adoption de la Convention de Palerme, il est recommandé qu'un Comité spécial[408] commence ses délibérations en vue d'élaborer une Convention générale sur le terrorisme international. Ledit Comité doit tenir compte des dispositions de la Convention des Nations Unies contre la criminalité transnationale organisée, qui incrimine, en son article 5, la participation à un groupe criminel organisé.

---

[406] Exposé des motifs de la loi n° 2016-29 du 08 novembre 2016 modifiant la loi n° 65-60 du 21 juillet 1965 portant code pénal : « pour lutter plus efficacement contre le terrorisme, il est impérieux de modifier certaines infractions et d'en prévoir de nouvelles. Il a paru nécessaire de renforcer la lutte contre le cyber terrorisme ainsi que de toute autre forme de délinquance perpétrée par le biais de moyens électroniques et de son utilisation possible à des fins terroristes ».

[407] Article 279 du code pénal. Au Sénégal, en application de la loi contre le terrorisme, la police a procédé, en octobre 2015, à plusieurs arrestations afin de démanteler un réseau d'extrémistes violents qui ont été associés avec un membre présumé de Boko Haram en la personne de Makhtar DIOKHANE.

[408] Le Comité spécial est créé par la Résolution 51/210 du 17 décembre 1996.

S'appuyant sur la Convention de Palerme, l'action de l'administration des douanes, dans la lutte contre le terrorisme, devrait être prépondérante, surtout, en ce qui concerne la répression des mécanismes de son financement **(1)**.

Pour être mieux en phase avec les impératifs sécuritaires engendrés par l'utilisation abusive de l'Afrique de l'ouest comme zone de transit de la criminalité transnationale, les douanes de l'espace CEDEAO devront opérer des réformes structurelles et opérationnelles importantes basées sur le renforcement de la mutualisation du renseignement douanier **(2)**.

1. De l'implication des douanes dans le dispositif de veille antiterroriste

Les Etats membres ont intérêt à adopter une position ferme contre le terrorisme, conscients qu'ils sont, que les activités terroristes internationale et régionale les prennent de plus en plus pour cible (attaques terroristes en Côte d'Ivoire, au Burkina Faso, au Mali, au Niger, au Nigeria).

C'est la raison pour laquelle, à côté des initiatives de la CEDEAO pour pacifier l'espace, des pays membres peuvent convenir, par stratégie, de collaborer avec d'autres pays non membres à travers la création de forces communes de lutte contre le terrorisme. Il s'agit de la force commune au sahel regroupant, le Mali, le Niger, le Burkina Faso, le Tchad et la Mauritanie et de la force multinationale mixte créée par le Niger, le Nigéria, le Tchad et le Cameroun contre Boko haram dans le bassin du lac Tchad[409]. Dans cette dynamique, tout acte de terrorisme doit être combattu, également, par les services des douanes.

Les actes de terreur[410] pouvant interpeler, directement, l'administration des douanes sont les suivantes :

- la fabrication ou la détention d'armes prohibées prévue par la législation sur les armes ;

- la fabrication, l'acquisition, la possession, le transport, le transfert, par tout acteur non étatique, d'armes nucléaires, chimiques, biologiques et leurs vecteurs ;

---

[409] Le Niger, le Burkina Faso et le Mali ont décidé le 24 janvier 2017 à Niamey de mettre sur pied une force multinationale pour lutter contre l'insécurité dans la zone du Liptako-gourma, à cheval sur leurs trois frontières qui menace de devenir un sanctuaire pour les groupes terroristes. Cette nouvelle entité, elle –même composante de la force conjointe du G5 sahel décidée en novembre 2015 à N'Djamena au Tchad, doit être construite à l'image de la force multinationale mixte créée par le Niger, le Nigéria, le Tchad et le Cameroun contre Boko haram dans le bassin du lac Tchad.

[410] Au Sénégal se référer aux actes mentionnés aux points 11, 12, 14 et 15 de l'article 279-1 du code pénal.

- l'introduction dans l'atmosphère, sur le sol, dans le sous-sol ou dans les eaux une substance de nature à mettre en péril la santé de l'homme ou des animaux ou le milieu naturel ;

- les infractions liées aux nouvelles technologies de l'information et de la communication.

Dans le cadre de la lutte contre le financement du terrorisme, il faut noter l'existence de Cellules de Lutte Antiterroriste[411] (CLAT) composées généralement de militaires, de policiers et de gendarmes. En intégrant ces cellules, les administrations des douanes pourraient apporter, en même temps, leur expertise dans le domaine des investigations financières.

Les CLAT sont chargées, à la fois, de la prévention, de la lutte contre d'éventuelles attaques et dans ce cas, de la coordination des opérations. Les axes suivants constituent le plan d'action des cellules de lutte anti-terroriste créées au niveau des Etats membres :

- renforcer la surveillance de mouvements, groupes, associations, organisations non gouvernementales, de personnes susceptibles de commettre ou d'êtres complices d'actes terroristes[412] ;

- procéder à une évaluation de la situation sécuritaire du pays et les vulnérabilités du système en rapport avec la menace, mais aussi des pays limitrophes, compte tenu de l'aspect transnational de la menace ;

- contribuer à la mise en place d'un cadre institutionnel adapté aux mesures que requiert une telle action aussi bien au plan interne qu'externe ;

- élaborer de nouveaux textes communautaires, législatifs et réglementaires notamment dans les domaines des libertés et droits humains sans compromettre l'option démocratique des pays concernés ;

- réviser les mesures de police judiciaire et administrative ;

- lutter contre le financement du terrorisme et l'introduction de modules sur le terrorisme dans les programmes de formation ;

- encourager l'échange d'expériences et d'informations par le moyen d'une coopération internationale soutenue.

En ce qui concerne les perspectives de la lutte contre le financement du terrorisme, il importe de préciser que les législations nationales portant renforcement de la lutte contre le terrorisme dans les pays membres devront,

---

[411] Au Sénégal, la Cellule de Lutte Antiterroriste (CLAT) a été créée par le décret n° 2003-388 du 30 mai 2003.

[412] Par le suivi des mouvements religieux et milices religieuses ; œil attentif sur tout ce qui constitue un terreau pour le terrorisme ; surveillance des lieux de culte servant de cadre d'endoctrinement ; surveillance des mouvements des groupes terroristes des pays limitrophes vers le Sénégal (frontières terrestres, aériennes et maritimes) en liaison avec les autres services ; sensibilisation des populations sur les méthodes de recrutement, d'endoctrinement et de radicalisation des groupes terroristes.

nécessairement, s'inscrire dans la dynamique définie par le cadre communautaire de lutte antiterroriste dans l'espace CEDEAO en se fondant, notamment, sur le plan d'action des cellules de lutte antiterroriste.

En somme, les cellules de lutte antiterroriste devront être l'expression sans équivoque de la volonté des Etats membres de prendre une part active dans la lutte contre cette nouvelle forme de menace transnationale qu'est le terrorisme.

Au demeurant, en tant qu'action fédératrice, il est souhaitable que la lutte contre le terrorisme soit pilotée par une structure interministérielle placée sous l'autorité de la Primature. A cet effet, il conviendrait de donner aux Cellules de Lutte Antiterroriste (CLAT), une dimension juridique supérieure en définissant leur statut juridique et leurs missions dans le cadre d'une loi communautaire portant renforcement de la lutte contre le terrorisme.

2. De la mutualisation du renseignement douanier

Par renseignement, il faut entendre toute information permettant d'orienter l'action des services et notamment celle obtenue à partir de l'utilisation des techniques d'analyse de risque et, toute information, enrichie ou non, recueillie par un service douanier.

Le renseignement constitue un des piliers qui sous-tendent le dispositif de lutte contre le terrorisme. La collecte du renseignement n'est pas un domaine réservé aux spécialistes mais un élément inhérent à l'exercice des missions de tous les services douaniers. Or, si la recherche et le traitement du renseignement sont effectivement une affaire de spécialistes, la collecte doit être réalisée par l'ensemble des agents.

Il est essentiel d'élaborer une politique globale du renseignement. En effet, dans un espace communautaire largement ouvert dans lequel les flux de marchandises se sont multipliés et diversifiés et dont le principe est la libre circulation des produits et des voyageurs, les contrôles douaniers ne constituent plus un obstacle infranchissable. Pour ces raisons, des contrôles sélectifs et ciblés se sont substitués aux contrôles systématiques.

A cet effet, le renseignement est une composante essentielle du ciblage. Mais le renseignement peut également être immédiatement exploitable et aboutir à un contrôle ou à une enquête, c'est la vocation du renseignement opérationnel. Maîtriser l'activité du renseignement constitue, pour l'avenir, un élément déterminant dans le cadre du renforcement de la sécurité face aux dangers du terrorisme.

Il convient, par ailleurs, de relever qu'après l'expérience des chiens renifleurs de stupéfiants, d'explosifs et de cadavres, il est de plus en plus courant de faire appel au labrador pour appuyer les services de renseignement.[413] Leur cible : les passeurs de fonds qui planquent leur magot, la surveillance des flux physiques d'argent liquide, moyen privilégié pour transférer des avoirs illicites, ou pratiquer l'évasion fiscale.

Les liasses de billets peuvent servir à financer des actions terroristes, à cacher des opérations de blanchiment, de trafics en tous genres, d'immigration clandestine, d'escroquerie ou tout simplement de l'évasion fiscale.

L'échange d'expériences et d'informations doit concerner toutes les formes de criminalité transnationale organisée qui peuvent avoir des liens avec des activités terroristes :

- les trafics illicites de stupéfiants, de précurseurs chimiques, d'armes, de déchets toxiques etc. ;

- le blanchiment de capitaux et le financement du terrorisme ;

- la contrefaçon, le piratage et la piraterie.

Toutes ces informations peuvent s'avérer utiles dans l'optique de faciliter les échanges de renseignements à travers l'obligation, faite aux assujettis, de transmettre aux Cellules de lutte anti terroriste, des déclarations de soupçons sur des faits pouvant avoir un lien avec de telles activités.

Au demeurant, un système de signalement automatisé et confidentiel sur le terrorisme devrait permettre d'interconnecter les bases de données informatiques des différents services de sécurité. Ce système permettrait, à l'instar du système automatisé et interconnecté de prise d'empreintes digitales entre services de la police, de la gendarmerie et des douanes (programme AFIS), de procéder à l'échange instantané de renseignements liés au terrorisme.

En définitive, la Convention des Nations Unies contre la criminalité transnationale organisée devra constituer un outil efficace et un cadre juridique nécessaire dans la lutte contre les crimes terroristes. Elle a pour vocation d'engager tous les États parties à reconnaître les liens entre les activités de la criminalité transnationale organisée et les actes de terrorisme.

Malheureusement, le déficit de ressources humaines et logistiques au niveau des frontières de l'espace CEDEAO sont les principales faiblesses du dispositif de surveillance douanière des frontières. A ces faiblesses s'ajoute,

---

[413] En France, ces chiens ont été dressés pour marquer l'odeur de l'encre et du papier de la Banque de France. Les douanes grecs sont en train, également, d'expérimenter la méthode de détection de l'argent par des bergers allemands, des belges malinois ou des labradors considérés comme les plus aptes à mener cette tâche.
http://www.ledauphine.com/defense/2016/03/20/voila-le-premier-chien-douanier-dresse-pour-renifler-les-billets-de-banque, consulté le 07 avril 2017.
http://www.sudinfo.be/1622752/article/2016-07-14/les-douaniers-grecs-seront-accompagnes-de-chiens-renifleurs-d argent- consulté le 07 avril 2017.

parfois, un manque de coopération et de coordination entre plusieurs entités gouvernementales qui traitent du terrorisme.

Section II : L'usage de nouvelles technologies

La Communauté douanière internationale voit dans l'utilisation des Technologies de l'Information et de la Communication (TIC), un catalyseur pour améliorer l'efficacité et la rentabilité organisationnelle et opérationnelle du dispositif de lutte contre la fraude[414].

L'application des technologies de l'information et de la communication est, d'ailleurs, une obligation importante de la Convention de Kyoto révisée[415] qui préconise des méthodes d'authentification électronique et la possibilité pour les administrations des douanes de conserver des informations et de les échanger avec d'autres administrations à travers des moyens électroniques.

Pour ce faire, il faudra bien que les douanes infiltrent le monde des transactions électroniques en procédant, notamment, à l'informatisation du dispositif douanier de lutte contre la fraude **(Paragraphe I)**. Le renforcement de la surveillance douanière à cet effet, implique le recours aux nouvelles technologies de l'information et de la communication pour détecter les nouvelles méthodes de commission des infractions douanières commises dans le cadre de la cybercriminalité **(Paragraphe II)**.

Paragraphe I : L'informatisation du dispositif de surveillance douanier

Pour être efficaces et faire en sorte que le processus de sécurisation des procédures ne ralentisse la circulation des marchandises, les administrations douanières devraient utiliser des technologies modernes pour inspecter les envois à haut risque.

Ces technologies comprennent, notamment, les appareils de radiographie à large spectre, les appareils à rayons gamma et les dispositifs de détection des rayonnements. La préservation de l'intégrité du fret et des conteneurs, notamment par le recours à des technologies modernes, constitue également une composante essentielle de ce pilier.

---

414 Gérard MCLINDEN, « Le rôle de la technologie de l'information dans la modernisation douanière », in « Manuel de modernisation douanière », DE WULF Luc, SOKOL José B., (2007), Editions ESKA, Banque mondiale, pages 301 à 329.

415 Annexe générale de la Convention de Kyoto révisée prévue au chapitre 7.

Mais, il faut surtout coordonner les différentes actions de lutte et, à cet effet, l'Organisation mondiale des douanes a mis à la disposition des pays membres des outils informatiques de lutte contre la criminalité **(A)**.

En plus de cette appropriation douanière de l'outil informatique, les douanes font, très souvent, recours à des expertises privées de contrôle des procédures douanières avec un risque de compromettre la souveraineté économique **(B)**.

A : Les outils informatiques de l'organisation mondiale des douanes

Pour renforcer l'efficacité des administrations douanières, l'Organisation mondiale des douanes a mis à la disposition des Etats membres, des outils technologiques de lutte contre la fraude. Ces outils se basent sur l'informatique et tournent, pour l'essentiel, autour du réseau douanier de lutte contre la fraude en anglais *Customs Enforcement Network* (CEN) **(1)**, du système opérationnel de communication du réseau douanier de lutte contre la fraude en anglais *Secure communication tool in the operational domain* (CENCOMM) **(2)** et du réseau douanier national de lutte contre la fraude en anglais *National Customs Enforcement Network* (nCEN) **(3)**.

1. Le réseau douanier de lutte contre la fraude (CEN)

Le réseau douanier de lutte contre la fraude de l'OMD est devenu opérationnel en 2000. Le CEN permet à tous les membres de l'OMD d'accéder à une masse critique d'informations à des fins de renseignement. Il sert de répertoire central pour les informations liées à la lutte contre la fraude. En tant que tel, il est fortement tributaire des flux réguliers de données de qualité fournies par les pays membres de cette organisation.

L'application CEN dispose d'une base de données de saisies d'infractions ainsi que des photos requises pour l'analyse du trafic illicite dans les divers domaines de compétence des douanes[416].

Un composant de communication facilite la coopération entre les utilisateurs au niveau international, tandis que le site Web du CEN offre à ces

[416] OMD, « Douanes et Drogues 2008 », Rapport, (en ligne), www.wcoomd.org/~/media/.../drogue-2008-fr-web.pdf consulté le 07 avril 2017. La base de données du Réseau douanier de lutte contre la fraude (CEN) de l'OMD, opérationnel depuis juillet 2000 est au service de cent cinquante cinq (155) pays représentant plus de deux milles (2.000) utilisateurs. Plus de deux cent cinquante milles (250.000) cas de fraude douanière ont été enregistrés par les membres ou par les Bureaux régionaux de Liaison et de Renseignement (BRLR). Au total, cent quatre (104) membres ont signalé des saisies de drogue à la base de données du CEN se rapportant à près de treize mille quatre cent quarante quatre (13.444) cas.

derniers la possibilité de consulter des publications variées liées à la lutte contre la fraude, telles que des alertes, des rapports analytiques et des bulletins d'informations[417].

A des fins d'analyse, il est très important de disposer d'informations concernant les indicateurs de risque utilisés pour sélectionner un envoi pour contrôle approfondi. Si l'utilisateur sélectionne « Profil » dans le champ « Méthode de détection », il doit fournir des précisions.

Lorsqu'un correspondant national communique des alertes et des articles pour les bulletins ou les rapports d'analyse d'un Bureau régional de Liaison et du Renseignement (BRLR), celui-ci doit vérifier si les informations utiles figurent déjà dans la base de données du CEN avant la publication.

Les photographies doivent être téléchargées dans la base de données des images de moyens cachés. Il convient également de vérifier si l'image correspond aux informations fournies dans la base de données.

Le Secrétariat de l'OMD considère la sécurité de tous les systèmes comme étant une haute priorité, c'est pourquoi les applications du CEN ont été auditées par une société informatique externe. L'audit externe a vérifié que les applications du CEN sont des systèmes sécurisés tout en expliquant qu'aucun système informatique ne peut être sécurisé à 100 %.

2. L'outil de communication du réseau douanier de lutte contre la fraude (CENcomm)

Pour permettre aux Membres de l'OMD de lutter plus efficacement contre le commerce illicite, le Secrétariat de l'OMD a développé un système de messagerie sécurisé, spécifiquement conçu pour les opérations transfrontalières, baptisé CENcomm.

Le CENcomm est un outil de communication via un système de messagerie préformâtés que sont : la rédaction, la transmission de messages d'alertes et les saisies ou réponses suites auxdits messages. Le CENcomm est également un outil de communication sécurisé à l'échelle du globe qui facilite l'échange et l'utilisation des données de façon rapide, fiable et sécurisée 24 heures sur 24. Il s'est révélé essentiel aux niveaux analytique et opérationnel dans le cadre des échanges sécurisés de données nominatives.

Le CENcomm n'est accessible qu'à un groupe fermé d'utilisateurs (CUG) composé de fonctionnaires des douanes au cours de la durée d'une opération ou d'un projet. L'application CENcomm est gratuite, basée sur des technologies Internet, et est donc rentable puisque ne nécessitant aucune

[417] Alioune DIONE, (2015), *Le droit douanier, le commerce électronique et la dématérialisation* ; L'Harmattan, Paris, pages 179 à 182.

installation particulière. Le CENcomm peut être utilisé pour n'importe quelle opération douanière ou opération conjointe de douanes impliquant d'autres agences de répression ainsi que des partenaires concernés.

Il n'existe aucune limitation technique concernant le nombre de groupes fermés d'utilisateurs (CUG) pouvant être opérationnels simultanément. Le potentiel du CENcomm est intéressant et bien conforme aux exigences de lutte contre la criminalité transnationale organisée.

3. Le réseau douanier national de lutte contre la fraude (nCEN)

Le réseau douanier national de lutte contre la fraude (nCEN) est un système développé par l'OMD pour assister les administrations douanières dans la collecte et le stockage des informations relatives à la lutte contre la fraude au niveau national. Il offre également la possibilité d'échanger ces informations aux niveaux régional et international.

Le nCEN donne aux membres la possibilité de mettre en œuvre une analyse des risques à des niveaux stratégiques, tactiques et opérationnels. Il repose sur les applications de l'OMD CEN et CENcomm existantes, éprouvées et testées, ce qui signifie que seule une formation minimale sera requise.

Il fournit aux membres qui ne disposent d'aucun outil de renseignement ou ne possèdent aucune base de données de saisies les éléments suivants : une base de données des saisies, une base de données des personnes, des sociétés et des moyens de transport ou de dissimulation suspects, une base de données des photos, des outils d'analyse et de communication sécurisés et un outil de gestion de système.

Le nCEN permet aux membres d'échanger des données nominatives entre eux, ce qui encourage la coopération régionale au sein d'un environnement sûr. Il est assorti d'un outil permettant de faciliter l'exportation de données locales dans d'autres systèmes informatiques ou de créer des liens avec d'autres agences de répression et organismes internationaux. Cela permet d'accroître la quantité des données partagées entre les membres.

En introduisant l'outil adapté au niveau national, il sera possible d'associer une base de données nationale existante au nCEN et de charger des données non nominatives directement dans le système du CEN. Le principe « Une saisie, un rapport » sera donc respecté.

Les membres qui disposent déjà d'une base de données peuvent en mesurer les avantages en mettant en œuvre l'outil permettant d'échanger des données entre eux et avec d'autres agences de répression.

B : La privatisation de l'informatisation des procédures douanières

Dans l'espace CEDEAO, le système informatique est bien souvent construit à partir d'une coopération entre la douane et une entreprise spécialisée dans la gestion de logiciels. Généralement, la gestion de la maintenance et du support est externalisée voire privatisée.

Pourtant, pour des raisons de sécurité nationale, il importe de garantir la confidentialité des données douanières de sorte à ce que des organisations privées ne puissent détenir des informations économiques et des statistiques portant sur les échanges commerciaux des Etats membres **(1)** .

En effet, développer un système informatique en interne par le biais de l'utilisation de ressources douanières existantes répond, mieux, aux besoins de l'administration des douanes et présente plusieurs avantages. Les modifications futures pourront être menées et contrôlées par les douanes qui détiennent le contrôle et la maitrise du logiciel informatique **(2)**.

1. La privatisation des systèmes informatiques douaniers

En vue de permettre aux différents acteurs, quel que soit l'endroit où ils se trouvent, de mener des formalités électroniques sur la base d'échange de documents, la collecte et le routage électronique des documents de pré-dédouanement sont gérés par des structures privées[418].

La gestion et la promotion du système de gestion des informations douanières et des Echanges (GAINDE) au Sénégal par exemple, sont confiées à un groupement d'intérêt économique dénommé GIE GAINDE 2000 et non à la Direction des Systèmes informatiques douaniers (DSID) avec laquelle d'ailleurs, le GIE fait doublon[419].

Mais, force est de reconnaitre que la manipulation de données hautement stratégiques, par un groupement d'intérêt privé, en lieu et place des structures

---

[418] L'exemple du GIE GAINDE au Sénégal.

[419] Le communiqué de presse publié dans le site du GIE GAINDE 2000 intitulé : « La Douane et le GIE GAINDE 2000 à l'honneur », Cérémonie Officielle de remise du 1er prix des Nations Unies pour le service public dans la catégorie 2 « Améliorer la prestation de service » peut prêter à confusion. Selon le communiqué, « le Sénégal vient d'être honoré par les Nations Unies pour ses initiatives et ses efforts en matière de Service public. En effet, le GIE GAINDE 2000, qui est le bras technologique de la Direction générale des Douanes, a remporté la première place du Prix des Nations Unies pour le Service Public dans la catégorie 2, «Améliorer la prestation de services ». Ce prix est la plus prestigieuse distinction pour le service public. » Sauf que ce ne sont pas les Douanes sénégalaises qui sont distinguées mais bien le Guichet unique électronique ORBUS qui est en service au Sénégal depuis 2004 et dont la version dématérialisée est entrée en production depuis 2011. D'ailleurs, le GIE GAINDE 2000 avait déjà été primé en 2007 et 2011 par le prix TIGA (Technology In Governmentin Africa).

informatiques de l'Etat telles que l'Agence de l'Informatique de l'Etat (ADIE) ou la Direction des Systèmes informatiques douaniers (DSID), comporte des risques certains et compromet la confidentialité qui doit caractériser les données douanières relevant du domaine de la sécurité nationale.

Aussi, répondant à une interpellation de la fédération sénégalaise des sociétés d'assurance qui faisait état de certaines opérations d'importation qui échapperaient à la formalité d'assurance, la Direction générale des Douanes s'est rabattue sur les statistiques données par le GIE GAINDE 2000 gérant de la plateforme ORBUS[420].

Pourtant, l'assistance technique apportée par ce GIE devrait, tout au plus, porter exclusivement sur des missions que la Direction du Système informatique douanier (DSID) consent bien à lui confier. C'est le lieu, par conséquent, de regretter le fait que le GIE GAINDE 2000 soit en train d'exporter des expertises communes, engrangées avec la complicité, peut être de bonne foi, d'agents des douanes, sans même l'accord préalable du Gouvernement sénégalais. Ainsi donc, cette structure de droit privé et commercial a déjà transféré le système GAINDE, sous la dénomination de Trade X, aux douanes kenyanes[421].

Le GIE GAINDE 2000 accompagne, en outre, l'administration des douanes burkinabé dans le cadre de la mise en place du système de gestion du guichet unique « ORBUS » rebaptisé, pour les besoins de l'implémentation au Burkina, système SYLVIE. Cette opération aurait couté un million de dollars aux douanes burkinabés[422].

---

[420] Lettre n° 3033 DGD/DOD/BCRFE/adb du 09 octobre 2015 du Directeur général des Douanes du Sénégal à Monsieur le Président de la fédération sénégalaise des sociétés d'Assurances.

[421] Administrateur Directeur Général de GAINDE 2000, depuis 2002, Ibrahima Nour Eddine Diagne aborde dans une interview qu'il a accordé à LEJECOS, l'environnement du digital au Sénégal, son entreprise ''GAINDE 2000'', le système Orbus et les innovations qu'il a apporté dans le commerce électronique entre autres : d'après Monsieur DIAGNE « l'exportation des solutions informatiques de GAINDE 2000 a commencé au Kenya dès 2006 et que 10 ans après, avec de belles références allant de la Côte d'Ivoire à l'île Maurice en passant par le Nigéria, nous accompagnons le gouvernement de la République de Guinée dans la dématérialisation des formalités de création d'entreprise ».
https://www.lejecos.com/Ibrahima-Nour-Eddine-Diagne-ADG-DE-GAINDE-2000-ORBUS-est-le-5eme-GU-installe-dans-le-monde-et-est-l-un-... consulté le 07 avril 2017.

[422] Du 11 au 29 août 2014, au Burkina Faso, une phase pilote du Guichet Unique électronique SYLVIE a été déroulée avec les Commissionnaires en Douane Agréés, la COTECNA, les Banques, les Assurances et la DAMOF. Cette phase a permis à un groupe d'une cinquantaine d'utilisateurs d'éprouver la dernière version de la solution logicielle en vue du démarrage officiel de l'exploitation prévue le 2 janvier 2015. D'ores et déjà, des avis ont été publiés dans la presse pour inviter les Commissionnaires en Douane Agréés, les importateurs et exportateurs, à souscrire les contrats d'abonnement et remplir l'ensemble des préalables spécifiés pour une bonne utilisation du logiciel à l'échéance indiquée. Le GIE GAINDE accompagnera désormais l'administration Burkinabé dans le cadre de la mise en place de la structure de gestion du Guichet Unique (SYLVIE), pour assurer son démarrage effectif à la

Pourtant, pour des questions liées à la sécurité nationale et pour être en phase avec les recommandations de l'Organisation mondiale des Douanes, nous sommes convaincus que la protection et la manipulation de ces systèmes informatiques doivent relever, d'abord et avant tout, des agents des douanes assermentés pour se prémunir d'éventuelles diffusions ou usages inappropriés voire illicites.

En réalité l'application des technologies de l'information et de la communication est une obligation importante de la Convention de Kyoto révisée. Il s'y ajoute que le cadre des normes SAFE préconise un modèle de données de l'OMD en précisant que les administrations des douanes devraient veiller à ce que leurs systèmes de technologies informatiques respectifs fonctionnent les uns avec les autres et reposent sur des architectures ouvertes.

A cet effet, la douane devrait utiliser le modèle de données de l'OMD qui définit un jeu maximal de données nécessaires à l'accomplissement des formalités à l'exportation et à l'importation. Le modèle de données précise également le format des messages électroniques correspondant aux déclarations de marchandises et de chargement concernées. Le modèle de données de l'OMD comprend tous les éléments de données énumérés en annexe qui peuvent être exigés en tant qu'informations préalables aux fins de la sûreté.

2. Les avantages d'un système informatique douanier en interne

Les procédures automatisées ou informatisées ont le mérite de faire l'union entre sécurité et facilitation, deux notions apparemment contradictoires. Aujourd'hui, de nombreuses administrations douanières utilisent différents degrés d'automatisation pour soutenir les fonctions centrales des douanes comme le traitement des déclarations de marchandises, l'évaluation des recettes, le recouvrement des recettes, la gestion du risque et la gestion du personnel.

Pour des enjeux liés à la souveraineté, la vision sécuritaire du système informatique douanier doit découler d'une stratégie nationale. Des structures étatiques telles qu'une agence nationale de la cyber-sécurité et une cellule nationale de gestion des incidents de sécurité devraient être mises en place à cet effet.

Ces structures « permettront de disposer d'une vision claire et actualisée des cyber-menaces, de renforcer les capacités d'analyse, de qualifier les capacités d'analyse, de qualifier les équipements de sécurité, de servir de point central d'alerte, de promouvoir les actions de coopération internationale, de

date prévue. www.gainde2000.com/burkina-faso-demarrage-imminent-de-lexploitation-du-guichet-unique-sylvie/?... Consulté le 07 avril 2017.

mutualiser les ressources, de renforcer le niveau de sécurité des structures de l'Etat et de définir des référentiels en matière de sécurité[423]. »

Les principes de sécurité et de confidentialités des données douanières doivent, impérativement, être au cœur de toute innovation informatique touchant le fonctionnement de l'administration des douanes. Le principe de sécurité signifie, ici, que le responsable du traitement des données (l'Etat) doit prendre les mesures de sécurité techniques et organisationnelles appropriées aux risques présentés par le traitement. Aucune personne agissant sous l'autorité du responsable du traitement des données, y compris un sous-traitant, ne peut traiter les données sans instructions correspondantes de la part du responsable.

La confidentialité des informations signifie que les Etats doivent garantir la confidentialité des télécommunications effectuées au moyen d'un réseau public de télécommunications et de services de télécommunications accessibles au public, ainsi que la confidentialité des données relatives au trafic y afférentes, sans restreindre le commerce des services. Le développement d'un système informatique en interne a l'avantage supplémentaire de renforcer l'expertise douanière qui pourra être utilisée plus tard pour soutenir le système dans le temps.

La construction d'une capacité douanière dans le domaine des nouvelles technologies de l'information et de la communication va dépendre de l'attractivité du projet pour les agents spécialisés en informatique[424] et de la façon dont celui-ci est intégré dans le dispositif global de lutte contre la fraude[425].

En conclusion, l'échange des informations, par le canal de l'informatique, demeure essentiel, surtout si les douanes veulent satisfaire à leur mission de lutte contre la criminalité transnationale organisée.

---

[423] Modou MBOW, Agent de constatation des douanes, Responsable du pôle sécurité de la Direction des Systèmes informatiques douaniers du Sénégal en 2015, « Il faut de la vigilance permanente pour faire face aux cyber-attaques », Revue semestrielle des douanes sénégalaises, N° 52 juin 2015, pages 52 et 53.

[424] Au Sénégal, une prime spéciale, tirée d'une taxe spéciale prélevée sur chaque déclaration enregistrée dans l'application douanière GAINDE dénommée PID (prestation informatique douanière) a été créée pour motiver les agents de la Direction du système informatique douanier.

[425] En raison d'un investissement professionnel important, l'administration des douanes russe a choisi de développer et de maintenir plusieurs de leurs systèmes informatiques en interne. Ce choix est inscrit dans l'initiative pour la réforme douanière financée par la Banque mondiale.

Paragraphe II : Le dispositif douanier de lutte contre la cybercriminalité

La lutte contre la cybercriminalité doit impérativement s'appuyer sur un dispositif interétatique mettant en avant la prévention et la réglementation bien qu'il n'existe pas encore, à l'échelle des Nations Unies, une Convention spécifique à la lutte contre la cybercriminalité. Il est vrai que la convention de Palerme contre la criminalité transnationale organisée est susceptible de prendre en charge certains aspects de la cybercriminalité surtout lorsqu'elle implique des réseaux organisés[426].

La lutte contre la criminalité transnationale organisée s'inscrit dans les prescriptions de la Directive du 19 août 2011 portant lutte contre la cybercriminalité dans l'espace CEDEAO visant à adapter le droit douanier au phénomène de la cybercriminalité[427] **(A)**.

Sur le terrain, l'appropriation douanière des technologies de l'information et de la communication pour lutter contre la Criminalité transnationale organisée est matérialisée par l'érection d'unités cyber-douanes spécialisées dans la répression de la cybercriminalité **(B)**.

A : La sécurisation des procédures douanières informatisées

L'ouverture au réseau Internet s'accompagne de la possibilité de voir des données stratégiques faire l'objet de violation de toutes sortes. Il faut surveiller Internet et, par la même occasion, surveiller le commerce électronique puisque l'Internet est devenu rapidement le réseau de référence pour les cybercriminels spécialisés dans les atteintes au système automatisé des données douanières.

De nombreux échanges électroniques inter-entreprises empruntant des réseaux spécialisés pour les échanges de données informatisées (EDI) ont tendance à migrer vers l'Internet. C'est d'ailleurs pourquoi, les douanes sont invitées à renforcer la surveillance douanière du commerce électronique pour

---

426 Papa Assane TOURE, (2014), *Le traitement de la cybercriminalité devant le juge : l'exemple du Sénégal*, L'Harmattan Paris, pages 466 à 468.

427 Dans l'espace CEDEAO, la question de l'adaptation, du droit pénal et du droit douanier à la cybercriminalité a, d'abord, été expressément évoquée le 16 octobre 2008 à Praia (Cap-Vert) à l'issue de la septième réunion des Ministres en charge des télécommunications et des technologies de l'information et de la communication. A cette occasion, un projet d'Acte additionnel relatif à la lutte contre la cybercriminalité dans l'espace CEDEAO a été adopté ainsi que des projets d'Actes additionnels relatifs à la protection des données à caractère personnel et aux transactions électroniques. La CEDEAO envisage également la « création d'un centre » qui sera chargé de la lutte contre la cybercriminalité dans l'espace CEDEAO. D'autres recommandations ont été faites, notamment portant sur la contribution des Etats membres au Fonds de Solidarité Numérique, à la protection des données personnelles, tout ceci entrant dans le cadre d'une politique sous régionale concertée.

lutter contre le faux en informatique, la fraude informatique et les délits relatifs aux données et systèmes informatiques **(1)**.

Cette surveillance électronique est requise puisque les conséquences désastreuses de la cybercriminalité sur la sécurité des échanges devraient pousser nombre d'administrations des douanes à créer des unités spécialisées dénommées unités cyber-douanes **(2)**.

1. Les systèmes informatiques de sécurisation des données

La Directive de la CEDEAO portant sur la cybercriminalité réprime « le fait pour toute personne, sans motif légitime de produire, de vendre, d'importer, de détenir, de diffuser, d'offrir, de céder ou de mettre à disposition un équipement, un programme informatique, un mot de passe, un code d'accès, une donnée, ou des données informatiques similaires adaptées pour commettre des infractions déterminées[428] ».

La Directive prohibe, en effet, toute participation à une association formée ou à une entente en vue de commettre des infractions informatiques. Cette participation délictuelle est définie comme le fait pour toute personne de participer à une association formée ou à une entente établie en vue de préparer ou de commettre une ou plusieurs des infractions prévues dans la Directive. Celle-ci s'applique à toutes les infractions relatives à la cybercriminalité dans l'espace CEDEAO, ainsi qu'à toutes les infractions pénales dont la constatation requiert la collecte d'une preuve électronique.

Le Système de Traitement automatisé des Données douanières (STAD), dans l'esprit de la Directive contre la cybercriminalité, peut être défini comme « tout ensemble composé d'une ou plusieurs unités de traitement, de mémoire, de logiciels, de données, d'organes d'entrée-sortie et de liaisons qui concourent à un résultat déterminé, cet ensemble étant protégé par des dispositifs de sécurité ».

Partant de cette définition, les applications et autres systèmes informatiques qui permettent aux usagers des services douaniers de procéder aux différentes opérations requises pour l'importation ou l'exportation de leur produit peuvent être considérés comme un STAD. A cet effet, est incriminé le fait de produire ou de fabriquer un ensemble de données numérisées par l'introduction, l'effacement ou la suppression frauduleuse de données informatisées, stockées ou transmises par un système informatique, engendrant des données

[428] Article 14 de la Directive intitulé « disposition d'un équipement pour commettre des infractions ».

contrefaites, dans l'intention qu'elles soient prises en compte ou utilisées à des fins légales comme si elles étaient originales[429].

Généralement, les atteintes au STAD visent les infractions suivantes :

- atteintes aux systèmes informatiques ;

- atteintes aux systèmes de traitement automatisé de données ;

- atteintes aux données informatisées ;

- atteintes aux droits de la personne liées aux fichiers ou traitements informatiques ;

- infractions se rapportant au contenu ;

- atteintes aux mineurs ;

- atteintes à la loi sur la presse ;

- infractions liées aux activités des prestataires techniques de services de communication au public par voie électronique ;

- infractions aux cartes bancaires ;

- infractions au chiffrement -clé de déchiffrement ;

- refus de remettre une clé de déchiffrement ou de la mettre en œuvre ;

- infractions liées à la publicité par voie électronique ;

- suppression ou modification des données et entrave ou altération de fonctionnement du système ; dans cette hypothèse, il n'y a pas d'accès frauduleux, seulement entrave ou altération du fonctionnement[430]. Exemple, le commissionnaire en douane qui veut nuire à la douane en détruisant des fichiers sécurisé par l'envoi d'un virus ou par l'envoi massif automatisé de messages ;

- introduction, suppression modification frauduleuse de données[431] et installation d'un sniffer sur un serveur pour récupérer des codes d'accès[432].

---

[429] Article 431-9 du code pénal sénégalais précise que l'auteur des faits incriminés est puni d'un emprisonnement de cinq millions (5 000 000) de francs à dix millions (10 000 000) de francs ou de l'une de ces peines.

[430] L'article 7 de la Directive C/DIR/1/08/11 du 19 août 2011 portant lutte contre la cybercriminalité dans l'espace CEDEAO et relatif à l'introduction frauduleuse de données dans un système informatique réprime le fait pour toute personne d'introduire ou de tenter d'introduire frauduleusement des données dans un système informatique. L'article 5 relatif au maintien frauduleux dans un système informatique réprime le fait pour toute personne de se maintenir ou de tenter de se maintenir frauduleusement dans tout ou partie d'un système informatique. L'article 6, quand à lui relatif à l'entrave au fonctionnement d'un système informatique réprime le fait pour toute personne d'entraver, de fausser, de tenter, d'entraver ou de fausser le fonctionnement d'un système informatique.

[431] Article 9 de la Directive : modification frauduleuse de données informatiques ; le fait pour toute personne d'endommager ou de tenter d'endommager, d'effacer ou tenter d'effacer, de détériorer ou de tenter de détériorer, d'altérer ou de tenter d'altérer, de modifier ou de tenter de modifier frauduleusement des données informatiques.

C'est, notamment, le cas du douanier qui, après s'être introduit dans le système, détruit ou falsifie des données commerciales (contrats, études, fichier clients) ou le cas du comptable public, qui même de bonne foi, modifie des données comptables ;

- traitements de données à caractère personnel sans déclaration préalable à la Commission nationale en charge de la protection des données personnelles y compris par négligence. Cette disposition est susceptible de réprimer le spam ;

- collecte de données à caractère personnel par un moyen frauduleux, déloyal ou illicite[433] dénommé phishing. A cet effet, « est interdite la prospection directe au moyen d'un automate d'appel, d'un télécopieur ou d'un courrier électronique utilisant, sous quelque forme que ce soit, les coordonnées d'une personne physique qui n'a pas exprimé son consentement préalable à recevoir des prospections directes par ce moyen. » De même, l'article 4 de la Directive de la CEDEAO définit l'accès frauduleux à un système informatique par le fait, pour toute personne d'accéder ou de tenter d'accéder frauduleusement à tout ou partie d'un système informatique. Le phishing vise à récolter des informations personnelles (codes confidentiels, etc.) en dupant les internautes par le biais d'un courrier électronique semblant provenir, par exemple, de l'administration des douanes ;

- tout comme le phishing, le pharming[434] renvoie au même scénario, mais est plus pervers car plus discret par l'utilisation d'une mule informatique. Une « mule » est le nom donné à une personne utilisée pour transporter des matériaux illicites : explosifs, armes, drogues. Sur Internet, les mules sont "recrutées" par e-mail contre rémunération, mais le principe est identique :

---

[432] Article 8 de la Directive : interception frauduleuse de données informatiques ; le fait pour toute personne d'intercepter ou de tenter d'intercepter frauduleusement par des moyens techniques des données informatiques lors de leur transmission non publique à destination, en provenance ou à l'intérieur d'un système informatique.

[433] L'arrêt de la Cour de Cassation française du 14 mars 2006 estime que la collecte d'adresses e-mails grâce à un logiciel robot constitue une collecte déloyale car les personnes concernées ne peuvent faire valoir leurs droits d'opposition. En effet, « est interdite la prospection directe au moyen [...] d'un courrier électronique, des coordonnées d'une personne physique qui n'a pas exprimé son consentement préalable à recevoir des prospections directes par ce moyen. À l'origine, il y a souvent des données nominatives collectées illégalement et donc non déclarées à la CNIL.

[434] Le pharming est un autre type de fraude en ligne, similaire au phishing. Les pharmers comptent sur les mêmes sites Web factices et le vol d'informations confidentielles afin de mener à bien leurs arnaques en ligne, mais il est plus difficile de les détecter car ils ne dépendent pas de si la victime est "appâtée" par un message. Au lieu de compter entièrement sur les utilisateurs cliquant sur un lien séduisant dans un faux courrier électronique, le pharming consiste à rediriger les victimes vers un faux site Web même si elles ont tapé l'adresse Web correcte de leur banque ou d'un autre service en ligne dans leur navigateur Web.

abuser un internaute qui se rend ainsi complice d'une fraude (vol, détournement ou blanchiment d'argent) passible de poursuites.

Pour faire en sorte que le processus de sécurisation des systèmes de traitement des informations douanières ne ralentisse la circulation des marchandises, les administrations douanières devraient utiliser des technologies modernes sécurisées. La préservation de l'intégrité du fret et des conteneurs, par le recours à des technologies modernes constitue, en effet, une composante essentielle de la surveillance douanière des échanges commerciaux.

2. Les unités cyber-douanes dans la lutte contre la cybercriminalité

En matière de lutte contre la cybercriminalité, les pouvoirs des douaniers sont renforcés en leur reconnaissant le pouvoir d'enquêter sous pseudonyme sur Internet (cyber-patrouille ou cyber-infiltration).

Dans le but de constater les infractions commises par un moyen de communication électronique, d'en rassembler les preuves et d'en rechercher les auteurs, les officiers ou agents de police judiciaire agissant au cours de l'enquête ou sur commission rogatoire peuvent, s'ils sont affectés dans un service spécialisé et spécialement habilités à cette fin, dans des conditions précisées par arrêté, procéder aux actes suivants, sans en être pénalement responsables :

- participer sous un pseudonyme aux échanges électroniques ;

- être en contact par ce moyen avec les personnes susceptibles d'être les auteurs de ces infractions ;

- extraire, transmettre en réponse à une demande expresse, acquérir ou conserver des contenus illicites dans des conditions fixées par décret.

A peine de nullité, ces actes ne peuvent constituer une incitation à commettre ces infractions[435].

Il faut noter que durant leurs enquêtes en vue de détecter les infractions douanières commises par le moyen des communications électroniques, les agents des douanes sénégalais peuvent s'en référer au Code de procédure pénale révisé.

Le droit douanier devra, également, s'adapter aux évolutions technologiques pour assurer l'effectivité de la sanction des comportements d'écart aux normes de la société de l'information et de l'électronique.

C'est en réponse à ces nouvelles exigences qu'il a été mis sur pied un service cyber-douane, aujourd'hui, devenu une structure douanière spécialisée

[435] Cette technique était, déjà, permise aux officiers de police judiciaire en France par l'article 706-35-1 du Code de procédure pénale.

dans la lutte contre les infractions commises dans ou par l'utilisation de l'Internet. La mission de cyber-douane, à cet effet, est de recueillir et d'enrichir des informations sur Internet, dans tous les secteurs intéressant l'action de la douane : trafics de contrefaçons, de stupéfiants, d'armes, d'œuvres d'art, etc.

La lutte contre la cybercriminalité douanière est le fondement de la mise en place, en France, du service dénommé « Cyber-douane » rattaché à la Direction nationale du Renseignement et des Enquêtes douanières[436].

Les « cyber-douaniers » bénéficient d'une formation spécifique et ont été sélectionnés pour

- leur intérêt marqué pour la lutte contre la fraude et le renseignement ;
- leur maîtrise avancée de la micro-informatique et de son environnement ;
- leur maîtrise des bases de données douanières ;
- leur maîtrise des protocoles de communication par Internet ;
- leur capacité à développer des logiciels spécifiques, à opérer une veille technologique et à proposer des solutions informatiques innovantes en matière de suivi et de veille sur Internet ;
- leur capacité à lier des contacts parmi les acteurs d'Internet afin de faciliter les missions douanières.

B : L'informatisation de la surveillance douanière

La cybercriminalité, transposée en douanes, peut être définie comme l'ensemble des infractions douanières commises par un moyen de communication électronique au sens de la Directive portant lutte contre la cybercriminalité dans l'espace CEDEAO. Cette définition peut être retenue en s'inspirant des visas de la Directive susvisée qui a noté que « la cybercriminalité est un phénomène nouveau qui nécessite la définition des infractions spécifiques, lesquelles doivent être rattachées consubstantiellement, aux infractions classiques… en raison de la nature du préjudice causé au moyen de l'utilisation de l'Internet ».

Pour lutter contre la cybercriminalité, le Cadre de normes SAFE contraint l'exportateur, le transporteur et/ou l'importateur à transmettre par voie

[436] « La lutte contre la fraude sur Internet, notamment dans le domaine des armes à feu et des stupéfiants, nécessite de renforcer les capacités de détection des sites ou de particuliers proposant l'acquisition de marchandises de fraude en ligne », a expliqué Yann GALUT (PS), à l'occasion de l'examen du projet post-attentats de réforme pénale en France. http://www.notretemps.com/Internet/lutte-contre-le-crime-organise-les,i109628 consulté le 07 avril 2017.

électronique les informations douanières pour permettre aux douanes de procéder à l'analyse de risque.

Il faut donc que les douanes mettent en place un système de sécurité fiable, performante et efficace fondé sur des dispositions réglementaires pertinentes, capables de garantir la sécurité du commerce électronique **(1)**. Au demeurant, la surveillance douanière des routes de la cybercriminalité requiert une régulation de l'Internet et suppose la sécurisation des transactions et transmissions électroniques de données numériques **(2)**.

1. La surveillance douanière du commerce électronique

Plusieurs définitions du commerce électronique ont été proposées :

Selon l'Organisation mondiale des Douanes (OMD) : « le commerce électronique est le moyen de gérer les affaires en utilisant l'informatique et les télécommunications afin de faire circuler les données entre les systèmes informatiques propres aux organisations en présence pour effectuer une transaction commerciale. »

Pour le groupe d'étude interne sur le commerce électronique de l'OMD, l'expression « commerce électronique couvrira la réalisation par voie électronique, d'une ou plusieurs fonctions dans le circuit de production des biens et services, à savoir la commande, l'expédition et le payement ».

« Le commerce électronique est aussi considéré comme un commerce qui intègre la production, la vente et la distribution de produits et services à travers des moyens électroniques[437] ».

« Le commerce électronique peut aussi désigner les activités ayant pour objet l'achat ou la vente de biens et de services au travers de réseaux électroniques[438] ».

Bien que la notion de commerce électronique couvre toutes les transactions électroniques réalisées via un réseau électronique, la tendance aujourd'hui est de limiter la portée de la lutte contre la cybercriminalité aux seules transactions effectuées via Internet.

Aujourd'hui, l'efficacité de la lutte contre la criminalité informatique postule la mise en place d'un dispositif douanier de surveillance du commerce électronique. Pour cela, il faut des normes impératives et pas simplement incitatives. Les voies qu'utilise la fraude douanière dans le commerce électronique sont, principalement, les voies officielles telles que la voie postale

---

[437] Abdoulaye NDIAYE - I.N.Eddine DIAGNE et al – « Le commerce électronique en Afrique », Forum pour le Développement africain (FDA), – FDA 99 P2-24.

[438] Alvergnat Cécile – Germain Fabienne et al- in, (2000), « Le guide du commerce électronique », Paris, Echangeur, pages 45 à 49, (sous la direction de Daniel KAPLAN), 213p.

empruntée par les envois en faibles quantités ou les envois d'urgences par voie express.

Par souci de simplification et de facilitation, la douane a tendance à réserver un traitement de faveur à ces types d'envois. Il s'agit là de l'application du principe de neutralité technologique de la politique douanière pour les biens dits « numérisables », c'est-à-dire qui peuvent être livrés sous forme physique et sous forme électronique (musique, films…).

Malheureusement, l'absence de perception des droits de douane pour un mode particulier de livraison (électronique) alors que les mêmes produits livrés traditionnellement sont soumis au tarif douanier entraîne un mécanisme de «détournement d'échanges» au bénéfice du commerce électronique. Ce mécanisme de discrimination est soutenable tant que le commerce électronique représente une part marginale du commerce mondial mais il sera nécessaire de traiter cette question avec l'augmentation probable de cette forme d'échange.

D'ailleurs, le traitement de faveur réservé aux envois de faible volume a incité à la multiplication des expéditions avec fractionnement pour bénéficier des tolérances. La même technique est utilisée par les envois en express. En effet, par le biais de cette forme d'envoi de colis express, peut se cacher une fraude très organisée portant sur des marchandises prohibées ou sur des objets de grandes valeurs, volontairement, sous évalués pour échapper au payement des droits et taxes. Il peut également s'agir d'importation de produits soumis à des prohibitions à titre absolu comme les drogues.

La fraude organisée voit ainsi, par ce mode d'expédition du commerce électronique, la voie royale pour échanger, en toute impunité, les produits de toutes sortes, y compris les métaux précieux et les drogues. La réduction ou la simplification des contrôles douaniers sur ce type d'envoi, peut aussi entrainer le développement d'un courant de fraude qui s'accroit au même rythme que le commerce électronique.

Il conviendrait, alors que les douanes trouvent la meilleure solution qui s'adapte et que, tout en participant au développement du commerce électronique, elle parvienne à juguler ce courant de fraude naissant mais dont l'avenir peut être très prometteur pour les entreprises de fraude organisées.

« En réalité, la parcellisation des envois, rendue possible grâce à Internet, complique un peu plus le travail des douanes. C'est pourquoi, il convient de détruire la filière entière et ne pas se contenter de micro-saisies[439] ». L'administration des douanes est tenue de s'adapter à cette nouvelle donne pour ne pas apparaitre comme le seul maillon de la chaîne qui

[439] Jérôme FOURNEL, Directeur général des Douanes et Droits indirects de la République française de 2007 à 2013.

freine le développement de cette forme d'échange. Pour cela, la douane est obligée de réserver un traitement d'urgence à ce type d'envois.

La tendance est à l'internationalisation des systèmes répressifs étant donné qu'un seul Etat ne peut faire face à la grande criminalité organisée dans ce secteur. C'est pourquoi, aux fins de la lutte contre la contrebande de contenus illicites, la collaboration entre services spécialisés en la matière et entre différents Etats est vivement recommandée.

La Convention d'assistance mutuelle entre administrations des douanes des pays membres de la CEDEAO peut servir de référentiel même si elle n'a pas repris, nommément, le concept de cybercriminalité douanière, mais des outils techniques de lutte y sont aménagés à travers la coopération avec les services de sécurité compétents[440].

Cette Convention en faveur de la collaboration interservices peut servir de prétexte aux douanes de la CEDEAO appelées à mettre en place des liaisons utiles avec les services spécialisés dans la lutte contre la cybercriminalité[441]. Cette option s'est manifestée, notamment, par l'institution de mesures d'investigation au moyen des technologies de l'information et de la communication et par l'organisation des procédés d'interception de correspondances téléphoniques ou émises par voie électronique[442].

2. La surveillance douanière des transmissions électroniques

Dans les échanges interentreprises, bien souvent les partenaires se connaissent, les paiements sont domiciliés et sont simplement effectués par des messages Echanges de Données Informatisées (EDI) qui ne posent aucun problème spécifique[443]. Le problème est que, pour la même marchandise vendue, l'acheteur ayant recours aux intermédiaires de commerce supporte des

---

[440] A travers la Convention d'assistance mutuelle administrative en matière de douane, il est conféré au Secrétariat exécutif d'assurer les liaisons utiles avec les autres organisations internationales intéressées et notamment avec les organes compétents des Nations Unies et l'Organisation internationale de police criminelle (INTERPOL) en matière de lutte contre le trafic illicite de stupéfiants et de substances psychotropes.

[441] C'est ainsi qu'au Sénégal par exemple, des mesures normatives tendant à lutter efficacement contre la cybercriminalité ont été prises visant à renforcer les pouvoirs du juge d'instruction et d'octroyer de nouvelles prérogatives à l'officier de police judiciaire, et donc au Chef de subdivision des douanes dans la collecte des preuves.

[442] Loi n° 2016-30 du 08 novembre 2016 modifiant la loi n° 65-61 du 21 juillet 1965 portant Code de procédure pénale, JORS, n° 6976 161ème année, articles 90-1 à 90-19 portant sur les règles applicables aux systèmes et aux données informatiques.

[443] En France, depuis la fin du mois d'octobre 2008, le télé-service, DEB sur Prodouane a définitivement remplacé la télé-procédure DEB sur le WEB pour la saisie en ligne des déclarations d'échanges de biens. Dans l'Union européenne, la plupart des échanges commerciaux s'effectuent librement. A l'introduction, c'est-à-dire à l'arrivée de marchandises communautaires sur le territoire national, une DEB doit être déposée.

coûts que celui ayant recours aux commissionnaires transactionnels de l'internet ne supporte pas.

En réalité, l'absence de perception des droits de douane pour ce mode particulier de livraison électronique pourrait entrainer un mécanisme de « détournement d'échanges » au bénéfice du commerce électronique[444]. Mais en vérité, des droits de douanes peuvent bien être prélevés, il se trouve juste que les possibilités de se soustraire, frauduleusement, au paiement des droits de douane dans le commerce électronique sont très élevées.

D'ailleurs, la non-perception des droits de douane dans le commerce électronique, ne constitue que la partie visible de l'iceberg.

Les transmissions électroniques peuvent être assimilées à du commerce électronique direct puisqu'elles s'opèrent dans le cadre d'une transaction commerciale impliquant le franchissement d'une frontière virtuelle. Exemple les logiciels, les magasines électroniques, la musique téléchargeable peuvent être livrés en ligne.

Le problème du franchissement de la frontière devient plus complexe lorsqu'il s'agit d'un logiciel ou d'un programme informatique qui est mis au point par plusieurs équipes délocalisées travaillant dans des pays différents, ayant fait l'objet de plusieurs copies différentes. S'il est vrai que dans les échanges internationaux, seul le support matériel fait l'objet de prise en charge douanière concrète, force est de reconnaitre qu'actuellement le moyen électronique (commerce via Internet notamment) utilisé, de plus en plus comme support pour les opérations d'import-export des marchandises doit faire l'objet d'un minimum de surveillance douanière.

Ces transmissions électroniques engendrent, immanquablement, l'insécurité des données des différents systèmes douaniers automatisés puisque des opérateurs étrangers ont la possibilité de s'y insérer en utilisant des techniques modernes et technologiques difficiles à appréhender telles que le cloud computing[445] ou l' « Internet dans les nuages », les réseaux sociaux et autres applications téléchargeables.

Le constat est, qu'avec l'expansion des technologies de l'information et de la communication, des efforts sont consentis à l'échelle mondiale pour l'automatisation des procédures en vue de permettre aux différents acteurs, quel que soit l'endroit où ils se trouvent, de mener des formalités électroniques sur la base d'échange de documents et de données par voie électronique.

---

[444] Alioune DIONE, op.cit., pages 148 à 149. Voir aussi Philippe BARBET, « TIC et commerce électronique : laboratoires de la libéralisation des échanges et des évolutions des règles d'impositions ? » https://halshs.archives-ouvertes.fr/halshs-00206149/document

[445] Confère les travaux de l'OMD sur le cloud computing, (en ligne), www.wcoomd.org/.../premier-customs-it-event-gets-underway-in-the-united-states.aspx consulté le 07 avril 2017.

Lorsque la réalisation des infractions s'intègre dans le commerce électronique, la douane en tant que police des frontières et conformément à la Convention de Kyoto révisée et au Cadre de normes SAFE, doit être compétente pour lutter contre cette forme de cybercriminalité. Cette intervention douanière, doublement justifiée par les exigences de collaboration entre les autres services de sécurité et la nécessité de lutte contre la fraude électronique, doit conduire les douanes à sécuriser les transmissions électroniques.

Il a donc paru nécessaire de renforcer la lutte contre la cybercriminalité et le cyber-terrorisme ainsi que toute autre forme de délinquance perpétrée par le biais de moyens électroniques à des fins criminelles.

L'Internet n'a pas simplement favorisé le développement d'une nouvelle catégorie de fraudes douanières, le réseau mondial apparait, en plus, comme le cadre privilégié d'une nouvelle criminalité organisée et sans frontières, dont la répression interpelle l'administration des douanes.

La lutte contre la fraude virtuelle aboutira à réprimer certaines infractions liées à la cybercriminalité transfrontalière en tant qu'infraction douanière. En effet, le développement de la cybercriminalité ne peut laisser inactive la matière douanière obligée de s'adapter aux nouvelles technologies de l'information et de la communication à travers, notamment, la sécurisation des services, objet de commerce électronique.

De plus en plus d'administrations des douanes des pays membres[446] connaissent des mutations dans leur structuration pour, justement, se donner les moyens d'appliquer les réglementations relatives à la sécurisation du commerce et des transmissions électroniques.

[446] La loi sur la société de l'information n° 2008-10 est le premier jalon d'une série de réformes à entreprendre pour mettre en harmonie l'ensemble du droit positif avec les exigences de la société de l'information. Elle détermine la signification et les caractéristiques de la société sénégalaise de l'information (SSI).

Conclusion du Chapitre I

Il est vrai que la Convention de Palerme contre la criminalité transnationale organisée est susceptible de prendre en charge certaines infractions douanières nouvelles, surtout, lorsqu'elles impliquent des réseaux organisés. Les actions des réseaux criminels ont une incidence préjudiciable et réelle sur les organismes du secteur public, les entreprises et les citoyens de la CEDEAO.

Avec le développement du commerce électronique, l'administration des douanes se donne les moyens de simplifier les procédures douanières et d'assurer un contrôle plus moderne, mais des entreprises de fraude ont également profité des progrès techniques pour améliorer leurs méthodes et échapper au contrôle douanier.

En fait, l'entrée des technologies de l'information et de la communication dans le processus de commission de l'infraction douanière confère au droit douanier une autre particularité, celle-là, liée à la spécificité et à la complexité du monde technologique et virtuel.

Partant du fait que le scénario socio-économique de nos sociétés est en train de changer au vu d'un monde de plus en plus interconnecté, les réseaux criminels sont en train d'agir comme partisans d'une communauté virtuelle, très fragmentée et extrêmement dynamique.

Pour autant, les pays membres travaillent à améliorer leur dispositif législatif en participant à des efforts multilatéraux tels que le Forum mondial antiterroriste, l'initiative et les programmes de l'Union africaine et de la CEDEAO sur la sécurité des frontières, les programmes de renforcement des capacités du gouvernement américain en matière de lutte contre le terrorisme…

Ce faisant, la lutte douanière contre la criminalité transnationale organisée ne doit pas chercher à réprimer systématiquement tous les transferts suspects, tout au plus, devrait-on se limiter à enquêter sur la manière dont ces transferts sont utilisés à des fins illicites.

Au surplus, l'éthique, au sein de la douane, devrait renforcer la confiance des usagers à l'endroit du service public, conforter la crédibilité de l'administration, faciliter les échanges internationaux et les investissements étrangers, augmenter le niveau de sécurité et de protection des populations.

Chapitre II : La dématérialisation du contrôle douanier des échanges

La dématérialisation est définie par le dictionnaire le *Petit Larousse* comme l'action de donner un aspect immatériel à un corps déterminé. L'utilisation de la notion de ''dématérialisation'' dans le contrôle douanier des échanges commerciaux renvoie à l'abandon de supports matériels comme élément de base du dédouanement.

Le terme ''dématérialisation'' est apparu avec la consécration de l'Internet comme outil de travail des administrations publiques. La « dématérialisation » a un double sens car d'une part, elle est décrite comme induisant, à la fois, la possibilité de l'établissement de certains actes sous signature numérique et électronique et leur conservation de façon immatérialisée et d'autre part, elle est marquée par le passage, au ''tout électronique'' du commerce international.

Cependant, la notion de dématérialisation ne devrait pas systématiquement renvoyer à la notion d'informatisation dans la mesure où le monde économique virtuel renferme d'autres canaux immatériels par lesquels s'opèrent des transactions commerciales portant, notamment, sur des services transfrontaliers. C'est pourquoi, même si les douanes s'appuient de plus en plus sur l'informatique pour contrôler les procédures de dédouanement des marchandises, il convient de mettre l'accent, dans ce chapitre, sur les différents mécanismes douaniers de contrôle de la circulation de produits et biens immatériels d'origine criminelle[447], d'autant plus que la régulation des services est la forme la plus achevée de la dématérialisation.

En outre, malgré les mutations d'ordre structurel, indispensables à la réalisation d'un système douanier dématérialisé, les mécanismes de dédouanement, même informatisés, n'en demeurent pas moins, toujours procéduraux et manuels à travers la survivance des contrôles documentaires et des vérifications physiques des marchandises.

Au demeurant, le rôle des technologies de l'information et de la communication dans l'exécution de la mission de surveillance douanière ayant déjà été abordé dans le chapitre relatif à la modernisation de la surveillance douanière, il nous semble plus approprié de voir, dans ce chapitre, comment un contrôle douanier dématérialisé pourrait s'accommoder de la circulation libre des services transfrontaliers liés à la criminalité transnationale organisée.

---

[447] Aux termes de l'article 02 de la convention de Palerme : l'expression "produit du crime" désigne tout bien provenant directement ou indirectement de la commission d'une infraction ou obtenu directement ou indirectement en la commettant. Le terme "biens" quant à lui désigne tous les types d'avoirs, corporels ou incorporels, meubles ou immeubles, tangibles ou intangibles, ainsi que les actes juridiques ou documents attestant la propriété de ces avoirs ou les droits y relatifs.

Partant de la régulation, à des fins sécuritaires des services transfrontaliers, l'idée de la mise en place d'un système de dédouanement spécifique portant sur les services commerciaux devrait pouvoir être expérimentée en vue de mieux combattre la criminalité transnationale virtuelle **(Section I)**.

En s'inspirant du cadre légal de contrôle de la circulation des biens immatériels, il sera possible alors, de considérer que la régulation de la circulation des services commerciaux est bien un moyen efficace de lutte contre la criminalité transnationale organisée **(Section II)**.

Section I : Le dédouanement des services comme moyen de lutte contre la criminalité transnationale organisée

Le dédouanement d'un produit consiste à lui assigner un régime douanier lors de son importation ou de son exportation dans un pays. A l'analyse du droit positif douanier, seule la marchandise, en tant qu'objet, remplissant les fonctions d'usage et d'échange, est prise en charge par l'administration des douanes[448].

Pourtant, dans la commission de l'infraction liée à la criminalité transnationale organisée, les services transfrontaliers peuvent être utilisés et servir, souvent, comme instrument de blanchiment. En effet, il est difficile de réprimer le trafic des marchandises illicites et de laisser libre cours voire sans contrôle, la circulation de services tels que les communications, les commissions, les frais de garantie ayant concouru à l'opération d'importation incriminée…

Les douanes de l'espace CEDEAO, notamment, devront mettre en place un système performant de contrôle du commerce des services transfrontaliers. Mais, encore faudrait-il que les éventuels écueils à l'applicabilité du dédouanement des services commerciaux soient, au préalable surmontés **(Paragraphe I)**. Car, malgré les réticences juridico-techniques, il est bien possible de déterminer un système pertinent pour la mise en œuvre du dédouanement des services commerciaux, ce, en référence à plusieurs mécanismes de régulation des services commerciaux **(Paragraphe II)**.

---

[448] L'illustration la plus parfaite et actuelle du dépérissement du droit de porte est l'application de la Redevance sur l'Utilisation du Réseau des Télécommunications publiques (RUTEL) au Sénégal. Conformément à la loi n° 2008-46 du 03 septembre 2008 l'instituant, cette redevance se substitue au droit de douane et à la TVA à l'import. Les droits de porte à vocation protectrice deviennent inapplicables suite à la taxation par l'Administration des Impôts et Domaines de ladite redevance. D'un taux de 2% du montant hors taxe de la prestation payée à l'opérateur, elle s'applique sur le service octroyé par les appareils de téléphones fixes et mobiles. Un tel raisonnement fiscal, étendu à d'autres produits, conduit à l'abandon progressif des droits de douane sur les appareils technologiques en particulier et sur toutes les marchandises, en général, octroyant des services quantifiables et évaluables.

Paragraphe I : Les conditions d'applicabilité du dédouanement des services

L'objectif du dédouanement des services est, d'abord et avant tout, d'assurer, la pérennité des principes de justice et d'équité, dans les relations commerciales internationales en appliquant les mêmes contrôles sécuritaires, aussi bien sur les marchandises que sur les services commerciaux.

Toutefois, il faut relever que la politique des engagements visés par les cycles d'Uruguay (1986-1994) qui ont consacré l'adoption de l'Accord général sur le Commerce des Services[449] (AGCS) ne milite guère en faveur de la mise en place d'un dispositif douanier de contrôle des services commerciaux. Cette situation de libéralisation du commerce des services risque de perdurer car, il y a manifestement une volonté de positionnement de l'entreprise spécialisée dans la production de services commerciaux et, qui œuvre pour la non application du dédouanement de ses produits commerciaux virtuels. Se pose alors la problématique du devenir de la libéralisation des services prônée par l'AGCS devant les exigences de lutte contre la criminalité transnationale organisée **(A)**.

Dans l'espace CEDEAO, l'absence de politiques coordonnées de prise en charge des trafics transnationaux virtuels se manifeste à travers l'impossibilité pour les douanes de taxer les services commerciaux aux frontières et ce, en application de la libre circulation des services consacrée par l'AGCS.

A travers la circulation libre des services commerciaux, les réseaux organisés se donnent, ainsi, les capacités de mener leurs trafics en minimisant les risques d'être démantelés. L'AGCS s'avère, donc, un adversaire sérieux pour ceux qui seront amenés à réfléchir sur la possibilité de mettre en place un système de dédouanement des services commerciaux **(B)**.

---

[449] L'AGCS représente le premier Accord sur les règles multilatérales applicables au commerce international des services. Il est au commerce des services ce que l'Accord général sur les Tarifs douaniers et le Commerce (GATT en anglais) représente pour le commerce des marchandises. Fondé sur le principe de la « nation la plus favorisée » (NPF), l'AGCS vise à lever progressivement les entraves à la liberté des échanges de services, d'une part, et à stabiliser les relations commerciales, d'autre part. Il s'applique en principe à l'ensemble du secteur des services, à l'exception des services fournis « dans l'exercice du pouvoir gouvernemental », et des droits et services du trafic aérien.

A : La portée du dédouanement des services

La libéralisation du commerce des produits et services consacrée par les règles de l'Organisation mondiale du Commerce (OMC) a pour effet de limiter l'action des douanes, à travers le dépérissement des droits de porte, le démantèlement tarifaire et la minimisation des contrôles douaniers aux frontières. C'est ainsi qu'aujourd'hui, le principe de dédouaner les services commerciaux n'est toujours pas de vigueur dans le droit positif.

L'AGCS constitue, à cet égard, le principal frein au dédouanement des services commerciaux **(1)**. Pourtant, pour faire face à la menace de la criminalité transnationale virtuelle et surtout de la cybercriminalité, il est plus que nécessaire de changer de paradigme et de mener les réflexions idoines pour mettre en place un système performant de contrôle douanier des services commerciaux **(2)**.

1. Les obstacles au dédouanement des services commerciaux

L'AGCS, principal obstacle au dédouanement des services commerciaux, se compose essentiellement de trois éléments :

- le texte principal qui énonce les obligations et disciplines générales ;

- les annexes contenant les règles applicables aux différents secteurs ;

- les engagements spécifiques contractés par les différents pays en vue d'assurer l'accès à leur marché, y compris des indications relatives aux cas dans lesquels les pays renoncent provisoirement à l'application du principe de la non-discrimination que constitue la clause de la nation la plus favorisée.

L'AGCS s'applique à tous les services entrant dans le commerce international, par exemple les services bancaires, les télécommunications, le tourisme, la construction et l'ingénierie, la distribution, l'éducation, l'environnement, les loisirs, la culture et le sport, les transports, la santé et les services sociaux ainsi que les divers etc. Il définit également quatre façons (ou « modes ») d'échanger des services :

- la fourniture de services d'un pays à un autre (par exemple les appels téléphoniques internationaux), dénommée officiellement « fourniture transfrontalière » ;

- l'utilisation d'un service par des consommateurs ou entreprises dans un autre pays (par exemple le tourisme), dénommée officiellement « consommation à l'étranger » ;

- l'établissement de filiales ou de succursales par une entreprise étrangère en vue de la fourniture de services dans un autre pays (par exemple les opérations de banques étrangères dans un pays), dénommé officiellement « présence commerciale » ;

- le déplacement de particuliers quittant leur pays pour fournir des services dans un autre (par exemple les mannequins ou les consultants), dénommé officiellement « présence de personnes physiques ».

L'AGCS met en place des règles générales de libéralisation du commerce des services en favorisant la suppression des lois qui limitent le commerce. Dans l'Accord Cadre de l'OMC, des règles générales de libéralisation applicables à douze (12) secteurs de l'AGCS sont édictées avant que des engagements ne soient pris. La libéralisation ouvre l'accès au marché d'un service engagé à tout fournisseur. En termes communs, si un pays a engagé ce service dans l'AGCS, toute entreprise peut s'installer sur son sol pour fournir ce service.

L'esprit de l'AGCS s'oppose au contrôle douanier du commerce transfrontalier des services, même si ces derniers sont bien pris en charge, notamment, lorsqu'ils sont adjoints aux marchandises importées au cordon douanier. L'AGCS, en effet, limite énormément la capacité d'un Etat de mener une politique pour aller vers des objectifs autres que la liberté de circulation des services commerciaux. Dans cette conception fortement libérale, la taxation douanière du service commercial pourrait être considérée comme une loi plus contraignante que nécessaire et donc illégale.

D'ailleurs des analystes considèrent que « l'AGCS va contribuer avec les autres accords conclus à l'OMC, à soumettre nos sociétés aux seuls objectifs de libre concurrence de libéralisation du commerce et de l'investissement. Il contraint les Etats à supprimer les lois considérées comme plus contraignantes que nécessaires pour les entreprises de services ou à ne pas en promulguer de nouvelles[450]».

2. La timidité de la doctrine douanière

A l'analyse, l'on se rend compte que les piliers du commerce mondial sont en train de connaitre une évolution voire des mutations, suite à la montée en puissance des productions et des flux immatériels, la collaboration entre entreprises en réseaux, l'évolution des critères de localisation des entreprises et des individus... Il est donc, plus que nécessaire, de changer de paradigme et de mener les réflexions idoines pour mettre en place un système performant de contrôle douanier des services commerciaux.

Certains altermondialistes et autres critiques et opposants farouches de l'OMC proposent, même, de revoir le principe de la libre circulation des

[450] Eric RIVALS était alors Directeur de recherches du Centre national de la recherche scientifique (CNRS France).

services commerciaux et mettent en place, à cet effet, des mouvements anti AGCS. Cependant, ils posent juste le débat de l'accès libre des services en tant que menace pour les populations pauvres. En effet, pour les membres de l'Association pour la Taxation des Transactions financières pour l'Aide aux Citoyens (ATTAC), l'AGCS a uniquement pour ambition d'étendre l'emprise de l'OMC à tous les services[451]...

Le système que préconise ce mouvement s'éloigne, néanmoins, de la prise en charge douanière des services commerciaux même s'il est possible d'y déceler des velléités de mettre en place un système de dédouanement des services commerciaux. Plusieurs raisons peuvent expliquer la timidité de la doctrine douanière en matière de dédouanement des services.

Les auteurs qui s'intéressent à la matière douanière ne font pas légion et quand ils prennent leurs plumes, c'est plus pour expliquer la législation douanière que pour l'analyser en profondeur voir la critiquer[452]. C'est qu'en réalité, les fonctionnaires des douanes, plus à même d'améliorer la matière sont assujettis à une discipline militaire stricte ainsi qu'à des obligations statutaires, notamment, de réserve[453]. Néanmoins, certaines interdictions à l'encontre des agents des douanes sont en phase d'être levées à la faveur des rapports de l'Organisation internationale du Travail leur reconnaissant la liberté syndicale[454]. La doctrine est certes timide mais a, tout de même le

---

[451] Ignacio RAMONET, décembre 1997, « Désarmer les marché », Le Monde diplomatique : « la mondialisation financière a créé son propre État, avec ses appareils, ses réseaux d'influence et ses moyens d'actions, mais que c'est un État complètement dégagé de toute société, qu'elle désorganise les économies nationales, méprise les principes démocratiques qui les fondent, presse les États à s'endetter, exige des entreprises qu'elles leur reversent des dividendes de plus en plus élevés, et fait régner partout l'insécurité. Monsieur RAMONET propose, donc, d'établir une taxe sur toutes les transactions financières, la taxe Tobin. Pour cela, il suggère de mettre en place une organisation non gouvernementale, l'« Association pour une taxe Tobin d'aide aux citoyens (ATTAC) », qui ferait dans tous les pays la promotion de l'idée de cette taxe. Cet appel, lancé en pleine crise des marchés asiatiques, reçut en apparence un accueil favorable, mais aucun soutien réel des dirigeants des différents pays développés. L'association pour la taxation des transactions pour l'aide aux citoyens, Attac, est créée le 3 juin 1998 au cours d'une assemblée constitutive. Depuis, Attac est présente dans 38 pays. En France, des hommes politiques, des associations, des syndicats et des particuliers sont adhérents à l'association.

[452] Au Sénégal par exemple, l'essentiel de la doctrine est composé de mémoires et de manuels d'élèves inspecteurs de l'Ecole nationale d'Administration, section douanes, et qui, à l'image de l'intelligentsia douanière mettent plus l'accent sur la description des procédures relatives aux contentieux et aux procédures douanières.

[453] Se référer à l'article 08 de la loi 69-64 du 30 octobre 1969 portant statut des douanes sénégalaises confirmé par la décision n° 02/C du 18 juillet 2013 du Conseil constitutionnel dans l'affaire Pape Djigdjam DIOP et par l'arrêt n° 61 du 12 décembre 2013 de la Chambre administrative de la Cour suprême dans l'affaire Ndiaga SOUMARE.

[454] 333ème session du Conseil d'Administration du Bureau international du Travail en date du 09 juin 2018, Rapport du Comité de la liberté syndicale de l'OIT n° 384, Mars 2018. http//www.normlex.cas 3209 Sénégal.

mérite de poser tacitement, voire indirectement le débat[455]. Elle se contente, cependant d'analyser, avec presque un regret d'incapacité, les multiples obstacles à l'avènement d'un dédouanement des services.

En tout état de cause, il est toujours « intéressant de discuter de la pertinence de l'assujettissement des services commerciaux au dédouanement, surtout par rapport à la nécessité d'aboutir à combler le fossé numérique entre les pays du Nord et ceux du Sud et de voir quelle est la meilleure stratégie pour arriver à cette fin[456]».

B : Les modalités de dédouanement des services commerciaux

Profitant de la libéralisation du commerce des services, les criminels sont amenés à exploiter les nouvelles technologies et génèrent ainsi de nouveaux modus operandi qui perturbent considérablement, les autorités de répression, notamment douanières, dans leur volonté de développer des nouvelles mesures d'investigation de lutte contre le crime organisé.

Les infrastructures digitales garantissent l'anonymat aux cybercriminels et une relative sécurité, ce marché criminel diversifié, mondialisé et dynamique rendra plus compliqué les actions de sécurité puisque les cybercriminels vont diversifier leurs activités et leurs compétences.

Pire, « dans le royaume de la cybercriminalité, est en train de naître un marché criminel dynamique, lequel va s'étendre sur les domaines qui appartiennent maintenant à la criminalité traditionnelle, c'est-à-dire le trafic des stupéfiants, la facilitation de l'immigration illégale, le blanchissement d'argent, l'exploitation des enfants, en plus de la violation de la propriété intellectuelle et des fraudes diffusées sur Internet[457] ».

La déclaration en douane est l'outil principal, à travers lequel les procédures douanières sont contrôlées. La dématérialisation de la déclaration en douane risque ainsi de produire des effets sur la manière dont le contrôle douanier sera exercé.

Dans ce contexte, il urge de mener les réflexions techniques idoines en vue de l'établissement de déclarations en douane portant, spécifiquement, sur les services commerciaux **(1).** Pour ce faire, le réaménagement du dispositif

---

[455] Au Sénégal par exemple, parmi les réflexions douanières portant sur la prise en charge douanière des flux virtuels, nous pouvons citer celles de l'inspecteur des douanes, docteur en droit Alioune DIONE inspirées de sa Thèse de doctorat en droit intitulé « Le droit douanier à l'épreuve des réseaux informatiques : le défi du commerce électronique » et de l'inspecteur des douanes à la retraite Simon Pierre Aly THIAW dans son mémoire de fin d'études à l'ENA intitulé : « la douane à l'épreuve du commerce électronique ».

[456] DIONE Alioune, op.cit.

[457] Europol, « La menace virtuelle du crime organisé et son avenir: un rapport de et les stratégies à adopter », (rapport en ligne), Https : // europe-liberté-sécurité-justice-org/2015/03/24/ la menace virtuelle du crime organisé et son avenir, consulté le 07 avril 2017.

douanier de contrôle sera irréversible en vue de l'intégration des spécificités liées au contrôle des déclarations en douane portant sur les services commerciaux **(2)**.

1. L'établissement de la déclaration en douane des services commerciaux

Les Etats membres de la CEDEAO, tirant une part importante des recettes fiscales sur les droits de douane, prônent, de plus en plus, l'application d'une fiscalité de porte sur certains services commerciaux tels que les appels téléphoniques entrants. Il importe, à cet effet, de lutter contre la terminaison illégale de communications téléphoniques en concurrence illégale avec des opérations titulaires de droits attachés à la licence portant sur les droits de télécommunication[458].

Les douanes pourraient être invitées à prendre le relais du dédouanement des appels entrants et devront, par conséquent, être préparées à contrôler les déclarations y relatives.

Concrètement, il va exister deux possibilités de lever une déclaration en douane portant sur les services commerciaux :

- conformément au principe de la personnification de la déclaration en détail, il pourrait revenir à chaque utilisateur de services importés de lever une déclaration auprès du Bureau de Dédouanement des Services (BDS). La difficulté pourrait être liée, dans cette hypothèse, à la lourdeur administrative consécutive à la sollicitation fréquente et diverse des fréquences (hertziennes, radioélectriques…).

- par dérogation au principe décrit plus haut, un nouveau système de dédouanement centralisé pourrait être mis en place. L'opérateur relais serait, dans ce système, le commissionnaire agréé en douane avec, à sa charge, une obligation de lever des déclarations électroniques périodiques.

La difficulté va résider sur l'institution de commissionnaires en douane spécialisés dans le traitement des services commerciaux alors même que cette profession n'est pas encore de mise dans l'environnement du commerce

[458] Au Sénégal, le Gouvernement est décidé à contrôler les déclarations des sociétés de télécommunication. Le flou qui entoure ces déclarations et la volonté ferme de l'Etat du Sénégal de les contrôler par le biais de l'Agence de régulation des télécommunications et des postes (ARTP), ont fini d'installer un malaise au sein de certaines entreprises de télécommunications au Sénégal. Et pourtant, en France (France Télécom) et en Espagne, les Gouvernements qui ambitionnent de financer le secteur de l'audiovisuel, ont appliqué ces mêmes surtaxes sur les appels entrants. A travers le décret n° 2011-1271 du 24 août 2011 instituant un système de contrôle et de taxation des communications téléphoniques internationales entrant, la République du Sénégal a décidé d'appliquer cette même surtaxe à l'instar de la France, de l'Espagne, du Ghana, de la Mauritanie, de la Guinée...

mondial des services. L'alternative se trouve, peut être, dans le renforcement des capacités informatiques des auxiliaires des douanes et autres transitaires qui sont appelés à lever des déclarations des services importés[459].

Dans tous les cas, le dédouanement électronique centralisé devra être un outil de régulation des services commerciaux puisqu'il permet à l'opérateur relais de concentrer les compétences douanières en un seul lieu, de traiter avec une administration qualifiée et dotée de correspondants informatiques ou électroniques et de renforcer la collaboration public/privé.

D'ailleurs, le dédouanement électronique est usité dans plusieurs pays développés, à travers notamment, le programme e-customs ou dédouanement en ligne par traitement automatisé (DELTA) même si son utilisation n'est pas encore élargie au dédouanement des services commerciaux[460].

Le dédouanement en ligne permet de transmettre, par voie électronique, les déclarations à la douane et de disposer rapidement du statut douanier des marchandises, et peut être demain de celui des services commerciaux[461]. Car, l'avenir de la fiscalité de porte se trouve bien dans le dédouanement des services commerciaux.

2. Le contrôle de la déclaration en douanes des services

Le contrôle douanier de la déclaration des services commerciaux importés doit être adapté aux réalités des actifs immatériels en privilégiant la coopération public/privé. Conformément à l'option judiciaire de création de délits pour surveiller les activités des cybercriminels[462], les douanes, dans leur

---

[459] « En France, l'administration des douanes a mis en place une plate-forme interactive permettant d'accéder aux applications douanières destinées aux professionnels : Prodouane. L'opérateur doit, dans un premier temps, se rendre sur le portail Prodouane afin de procéder à la création de comptes Prodouane pour chacun de ses utilisateurs, à raison d'un compte par utilisateur. Les utilisateurs doivent prendre garde de bien indiquer le numéro Siret de leur entreprise, car c'est par la saisie de ce numéro d'identifiant d'établissement que le système va être capable de rattacher les utilisateurs personnes physiques à la société pour laquelle ils travaillent. Par comparaison, un compte Prodouane se crée un peu comme une boite mail en ligne, par le renseignement de différentes rubriques. Les utilisateurs doivent ensuite activer leur compte ; il ne peut y avoir qu'un compte par courriel. Un niveau de sécurité est défini en fonction de l'identifiant et du mot de passe. » Andy HYEANS, *La douane au cœur de la stratégie internationale des entreprises, du contrôle au partenariat,* L'Harmattan, Paris, 2012, page 177.

[460] La déclinaison du programme e-customs se matérialise ainsi par DELTA, outil disponible sur le portail Internet de la douane française et dédié aux professionnels (Prodouane).

[461] Andy HYEANS, *op.cit*, page 125.

[462] La création de cyber douanes en France chargée de détecter les fraudes douanières sur Internet peut servir d'exemple. Le service « Cyber-douane » est constituée d'analystes et de personnels ressources dans les services d'enquêtes de la Direction nationale du Renseignement et des Enquêtes douanières (DNRED), mobilisables en permanence.

mission de facilitation et de sécurisation de la chaîne logistique, sont obligées de trouver une parade à la rudesse du dispositif de contrôle de la déclaration en détail, en utilisant, au besoin, les mécanismes réglementaires de régulation du commerce des services commerciaux.

Dans le cadre de la régulation douanière des services commerciaux, l'ensemble des déclarations en douane des usagers pourrait être centralisé par l'opérateur relais qui exploite les réseaux.

Le scénario pourrait être le suivant : les opérateurs en ligne ou relais auront l'obligation d'insérer un « Fichier Douane » dans toutes leurs prestations informatiques. Ce fichier de nature électronique sera renseigné par l'utilisateur du service relativement à la classification tarifaire, à la nature et à la valeur du service importé ainsi que l'identification précise de l'usager. L'ensemble des « Fichiers Douanes » sera centralisé dans un document unique dénommé manifeste électronique[463].

En ce qui concerne le commerce des services commerciaux n'impliquant pas une distribution en ligne, le recours à l'informatique ne devrait pas être une contrainte technique. Le recours à l'informatique, quand ce n'est pas nécessaire, reviendrait à élargir le marché informatique de manière non équitable en obligeant des prestataires de services non électroniques à utiliser des réseaux et des fréquences.

La libéralisation du commerce des services consacrée par les règles de l'Organisation mondiale du Commerce (OMC), à travers l'Accord général sur le Commerce des Services (AGCS) a pour effet de limiter l'action de la douane dans la prise en charge de tous les services commerciaux. Les enjeux normatifs se mondialisent, l'idée de procéder au dédouanement des services ne saurait, par conséquent, y échapper.

---

[463] Aujourd'hui, le Code des douanes du Sénégal de 2014 dispose en ses articles 68 et 69 que le manifeste peut se présenter sur support papier ou électronique. En France, le dédouanement des services trouve en la déclaration européenne de service (DES) un début d'application. Depuis le 1er janvier 2010, un assujetti établi en France, qui rend des prestations de services soumises, en application de l'article 196 de la directive TVA 2006/112/CE, à auto liquidation de la TVA par le preneur établi dans un autre Etat membre de la communauté européenne, doit transmettre une ''déclaration européenne de services''. La déclaration par l'intermédiaire de l'interface de saisie de la DES sur Prodouane est le mode DTI (Direct trader Interface). Le DTI plus est un mode de déclaration alternatif au DTI qui ne permet pas de saisir la déclaration en ligne mais d'envoyer directement un fichier comprenant les éléments de la (ou des) déclaration(s) dans un format attendu par la douane (XML). Il s'agit d'une simplification accordée aux opérateurs qui disposent dans leur système d'information des éléments à transmettre dans la DES et qui sont en mesure de fournir un fichier les reprenant.

Paragraphe II : Les mécanismes du dédouanement des services

La complexité de l'exercice s'apprécie à l'aune de la classification des services concernés en vue d'arriver à un traitement équilibré de l'ensemble des secteurs commerciaux. Des réflexions sérieuses devront être menées pour permettre au droit douanier de réguler le commerce des services.

Le dédouanement des services commerciaux présente une importance fiscale par l'élargissement de l'assiette imposable, un intérêt économique en protégeant les innovations immatérielles et les propriétés intellectuelles nationales et une nécessité sécuritaire par le contrôle des flux virtuels au cordon douanier[464].

Dédouaner les services transfrontaliers n'est certes pas impossible, mais sa matérialisation s'avère, tout de même, compliquée. Dans la mise en œuvre du projet, la détermination des services commerciaux, objet de contrôle douanier est un préalable à élucider. Une fois le principe de l'intégration des services dans la procédure de dédouanement accepté, la nécessité de donner corps au nouveau projet s'imposera inévitablement.

Il s'agira, alors, de trouver les techniques appropriées et de s'inspirer, au besoin, des systèmes de fiscalisation et d'imposition des services déjà existants, en vue de donner un contenu juridique à la présentation de la déclaration en détail des services commerciaux.

Des réaménagements techniques sur le système de dédouanement classique seront nécessaires, autant dans la manière de déterminer l'origine et la provenance des services illicites **(A)**, dans les modalités de calcul de la valeur en douanes desdits services **(B)** que dans la manière de les classer **(C)**.

A : La détermination douanière de l'origine et de la provenance des services

La frontière qui délimite le territoire est une limite, une interface privilégiée entre des systèmes différents[465] et se définit comme une zone de contact inter régie par ces deux systèmes. Au-delà des frontières physiques existantes, des délimitations de réseaux font émerger de nouveaux territoires assimilables ou non à des Etats déterminés.

Il serait alors indiquer de bien localiser les services illicites à travers la détermination de l'origine des services informatiques **(1)**, des services non

[464] Ndiaga SOUMARE, 2010, « Le dédouanement des services », mémoire de master II, Droit de l'intégration et de l'OMC, UCAD.
[465] A. Bierce cité in Roget Brunet, « Dictionnaire critique de géographie ».

informatiques **(2)** et à travers, aussi, la détermination de la provenance desdits services **(3)**.

1. La détermination de l'origine des services informatiques

L'identification du créateur du service informatique constitue un début de réponse à la question de la détermination de l'origine des services aux fins de lutte contre la criminalité transnationale organisée. Cette identification peut se faire à travers d'outils informatiques tels que la page web, le serveur, l'adresse IP pour les ordinateurs et le code IMEI pour les téléphones portables et autres smartphones, les routeurs, la signature électronique[466]...

Les difficultés s'apprécient, tout de même, à l'aune de la complexité du virtuel qui ne porte pas d'étiquettes, de « made in », ou de marquage... Il faut préciser que l'hypothèse de pouvoir localiser les services commerciaux et, donc, de pouvoir reconstituer les frontières sur le réseau Internet est bien possible car « si les espaces géographiques ont été supprimés sur le plan technique, ils sont, en fait, rapidement réapparus mais, sous une forme virtuelle, par le biais des noms de domaine en ce qui concerne les territoires et par le biais de la vie privée pour ce qui est du domaine virtuel[467] ».

En fait, dans le monde virtuel, il ne peut y avoir de lignes blanches matérialisant la séparation entre le territoire d'un Etat et le territoire de son voisin. La seule manière de rétablir les frontières physiques dans le cyberespace consiste à « détruire ce principe de redondance, ce qui fait qu'Internet est Internet et non un réseau de télécoms lambda[468] ».

La question n'est, pourtant pas, résolue car les réseaux de télécoms Lambda se superposent de plus en plus aux réseaux Internet. Les services superposés ajoutent des inquiétudes aux problèmes de l'identification du territoire douanier virtuel.

Une solution aux problèmes de territoire posés par Internet serait de considérer que les frontières étatiques n'ont pas disparu sur le réseau et qu'un serveur, un site Internet, un espace de discussion, peuvent être rattachés à un Etat, même en l'absence de frontières physiques. Ce rattachement pourrait s'effectuer par le biais de noms de domaines nationaux.

---

[466] Aux termes de l'article 01 du règlement n° 15/2002/CM/UEMOA relatif aux Etats membres de l'UEMOA, la signature électronique est « une donnée qui résulte de l'usage d'un procédé répondant aux conditions définies à l'article 23 » or, l'article 23 se contente de préciser les conditions de sécurité d'un dispositif de création de signature électronique.

[467] Alain BENSOUSSAN, avocat à la Cour d'appel de Paris, *Traité de droit de l'informatique, Théorie et pratique*, 1985, Editions Berger-Levrault/systema, 700 pages.

[468] Solveig GODELUCK, journaliste à Echos France, *La géopolitique d'Internet*, Editions La découverte, Paris, 2002, 252 pages.

Afin de rendre plus explicites les adresses numériques des ordinateurs, chaque machine connectée sur Internet se voit affecter un nom logique (hostmane). Ce nom, plus ou moins évocateur selon les cas, est appelé « nom de domaine ». Chaque domaine possède un serveur de noms DNS (Domaine Name Server) chargé d'effectuer la nécessaire correspondance entre les noms logiques et les adresses Internet numériques, les communications entre les machines s'effectuant sur la base de ces derniers. Les DNS communiquent entre eux pour résoudre des adresses[469].

Chaque Etat dispose sur Internet d'une zone matérialisée par un code de pays à deux lettres (appelé aussi « suffixe »), provenant du standard 3116 de l'Organisation Internationale de Normalisation[470]. Mais, en dehors des adresses électroniques qui renvoient facilement à des territoires déterminés, il existe des noms de domaine générique sans lien avec un Etat[471]. Or, l'utilisation de ces noms de domaine générique, par une entreprise ou un particulier, ne permet pas, toujours, d'identifier le lieu où les opérations ont été effectuées. La solution pourrait consister à les supprimer, ce qui impliquerait un consensus international, afin de ne conserver que les suffixes nationaux.

Il est possible, également, de les regrouper en un territoire virtuel nouveau régi par une réglementation souveraine. Dans ce cas «.com ; .org », par exemple, correspondront à un territoire dans lequel les entreprises s'y réclamant auront une immatriculation propre avec une souveraineté virtuelle dans la limite de l'activité d'importation des services.

2. La détermination de l'origine des services non informatiques

En vue de lutter contre la circulation illicite de services non informatiques concourant à la commission d'activités criminelles et terroristes, il est important de pouvoir les localiser. En fait, plusieurs fréquences distinctes d'Internet distribuent des services sans pour autant utiliser des noms de domaines. Il s'agit des fréquences hertziennes, téléphoniques, télévisuelles où il est indiqué de se référer, d'abord et avant tout, aux contrats autorisant leur émission dans le territoire national. Généralement, l'exploitation de ces services obéit au respect d'un cahier de charge technique. Aussi, la traçabilité du service importé ne devrait-t-il pas poser problème à l'entreprise agréée. Les

[469] Le domaine http : //www.ac.com, qui est celui du serveur d'Andersen Consulting, pourra correspondre à une adresse numérique 198.105.232.6.

[470] « .fr (France) » « .de (Allemagne) » « .jp (Japon) » « .uk (Royaume Uni) » « .sn (Sénégal) ».

[471] « .com (critère commercial) » « .org (critère Organisation) » « .net (fournisseurs d'accès au réseau) ». « .int pour les organisations établies par des traités internationaux et pour les bases de données concernant l'Internet ».

entreprises spécialisées[472] devront jouer un rôle de relais en communiquant les renseignements nécessaires à la levée d'une déclaration électronique exigible pour le transfert d'un service importé jusqu'à l'utilisateur final.

La démarche va, ainsi, consister à rechercher le concepteur ou le créateur du service commercial concourant à la réalisation de l'activité criminelle ou terroriste. L'origine d'un service, à l'analyse, renvoie à la structure principale ayant conçu la donnée virtuelle. Cette théorie risque d'avoir des incidences sur le concept de territoire douanier car les créateurs de services ne sont, généralement, pas liés à des Etats déterminés. Le concept de territoire virtuel douanier en tant qu'origine du service renvoie à la structure mère créatrice du service[473].

La détermination du territoire d'où est originaire le service apparait d'ailleurs, de visu, dans l'emploi de sites ou fréquences ayant une dénomination commerciale propre. Il arrive que le régime juridique du service ne soit pas lié à un agrément étatique, dans ce cas, le territoire virtuel ne s'assimile plus au territoire physique. Une vidéoconférence sur l'apologie du terrorisme mettant en scène plusieurs acteurs répartis dans plusieurs Etats à l'attention de plusieurs connectés utilisant des réseaux différents. Comment traiter ce service transfrontalier ?

L'analyse du service reçu permettra de déterminer le réseau utilisé et la fiscalité applicable à l'utilisation du réseau distribuant la conférence en tant que service propre. La conférence, elle-même, étant un service superposé au réseau de distribution, la localisation de son territoire virtuel demeure problématique. Il s'agira, alors, de valoriser le dernier service ayant permis cette interconnexion.

La structure d'interconnexion va constituer le territoire douanier virtuel en même temps qu'elle sert de pilier de concentration des coûts des différentes conférences.

3. La détermination de la provenance des services

Les entreprises spécialisées dans le commerce des services, même dispersées dans plusieurs pays pour concevoir puis commercialiser leurs produits, auront, économiquement intérêt à être identifiées ne serait-ce que pour leur sécurisation, leur promotion et leur réputation. La différence entre origine et provenance d'un produit importé est la manifestation des réalités du

---

[472] Exemple des entreprises sénégalaise suivantes : SONATEL, Canal Horizon et des bénéficiaire de fréquences hertziennes (Orange, TIGO).

[473] L'internaute qui reçoit un message électronique à partir de Yahoo, l'origine de son service ou le territoire virtuel douanier électronique importé sera Yahoo en tant qu'entreprise conceptrice dont le nom de domaine renvoie à la France en référence au suffixe « .fr ».

transport multimodal et des exigences commerciales dans la chaîne logistique internationale.

En droit douanier, si le pays d'origine d'un produit est celui où ce produit a été récolté, extrait du sol ou fabriqué, le pays de provenance est celui d'où les marchandises ont été expédiées en droiture à destination d'une localité du territoire douanier. Suivre le circuit « transport » d'un service importé, de sa création à sa consommation, s'apparente à un voyage complexe dans un monde virtuel caractérisé par la présence d'un circuit technologique multimodal.

La provenance des services prend certes de nouvelles spécificités par rapport à la provenance des marchandises mais sa détermination est nécessaire pour appliquer des prohibitions lors de leur importation. La provenance d'un service commercial devrait, donc, renvoyer à l'expédition en droiture à destination d'une localité du territoire douanier.

Quoi qu'il en soit, il s'agira, surtout pour les douanes, d'avoir une méthodologie précise en vue de la traçabilité des services pouvant contribuer à la commission d'une infraction criminelle de nature transnationale[474].

B : La problématique de la classification douanière des services commerciaux

La classification tarifaire des produits importés constitue une réponse à l'élasticité de la création de biens et services par rapport aux préoccupations fiscales, statistiques et sécuritaires des Etats. Pour endiguer le danger de la prolifération incontrôlée de classifications de biens et services préjudiciables aux activités commerciales, il est primordiale, pour la communauté internationale, de s'entendre sur un langage technique et conventionnel d'appréhension des services commerciaux.

C'est qu'en vérité, la prohibition de l'importation de certains services jugés illicites ne saurait résister à l'absence de mécanismes juridiques, objectifs, permanents et obligatoires acceptés par la communauté internationale. En

[474] Après plusieurs mois d'enquête, en étroite coopération avec les autorités chinoises, des raids ont été menés en juillet 2011 dans les locaux d'une entreprise chinoise à Pékin. Ils ont permis la saisie de trois cent soixante mille (360 000) faux certificats d'authenticité du logiciel Windows 7 Professional en cours de fabrication, pour une valeur commerciale totale estimée à soixante millions (60.000.000) d'euros, démantelant ainsi un important réseau criminel de contrefaçons de logiciels. En mars 2011, le tribunal de première instance de Pékin (Beijing Haidian Court) a prononcé une condamnation record pour ce genre d'affaire : sept (7) ans et six (6) mois de prison ferme et une amende de neuf mille cinq cent (9 500) euros à l'encontre de la tête du réseau. Jamais une peine d'emprisonnement aussi lourde n'avait été décidée contre un contrefacteur de logiciels en Chine, signale l'Unifab, (en ligne) www.lemoci.com/.../contrefaçon-lourde-peine-pour-des-faux-logiciels-en-chine/ consulté le 07 avril 2017.

réalité, la classification tarifaire de désignation et de codification des services commerciaux participe de la lutte contre la criminalité transnationale virtuelle.

Malheureusement, les services commerciaux ne sont pas encore régis par le Système Harmonisé de désignation et de codification des marchandises et leur classification s'avère donc complexe **(1)**.

Dans ces conditions, le protagoniste du dédouanement des services commerciaux peut, soit céder à la vérité de l'existant en qualifiant de chimérique toute classification tarifaire des services, soit garder un optimisme et proposer une convention qui harmonise la classification douanière des services **(2)**.

1. L'intérêt de la classification des services

Une convention de classement tarifaire portant sur les marchandises pourrait bien en cacher une autre celle-là, relative aux services commerciaux. Dans le droit douanier, le système harmonisé[475] (SH) est la base de classification de tous les produits, objet de dédouanement.

Composé de quatre-vingt-dix-sept (97) chapitres, le SH illustre, de fort belle manière, la non-prise en compte des services commerciaux dans l'actuel système de dédouanement. D'ailleurs, les services commerciaux, ne font, manifestement pas, encore l'objet de classement tarifaire.

L'espèce des services serait normalement la dénomination qui leur sera attribuée par le tarif des douanes. Néanmoins des difficultés techniques pourraient subsister pour arriver à classer les services aux fins de sa taxation douanière. Déjà, que les Etats unis d'Amérique reprochent, notamment, aux pays de l'Union européenne de ne pas classer « nécessairement les marchandises de la même façon, ce qui peut entrainer des disparités de traitement tarifaire pour la vente du même produit [476] ».

Les conflits sont déjà vifs avec l'apparition de nouveaux produits, surtout, dans le domaine des technologies de l'information et de la communication. Le classement tarifaire du matériel de réseau informatique oppose depuis plusieurs années les Etats unis et l'Union européenne.

Tandis que les premiers le considèrent, en bloc, comme du matériel informatique avec tous les avantages fiscaux qui s'y attachent, l'UE,

---

[475] Les textes de la Convention internationale sur le système harmonisé de désignation et de codification des marchandises approuvés par le Conseil de coopération douanière le 14 juin 1983 devraient intégrer la régulation douanière des échanges commerciaux immatériels et réglementer les services dans le cadre de l'Accord Général sur le Commerce des Services (AGCS).

[476] *Echos*, « OMC : *Washington* s'attaque aux douanes européennes », 22 septembre 2004, p.3.

notamment la France, penche plutôt pour leur caractérisation comme matériel de télécommunication dont la fiscalité applicable est plus élevée[477].

Au-delà du fait que ces problèmes pourraient rejaillir sur le commerce des services, la nouvelle classification des services réalisés conjointement par l'Organisation de Coopération et de Développement Economique (O.C.D.E.) et l'Office de Statistique de l'Union européenne (EUROSTAT) pose déjà trois types de problèmes :

- des problèmes conceptuels (définition délicate des services) ;

- des problèmes de transactions mixtes (valeur non connue directement mais agrégée à d'autres transactions) ;

- des problèmes d'identification des flux bruts (les transactions entre sociétés liées sont réglées par un mécanisme de compensation…).

En fait, les enjeux qui s'attachent à la détermination de la position tarifaire sont énormes. En effet, la fiscalité applicable et partant, la plus ou moins grande facilité d'accès à ces produits ou le rang occupé par les entreprises qui les fabriquent dans la concurrence internationale, en dépendent.

Mais puisque cent soixante seize (176) pays, Unions douanières et économiques se sont accordés sur la classification tarifaire des marchandises et compte tenu des impératifs douaniers liés à la lutte contre la cybercriminalité, la volonté consensuelle des Etats pourrait reproduire le même scénario mais cette fois dans le cadre de la taxation douanière des services importés.

Le développement de l'économie de l'immatériel appelle une réflexion sur l'intervention des administrations fiscales en la matière. De même, certaines règles n'ont de sens que si elles s'appliquent au niveau international surtout si elles doivent appréhender, à des fins tarifaires, les services commerciaux.

Malgré ces difficultés, nous demeurons convaincu de la pertinence de classer les services, objet de dédouanement car qui peut le plus, peut le moins, autrement dit la création de l'actif immatériel requiert mille fois plus d'innovations et d'inventions que sa classification aux fins de tarification.

2. Les raisons d'un optimisme douanier pour la classification des services

« Il est quelquefois nécessaire de changer certaines lois, mais le cas est rare et lorsqu'il arrive, il faut n'y toucher que d'une main tremblante[478] ». Il faut

---

[477] Boubacar CAMARA, (2008) *Le contentieux douanier au Sénégal, réflexions sur la place du juge dans le traitement des infractions*, Thèse de doctorat en droit, Université Pierre Mendes France Grenoble II, 2005, publié à compte d'auteur, page 164, notes de bas de page n° 515.

dire que la main appelée à réviser la classification tarifaire devra, dans tous les cas, œuvrer, soit dans le cadre déjà défini par le système harmonisé, soit en toute autonomie dans un environnement qui lui est étranger. L'espoir est d'autant plus permis que des brèches favorables sont ouvertes au sein du dispositif de classification des marchandises.

Dans le préambule, les parties contractantes considèrent qu'une corrélation étroite doit être maintenue entre le système harmonisé et la classification type pour le commerce international (CTI) des Nations unies qui intègre diverses activités économiques notamment le commerce des services commerciaux.

À Bruxelles, siège de l'OMD, l'idée de classer les services commence à avoir un écho favorable avec le consensus ayant conduit à l'insertion de l'énergie électrique dans le système harmonisé à la position tarifaire 27-16-00.

Toujours, dans l'analyse des raisons qui fondent notre optimisme, nous pouvons citer la possibilité d'amender le système harmonisé. En effet l'article 07 stipule que : « le comité du SH propose tout projet d'amendement à la procédure décrite par l'article 16 ».

Plusieurs critères autonomes peuvent être utilisés pour classer les services à des fins tarifaires.

En fonction du but poursuivi, des ambitions économiques et sécuritaires visées et des orientations politiques du moment, différents types de classification pourraient être retenus…

Pour lutter contre la criminalité transnationale virtuelle, encore faudrait il pouvoir tracer les différents services transfrontaliers en circulation, en leur conférant une identification conventionnelle acceptée par les douanes du monde. Une nouvelle nomenclature aura donc une place réservée dans le SH, sans pour autant, que les grands principes de la Convention soient remodelés.

D'ailleurs, il existe présentement des nomenclatures diverses des activités économiques emboîtant un ensemble de services commerciaux à des fins statistiques[479]. La démarche consiste à trouver un classement des services équivalent au classement des marchandises dans le système harmonisé.

---

[478] Charles Louis de Secondat MONTESQUIEU, (2015), *Lettres persanes*, Editions Librio, Paris, 95 pages, Lettre 79 Usbeck à Rhedi, à Venise, *(*en ligne*)* https://fr.wikisource.org/wiki/Lettres_persanes/Lettre_79, consulté le 04 mai 2017.

[479] En France, la nomenclature d'activités françaises révision 1 (NAF rév. 1, 2003) fait l'objet d'un décret commun avec la classification des produits français. Pour chaque code de la NAF correspond un lien avec le ou les codes CPF (classification des produits français). Notons que ces différentes nomenclatures ont le dominateur commun de classer les services en fonction de l'activité commerciale à laquelle ils s'appliquent. La démarche consiste à trouver un classement des services équivalent au classement des marchandises dans le Système harmonisé.

C : La problématique de la détermination de la valeur en douane des services

Le développement de l'économie de l'immatériel se traduit par une plus grande diversité des modalités de création de valeur et de richesses par les entreprises. Alors que les milieux de l'analyse financière ont affiné les concepts utilisés pour mesurer et comparer cette capacité de création de valeur, il convient d'envisager comment le système douanier peut l'appréhender, de manière plus objective, tant au niveau de l'assiette que du mode de calcul de la valeur.

La régulation de la circulation transfrontalière des services est, ici, motivée principalement par la volonté de lutter contre la cybercriminalité. Aussi à la valeur d'échange des services importés **(1)**, devrait correspondre une valeur en douane calculée inspirée au besoin par la valeur transactionnelle**(2)**.

1. La valeur des services importés

La première apparence est que la commercialisation des services, surtout, distribués à travers le réseau Internet, est une opération parfaite où tous les protagonistes tirent profit sauf les administrations douanières. L'intégration des services dans les accords commerciaux ne fut pas considérée comme essentielle, pour la bonne raison que ceux-ci étaient vus comme des activités, principalement, domestiques dont il est difficile de faire un commerce transfrontalier.

Progressivement, des services, notamment, la finance internationale et le transport maritime ont été ouverts à la concurrence et forment un complément naturel au commerce des marchandises. L'arrivée d'Internet qui permet l'accès à un large éventail de services en ligne et, d'une manière plus générale, l'avènement d'une société postindustrielle dans les pays développés a, également, contribué à changer la donne. C'est ainsi que de nouveaux concepts voient le jour autour, notamment de l'internet physique[480].

---

[480] L'internet Physique est un nouveau concept inventé par le professeur Benoit MONTREUIL, chercheur au CIRRELT (Centre Inter universitaire de Recherche sur les réseaux d'Entreprise, la logistique et le transport), de l'Université Laval, Québec, Canada. Dénommé Internet physique en référence à l'internet digital, ce nouveau concept est une réponse à un grand défi logistique mondial. Celui de trouver comment optimiser les mouvements des objets physiques à travers le monde et comment faire en sorte que le déplacement, le stockage, la réalisation et l'approvisionnement de ces objets soient plus efficients et soutenables aux plans économique, environnemental et sociétal. L'idée originale et audacieuse du professeur MONTREUIL vise ainsi à faire pour les objets physiques ce que l'internet digital a fait pour les objets digitaux, autrement dit à opérer avec l'internet physique une transformation du transport et de la logistique de même magnitude que celle qui a eu lieu

Malheureusement, les services commerciaux sont, aussi, au cœur du dispositif de commission des infractions liées à la criminalité transnationale organisée. La circulation des services commerciaux constitue, même, une épée à double tranchant car sa traçabilité permettra aussi de pouvoir appréhender, plus facilement, les échanges électroniques des groupes organisés en réseau.

Celles-ci, dans le but d'appréhender la valeur des services pouvant avoir des liens avec des activités criminelles, doivent procéder à leur identification afin de retracer le chemin parcouru par le produit avant d'être disponible dans l'Etat d'importation.

La détermination de la valeur des services importés est importante dans les procédures de dédouanement d'autant plus que les frais d'incoterms, de licences et d'ingénierie sont à rajouter ou à soustraire de la valeur facture présentée pour la levée de la déclaration en douane des marchandises importées. D'ailleurs, en sa qualité de mandataire salarié spécialisé, le commissionnaire en douane doit veiller à ce que la déclaration qu'il effectue soit conforme à la réglementation douanière en vigueur et il lui appartient, à ce titre, de procéder aux vérifications utiles et de s'assurer de l'obtention de tous les documents nécessaires à la détermination de la valeur à déclarer.

Selon une jurisprudence française, « *le commissionnaire en douanes, qui ne peut ignorer les dispositions relatives à la valeur, se doit, eu égard à la nature des marchandises importées, d'informer son client-importateur sur le contenu de la réglementation applicable et de l'interroger sur le mode de facturation des frais de moules, d'ingénierie et d'études mis en place par ses fournisseurs habituels, afin de déterminer si ces frais étaient inclus dans les factures qui lui étaient remises ou s'ils faisaient l'objet d'une facturation séparée dont il devait alors lui demander communication pour procéder à leur réintégration dans la valeur déclarée. A défaut de le faire, ce spécialiste de la douane n'a donc pas rempli son obligation d'information et de conseil à l'égard de son client*[481] ».

Dans la détermination de la valeur des produits numérisés, l'Organisation mondiale du Commerce (OMC) laisse aux administrations des douanes le choix, soit de taxer les supports y compris la valeur du logiciel, soit de prélever des droits sur le support seul.

Ainsi, pour déterminer la valeur en douane des supports informatiques importés comportant des données ou des instructions, il ne sera tenu compte que du coût ou de la valeur du support informatique proprement dit. La valeur

avec l'internet digital, avec pour ambition de concilier des objectifs de service, d'efficience et de développement durable.

[481] La Haute juridiction confirme ainsi, à l'identique et mot pour mot, la décision rendue en appel (CA Versailles, 13e ch., 5 juin 2014, n° 12/07055, Seretec c/ Clasquin), http://www.wk-transport-logistique.fr/actualites/detail/98970/devoir-de-conseil-du-commissionnaire-et-valeur-en-douane.html consulté le 09 avril 2017.

en douane ne comprendra donc pas le coût ou la valeur des données ou des instructions, à condition que ce coût ou cette valeur soient distingués du coût ou de la valeur du support informatique.

Seulement, l'intérêt de cette décision semble limité, puisque son champ d'application ne s'étend pas aux transmissions électroniques ni aux enregistrements de son et d'image dont le transport par des moyens électroniques connait un succès croissant[482].

L'absence de marchés liquides et transparents, contrairement à ce qui existe concernant la plupart des actifs physiques ou financiers, entraîne donc une incertitude permanente quant au prix et à la valeur en douane de ces services importés.

Pour autant l'analyse minutieuse des clauses successives entourant l'accès aux services importés via l'utilisateur final permettrait de trouver la formule consensuelle pour ne pas dire exacte de leur évaluation. En réalité, il n'existe, généralement pas, de marché permettant de vendre ou d'acheter des actifs immatériels à quelques exceptions près (brevet, bourses de valeurs mobilières…).

Le prix effectivement payé pour des services importés est volatile. Il dépend, certes, du coût supporté par l'utilisateur final, mais aussi, de tout un environnement juridique de régulation électronique de l'immatériel. En plus, la détermination du prix payé par l'utilisateur final est, de toute évidence, bouleversée par la gratuité du logiciel et par la complexité de la tarification de l'accès à Internet.

En effet, l'utilisateur final d'un service importé (chaîne de télévision, communication personnelle…), par le canal d'un logiciel gratuit, bénéficie à l'apparence d'une plus-value immatérielle équivalente à des frais d'accès à Internet obéissant à une tarification complexe. Toutefois, pour minimiser les difficultés d'évaluation des services importés, il convient d'utiliser de manière opportuniste (cumulativement ou alternativement) trois approches.

A partir de l'approche par les coûts : la valeur d'un service importé est identifiée à partir du montant nécessaire pour le remplacer ou correspondant aux potentiels bénéfices économiques issus de l'utilisation du service, objet de dédouanement.

[482] Décision val/8 du Comité d'évaluation en douane de l'Organisation mondiale du Commerce (OMC) sur l'évaluation des supports informatiques et des logiciels adoptée lors de la 10ème réunion, le 24 septembre 1984. Aux fins de la présente décision, l'expression "support informatique" ne désigne pas les circuits intégrés, les semi-conducteurs et les dispositifs similaires ou les articles comportant de tels circuits ou dispositifs; l'expression "données ou instructions" ne s'entend ni des enregistrements du son, ni des enregistrements cinématographiques, ni des enregistrements vidéo.

L'approche par le marché, quand à elle, est fondée sur une comparaison avec une transaction correspondante entre les tiers indépendants. Par conséquent, la valeur d'un service est définie à travers la comparaison avec un service similaire, dont le prix du marché est connu après un achat ou une vente antérieure.

Enfin, l'approche par les revenus consiste dans la comparaison entre les futurs bénéfices d'un investissement alternatif.

A l'analyse, aucune des approches précitées, à elle seule, ne parviendra à apporter la solution mathématique définitive à l'évaluation des services importés. Les trois approches susvisées devront s'associer aux nouvelles réalités du commerce électronique pour attribuer une valeur en douane aux services importés.

En vérité, l'utilisateur final supporte toujours un coût financier à travers quatre procédés principaux :

- le paiement direct (facture de publicité, promotion de l'accès, participation à la communauté des utilisateurs) ;

- le paiement indirect (réception de publicité, promotion de l'accès, participation à la communauté des utilisateurs) ;

- le paiement différé (frais de consultation du net, quote-part pour licence, brevet) ;

- le paiement de remplacement (tarif asymétrique, tarification au volume de l'accès montant, retour sur investissement).

Ces nouvelles considérations vont bouleverser la notion classique de valeur en douane avec des réaménagements techniques qui permettront de donner corps au système de dédouanement des services aux fins de lutte contre la criminalité transnationale organisée.

2. le calcul de la valeur en douane des services

La distribution sur Internet ouvre une situation radicalement nouvelle et complexe. En effet, les applications antérieurs d'Internet que son le transfert de fichier de point à point (FTP), la navigation sur des bases de données (Web, Html), l'échange de donnés publiques et privées (E-mail), le partage d'applications (y compris des jeux en réseaux) et la vente de services, s'appuient sur des protocoles et des chaînes de valeur dont la clé est l'accès. Or, l'accès n'est compatible avec la distribution payante de contenus que si l'offre est limitée et l'échange sous contrôle.

Les frais de connexion à Internet ne reflètent pas la valeur de la distribution en ligne dont la gratuité est facteur de croissance car il y a du côté des réseaux, un intérêt économique considérable à subventionner la dynamique d'acquisition de nouveaux clients en élevant l'utilité de l'accès.

A l'analyse, le téléchargement de film, de musique, de jeux en toute gratuité ne facilite pas à l'administration douanière d'imposer en toute transparence le service importé. Dans le même temps, la distribution en *Peer to Peer (P2P)* abolit les caractères de rivalités et d'exclusivités des contenus en annihilant les barrières à l'accès et rendant presque chimérique toute intervention douanière.

Et pourtant, pour rendre la distribution numérique évaluable et compatible avec le respect des droits, les industries informatiques ne se sont pas gênées pour développer des solutions de gestion intégrée.

Ces solutions, appelées couramment Digital Right Management System (DRMS ou DRM), repose sur l'encodage des contenus en sorte d'y intégrer, d'une part, des licences d'utilisation, et d'autre part, le traçage nécessaire à la remontée des recettes.

Conformément à la spécificité de l'immatériel, le calcul de la valeur en douane des services importés devra s'écarter des mécanismes en vigueur pour le calcul de la valeur des marchandises importées.

La valeur en douane des services importés est un exercice complexe qui exige une conversion de données financières virtuelles en concepts mathématiques de maîtrise des coûts. Le calcul de la valeur d'exploitation commerciale du service est, à cet effet, au cœur du dispositif. Même si ce n'est pas apparent pour l'utilisateur final, chaque service utilisé a un coût dans lequel est compris le bénéfice des fournisseurs par le système des brevets et autres licences.

En fait, « les services s'échangent contre les services ; chaque service jeté dans le milieu social vaut autant que tout autre service par lequel il fait équilibre pourvu que toutes les offres et toutes les demandes aient la liberté de se produire, de se comporter, de se comparer, de se discuter[483] ».

Présentement, en dépit de la solidarité numérique tant chantée par les politiques, l'internaute pour naviguer sur Internet supporte des frais de connexions. En plus sur la toile, certaines informations ou sites sont payants. A ces frais supportés pour bénéficier de la prestation, s'ajoutent des frais connexes comme l'électricité, la ligne téléphonique…

En prenant en compte ces procédés technologiques, il est possible d'appréhender la valeur des services prêts à l'utilisation (V.p.u.) et la valeur distribution en ligne (V.d.l.) aux fins du calcul de la valeur des services commerciaux suivant la formule : V.s.i = V.p.u + V.d.l. ± V.a[484].

[483] Frédéric BASTIAT, (1870) « Services privés, Service public », *Harmonies économiques*, Guillaumin, (en ligne), https://fr.wikisource.org/wiki/Harmonies_%C3%A9conomiques/Chapitre_17, consulté le 04 mai 2017.

[484] V.s.i : Valeur en douane du service importé

V.p.u : valeur des services importés prêt à l'utilisation

La valeur du service prêt à l'utilisation correspond au prix effectivement payé pour bénéficier de l'agrément d'établissement, de l'autorisation d'exploitation et de la licence d'importation du service réellement importé majoré du prix supporté par l'utilisateur final intéressé par son importation.

En réalité, la valeur d'un service importé a nécessité des transactions financières d'acteurs du commerce électronique qui ne peuvent être ignorés. D'ailleurs, le plus souvent, le prix supporté par l'utilisateur du service ne correspond pas à la valeur réelle du service, à cause, notamment, de la gratuité des systèmes de brevets et de la liberté dans l'usage de logiciels[485].

La valeur distribution en ligne (V.d.l.) devrait, quant à elle, correspondre dans le cadre du calcul proposé ici, au prix réellement payé par l'utilisateur d'un service pour permettre son importation et sa disponibilité. En plus des prix de ces deux services précités, différents frais sont aussi à rajouter s'ils sont supportés par l'utilisateur du service importé. C'est l'exemple des frais de prise en charge liés à la réalisation du service. Lorsqu'ils sont supportés par le prestataire, il convient de les retrancher de la valeur en douane[486].

La méthode d'évaluation du service proposée ici montre, à bien des égards, que le calcul de la valeur en douane des services importés est, bel et bien, possible pour peu qu'on prenne en compte les modalités d'accès, parfois diluées dans les méandres de la transaction électronique.

Pour la régulation du commerce des services transfrontaliers, il n'est pas utopique de faire intervenir l'administration des douanes puisque des exemples d'interventions d'administrations de régulation, d'agences, d'offices, d'autorités dans le secteur des services transfrontaliers existent, déjà.

En réalité, l'option politique de mise en place d'agences dans les Etats membres aux fins de régulations des télécommunications est bien une preuve que leur sécurisation est requise pour les protéger, notamment, d'attaques ou d'utilisation terroristes[487]. La réponse de l'administration des douanes, aux fins de lutte contre la circulation illicite des services notamment, quelles que soient

---

V.d.l. : valeur de la distribution en ligne des services importés

V.a. : valeur d'ajustement : - droits et taxes supportés par les prestataires à retrancher ou + prise en charge des prestataires de service (à rajouter).

485 Un médecin étranger appelé à faire une consultation n'a pas de bourses à délier, c'est le client qui paie la prestation de service. Un internaute qui télécharge un logiciel gratuit ne paie pas le téléchargement, c'est le fournisseur d'accès qui supporte les frais par le système de la tarification montante qu'il récupère par des retours sur investissement.

486 Exemple : droits et taxes supportés par le prestataire dans le cadre d'activités ou d'importations de marchandises nécessaires à la réalisation du service.

487 Au Sénégal, la loi n° 2001-15 du 27 décembre 2001 portant code des télécommunications, aujourd'hui modifiée par la loi n°2011-01 du 24 février 2011 a créé l'Agence de Régulation des Télécommunications (ART) dont les objectifs sont de doter le secteur des télécommunications d'un cadre réglementaire efficace et transparent, favorisant une concurrence loyale au bénéfice des utilisateurs des réseaux et services des télécommunications de poursuivre le développement de ces réseaux et services.

les difficultés techniques, doit s'inspirer de ce mécanisme de régulation. Le rôle de la douane dans cette perspective, même s'il peut prêter à équivoque, contribuerait à relancer sa troisième mission sécuritaire par une régulation des flux transfrontaliers virtuels encore dénommés, de manière générique, « services ».

Section II : La sécurisation des services transfrontaliers

Pour lutter contre la criminalité transnationale virtuelle, l'administration des douanes est appelée, à dématérialiser ses modalités d'action en étant, notamment, présente dans Internet. Mais, compte tenu du fait que tout système est faillible et vulnérable, le nouveau dispositif douanier dématérialisé, en tant que service public, peut, à son tour, être piraté par des fraudeurs et autres organisations criminelles. C'est pourquoi, maintes administrations douanières ont pris conscience de la nécessité de protéger les systèmes de dématérialisation des procédures douanières contre d'éventuelles attaques terroristes et criminelles **(Paragraphe I)**.

Cette présence des douanes dans le monde virtuel est, en tout état de cause, précédée et crédibilisée par l'existence d'un système de régulation des services commerciaux consacré par six (06) actes additionnels au traité de la CEDEAO portant réglementation harmonisée des technologies de l'information et de la communication **(Paragraphe II)**.

Paragraphe I : La protection des services douaniers

Pour amoindrir les risques d'incursion de fraudeurs et autres criminels organisés en réseaux dans le nouveau dispositif douanier de régulation des services, il est recommandé de s'appuyer sur les supports mis en place pour leur prise en charge douanière.

D'une part, il faudra sécuriser les nouveaux services douaniers dématérialisés ou informatisés **(A)**, d'autre part, parce que le système technologique ou informatique pour l'acquittement des droits et taxes est vulnérable, il faudra également sécuriser les services électroniques de paiements[488] **(B)**.

---

[488] Le paiement électronique des droits de douane et taxes assimilées consiste à offrir à l'opérateur économique, par imputation, sur un compte ouvert auprès d'une banque commerciale, la faculté de s'acquitter d'un montant des droits de douanes notamment, sans se déplacer. Cette faculté induit un gain de temps, ainsi qu'une plus grande transparence et une meilleure sécurisation des recettes douanières.

A : La sécurisation des systèmes informatiques douaniers

Il résulte de la politique de sécurité du système informatique douanier que la mission de contrôle dévolue à la douane ne pourra être assurée dans un environnement du commerce électronique que lorsque le système lui-même sera protégé contre toute détérioration ou manipulation d'origine criminelle. Pour ces raisons, l'administration des douanes se voit dans l'obligation d'intégrer dans ses différentes missions la dimension sécuritaire. Ce qui implique une formation spéciale des usagers des systèmes informatiques douaniers, y compris des agents des douanes aux méthodes modernes de lutte contre cette nouvelle forme de criminalité.

D'une manière générale, l'intégrité des données ou d'un système peut être affectée de trois façons : d'abord par la perte des données, ensuite par l'accès refusé aux données et enfin par la compromission des données. Pour résoudre ces anomalies causées par des accès venant d'Internet, le système de sécurité des douanes est assuré par deux grandes options de sécurité : la sécurité physique et la sécurité logique[489].

- La sécurité physique concerne essentiellement les locaux des serveurs, le matériel réseau, les dispositifs de tolérance de panne intégrés aux serveurs, les postes de travail etc.
- La sécurité logique s'entend de l'accès aux différentes ressources des serveurs, des postes de travail, dans leur état de fonctionnement normal. Elle est fondée sur la philosophie de protection par « routeur » et « fire wall » à chaque niveau, à raison de deux unités de chaque équipement par installation.

C'est surtout par la sécurité logique que la protection du système contre les dangers venant d'Internet pourra être assurée au mieux. L'architecture réseau de gestion automatisée des informations douanières est, généralement, bâtie sur le protocole IP qui est un protocole ouvert[490].

La sécurité du système de gestion automatisée des informations douanières et des applications annexes est gérée essentiellement au niveau du réseau informatique, par des « Fire wall » ou murs de feu ainsi que par la technique des « routeurs » et des détecteurs d'intrusion qui sont installés sur chaque site.

La circulation des données entre les différents sites est sécurisée par un système de cryptage à travers des tunnels ou « Virtual Privat Network ».

---

[489] Simon Pierre THIAW fut Directeur du Système informatique douanier au Sénégal de 2010 à 2012.

[490] Système DELTA en France, GAINDE au Sénégal, SYDONIA-World au Burkina, Mali, Niger, Togo...

Pour les accès distants des partenaires de la douane (commissionnaire en douane agréé, consignataire etc.), la sécurité est gérée par des authentifications et un serveur de certification.

L'extension du système à l'ensemble des bureaux des douanes constitue, cependant, un facteur qui fragilise le système de sécurité. Par conséquent, le système de sécurité devra davantage être renforcé. En effet, pour garantir l'intégrité des systèmes informatiques douaniers, il faut un système de sécurité inviolable, puisque à tout moment, les applications et les données des systèmes informatiques douaniers peuvent être menacés, soit de l'intérieur, soit de l'extérieur du système, du fait de son ouverture.

Au niveau du réseau informatique, il s'agit de protéger les ressources stratégiques par des fonctions de détection d'intrusions et de blocage d'adresses ou par des systèmes permettant de déclencher des alertes et de fournir des réponses en temps réel. Des fonctions antivirus pourront également être utilisées, avec un système de mise à jour automatique et une administration permanente qui garantit, en temps réel, une protection contre les attaques virales, devenue monnaie courante sur Internet, et les effets pervers qu'elles peuvent induire.

Mais la sécurisation des données doit encore plus être assurée surtout avec l'ouverture des systèmes douaniers au réseau Internet. La mise en œuvre du site web et de l'entrepôt des données ou « datawarehouse » des douanes, tous deux accessibles par Internet, sécurise certes ces différentes applications informatiques douanières mais ne permettent pas d'empêcher les « hackers » c'est-à-dire les pirates du réseau mondial de pénétrer le système informatique et de corrompre les données.

B : La sécurisation du système électronique de paiement en douane

L'implication du système bancaire dans le développement du commerce formel a facilité les mouvements des fonds entre les importateurs et leurs fournisseurs étrangers. Au fur et à mesure de l'augmentation du volume des échanges mondiaux, se développent des systèmes de transfert de fonds, toujours plus sophistiqués. De simple payement par chèque bancaire, l'heure est actuellement à l'ère de la monnaie électronique dont l'avenir est très prometteur avec l'apport des nouvelles technologies de l'information et de la communication.

Il importe de souligner qu'il existe d'autres moyens de paiement utilisés dans le cadre du commerce électronique tels que le télé-virement, le télépaiement par carte, les porte-monnaie électronique et virtuels et des jetons électroniques ou « e-monnaie »[491].

Le télé-virement consiste en l'émission par le débiteur d'un ordre de virement au moyen d'un terminal connecté au réseau bancaire.

Le paiement par carte est un paiement effectué au moyen d'une carte, mais sans proximité entre le créancier et son client, ce dernier émettant l'ordre de paiement au moyen de sa carte à destination du commerçant à partir d'un terminal connecté à un réseau.

Les porte-monnaie électroniques et virtuels permettent, tous deux, de générer un ordre de paiement sur un réseau selon le schéma du paiement par carte.

Les jetons électroniques ou e-monnaie permettent à leur détenteur de régler une créance de somme d'argent au moyen de données dématérialisées, transmises par réseau directement du donneur d'ordre au bénéficiaire du paiement.

La mise en place de ces systèmes de payement par voie électronique n'est pas sans difficultés.

Les différents moyens de payement offerts sur le marché tels que la carte bancaire ou autres systèmes de transfert d'argent, par réseau ou par satellite, arrivent toujours à être déjoués, à être décryptés et faire l'objet d'utilisations illicites.

En plus, les formes d'exonération actuelles du commerce électronique sur la base de l'Accord sur les Technologies de l'Information[492] (ATI) et l'Accord dit « Duty Free Cyberspace[493] » de l'Organisation mondiale du commerce

---

[491] Alioune DIONE, *Le droit douanier, le commerce électronique et la dématérialisation*, L'Harmattan, Paris, 2015, page 58.

[492] L'Accord sur les Technologies de l'Information (ATI) a été officiellement ratifié à la Conférence ministérielle de l'OMC de Singapour en décembre 1996. L'objectif était de favoriser, par la libéralisation, le commerce international de produits de la filière des TIC considérés comme essentiels en matière de développement économique. Les pays signataires se sont engagés à éliminer tous les droits de douane sur les produits visés par l'accord d'ici au 1er janvier 2000. Les produits concernés apparaissent sur une liste comprenant notamment les semi-conducteurs, les ordinateurs, les équipements informatiques et les équipements de télécommunication. Les pays signataires s'engagent à éliminer tous les droits de douane sur les importations de ces produits lors qu'ils sont originaires d'un pays membre de l'OMC (même non signataire de l'accord ATI).

[493] La proposition de constitution d'un «duty free cyberspace» est une initiative des Etats-Unis soumise à l'OMC en 1998 et qui encourage les Etats à ne pas appliquer de droits de douane sur les échanges électroniques internationaux. Le statut de ce moratoire temporaire est devenu incertain après l'échec de la conférence ministérielle de Seattle en 1999. Après des débats animés, notamment entre les Etats-Unis et l'Europe, la conférence ministérielle de l'OMC à Doha en 2001 a décidé de prolonger le moratoire qui sera donc rediscuté à la fin du cycle de négociation actuel.

rendent encore plus vulnérable le système électronique de paiement et de recouvrement.

En fait, après une première phase d'automatisation des procédures, les douanes, dans plusieurs Etats membres, ont amorcé un processus de dématérialisation des formalités qui devra être achevé avec le paiement électronique des droits et taxes.

Les douanes ont décidé, in fine, d'améliorer l'automatisation de leurs procédures.

Une absence totale de papier surtout dans le processus d'enlèvement des marchandises est ainsi projetée à travers la dématérialisation[494] des quatre procédures suivantes :

- chargement et partage du manifeste ;
- ouverture de dossier dans une interface de pré-dédouanement[495] ;
- traitement en douane ;
- formalités d'enlèvement électronique.

L'utilisation rationnelle et plus soucieuse de l'outil informatique, l'élargissement de l'assiette fiscale et l'échange d'informations en temps réel entre les douanes et les autres régies financières (Impôts, Trésor) pourront contribuer à la mise en place d'un système performant et sécurisé de collecte de recettes[496]. Il faut noter que dans plusieurs Etats membres, les administrations des douanes se limitent à liquider les droits et taxes sur la base des paiements effectués sans possibilité toutefois de les recouvrer[497]. Pour des

---

[494] Le GIE GAINDE 2000 a organisé, les 19 et 20 mars 2011, un séminaire de pré-lancement de la plateforme de dématérialisation des formalités d'enlèvement des marchandises. Voir à ce sujet l'article de monsieur NDIAYE Aliou Kane dans *Nouvel horizon* n° 767 du 25 au 31 mars 2011 intitulé : « Formalités du commerce extérieur, le pari de la dématérialisation ».

[495] Il se trouve qu'avec l'avènement du système ORBUS, un croisement du Trade point et du système informatisé GAINDE 2000 de la douane, qui va entrer en vigueur le 1er mars 2005 et qui va prendre en charge la Déclaration préalable d'importation (Dpi) ainsi que l'Attestation de Vérification (AV), tache dévolue jusqu'ici, à la société COTECNA, le programme de vérification des importations n'aura plus sa raison d'être. Ce serait ainsi quelque quatre (4) milliards de FCFA que l'Etat sénégalais économiserait, ce montant correspondant à celui du marché de l'inspection en question. www.osiris.sn/Phase-de-derogation-aux-procedures.html consulté le 07 avril 2017, consulté le 07 avril 2017.

[496] Au Sénégal, un groupe de travail, rassemblant les personnels des douanes, du trésor, et du secteur bancaire, a conçu le système CORUS pour permettre aux courtiers en douane de payer des droits et taxes par voie électronique.

[497] Le paiement électronique est une fonction essentielle dans un système de dédouanement. La plateforme CORUS interconnecte les banques, les donneurs d'ordre (commissionnaires agréés en douane, opérateurs économiques...) et la douane". http://www.aps.sn/aps.php?page=articles&id_article=96298, consulté le 07 avril 2017.

Etats membres comme le Sénégal, la gestion informatique du crédit d'enlèvement relève de deux administrations : les douanes et le Trésor[498].

La limitation des compétences des douanes des pays membres, à la fonction de liquidation, risque de fragiliser les méthodes douanières de collecte des recettes et de lutte contre le blanchiment d'argent. En effet, « afin de découvrir les irrégularités ayant trait au blanchiment, il est souvent nécessaire d'examiner la totalité du circuit de paiement de l'opérateur économique. Cela n'est possible que grâce à des audits de toutes les transactions commerciales internationales du négociant[499] ».

Le système informatique de paiement est, au demeurant, exposé, comme toutes les logistiques informatiques, à la cybercriminalité et au piratage[500]. En effet, de puissantes organisations mafieuses mettent en place des courants d'échange qui utilisent toutes les voies de communication de la société, depuis les transactions les plus licites jusqu'aux réseaux terroristes les plus opaques.

Les douanes font, ainsi, face à une forme de délinquance à ''col blanc'' qui se répand de jour en jour et dont les ramifications et l'ampleur constituent une véritable menace pour le commerce électronique lui-même[501]. C'est notamment le cas de toutes les fraudes liées aux falsifications des cartes de crédit, d'interception et de décryptage d'informations des cartes bancaires pour frauder sur les comptes des tiers…

Les usagers du service peuvent émettre et recevoir des factures électroniques en recourant à n'importe quel dispositif technique, à la condition que des contrôles soient mis en place afin d'établir le lien entre la facture émise ou reçue et la livraison de biens ou la prestation de services qui en est le fondement[502].

Toutefois, le dispositif douanier devrait renforcer les caractéristiques de la signature électronique, qui, d'ailleurs doit, désormais, être fondée sur un certificat électronique qualifié et être créée par un dispositif sécurisé de signature électronique. Il procède, également, à la codification des dispositions relatives à l'échange de données informatisées.

La nouvelle réglementation précise, d'une part, les modalités de conservation des factures dont l'authenticité de l'origine, l'intégrité du contenu et la lisibilité sont assurées par des contrôles mis en place par les assujettis et,

---

498 Rappelons que le crédit d'enlèvement qui est prévu par l'article 102 du code des douanes du Sénégal est une garantie du paiement des droits et taxes.

499 Luc De Wulf et Gerard McLinden, op.cit., page 310.

500 Simon Pierre THIAW, « La fraude en matière de payements électronique », mémoire pour l'obtention du brevet de l'ENA, page 92 à 93.

501 Confère Règlement n°15/2002/CM/UEMOA relatif aux systèmes de paiement dans les Etats de l'UEMOA et à la loi uniforme sur les instruments de paiements.

502 Voir article 289 du Code général des impôts français.

d'autre part, les règles applicables en matière de restitution des factures, sous forme papier ou électronique[503].

L'idée de dématérialiser les procédures douanières est liée à la volonté d'accélérer les procédures de contrôle, mais force est de reconnaitre qu'elle fait naître aussi des soucis sécuritaires nouveaux.

Il convient, dès lors, de sensibiliser l'ensemble des acteurs de la dématérialisation des procédures douanières sur les risques potentiels de l'immixtion de criminels organisés en réseaux dans le système dématérialisé. En effet, le système dématérialisé lui-même est exposé au piratage et à des manipulations frauduleuses pouvant être orchestrées par des réseaux criminels.

C'est pourquoi, à toutes les étapes de la chaîne logistique dématérialisée, des détecteurs de fraudes virtuelles, devraient être installés. Pour renforcer davantage la sécurité du système informatique douanier, il serait opportun de créer, dés à présent, une structure d'audit qui, de temps à autre, pourra présenter un rapport sur l'ensemble de toutes les opérations sensibles ou à risque portant sur les données douanières ; une sorte d'état mouchard sur les modifications, les surpressions et les tentatives de connexions infructueuses.

Quelles que puissent être les performances réalisées dans le domaine de la dématérialisation y compris l'informatisation, les douanes ne devraient jamais perdre de vue que le contrôle physique reste le meilleur moyen d'extirper la fraude de nature criminelle dans le circuit commercial. Fort heureusement, le contrôle après dédouanement permet de rectifier certaines erreurs que le virtuel aurait pu occulter ou à contrario favoriser.

Paragraphe II : La régulation de la circulation des services commerciaux

Parce que les groupes organisés en réseaux utilisent les services commerciaux pour fomenter des opérations terroristes, il est, tout à fait logique que la régulation des services sus évoqués puisse aider à remonter les filières et les personnes impliquées dans l'activité criminelle.

Nous nous intéresserons à trois secteurs de services dont la sécurisation douanière pourrait contribuer à mieux lutter contre la criminalité transnationale organisée.

---

[503] En France, un décret du 25 avril 2013 a transposé les dispositions relatives aux règles de facturation par voie électronique de la directive n° 2010/45/UE du Conseil du 13 juillet 2010. Le décret rappelle que les dispositifs de dématérialisation préexistants à la transposition de la directive 2010/45/UE du Conseil du 13 juillet 2010 par la troisième loi de finances rectificative pour 2012, à savoir l'échange de données informatisées et la signature électronique, sont maintenus.

Il s'agit de la régulation des services de technologie de l'information et de la communication **(A)**, de la surveillance des services de poste, de courrier et de messagerie expresse **(B)** et de la régulation du commerce extérieur, des changes et des flux financiers **(C)**.

A : La régulation des services de technologie de l'information et de la communication

Les communications sont incluses dans les nouvelles négociations sur les services, qui ont commencé en janvier 2000 dans le cadre de l'Accord général sur le commerce des services (AGCS).

Ces services peuvent être divisés en deux catégories ; d'une part, les télécommunications de base, qui constituent, en termes simples, à relayer des signaux vocaux ou des données du point de départ au point d'arrivée. Ils sont fournis par le biais de la fourniture transfrontalière ou par l'intermédiaire d'établissements et de sociétés étrangères (téléphonie, télécopie, téléconférence, radiocommunication…), et d'autre part, les services de télécommunication à valeur ajoutée qui sont, eux, des services dans le cadre desquels les fournisseurs ajoutent une valeur aux informations fournies par le client en améliorant leur forme ou leur contenu ou en prévoyant leur stockage et leur recherche (traitement en ligne de données, courrier électronique, audio messagerie téléphonique…).

La CEDEAO confère aux technologies de l'information et de la communication une très haute priorité. Dans la poursuite de sa mission d'accélération de la croissance économique, l'objectif recherché est « d'avoir une vision et une politique commune afin d'attirer le maximum d'investisseurs dans la sous-région ».

L'interconnexion et l'intégration totale des réseaux nationaux contribuent, à cet effet, à la promotion d'un marché sous-régional commun libéralisé. C'est en ce sens que le traité de la CEDEAO stipule que, « dans le domaine des télécommunications, les Etats membres devront élaborer une politique commune en matière de communication ainsi que des lois et règlements y afférents[504] ».

Dans les pays membres de la CEDEAO, le marché des télécommunications était, pendant longtemps, caractérisé par des monopoles exercés par des entreprises étatiques. Celles-ci disposaient de droits exclusifs ou spéciaux pour la fourniture des réseaux et des services de télécommunication ainsi que pour la commercialisation et l'entretien des terminaux de télécommunications.

---

[504] Abdoulaye SAKHO, 2009, Cadres juridique et politique de la société de l'information en Afrique de l'Ouest, document de travail, version provisoire, atelier de sensibilisation et de dialogue, Saly (Sénégal), 11 au 13 mars, Institut Panos Afrique de l'Ouest.

Désormais partie intégrante de l'économie de marché, ce secteur doit s'adapter aux mutations socio-économiques qui résultent du développement général des aires économiques régionales. En même temps, il doit assurer son intégration dans un ensemble de réseaux pour :

- d'une part, assurer le service universel à l'ensemble du territoire communautaire et à toutes les couches de la population ;
- et, d'autre part, mettre les opérateurs économiques en position favorable dans la compétition internationale.

Il s'y ajoute que la libéralisation du secteur des télécommunications et la mise en place d'un cadre juridique assurant visibilité et sécurité aux opérateurs constituent, à n'en pas douter, non seulement une importante source de rentrées financières pour l'Etat mais également un attrait des investisseurs privés, étrangers notamment.

La régulation douanière des services de communication devra, néanmoins, respecter les lois sur la protection des données personnelles et, à cet effet, pourra valablement s'inspirer du contrôle des correspondances, aujourd'hui, effectué par les bureaux des douanes des colis postaux. Il s'agit surtout, d'avoir à l'esprit, d'appliquer la clause de confidentialité[505].

La régulation des services de télécommunication qui peuvent intéresser les douanes, avait, d'abord été, prévue par les Directives de l'UEMOA relatives au marché des télécommunications[506].

La CEDEAO a pris le relais en rendant opérationnelles six lignes directrices adoptées par l'association des régulateurs des télécommunications de l'Afrique de l'Ouest (ARTAO) et en les transformant en normes juridiques appelées « Actes additionnels ». Les six actes additionnels au Traité de la CEDEAO doivent être transposés dans les législations nationales des pays

---

[505] La clause de confidentialité est prévue, notamment, par l'article 101 de l'Accord de Partenariat Economique (APE) signé par la partie communauté européenne et les États des Caraïbes regroupés dans le CARIFORUM qui se sont engagés à garantir la confidentialité des services commerciaux transférés au moyen d'un réseau public de télécommunication.

[506] Textes de l'UEMOA relatifs au marché des télécommunications : Directive n° 01/2006/CM/UEMOA relative à l'harmonisation des politiques de contrôle et de régularisation du secteur des télécommunications ;
Directive n° 02/2006/CM/UEMOA relative à l'harmonisation des régimes applicables aux opérateurs de réseaux et fournisseurs de services ; Directive n° 03/2006/CM/UEMOA relative à l'interconnexion des réseaux et services de télécommunications ; Directive n° 04/2006/CM/UEMOA relative au service universel et aux obligations de performance du réseau ; Directive n° 05/2006/CM/UEMOA relative à l'harmonisation de la tarification des services de télécommunications ; Directive n° 06/2006/CM/UEMOA organisant le cadre général de la coopération entre les autorités nationales de régulation en matière de télécommunications ; Règlement n° 02/CM/UEMOA du 23 mai 2002 sur les pratiques anticoncurrentielles ; Règlement n° 03/CM/UEMOA du 23 mai 2002 relatifs aux procédures applicables aux ententes et abus de position dominante à l'intérieur de l'Union économique et monétaire ouest africaine.

membres avec pour résultat final, l'émergence d'une réglementation des TICs harmonisée[507]. Des structures autonomes de régulation seront, donc, chargées de réglementer le secteur des services de télécommunication dans l'espace CEDEAO.

Pour la détermination des conditions d'entrée et d'installation des opérateurs, il existe dans le droit communautaire de la CEDEAO, trois régimes à savoir la licence, l'autorisation, la déclaration.

Ces normes ont vocation à régir le commerce des biens et services liés aux technologies de l'information et de la communication[508]. Aux termes de l'Acte additionnel relatif à l'harmonisation des politiques et du cadre réglementaire du secteur des technologies de l'information et de la communication, il est fait obligation aux Etats membres de s'assurer que la réglementation du secteur fixe la façon dont la politique nationale des TICS doit être appliquée, notamment, « en définissant aussi bien les principes réglementaires de base comme le droit d'accès, que le processus comme l'octroi des licences[509] ».

C'est le droit communautaire lui-même qui va faciliter la tâche aux Etats membres dès lors que l'Acte additionnel relatif au régime juridique applicable aux opérateurs et fournisseurs de services « vise à harmoniser les régimes juridiques applicables à l'activité des opérateurs de réseaux et fournisseurs de services et à préciser les procédures d'octroi des licences, autorisations et déclaration et, les conditions applicables à ces différents régimes[510] ». Le cadre réglementaire fait obligation aux Etats membres de procéder à la transposition, dans leur droit interne, des actes additionnels, au plus tard deux ans après leur entrée en vigueur[511].

---

[507] Les six actes additionnels au Traité de la CEDEAO ont été adoptés par la 31ème session ordinaire de la Conférence des Chefs d'Etat et de Gouvernement le 19 janvier 2007 à Ouagadougou (Burkina Faso). Il s'agit de l'Acte additionnel A/SA 1/01/07 du 19 janvier 2007 relatif à l'harmonisation des politiques et du cadre réglementaire des secteurs TIC (AA1), de l'Acte additionnel A/SA 2/01/07 du 19 janvier 2007 relatif à l'accès et à l'interconnexion des réseaux et services du secteur des TIC (AA2), de l'Acte additionnel A/SA 3/01/07 du 19 janvier 2007 relatif au régime juridique applicable aux opérateurs et fournisseurs de services (AA3), de l'Acte additionnel A/SA 4/01/07 du 19 janvier 2007 relatif à la gestion du plan de numérotation (AA4), de l'Acte additionnel A/SA 5/01/07 du 19 janvier 2007 relatif à la gestion du spectre de fréquences radioélectriques (AA5) et de l'Acte additionnel A/SA 6/01/07 du 19 janvier 2007 relatif à l'accès universel/service universel (AA6).

[508] Institut Panos Afrique de l'Ouest, 2010, Libéralisation internationale du commerce des services TIC, Enjeux pour le secteur privé et implications pour la mise en œuvre de politiques publiques en Afrique de l'Ouest, Les presses de xélu, Dakar.

[509] Abdoulaye SAKHO, (sous la direction de.), Consortium pour la recherche économique et sociale, « Libertés et contraintes dans la réglementation du marché des télécommunications en Afrique de l'Ouest : exemple du marché sénégalais », page 11.

[510] Article 2 Acte Additionnel n°03.

[511] Abdoulaye SAKHO, « Rapport sur la transposition des Actes Additionnels de la CEDEAO », 2006 , Rapport sur la transposition des actes additionnels en droit interne du Burkina Faso, 2007 et Rapport sur la transposition des actes additionnels en droit interne du Sénégal 2008, Rapports inédits pour le compte du Bureau des télécommunications de l'Union

B : La réglementation des services de poste et de messagerie

Dans la classification sectorielle des services de l'AGCS[512], les services postaux et les services de courrier sont présentés comme des sous-secteurs du secteur des services de communication, lequel englobe, également, les services de télécommunication et les services audiovisuels.

Dans la classification centrale de produits des Nations Unies, ces services figurent dans le groupe "Postes et télécommunications" et cela vient du fait que, pendant longtemps, les services postaux et de télécommunication ont relevé de l'État, qui en détenait le monopole.

Mais cette situation est de plus en plus dépassée. Un des premiers changements apportés dans le secteur des télécommunications, a été l'attribution des services postaux et des services de télécommunication à des entités distinctes, les premiers conservant plus souvent que les seconds une situation de monopole.

La plupart du temps, c'est l'État qui fournit les services postaux publics et qui, en a le monopole. Les services de courrier qui sont, en général, des services de messagerie ou de distribution de plis urgents sont, souvent, fournis par les monopoles postaux, mais ils ne leur sont pas exclusivement réservés. Les services de courrier sont, normalement, assurés par des sociétés privées, qui ont, entre elles et avec les fournisseurs publics, des relations de concurrence.

Toutefois, le milieu concurrentiel que connaissent les fournisseurs de services postaux publics se transforme avec l'entrée des fournisseurs privés sur le marché de la correspondance, en particulier dans des segments comme celui des envois en nombre des entreprises aux particuliers et du publipostage, qui tient de plus en plus de place dans les stratégies de marketing des entreprises.

Le secteur inclut les services postaux relatifs à la correspondance qui comprennent la levée, l'acheminement et la distribution des lettres, journaux, revues, périodiques, brochures, dépliants, prospectus et imprimés analogues, même à destination de l'étranger, les services de guichet des bureaux de poste, d'autres services postaux, comme la location de boites postales.

Dans l'espace CEDEAO, la réglementation du secteur postal est confiée à des structures de régulation, qui sont chargés d'octroyer les licences d'exploitation de tels services[513]. Bien souvent, les douanes informent les

---

Internationale des Télécommunications », BDT Genéve. Le processus de transposition est achevé pour le Burkina Faso et le Cap Vert, et est en train de connaitre son épilogue pour le Sénégal.

[512] MTN.GNS/W/120.

[513] Agence de Régulation des Télécommunications et des Postes au Sénégal.

usagers des services postaux et de messagerie expresse sur les obligations déclaratives, notamment, lors des achats à distance en ces termes : « en cas de litige ou de retard, rapprochez-vous du transporteur responsable de la livraison de vos marchandises ou pour obtenir le détail des prestations facturées (assurances, droits de douane, frais de transport, etc.).

De même, si votre colis est sous sujétion douanière (contrôle en douane), il vous indiquera les démarches à suivre pour le récupérer ». Nous voyons ainsi donc que les fournisseurs des services postaux sont en relation avec les douanes ne serait ce que pour la garantie des envois de leurs clients.

C : La régulation des relations financières extérieures

En application de la réglementation portant organisation des relations financières extérieures des Etats membres de l'Union Economique et monétaire Ouest africaine (UEMOA) avec l'étranger, toute personne physique qui transfère de l'argent liquide dans un pays membre doit faire une déclaration auprès de l'administration des douanes suivant des modalités définies par la réglementation communautaire[514].

La législation douanière fait, aussi, allusion à la régulation des services commerciaux dans le cadre du contrôle du commerce extérieur et des changes notamment en ces termes : «...les importateurs et les exportateurs, les voyageurs doivent se conformer à la réglementation du commerce extérieur et des changes ». Les dispositions du Code des douanes étant d'interprétation stricte, le droit pour les douanes de contrôler les changes et les relations financières avec l'étranger ne leur donne pas, pour autant, le droit de les dédouaner[515].

L'obligation déclarative s'applique, également, aux transferts, par voie postale, de sommes, titres ou valeurs. En effet, « l'administration des postes peut soumettre à l'examen des agents des douanes, en vue de l'application du contrôle des changes, les envois postaux tant à l'importation qu'à l'exportation[516]».

L'obligation de déclarer auprès de l'administration des douanes, les sommes, titres ou valeurs est recommandée et des formalités douanières sont,

---

[514] Règlement de l'UEMOA n° 09/2010/CM/UEMOA du 01er octobre 2010 relatif aux relations financières extérieures des Etats membres de l'UEMOA.

[515] Article 426 du code des douanes du Sénégal, loi 2014-10 du 28 février 2014 : « est considérée comme infraction à la législation des changes toute violation des dispositions relatives aux relations financières avec l'étranger telles que prévues par l'UEMOA, notamment celles concernant les obligations de déclaration ou de rapatriement, ainsi que le non respect des procédures prescrites et les formalités ou justificatifs exigés.

[516] Article 9 de l'ordonnance n° 94-29 du 28 février 1994 relative au contentieux des infractions au contrôle des changes ratifiée par la loi n° 94-54 du 27 mai 1994 au Sénégal.

même, requises pour recevoir ou expédier par colis postal, pour son compte ou celui d'autrui, à destination ou en provenance de l'étranger, sous la forme d'espèces, de chèques, d'effets de commerce non domiciliés, de titres de créances au porteur ou endossables, de lingots d'or ou de pièces d'or ou d'argent cotés sur un marché officiel[517]. Il s'agit là d'une régulation de titres, du fait de leur valeur immatérielle notamment fiduciaire, exercée par les douanes dans le cadre du contrôle des services financiers postaux[518].

Si en Europe, l'expédition sur l'étranger de telles valeurs est assujettie à la souscription d'une déclaration en douane[519], jointe à l'envoi ou à la réception, dans l'espace CEDEAO, le projet de mise en place d'une déclaration en douane des transferts d'argent par voie postale est toujours en phase d'étude. Le règlement de l'UEMOA se limitant à préciser que l'exportation à l'étranger, par voie postale ou par toute autre voie, des instruments de paiement, notamment des chèques de voyage, des chèques de banque à encaisser, des billets de banques étrangers ainsi que des valeurs mobilières nationales ou étrangères, est soumise à l'autorisation préalable de la direction chargée des finances extérieures. Cette autorisation doit être jointe à l'envoi[520].

La régulation douanière des flux financiers, notamment par voie électronique, va permettre, à terme, une prise en charge correcte des flux financiers via l'obligation déclarative des transferts desdits sommes, titres ou valeurs[521].

Dans l'espace UEMOA, les exportations à destination de l'étranger sont soumises à domiciliation auprès d'un intermédiaire agréé lorsque leur montant excède dix millions (10.000.000) de francs CFA[522]. A cet effet, les voyageurs

---

[517] Article 9 du Règlement de l'UEMOA n° 09/2010/CM/UEMOA du 01er octobre 2010. L'importation et l'exportation d'or en provenance et à destination de l'étranger sont soumises à autorisation préalable du Ministre chargé des Finances.

[518] Voir l'annexe II du Règlement N° 09/1998/CM/UEMOA relatif aux relations financières extérieures des Etats membres de l'UEMOA portant sur les procédures d'exécution de certains règlements en son chapitre V intitulé : importations et exportations matérielles de moyens de paiement et exportations matérielles de valeurs mobilières par colis envois par la poste ou par toute autre voie.

[519] "CN23" et "DAU" pour les lingots et pièces d'or ou d'argent reçus d'un pays tiers ou expédiés vers un pays tiers.

[520] Règlement n° 09/1998/CM/UEMOA relatif aux relations financières extérieures des Etats membres de l'UEMOA, article 29 de l'annexe II.

[521] En France, le transport d'espèces (billets ou pièces de monnaie), titres (actions, obligations...) et valeurs (bons de capitalisation, valeurs mobilières...) d'un montant supérieur ou égal à dix milles (10 000) euros doit faire l'objet d'une déclaration en douane. Le télé-service douanier de déclaration d'argent liquide dénommé DALIA permet de souscrire une déclaration par voie électronique, de trente (30) à vingt (20) jours au plus tard, avant la date de voyage. Une fois la télé-déclaration réalisée, DALIA génère automatiquement un numéro d'enregistrement qui pourra être présenté aux services douaniers. Ce télé service est disponible en français, anglais et espagnol.

[522] Règlement n° 09/1998/CM/UEMOA relatif aux relations financières extérieures des Etats membres de l'UEMOA, article 13 de l'annexe II.

se rendant dans les Etats non membres de l'UEMOA sont tenus de déclarer les devises dont ils sont porteurs, lorsque leur montant excède la contre-valeur d'un million (1.000.000) de francs CFA. Ils sont autorisés à emporter par personne, jusqu'à concurrence de la contre-valeur de deux millions (2.000.000) de francs CFA en billets autres que ceux émis par la BCEAO. Il est également possible d'exporter matériellement des moyens de paiement et des valeurs mobilières, par colis postaux ou envois par la poste, sous le contrôle de l'administration des douanes[523].

Après le contrôle de la concordance des indications portées sur le titre d'exportation et sur la déclaration, relatives à la nature, la destination, la quantité, la valeur en douane et la valeur de facturation des marchandises, le bureau des douanes inscrit, dans le cadre qui lui est réservé à cet effet, le numéro de la déclaration, le titre de déclaration, la date de dédouanement, son cachet et appose la signature d'un agent habilité.

Le bureau des douanes remet à l'exportateur le quatrième exemplaire du titre d'exportation, adresse à la banque domiciliataire le troisième exemplaire, transmet le deuxième exemplaire à la BCEAO et le premier exemplaire à la Direction chargée des Finances Extérieures.

Ces deux (2) dernières transmissions sont faites hebdomadairement ou mensuellement par bordereau indiquant le numéro des déclarations, le numéro du dossier de domiciliation et le nom de la banque domiciliataire portés sur les titres[524].

Les sommes en excédent de ce plafond peuvent être emportées sous forme de chèques de voyage, de cartes de retrait et de paiement prépayées, de cartes de retrait et de paiement classiques ou autres moyens de paiement.

Au demeurant, les allocations en devises délivrées par les intermédiaires habilités sous la forme de chèques de voyage ou de cartes de retrait et de paiement prépayées, doivent être dûment justifiées par des besoins liés à des frais de voyage usuels et personnels, lorsqu'elles excèdent la contre-valeur de deux millions (2.000.000) de francs CFA par personne.

La délivrance de devises aux voyageurs résidents est subordonnée à la présentation à un intermédiaire habilité, d'un titre de voyage et d'un passeport ou d'une carte nationale d'identité en cours de validité[525].

---

[523] Règlement n° 09/1998/CM/UEMOA précise que le contrôle est effectué selon les procédures décrites aux Articles 29 et 30 de l'Annexe II du présent Règlement, Article 7 de l'annexe I.

[524] Règlement n° 09/1998/CM/UEMOA relatif aux relations financières extérieures des Etats membres de l'UEMOA, article 17 de l'annexe II portant sur les procédures particulières d'exécution de certains règlements, notamment, sur les opérations de domiciliation.

[525] Règlement n° 09/1998/CM/UEMOA relatif aux relations financières extérieures des Etats membres de l'UEMOA, chapitre IV intitulé délivrance des allocations en devises et contrôle douanier des moyens de paiement transportés par les voyageurs, articles 26, 27 et 28 de

Il convient de préciser, toutefois, que cette réglementation sus décrite et tournant autour de la régulation des relations financières ne couvre pas tout l'espace CEDEAO. Seuls sont concernés les pays membres de l'UEMOA qui, avec les pays membres de la Communauté économique et monétaire de l'Afrique centrale[526] (CEMAC) forment la zone franc et ont une monnaie commune, le franc de la Communauté financière africaine (CFA), émise et contrôlée par la Banque centrale des Etats de l'Afrique de l'Ouest.

l'annexe II portant sur les procédures particulières d'exécution de certains règlements, notamment, sur les opérations de domiciliation.

526 Les pays de la CEMAC sont : Cameroun, Centrafrique, Congo, Gabon, Guinée équatoriale, Tchad.

Conclusion du Chapitre II

Tout comme les marchandises circulent de manière illicite, les services y rattachés ou non, font malheureusement aussi, l'objet de transactions à des fins criminelles. Il est, pratiquement, impossible de mener des investigations criminelles sans procéder à une analyse approfondie des conditions de réalisation des transactions financières ou sans retracer des communications téléphoniques ou électroniques.

La plupart des services transfrontaliers illicites emprunte le circuit électronique s'ils ne sont pas eux même de nature électronique. Il existe néanmoins des services dont la consommation ne nécessite pas une distribution en ligne ; c'est le cas d'une expertise importée (partage d'ingénierie financière et d'expériences criminelles) requérant seulement le déplacement de personnes compétentes.

Avec la libre circulation des services consacrée par la communauté internationale, notamment par l'Organisation Mondiale du Commerce (OMC), à travers l'Accord général sur le Commerce des Services (AGCS), les Etats ont réceptionné des informations culturelles et médiatiques, d'origines diverses, à une vitesse virtuelle telle que la bonne graine n'a pu être distinguée de l'ivraie. Conséquence : des fléaux virtuels et immatériels, tels que la pédopornographie, la fraude commerciale, la contrefaçon, le piratage, ont profité de la virtualité des frontières en matière d'échanges de services commerciaux.

Dans la mesure où l'économie virtuelle illicite s'impose de plus en plus dans le commerce international, il est nécessaire de maîtriser la configuration des transactions commerciales portant, aussi bien, sur les marchandises que sur les services commerciaux. A cet effet, il conviendrait de faire la distinction entre la régulation douanière des services marchands qui regroupent l'ensemble des services rendus par des entreprises contre le versement d'une rémunération monétaire et la régulation douanière des services non marchands qui sont rendus par les administrations publiques et les associations sans contrepartie financière et donc exclus des engagements de l'Accord général sur le Commerce des Services. Ces derniers pouvant, toujours, faire l'objet de régulation douanière.

En attendant que le dédouanement des services soit appliqué, les douanes peuvent, toujours, collaborer avec les attributaires de fréquences et de réseaux téléphoniques ou d'Internet qui opèrent dans l'espace CEDEAO en vue de lutter contre leur utilisation par des groupes criminels organisés.

Conclusion du TITRE I

Pour faire face à la fraude, notamment de nature criminelle ou terroriste, les administrations des douanes adoptent différentes stratégies et techniques, et très souvent, des opérations spéciales sont menées en vue d'éradiquer une forme particulière de fraude et d'enrayer des menaces ciblées, particulièrement pernicieuses. Pour ces cas particuliers, l'informatisation sécurisée des procédures est un facteur important de réussite.

Les administrations des douanes des pays membres de la CEDEAO doivent, non seulement, s'approprier les outils informatiques douaniers de l'Organisation mondiale des Douanes (OMD) dans le cadre de la lutte contre la fraude, mais aussi, imposer aux partenaires privés impliqués dans le processus d'informatisation des procédures douanières, des clauses de sécurité et de confidentialités des données douanières. En fait, la confidentialité des données douanières est une question d'ordre public et doit être sécurisée.

Le processus d'informatisation des tâches douanières n'échappe pas à cette vérité et doit, par conséquent, être encadré, pour justement éviter que le système mis en place ne soit vulnérable à la manipulation criminelle. Bien souvent, les administrations des douanes de l'espace CEDEAO délèguent leurs nouvelles missions dématérialisées à des structures privées spécialisées.

Par la même occasion, elles ont tendance à perdre le contrôle et la maîtrise de nouveaux logiciels mis à leur disposition par ces structures qui sont loin d'être des philanthropes. Faisant suite aux mutations du droit douanier induites par la mise en place d'un système de contrôle des services commerciaux, le dispositif douanier devra, tout aussi, intégrer de nouveaux mécanismes de régulation des services commerciaux[527].

« Dans l'optique d'une offre de service public de qualité, la modernisation des administrations douanières va passer nécessairement par une résilience forte des procédures automatisées et dématérialisées, à travers un outil informatique ouvert et interconnecté[528] ».

---

[527] Les procédures dématérialisées ont été consacrées par le nouveau Code des douanes sénégalais loi n° 2014-10 du 28 février 2014. C'est le cas du téléchargement anticipé du manifeste, par voie électronique, au moins quarante huit (48) heures avant l'arrivée du navire, de la reconnaissance des déclarations sous forme électronique (signature électronique), de la suppression de l'obligation de déposer la déclaration en détail au niveau du bureau de dédouanement qui se confond avec l'enregistrement par le système informatique de ladite déclaration.

[528] Moctar Ketanni DOUCOURE, Coordonnateur de la Direction générale des douanes sénégalaises en 2017, Discours prononcé à Dakar lors de l'ouverture de la 18ème réunion du comité des experts de la Conférence des Directeurs régionaux de l'Afrique de l'Ouest et du Centre de l'Organisation mondiale des douanes (OMD) (Avril 2017).

TITRE II : LA REVISION DU CONTENTIEUX DOUANIER

Les attentats de septembre 2001 aux Etats Unis ont fourni la preuve que des moyens de transport, qui étaient déjà, abusivement, utilisés pour la circulation frauduleuse de produits du crime de tous genres, pouvaient, eux-mêmes devenir, par la volonté criminogène de personnes organisées en réseaux, des armes de destruction massive.

Il s'y ajoute que le développement du commerce électronique a, aussi, complètement bouleversé les méthodes de fraude douanière qui prend des allures virtuelles symbolisées par le développement de la cybercriminalité. Du fait de ces nouvelles typologies d'infractions douanières, le contentieux douanier, marqué jusque-là par des limitations des pouvoirs du juge, le renversement de la charge de la preuve et un système particulier de responsabilité, va subir des bouleversements juridiques et des mutations profondes.

La procédure douanière contentieuse requise va, ainsi donc, se rapprocher progressivement de la procédure pénale, étant entendu que le service des douanes va devoir exercer de véritables missions de police judiciaire nécessaires pour la répression des infractions douanières liées à la criminalité transnationale organisée[529].

Mais, compte tenu du fait que les Etats membres choisissent, généralement, de garder leur souveraineté en matière pénale, les présentes réflexions vont porter, principalement, sur le contentieux douanier sénégalais à l'épreuve de la criminalité transnationale organisée. Sous ce rapport, le bouleversement du contentieux douanier par la criminalité transnationale organisée va, de fait, consacrer la prééminence de la procédure judiciaire dans le déroulement du contentieux douanier **(Chapitre I)**.

L'adaptation contrainte du contentieux douanier à la lutte contre la criminalité transnationale organisée va, à termes, causer de multiples revers aux défenseurs de l'autonomie du droit douanier, car les mécanismes classiques de dénouement du contentieux tels que la transaction et les défenses faites au juge vont être inopérants voire inapplicables dans le nouveau contentieux douanier de la CTO. Le juge va, par conséquent, faire intervenir les règles du droit pénal qui vont, même, prendre le dessus sur celles du droit douanier dans le dénouement du contentieux **(Chapitre II)**.

---

[529] Article 428 du code des douanes du Sénégal : « Sous réserve des dispositions de la loi portant code des drogues, les dispositions du présent code s'appliquent en matière de stupéfiants, de substances psychotropes et de précurseurs ».

Chapitre I : La prééminence du pouvoir judiciaire dans le déroulement du contentieux douanier

La douane est, sans conteste, une administration au caractère régalien très affirmé, dotée de moyens d'action particuliers et de pouvoirs de contraintes exorbitants sur les fraudeurs. La volonté politique de doter l'administration des douanes de moyens d'action exceptionnels, sur le plan juridique, par des pouvoirs de contrainte à l'encontre, tant des personnes que des marchandises soumises à son contrôle, et par le pouvoir de sanctionner les fraudeurs dans le cadre d'une procédure répressive spécifique et particulièrement efficace, fait du droit douanier un droit particulier, dérogatoire à la matière pénale[530].

Lorsque les infractions visées par la Convention sur la criminalité transnationale organisée portent atteinte à la législation douanière, les faits sont, alors, doublement réprimés aussi bien par le droit pénal général que par le droit douanier. D'ailleurs, ces infractions ne sont pas fondamentalement douanières à la base, ce qui explique que leur répression, même douanière, ne saurait relever de la compétence exclusive de l'administration des douanes.

Aux fins de la constatation des infractions liées à la criminalité transnationale organisée, la référence au droit pénal sera donc de rigueur. C'est pourquoi, il convient, pour une répression efficace de la criminalité transnationale organisée, de se conformer aux règles de procédure pénale pour la détermination de la procédure contentieuse **(Section I).**

La supervision judiciaire de ladite procédure est telle qu'il existe dans le contentieux douanier, des domaines réservés au pouvoir judiciaire dans la répression de l'infraction douanière liée à la criminalité transnationale organisée **(Section II)**.

Section I : La référence aux règles de procédure pénale dans le contentieux douanier

Le contentieux douanier classique revêt une particularité telle que le magistrat du parquet voit ses pouvoirs limités, notamment, dans la détermination de la qualification à retenir[531]. Les fonctionnaires des douanes des Etats de l'Afrique de l'ouest comme le Sénégal, exercent leurs fonctions

---

[530] Rozen CREN, 2011, « Poursuites et sanctions en droit pénal douanier », Thèse de doctorat en droit privé spécialité droit pénal, Université Panthéon-Assas, page 02 (en ligne), www.theses.fr/2011PA020044, consulté le 20 mars 2017.

[531] Article 322 alinéa 02 : « dans la mise en œuvre de l'action en vue de l'application des peines, le magistrat du parquet retient comme base des poursuites à intenter la qualification des faits donnée par l'administration des douanes et l'évaluation des marchandises faites par le receveur poursuivant compétent.»

de manière quasi-autonome, étant entendu qu'ils n'exercent pas leurs pouvoirs sous l'autorité du parquet.

L'enquêteur douanier, dans l'espace CEDEAO, n'a pas la qualité d'agent ou d'officier de police judiciaire même s'il en a les attributs et peut donc, par principe, poser des actes sans requérir l'autorisation du procureur. Se posent alors, très souvent, des difficultés de déterminer, avec exactitude, les pouvoirs des agents des douanes par rapport à ceux du parquet, surtout dans le déroulement des enquêtes relatives aux infractions douanières de nature hybride telles que celles visées par la Convention de Palerme.

Quoi qu'il en soit, les pouvoirs des agents des douanes dans la recherche, la constatation et la poursuite de telles infractions douanières sont renforcés et assimilables à ceux qu'ils exercent dans le rayon des douanes[532]. Ces pouvoirs sont encadrés et contrôlés par le pouvoir judiciaire chargé, notamment, de la diligence des enquêtes sur les faits présumés constitutifs d'infractions douanières visées par la Convention **(Paragraphe I).**

Aux fins de lutte contre la criminalité transnationale organisée, de nouvelles unités douanières spécialisées vont appliquer de nouvelles techniques d'investigation mais toujours sous la supervision du pouvoir judiciaire **(Paragraphe II).**

Paragraphe I : L'intervention du pouvoir judiciaire dans la recherche de l'infraction

L'infraction douanière est tout acte positif ou négatif qui viole la loi et est frappé de peine. A la différence du droit commun, le droit douanier n'implique pas nécessairement l'existence de l'élément moral.

La Convention de Kyoto révisée, à l'Annexe spécifique H, traite de la définition et de la recherche des infractions à la loi douanière et du rôle des douanes dans le règlement contentieux de telles violations. Cependant, l'Annexe spécifique H ne couvre pas toutes les activités habituelles de la douane dans le cadre du traitement des infractions douanières puisque beaucoup de ces activités ne sont pas du ressort des lois et des règlements douaniers. La Convention de Kyoto révisée reconnait donc la diversité de la portée des pouvoirs douaniers en matière de lutte contre la fraude.

[532] Article 45 du code des douanes : « pour l'application des dispositions du présent code et en vue de la recherche de la fraude ou pour des raisons de sécurité, les agents des douanes peuvent procéder à la visite des marchandises, des moyens de transport et à celle des personnes, à l'entrée, à la sortie, en transit ou en transbordement.»

Les éléments constitutifs de l'infraction pénale sont également applicables s'agissant de la constitution des infractions visées par la Convention de Palerme. Il s'agit de :

- l'élément légal qui, en la matière, surpasse les législations nationales et trouve sa source dans les conventions, résolutions, protocoles, directives et décisions du droit international ou du droit communautaire.

- l'élément matériel qui, en la matière, transcende les frontières territoriales et comprend un ensemble d'actes délictuels commis dans deux ou plusieurs Etats concourant à la réalisation du crime transfrontalier ;

- l'élément intentionnel qui renvoie à la commission, en connaissance de cause et au profit d'une bande organisée, d'actes délictuels nécessaires à la réalisation des faits incriminés par la Convention relative à la criminalité transnationale organisée.

Ces précisions faites, l'action des douanes portant sur la répression de la criminalité transnationale organisée obéit, en principe, à la procédure contentieuse du droit douanier. L'administration des douanes est, à cet effet, dotée de pouvoirs de police judiciaire et peut donc, poser des actes tels que les visites domiciliaires, les perquisitions et saisies d'échantillons, les confiscations des produits du crime… etc. **(A)**.

Le principe du respect du code de procédure pénale dans la rédaction des procès-verbaux et d'auditions, la prise des mesures conservatoires et provisoires (gel des avoirs, perquisitions), le dépôt des conclusions et mémoires auprès du procureur, du juge d'instruction et du tribunal compétent prouve, si besoin, que l'essentiel de la procédure est une procédure relevant du droit pénal **(B)**.

A : Les pouvoirs de police judiciaire attribués aux douanes pour la recherche des infractions

Schématiquement, les infractions douanières correspondent aux situations classiques de l'activité douanière que sont l'importation et l'exportation de marchandises en violation de la réglementation en la matière. Lorsqu'elles se passent dans les bureaux de dédouanement, les éventuelles irrégularités seront qualifiées d'importation ou d'exportation sans déclaration. Lorsque par contre, ces bureaux sont évités, le code des douanes parle de contrebande.

A partir de l'importation sans déclaration et de la contrebande, le contentieux douanier consiste en la prise en compte de toutes les situations frauduleuses élevées au rang de délit par un jeu d'assimilation. Il est, peut être, temps de rajouter, dans les codes des douanes des Etats membres une incrimination spécifique couvrant les violations de la réglementation douanière en rapport avec la criminalité transnationale organisée.

La question est d'autant plus pertinente que des phénomènes criminels anciens prennent de nouveaux reliefs alors que des nouvelles méthodes de fraude se font jour. Il en est ainsi du trafic de stupéfiants, du blanchiment d'argent sale, du financement du terrorisme, des différents trafics nouveaux (contrefaçon, piratage, précurseurs, produits à double usage, armes chimiques et nucléaires, produits dangereux, êtres et organes humain…etc.).

La détermination d'un régime douanier spécifique à l'infraction visée par la Convention de Palerme pose problème compte tenu du fait que, d'une part l'élément intentionnel n'est pas déterminant pour la constitution de l'infraction douanière et, d'autre part, l'infraction de nature transnationale n'est pas prévue dans la typologie des infractions douanières. Néanmoins, pour la répression des infractions liées à la criminalité transnationale organisée, il est reconnu aux agents des douanes des pouvoirs exorbitants de droit commun assimilables à ceux qu'ils exercent dans le rayon des douanes[533].

Ces derniers, pour les besoins de l'enquête peuvent exercer des attributions dévolues aux agents de police judiciaire. Dans tous les cas, ils peuvent suivre les choses constituant le corps de l'infraction dans les lieux où elles ont été transportées en vue de leur éventuelle saisie douanière. Ils ne peuvent cependant pénétrer dans les maisons, ateliers, bâtiments, cours adjacentes et enclos qu'en présence d'un officier de police judiciaire qui ne peut refuser de les accompagner ou de signer le procès-verbal de l'opération à laquelle il a assisté.

Pour l'accomplissement de leur mandat, ils peuvent requérir main-forte des services de police ou de gendarmerie du ressort dans lequel ils opèrent[534]. Les fonctionnaires des douanes auxquels certains pouvoirs de police judiciaire sont attribués exercent ces pouvoirs dans les conditions et limites fixées par ces textes.

1. Le recours aux expertises médicales de dépistage de drogue

Lorsque des indices sérieux laissent présumer qu'une personne transporte des drogues dissimulées dans son organisme, les officiers de police judiciaire et les fonctionnaires de douanes habilités à constater l'infraction peuvent saisir

---

[533] Article 28 du code des douanes du Sénégal : le rayon des douanes comprend une zone maritime et une zone terrestre.

[534] Article 21 du code de procédure pénale : Leurs procès-verbaux dans tous les cas doivent être adressés dans les huit (8) jours, soit au parquet du tribunal régional dans le ressort duquel l'infraction a été commise, ou au délégué du Procureur de la République prés le tribunal départemental ou au président de cette dernière juridiction exerçant les fonctions de ministre public en application de l'article 37, soit au parquet de la juridiction où le corps de l'infraction a été gardé. Une copie certifiée conforme des procès-verbaux est, en outre, envoyée au procureur de la République dans tous les cas où il n'est pas saisi de la procédure.

les services médicaux en vue de soumettre la personne mise en cause à des examens médicaux de dépistage[535].

L'indice sérieux peut résider dans l'absence de bagages, le mode de paiement du billet d'avion, la brièveté de la durée du séjour, les renseignements émanant d'un service extérieur à l'administration des douanes désignant la personne comme étant en possession de drogues, le lieu de délivrance du billet d'avion. Il est évident que certaines provenances seront plus surveillées que d'autres et que la sensibilisation du personnel naviguant sera de nature à signaler toute personne refusant de s'alimenter pendant des vols de plusieurs heures ou encore ceux dont l'intensité du stress est palpable.

Le transport de drogues par dissimulation dans l'organisme est un mécanisme de fraude très dangereux. Appelée mule, la personne qui avale des boulettes de cocaïne s'expose à des risques d'overdose et donc, à la mort surtout si la drogue avalée venait à entrer en contact avec l'organisme, notamment, par suite de rupture des emballages.

En cas de refus d'une personne de se soumettre aux examens médicaux de dépistage, les agents des douanes doivent procéder à la rédaction d'un procès-verbal de saisie constatant ce refus et mettre la personne en garde à vue après en avoir informé le procureur de la République. Au Sénégal, la personne présumée transporter des drogues dans son organisme qui refuse de se soumettre à l'examen médical encourt des sanctions pénales[536].

Par contre, le consentement de la personne soupçonnée est requis, en France, notamment[537]. Le non respect, par la douane française, du droit de la personne soupçonnée de dissimuler de la drogue dans son organisme, à consentir expressément à l'examen médical requis en la matière, est une cause de nullité de toute la procédure. En effet, le seul respect des formalités relatives à l'affichage à la porte du bureau des douanes d'une copie du procès-verbal, ne saurait suffire à rendre la procédure régulière dès lors que la preuve

[535] Décision de la Direction générale des douanes sénégalaises n° 2882 MEFP/DGD du 10 septembre 2015 déterminant les modalités de mise en œuvre de la procédure de dépistage de drogue dissimulée dans l'organisme d'une personne, en application de l'article 46 du code des Douanes.

[536] L'article 46 du code des douanes du Sénégal fait encourir à la personne qui refuse de se soumettre à l'examen médical un emprisonnement de trois (03) mois à un (01) an et une amende de 500.000 à 3.000.000 francs, ou de l'une de ces deux peines seulement.

[537] Aux termes de l'article 60 du code douanes françaises, lorsque des indices sérieux laissent présumer qu'une personne franchissant les frontières transporte des produits stupéfiants dissimulés dans son organisme, un examen médical peut être diligenté à la demande des agents des douanes si l'intéressé y consent expressément. Dans le cas contraire, il appartient aux agents des douanes de présenter au président du tribunal de grande instance ou au juge délégué à cet effet une demande tendant à autoriser la visite médicale.

du consentement des intéressés aux visites médicales n'est pas valablement rapportée[538].

Néanmoins, les agents qui mettent en œuvre la procédure prévue pour soumettre une personne à des examens médicaux peuvent retenir cette personne contre son gré pendant la durée nécessaire au déroulement des opérations[539].

2. Les visites domiciliaires et les perquisitions

L'administration des douanes possède des pouvoirs exorbitants du droit commun pour intervenir et enquêter, en particulier, dans le domaine des relations financières avec l'étranger. Pour la recherche des marchandises détenues frauduleusement dans le rayon, ainsi que pour la recherche en tous lieux des marchandises frauduleuses, notamment des produits du crime, les agents des douanes peuvent, aussi, effectuer des visites domiciliaires[540].

L'action des douanes sous forme de visites domiciliaires ou de perquisitions doit, cependant, s'accommoder du respect des libertés individuelles des citoyens[541]. Toutefois, les visites et perquisitions ainsi que les mesures conservatoires ou d'investigation peuvent être effectuées à toutes heures de jour et de nuit, même sans le consentement de la personne au

---

538 Bien qu'un procès-verbal récapitulatif se rapporte à la fois au constat, à la saisie et à la notification aux personnes en cause des infractions relevées, fasse état de deux séries de consentements écrits obtenus par les agents des douanes les autorisant à pratiquer les examens médicaux, ces deux séries de consentements écrits n'ont pas été joints à la procédure douanière. Les agents des douanes ne sauraient s'exonérer de cette obligation légale et substantielle. Paris, 3ième Cha. accus. 19 mars 1991 ; Gaz.pal. 1992, somm. 312, note X.

539 Doit être cassé, pour insuffisance de motifs, l'arrêt qui se borne à évoquer les circonstances de l'espèce pour justifier le retard avec lequel une personne interpellée en application de l'article 60 bis du code des douanes est informée des raisons de son arrestation. Cass.crim. 30 juin 1999 ; Bull.crim. n°19.

540 Article 53 du code des douanes : « pour la recherche des marchandises détenues frauduleusement dans le rayon des douanes ainsi que la recherche en tous lieux des marchandises soumises aux dispositions de l'article 280 du présent Code, les agents des douanes désignés à l'alinéa 5 du présent article peuvent procéder à des visites en tous lieux, même privés, où les marchandises et documents se rapportant à ces délits sont susceptibles d'être détenus et procéder à leur saisie ».

541 En l'absence d'indice apparent crédible d'infraction et en l'absence de fourniture de preuves loyales pouvant être soumise au débat contradictoire et discutées par le prévenu, au moyen ou l'administration des douanes a décidé de procéder à la visite du domicile du prévenu, cette visite domiciliaire est illégale et atteinte d'une nullité d'ordre public comme étant attentatoire aux droits de la défense. Chambery 30 mai 1990 ; JCP 1991, II, 21704, note J.Pannier.

domicile de laquelle elles ont lieu ou de toute autre personne concernée, mais sur autorisation du juge préalablement saisi[542] :

- en cas de risque sérieux de disparition de preuves ou d'indices ;

- s'il existe des présomptions qu'une ou plusieurs personnes, se trouvant dans les locaux où la visite ou la perquisition doit avoir lieu, se préparent à commettre des actes de terrorisme.

Il faut noter que les visites, perquisitions et saisies dans les locaux où sont fabriqués ou entreposés illicitement des produits du crime tels que les drogues, précurseurs, équipements et matériels destinés à la culture, à la production ou à la fabrication illicites des produits du crime et dans les locaux, domiciles où l'on use des drogues peuvent être effectuées par les agents des douanes munis de leur commission d'emploi et de leur ordre de mission à toute heure, de jour et de nuit. Cependant, elles ne peuvent se faire de nuit que pour la recherche et la constatation des infractions prévues par le code des drogues à peines de nullité de la procédure établie pour toute autre cause[543].

Agissant comme un officier ou un agent de police judiciaire, l'agent des douanes se conforme aux dispositions du code de procédure pénale en procédant à la rédaction des procès verbaux de constat, de saisie et d'audition. En tout état de cause, à la première réquisition des agents des douanes, le détenteur des marchandises ou services soupçonnés être en rapport avec la commission d'une infraction de nature transnationale doit justifier de la régularité de l'importation ou de la transaction opérée.

Si les produits frauduleux découverts sont en rapport avec des infractions visées par la Convention sur la criminalité transnationale organisée, le procureur doit être informé par le receveur poursuivant.

3. L'exercice du droit de saisie et la demande de confiscation

En vertu de la convention de Palerme[544], les États Parties devraient adopter les mesures nécessaires pour permettre la confiscation du produit du crime provenant d'infractions de nature transnationale ou de biens dont la valeur

---

[542] C'est à bon droit qu'une cour d'appel annule les poursuites pénales fondées sur un procès-verbal d'infractions douanières dressé à l'issue d'une visite effectuée au siège ou dans les locaux d'une entreprise sans autorisation préalable d'un juge. (Pourvoi c. Lyon 8 avril 1992.) Cass. crim. 24 janvier 1994 ; Bull. crim. n° 32 ; Dr. Pén. 1994 n° 114, obs J-H. Robert.

[543] Article 88 du code des drogues du Sénégal. Le code des drogues est un condensé de définitions tirées de textes internationaux, de prescriptions liées à la réglementation de la santé publique et de dispositions répressives et l'article 87 dudit code place, sous le contrôle du Ministère de la santé, toutes personnes et opérations portant sur les drogues et précurseurs. En effet, les officiers de police judiciaire et les agents des douanes interviennent en concours et même avec les inspecteurs des pharmacies pour lutter contre la contrefaçon de médicaments.

[544] Article 12 de la Convention de Palerme.

correspond à celle de ce produit. De même, il est possible de confisquer les biens, matériels et autres instruments utilisés ou destinés à être utilisés pour commettre ces infractions.

En outre, les États Parties sont invités à adopter les mesures nécessaires pour permettre l'identification, la localisation, le gel ou la saisie du produit du crime aux fins de confiscation éventuelle dans les hypothèses suivantes :

- si le produit du crime a été transformé ou converti, en partie ou en totalité, en d'autres biens, ces derniers peuvent faire l'objet de saisie et de confiscation ;

- si le produit du crime a été mêlé à des biens acquis légitimement, ces biens, sans préjudice de tous pouvoirs de gel ou de saisie, peuvent être confisqués à concurrence de la valeur estimée du produit qui y a été mêlé ;

- les revenus ou autres avantages tirés du produit du crime, des biens en lesquels le produit a été transformé ou converti ou des biens auxquels il a été mêlé peuvent aussi faire l'objet de saisie et de confiscation, de la même manière et dans la même mesure que le produit du crime.

La saisie douanière du produit du crime tel que visé par la Convention de Palerme peut être pratiquée par les services des douanes en vertu des dispositions pertinentes de la législation douanière en vigueur dans les Etats membres. Le droit de saisie reconnu aux agents des douanes sur les marchandises frauduleuses y compris, donc des produits du crime cités par la Convention de Palerme, doit se baser sur la violation de la législation douanière applicable en la matière.

Ainsi, autant que les circonstances le permettent, les marchandises et moyens de transport saisis sont conduits immédiatement et déposés à l'unité de douane la plus proche du lieu de la saisie. Seulement, les produits du crime saisis ne peuvent être confiés à la garde du saisi ou d'un tiers[545] puisque, la confiscation en nature des stupéfiants saisis, produits dangereux pour la santé, est obligatoire[546].

En réalité, la procédure de saisie douanière des produits du crime doit, également, respecter les règles de procédure pénale portant, notamment, sur la prescription applicable en droit commun[547]. En fait, la plupart des pays

---

[545] Article 302 du code des douanes du Sénégal.

[546]. Encourt donc la censure la cour d'appel qui condamne le contrevenant au paiement d'une somme tenant lieu de confiscation des stupéfiants saisis mais non confisqués, alors qu'une telle condamnation ne peut intervenir qu'au cas où les objets susceptibles de confiscation n'ont pu être saisis ou lorsque, ceux-ci ayant été saisis, leur confiscation n'est que facultative. (Pourvoi c. Colmar 30 avril 199.) Cass. Crim. 22 mai 1997 ; Bull.crim. n ° 199 ; RSC. 1998. P. 98. Obs. Bouloc.

[547] Au Sénégal à la faveur de la réforme de code de procédure pénale consacrée par la loi n° 2016-30 du 08 novembre 2016, l'action publique, pour les crimes contre la sureté de l'Etat (terrorisme entre autres) se prescrit par trente (30) ans alors qu'en général l'article 07 CPP fixe la prescription de l'action publique à 10 ans à compter du dernier acte d'instruction ou de

établissent des délais de prescription pour les infractions pénales, ce qui peut avoir un impact inattendu sur la possibilité de localiser les avoirs. Si, par exemple, un acte de fraude commis par une organisation criminelle n'est plus l'objet de poursuites en raison du temps qui s'est écoulé depuis qu'il a eu lieu, le laps de temps pourrait, de la même manière, contrecarrer les demandes de confiscation douanière portant sur ces avoirs d'origine criminelle.

Une solution simple consisterait à identifier une infraction qui n'est pas soumise à la prescription, telle que le blanchiment d'argent ou la possession du produit du crime. Une autre solution serait d'incriminer l'acte de déplacer ou de dissimuler des fonds pour acquérir des avoirs. De nombreux arguments peuvent être avancés par l'État dans lequel l'avoir du crime est situé. Cette question doit être examinée par les enquêteurs de l'État en question et leurs experts juridiques. Quoi qu'il en soit, le procureur de la république devra être informé par le receveur poursuivant[548].

4. La saisie contrefaçon et les retenues en douane

La saisie-contrefaçon est un mode de preuve de la contrefaçon et, plus généralement, de toute atteinte à un droit de propriété intellectuelle. Cette procédure permet, sur autorisation d'un juge, au titulaire du droit de propriété intellectuelle de faire constater une contrefaçon par un huissier de justice, un agent des douanes, un commissaire de police ou un juge d'instance.

La saisie-contrefaçon est l'un des moyens les plus utilisés pour se procurer la preuve de l'existence et de l'ampleur d'une contrefaçon de droits de propriété intellectuelle[549]. La saisie-contrefaçon peut être descriptive, c'est-à-dire qu'elle va se limiter à la description des marchandises, elle peut être réelle, c'est à dire que les marchandises supposées contrefaisantes vont être réellement saisies.

---

poursuite. Dans le même temps, les peines prononcées pour les crimes sus indiqués se prescrivent par quarante ans révolus à compter de la date où la décision est devenue définitive alors que l'article 721 CPP fixe la prescription de la peine en matière criminelle à 20 ans.

548 Pour les actes de terrorisme commis au Sénégal, lorsque l'opération est effectuée dans le ressort d'un tribunal de grande instance autre que celui de Dakar, le magistrat, obligatoirement saisi par le receveur poursuivant des douanes, avise sur le champ le procureur de la république prés le tribunal de grande instance de Dakar. Celui-ci peut saisir l'officier de police judiciaire spécialisé dans la lutte contre les actes de terrorisme.

549 A travers l'article 64 Annexe I sur les brevets ou l'article 48 Annexe III sur les marques traitant de la saisie contrefaçon, il est indiqué que le propriétaire d'une marque ou les propriétaires d'un brevet peuvent, en vertu d'une ordonnance du président du tribunal civil, faire procéder par tout huissier ou officier ministériel, y compris les douaniers, avec s'il y a lieu l'assistance d'un expert, à la description détaillée, avec ou sans saisie, des objets ou produits contrefaisants.

Le juge de l'Union européenne considère, en général, que le placement de marchandises provenant d'Etats tiers, en régime douanier suspensif sur le territoire douanier, ou avant leur arrivée, ne porte pas atteinte de ce seul fait, aux droits de propriété intellectuelle alors même que ces marchandises imiteraient, copieraient un droit protégé, l'intervention de l'autorité douanière n'étant alors possible que si celle-ci « dispose d'indices selon lesquels l'un ou plusieurs des opérateurs impliqués dans la fabrication, l'expédition ou la distribution des marchandises, tout en n'ayant pas encore commencé à diriger ces marchandises vers les consommateurs du pays d'importation, est sur le point de le faire ou dissimule ses intentions commerciales[550] ».

La question maintenant est de savoir si la jurisprudence de l'Union européenne peut être importée dans l'espace CEDEAO, notamment à l'épreuve des pouvoirs des douanes relatifs à la retenue douanière.

En effet, la retenue en douane est une mesure qui permet au services douaniers de retenir des marchandises soupçonnées d'être contrefaisantes pendant une certaine période pour permettre au titulaire des droits de vérifier l'origine desdites marchandises et, le cas échéant, de faire constater la contrefaçon, et faire agir directement les responsables de cette atteinte.

L'Accord de Bangui ne prévoit pas de procédure de retenue en douane s'agissant des droits de propriété intellectuelle, mais à la faveur de la réforme des codes des douanes[551], la dynamique communautaire au sein de l'espace CEDEAO est de considérer la contrefaçon comme un délit douanier. En effet au Sénégal par exemple, le code des douanes dispose que « sont prohibées, l'importation de marchandises présentées sous une marque contrefaite, y compris lorsqu'elles sont déclarées pour le transit ou placées sous un autre régime suspensif, en entreprise franche ou en point franc ou pour tout autre régime particulier, en magasins ou aires de dédouanement, ainsi que l'exportation et la réexportation de ces marchandises[552]».

---

[550] Pour la Cour de justice de l'Union européenne, la qualification de contrefaçon n'est donc pas possible du seul fait de l'introduction sur le territoire douanier de l'Union européenne sous un régime suspensif. CJUE, 1er déc.2011, aff. C-446/09, et C-495/09, Koninklijke Philips Electronics NV/ lucheng Meijing Industrial Company Ltd far east sourcing Ltd, Rohlig Hong Kong Ltd, Rohlig Belgium NV et Nokia Corporation/Her Majesty's Commissioners.

[551] Loi 2014-10 du 28 février 2014 portant code des douanes du Sénégal.

[552] Sur la base de l'article 23 du code des douanes, les agents des douanes du Bureau des Investigations criminelles et des Stupéfiants (BICS) de la Direction du Renseignement et des Enquêtes douanière (DRED) ont, en effet, procédé en 2013, à la saisie d'une quantité importante de bouillons alimentaires contrefaisants ainsi que d'un lot de cartons de pâte dentifrice, fabriqués au Sénégal. La saisie de bouillon a été réalisée, informe la Douane, dans un magasin situé au marché des Parcelles assainies de Dakar, suite à un renseignement exploité, en collaboration avec l'entreprise productrice lésée, propriétaire exclusif de la marque du bouillon alimentaire. https://www.xibar.net/CONTREFACON-DE-BOUILLONS-ALIMENTAIRES-ET-DE-PATES-DENTIFRICE-La-Douane-saisit-22-tonnes-de-pro...

Et « tombent sous le coup des dispositions prohibitives, les marchandises dont l'importation ou l'exportation est interdite pour des raisons d'ordre public, de sécurité publique, de protection de la santé ou de la vie des personnes et des animaux, de moralité publique, de préservation de l'environnement , de protection des trésors nationaux ayant une valeur artistique, historique ou archéologique, de respect du droit de la concurrence et de défense des consommateurs[553] ».

B : Les pouvoirs du parquet dans la recherche des infractions douanières

Lorsque l'infraction douanière a trait à une activité criminelle, l'intervention du procureur devient obligatoire car à plusieurs étapes des investigations douanières, son autorisation est requise **(1)**. Le principe demeure que toute action répressive qui implique la privation de libertés doit être diligentée sous l'autorité du procureur, maître des poursuites et, cela conformément aux dispositions du code de procédure pénale[554]. En réalité, l'action publique est toujours déclenchée sous la supervision du procureur conformément au Code de procédure pénale **(2)**.

1. Le pouvoir d'autorisation du parquet

L'autorité du procureur, dans la procédure contentieuse, se manifeste à travers la mise en œuvre des opérations d'infiltration d'une bande organisée et de localisation de personnes recherchées.

En matière de procédure d'infiltration de réseaux organisés, l'autorisation donnée par le procureur écrite et motivée est obligatoire à peine de nullité et doit, par conséquent, être versée au dossier de la procédure après achèvement de l'opération d'infiltration[555].

Sous ce rapport, toute opération d'infiltration devant être poursuivie dans un Etat étranger[556] requiert l'autorisation du procureur de la république étant entendu que les procès-verbaux d'exécution de l'observation ou les rapports y

---

[553] Article 24 du code des douanes.

[554] Article 322 du code des douanes du Sénégal : « le Procureur de la République ou son délégué saisi d'une procédure en matière douanière dispose de l'action à exercer en vue de l'application des peines ».

[555] Article 59 alinéa 3 in fine du code des douanes du Sénégal.

[556] Article 59 alinéa 7. Le nouveau code des douanes du Sénégal dispose, à cet effet, qu' « avec l'accord préalable du Ministre de la Justice saisi d'une demande d'entraide judiciaire à cette fin, les agents des douanes étrangers peuvent poursuivre sur le territoire douanier national, sous la direction d'agents des douanes sénégalaises, des opérations d'infiltration conformément aux dispositions du présent article ».

afférents ainsi que l'autorisation d'en poursuivre l'exécution sur le territoire d'un Etat étranger sont versés au dossier de la procédure[557].

L'opération doit ensuite être autorisée par le procureur de la république. De même, l'opération de localisation ou de géo-localisation[558] requiert également l'autorisation du procureur[559].

2. Les pouvoirs de supervision du parquet

Les auteurs des infractions de nature transnationale ont, généralement, des objectifs autres que l'atteinte à la réglementation douanière. En fait, la violation de ladite réglementation ne constitue qu'un moyen de parvenir à leurs fins : la commission d'activités criminelles. Il s'agit, bien pourtant, d'infractions de nature douanière car ces produits et marchandises sont prohibés et leur importation obéit à un régime douanier spécial.

Dans le cadre de la mission douanière de surveillance des trafics portant sur des marchandises prohibées, il est conféré au service des douanes des pouvoirs exorbitants de droit commun. Les agents des douanes habilités, lorsqu'ils procèdent à des visites domiciliaires, des perquisitions et des saisies d'échantillons, sont tenus de se conformer aux règles de procédure pénale.

Les interventions des agents des douanes pour la recherche des infractions douanières liées à la criminalité transnationale organisée vont, par conséquent, devoir s'exercer sous la supervision du parquet. En effet, les agents des douanes habilités ne peuvent procéder à ces visites qu'accompagnés d'au moins un agent de police judiciaire assermenté, et en agissant conformément aux dispositions du code de procédure pénale[560].

---

[557] Article 59 du code des douanes du Sénégalais.

[558] Le projet de loi sur la géo-localisation a été sévèrement critiqué par le barreau de Paris. Les professionnels estiment que ce texte contient des dispositions contraires à la Constitution et à la Convention européenne des droits de l'homme. Après une lecture dans chaque chambre puis un accord trouvé en Commission mixte paritaire, le projet de loi de Christiane Taubira sur la géolocalisation a été définitivement adopté par l'Assemblée nationale et le Sénat. La Cour de cassation avait estimé que de telles mesures de surveillance en temps réel (via un téléphone portable, une balise posée sur un véhicule,...) constituaient « une ingérence dans la vie privée dont la gravité nécessite qu'elle soit exécutée sous le contrôle d'un juge ».
http://www.pcinpact.com/news/86180-les-avocats-parisiens-fustigent-loi-sur-geolocalisation.htm

[559] En l'occurrence, le législateur français a souhaité donner au ministère public le pouvoir de décider de recourir « à tout moyen technique destiné à la localisation en temps réel, sur l'ensemble du territoire national, d'une personne, à l'insu de celle-ci, d'un véhicule ou de tout autre objet, sans le consentement de son propriétaire ou de son possesseur ». Mais pour préalable, la personne visée devra être suspectée d'un crime ou d'un délit pénal ou douanier puni d'une peine d'au moins de cinq ans de prison.

[560] Article 53 du code des douanes alinéa 01 in fine qui renvoie aux articles 48 et 49 du code de procédure pénale du Sénégal. En matière douanière, en cas de saisie à domicile, la

Cependant, la présence de l'agent de police judiciaire n'est pas obligatoire lorsqu'ils procèdent aux investigations nécessaires à la recherche et à la constatation des infractions strictement douanières.

Ils ont, alors, accès aux locaux et lieux à usage professionnel, ainsi qu'aux terrains et aux entrepôts où les marchandises et documents se rapportant à ces infractions sont susceptibles d'être détenus quel qu'en soit le support. Aux mêmes fins, ils ont accès aux moyens de transport à usage professionnel et à leur chargement sans être dans l'obligation d'être accompagnés par un agent de police judiciaire[561]. Les cas échéant, ils devront se munir d'une autorisation expresse du procureur chargé de l'enquête.

Paragraphe II : La supervision judiciaire des investigations douanières

En tant qu'expression moderne en douane, les investigations criminelles renvoient au contrôle et à l'élimination de tout transfert illicite de marchandises prohibées (armes, produits chimiques, nucléaires et biologiques à des fins nocives, argent blanchi, déchets toxiques, services illicites...) surtout quand le transfert est effectué par des trafiquants organisés, le plus souvent en réseau, dans le but de commettre des crimes financiers ou terroristes.

Des mesures juridiques et matérielles supplémentaires permettront assurément aux agents des douanes d'exécuter les missions qui leur sont assignées dans le sens d'une opérationnalité qui sied aux investigations et à la collecte de renseignements en matière de criminalité organisée. Pour la réalisation de ces missions, les services des douanes, à l'image des autres structures similaires doivent impérativement se doter de ressources humaines et logistiques performantes et spécialisées.

Vu que les infractions liées à la criminalité transnationale organisée sont caractérisées par la commission de faits criminels dans plusieurs Etats, les enquêtes y relatives, même douanières, peuvent concerner plusieurs administrations, chacune dans son domaine de compétence et impliquent, donc, un échange de renseignements et d'expertises dans le cadre, notamment, de l'assistance mutuelle administrative **(A)**.

---

présence de l'officier de police judiciaire à la rédaction du procès-verbal relatant les opérations est exigée quel que soit le lieu ou l'acte est effectivement rédigé. (Pourvoi c. Paris, 27 octobre 1989.) Bull. crim. n° 342. D., 1992, somm. p. 43, note J. Pannier. JCP 1991, éd. E, I, 77 chron.n° 13.

[561] Les dispositions légales applicables lorsque les agents des douanes accèdent aux lieux et locaux professionnels pour y procéder aux investigations nécessaires à la recherche et à la constatation des infractions prévues par le code des douanes, n'exige pas la présence d'un officier de police judiciaire. Cass.crim. 5 novembre 2003 ; Bull. crim., 2003, n° 209. RSC 2004 658 obs. H. Matsopoulou.

De ce fait, la lutte contre la criminalité transnationale organisée requiert une redynamisation des missions de l'administration des douanes qui, à cet effet, est invitée à mettre en place de nouvelles techniques douanières dans la prise en charge des nouvelles menaces terroristes et criminelles **(B)**.

A : L'encadrement judiciaire de l'assistance mutuelle administrative en matière douanière

La mise sur pied du réseau ouest-africain des autorités centrales et des procureurs[562] (WACAP) et la plateforme de coopération judiciaire pénale des Pays du Sahel[563] sont autant d'instruments de coopération utiles à la lutte contre la criminalité transnationale organisée, notamment, concernant les poursuites, la mise en accusation et l'identification de solutions aux difficultés liées aux requêtes d'entraide judiciaire et d'extradition.

En référence à cette synergie d'actions, la lutte contre les infractions douanières liées à la CTO peut être rendue plus efficace par la coopération entre les administrations douanières **(1)**.

Vu les ramifications interétatiques de la menace, la Convention contre la criminalité transnationale organisée stipule que « les États Parties exécutent leurs obligations au titre de la présente Convention d'une manière compatible avec les principes de l'égalité souveraine et de l'intégrité territoriale des États et avec celui de la non-intervention dans les affaires intérieures d'autres États[564]». La supervision judiciaire des enquêtes conjointes est l'une des obligations qui permettent aux Etats de garantir l'équilibre entre l'attachement à la souveraineté et les besoins de l'assistance mutuelle aux fins de lutte contre la criminalité transnationale organisée **(2)**.

1. Le cadre juridique de l'assistance mutuelle administrative

Les limites dans la capacité des Etats à transcender les frontières dans le déroulement des enquêtes peuvent être surmontées par la Convention de Palerme qui traite de la mutualité de l'assistance de la part d'administrations impliquées dans une enquête liée à la criminalité organisée en ces termes : « les États Parties envisagent de conclure des accords ou arrangements bilatéraux ou multilatéraux en vertu desquels, pour les affaires qui font l'objet d'enquêtes, de poursuites ou de procédures judiciaires dans un ou plusieurs États, les autorités compétentes concernées peuvent établir des instances d'enquêtes conjointes.

[562] Etats membres de la CEDEAO et Mauritanie.
[563] Le Burkina Faso, la Mauritanie, le Mali, le Niger et le Sénégal en sont membres.
[564] Article 4 de la Convention de Palerme.

En l'absence de tels accords ou arrangements, des enquêtes conjointes peuvent être décidées au cas par cas. Les États Parties concernés veillent à ce que la souveraineté de l'État Partie sur le territoire duquel l'enquête doit se dérouler soit pleinement respectée[565] ».

La Convention de Palerme se conforme ainsi à l'esprit et à la lettre de la Convention d'assistance mutuelle administrative du Conseil de coopération douanière portant sur la prévention, la recherche et la répression des infractions douanières[566] .

S'inspirant des Conventions de Nairobi et de Palerme, les Etats membres de la CEDEAO ont pris conscience de l'opportunité de l'établissement, au plan communautaire, d'une Convention d'assistance mutuelle en matière de douane[567] qui stipule que « l'administration compétente d'un Etat membre peut demander l'assistance administrative d'un autre pays membre au cours du déroulement d'une enquête ou dans le cadre d'une procédure judiciaire ou administrative engagée par cet Etat[568] ».

Dans la mesure où la mise en œuvre de la Convention sur l'assistance mutuelle en matière douanière devrait aboutir à l'ouverture d'une information judiciaire, l'autorisation du ministère de la justice est requise avant toute signature d'une telle Convention.

L'assistance mutuelle administrative sert, également, de cadre légal au déroulement des investigations douanières internationales. Certaines techniques comme l'infiltration peuvent, en effet, conduire l'enquêteur douanier au-delà de ces frontières. Dans ce cas, l'autorisation judiciaire de l'Etat tiers concerné est obligatoire.

Les opérations d'infiltration impliquant différents agents des douanes de pays différents, le ministre de la justice ne peut donner son accord que si les agents étrangers sont affectés dans leur pays à un service spécialisé et exercent des missions similaires à celles des agents nationaux spécialement habilités[569]. En l'absence de convention, les Etats peuvent se porter mutuellement assistance sur la base de recommandations formulées par l'OMD.

Parmi les recommandations, on distingue deux catégories, celles ayant une portée générale en matière de renseignement, et celles qui portent sur des

---

[565] Article 19 de la Convention de Palerme.

[566] Convention de Nairobi du 9 juin 1977.

[567] La Convention d'assistance mutuelle administrative en matière de douane signée à Cotonou le 29 mai 1982.

[568] Article 02 alinéa 02 de la Convention de Cotonou sur l'assistance mutuelle administrative en matière de douane.

[569] Avec l'accord des autorités judiciaires étrangères, les agents des douanes étrangers peuvent participer, sous la direction d'agents des douanes sénégalais, à des opérations d'infiltration conduites sur le territoire douanier national dans le cadre d'une procédure douanière nationale.

courants de fraude particuliers (les conteneurs, les produits stupéfiants, les moyens de dissimulation).

L'assistance mutuelle administrative en matière de douane concerne, généralement, les domaines suivants :

- les déplacements, en particulier, à l'entrée et à la sortie de son territoire de certaines personnes dont on a des raisons de croire qu'elles se livrent, professionnellement ou habituellement, à des activités suspectées dans le territoire de l'Etat membre requérant ;

- les mouvements de certaines marchandises signalées par l'administration compétente de l'Etat membre requérant comme faisant l'objet, à destination ou à partir du territoire de cet Etat membre, d'un important trafic illicite ;

- certains lieux où sont constitués des dépôts de marchandises laissant supposer que ces dépôts seront utilisés pour alimenter un trafic illicite d'importation dans le territoire de l'Etat membre requérant ;

- certains véhicules, navires, aéronefs ou autres moyens de transport dont on a des raisons de croire qu'ils sont utilisés pour commettre des infractions douanières dans le territoire de l'Etat membre requérant.

2. La portée judiciaire de l'assistance mutuelle administrative

L'assistance mutuelle administrative porte, surtout, sur les enquêtes et notifications effectuées sur demande pour le compte d'un autre Etat membre. Les procès-verbaux de constat des agents des douanes consignant les résultats d'une procédure d'assistance mutuelle administrative constituent, d'ailleurs, des actes de poursuite et d'instruction qui entrent dans les prévisions de la réglementation douanière et interrompent la prescription pour les faits qu'ils concernent[570].

L'administration compétente de l'Etat membre requis, agissant dans le cadre des lois et règlements en vigueur dans son territoire, procède à des enquêtes visant à obtenir des éléments de preuve concernant une infraction douanière faisant l'objet de recherches dans le territoire de l'Etat membre requérant, recueille les déclarations des personnes suspectées ou recherchées du chef de cette infraction, ainsi que celles des témoins ou des experts, et communique les résultats de l'enquête, ainsi que les documents ou autres éléments de preuve, à l'administration compétente de l'Etat membre requérant.

L'administration compétente de l'Etat membre requis notifie, également, aux personnes intéressées résidant sur son territoire tous actes ou décisions

[570] Cass. Crim. 22 avril 1992. Bull. crim. n° 171. JCP 1993 éd. E. II 422 note J. Pannier.

émanant de l'Etat membre requérant et concernant toute matière relevant du champ d'application de la Convention d'assistance mutuelle administrative.

Lorsqu'une simple déposition écrite ne suffit pas et que l'administration compétente le demande, l'administration compétente d'un Etat membre autorise ses agents, dans la mesure des possibilités, à déposer devant les tribunaux siégeant dans une infraction douanière. La demande de comparution précise, notamment, dans quelle affaire et en quelle qualité l'agent ou le fonctionnaire devra déposer.

En outre, l'administration compétente d'un autre Etat membre peut autoriser, lorsqu'elle le juge approprié, les agents spécialement désignés par l'Etat membre requérant à prendre connaissance dans ses bureaux des écritures, registres et autres documents, à en prendre copie ou à en extraire les renseignements ou éléments d'information relatifs à la dite infraction.

A cet effet, l'administration compétente d'un autre Etat membre autorise, lorsqu'elle le juge approprié, les agents de l'administration compétente requérant à être présents dans le territoire de l'Etat membre requis, à l'occasion de la recherche ou de la constatation d'une infraction douanière intéressant l'Etat membre requérant. Lorsque les deux Etats membres le jugent approprié, des agents de l'administration compétente de l'un de ces Etats participent, à la demande de l'autre, à des enquêtes effectuées sur le territoire de ce dernier.

B : Le suivi judiciaire des enquêtes douanières

Les techniques d'enquêtes spéciales sont prévues par la Convention de Palerme et de plus en plus par la réglementation douanière objet de réforme pour mieux prendre en charge la lutte contre la criminalité transnationale organisée.

Ainsi, « chaque État Partie, compte tenu de ses possibilités et conformément aux conditions prescrites dans son droit interne, prend les mesures nécessaires pour permettre le recours à des techniques d'enquête spéciales telles que l'utilisation d'aviseurs **(1)**, le recours aux livraisons surveillées **(2)**, aux opérations d'infiltration **(3)**, à l'incitation à la vente illicite de produits prohibés **(4)**, la surveillance électronique **(5, 6 et 7)** en vue de combattre, plus efficacement, la criminalité organisée[571] ».

[571] Article 20 de la Convention de Palerme.

1. Le suivi de la gestion des informateurs et des scellés de drogue

Dans le cadre de la recherche du renseignement, les agents des douanes devront avoir recours à des sources différentes ayant des motivations différentes. Certaines de ces sources seront issues de différentes catégories socioprofessionnelles, la motivation pouvant être la civilité, la défense de son commerce, la vengeance ou l'intéressement financier.

L'utilisation des indicateurs ou aviseurs est une pratique essentielle dans la lutte contre la drogue et obéit à un ensemble de normes minutieuses, ces derniers pouvant être imprévisibles, car très souvent issus du milieu[572].

L'aviseur se définit comme toute personne étrangère à une administration publique qui donne au service des douanes un renseignement ou un avis conduisant, directement, à la découverte d'une fraude. Lorsque ces conditions ne sont pas toutes remplies, et que l'avis vient d'un fonctionnaire ou d'une autre administration par exemple ou que le renseignement ne soit pas déterminant, il faudra, alors, parler d'informateur au sens large du terme.

Dans le cadre de la lutte contre les grands trafics et plus particulièrement le trafic des stupéfiants, les sources seront, parfois, de moralité douteuse. Ces sources pourront, alors, entraîner des difficultés pour l'agent, pour le service ou pour la hiérarchie.

La conduite à tenir pour gérer les aviseurs s'inspire, en général, des principes suivants :

- l'anonymat de l'aviseur doit être assuré autant à l'intérieur qu'à l'extérieur de l'administration ;
- l'identité ne doit pas apparaître dans les actes, dossiers contentieux ou document comptable. Une immatriculation anonyme sera fournie par l'autorité hiérarchique à l'agent recruteur, autorité désignée par le Directeur général ;
- la rencontre avec un aviseur est un acte de service, il doit s'effectuer autant que possible par deux agents ;
- les agents ne doivent pas communiquer leur numéro de téléphone personnel, ni d'informations propres au fonctionnement du service, ni d'informations sur leur vie privée ;

---

[572] En 2004, la loi dite Perben II adoptée en France encadre la gestion des sources ou aviseurs et offre un statut légal aux informateurs en les enregistrant auprès du Bureau central des sources. Elle met, également, en place un barème de rémunération en fonction de l'importance du « tuyau » fourni et des risques encourus par le « tonton ». En 2012, le ministère de l'Intérieur français a rédigé une « charte de traitement des informateurs » à destination des services concernés. Il s'agit de définir les bonnes pratiques des policiers et douaniers face à leurs indics. Si la loi Perben et les pratiques ont évolué au sein de la police française, des problèmes persistent malgré tout. En octobre 2015, la douane a saisi, dans des fourgonnettes, sept (07) tonnes de cannabis à Paris, avant de découvrir qu'une partie de cette drogue avait déjà été saisie en France et en Belgique.

- l'agent ne doit pas avoir de relations personnelles avec l'aviseur ;
- l'agent ne prend aucun engagement avec l'aviseur sans en avoir rendu compte ou avoir reçu des instructions de sa hiérarchie. L'aviseur est informé que les seuls avantages qu'il peut retirer de sa coopération avec le service sont d'ordre financier ;
- tout rendez-vous avec l'aviseur fait l'objet d'un compte-rendu simple qui sera stocké par la hiérarchie y compris l'entretien téléphonique ;
- les documents pouvant identifier l'aviseur seront détenus par un membre de l'autorité hiérarchique désigné par le Directeur général.

S'agissant de la gestion des scellés de drogue[573], la destruction d'un scellé doit, toujours, être ordonnée par un magistrat.

En revanche, la présence de celui-ci lors de la destruction du scellé n'est pas obligatoire, même si pour une importante destruction, il arrive que certains magistrats demandent à être présents.

Dans l'espace CEDEAO, la pratique relative à la gestion des aviseurs ne fait pas l'objet d'une codification. Mais, l'élargissement de l'exonération de responsabilité aux personnes requises par les agents des douanes pour permettre l'infiltration d'une bande organisée prouve que les indicateurs sont pris en compte dans les méthodes d'investigations criminelles[574].

2. La supervision de la livraison surveillée

La livraison surveillée est la technique par laquelle, « les agents des douanes habilités procèdent sur l'ensemble du territoire national à la surveillance de personnes contre lesquelles il existe une ou plusieurs raisons plausibles de les soupçonner d'être les auteurs d'un délit douanier ou d'y avoir participé comme complices ou intéressés à la fraude[575] ». En général, la jurisprudence admet que la détention de stupéfiants est un délit continu et que

[573] Au Sénégal, le Commissaire Abdoulaye NIANG, ancien Directeur de l'Office central de Répression du trafic illicite des Stupéfiants (OCRTIS) promu par la suite Directeur de la sureté nationale a été accusé par son successeur à l'OCRTIS, le Commissaire Cheikhna Cheikh KEITA, d'avoir vendu de la drogue scellée et destinée à l'incinération alors qu'il était Directeur de l'OCRTIS. (En ligne) http://www.pressafrik.com/Affaire-drogue-a-l-OCRTIS-abdoulaye-Niang-et-Cheikhna-keita-bientot-jugés_a115462.html consulté le 10 avril 2017. De même, en France, la justice française a reproché, au commissaire Michel NEYRET, ancien numéro 2 de la Police Judiciaire de Lyon et à plusieurs de ses subordonnés, d'avoir prélevé une partie des saisies de stupéfiants pour rémunérer en nature des indics. Ces différentes affaires révèlent des limites dans la gestion des scellés de drogue.

[574] Article 59 alinéa 02 du nouveau code des douanes du Sénégal.

[575] Article 58 du code des douanes sénégalais.

la surveillance exercée sur des personnes suspectes a pour but de découvrir le destinataire de la drogue[576].

Au niveau international, les livraisons surveillées auxquelles il est décidé de recourir peuvent inclure, avec le consentement des États concernés, des méthodes telles que l'interception de marchandises prohibées et l'autorisation de la poursuite de leur acheminement, sans altération ou après soustraction ou remplacement de la totalité ou d'une partie de la marchandise[577].

Il convient de préciser que les techniques de livraison surveillée incluent la présence d'agents de police judiciaire placés sous la supervision et l'autorité du procureur de la République, préalablement informé[578].

Au demeurant, « sous réserve de dispositions contraires du code des drogues, les dispositions du code des douanes devraient s'appliquer en matière de stupéfiants, de substances psychotropes et de précurseurs. Cette disposition fait que lorsque les nouvelles techniques d'investigation sont employées pour lutter contre la drogue, les substances psychotropes ou les précurseurs classés

---

[576] Il appert de l'arrêt attaqué que le 26 octobre 1988, à l'aéroport de Roissy, les inspecteurs de l'Office central de la répression contre le trafic de stupéfiants remarquaient que la valise de Susuky, ressortissant bolivien, dégageait une odeur caractéristique de cocaïne et qu'un contrôle effectué par détecteur révélait la présence de paquets en forme de miche enveloppés dans du papier aluminium ; que Susuky s'installait dans un hôtel parisien où il était rejoint par un ressortissant bolivien, Monasterio-Cespedes, qui prenait la chambre voisine de la sienne ; que les deux hommes étaient interpellés le lendemain et qu'une perquisition effectuée aussitôt permettait la découverte de 9, 040 kg de cocaïne pure dans la chambre de Susuky et d'une somme importante en dollars sans celle de Monasterio-cespedes ; qu'au moment de l'interpellation du prévenu en flagrant délit, il existait à son encontre des indices laissant penser qu'il participait au trafic de stupéfiants alors en cours, la Cour d'appel a justifié sa décision. (Pourvoi n° 90-81370 c. Paris 14 décembre 1989.) Cass. Crim. 4 février 1991. Gaz. Pal., Rec. 1992, somm. p. 315, note X.

[577] Les agents de l'administration peuvent, afin de constater certaines infractions douanières et en identifier les auteurs, après en avoir informé le procureur de la République ou le juge d'instruction compétents et sans plus de formalité, procéder à la surveillance de l'acheminement de produits stupéfiants. Il en va autrement, toutefois, lorsqu'aux mêmes fins, ils sont amenés à mettre à la disposition des trafiquants des moyens de caractère juridique ainsi que des moyens de transport, de dépôt et de communication. En ce cas, ces agents ne peuvent, sans commettre un excès de pouvoir viciant la procédure, procéder à de tels actes qu'avec l'autorisation formelle des autorités judiciaires. Cass. Crim. 26 septembre 1995 Bull. crim. n° 283 RSC 1996 p. 139 obs. Dintilhac Dr. Pén. Janv 1996 n° 11 obs. J.-H.Robert

[578] Lors d'un contrôle au centre de tri de La Poste à Geispolsheim, les douaniers ont découvert dans un paquet une carabine à répétition et des cartouches. Un agent s'est alors présenté déguisé en postier chez le destinataire de l'arme, à Illkirch-Graffenstaden. L'individu détenait chez lui une dizaine d'armes, dont un fusil à pompe calibre 12 et des fusils Winchester. Il a été reconnu coupable de détention non autorisée d'armes et de munition et condamné à deux mois d'emprisonnement avec sursis et à une amende douanière de six milles (6.000) euros. http://www.20minutes.fr/strasbourg/-deguise-douanier-livre-arme-arrete-destinataire, consulté le 07 avril 2017.

comme stupéfiants, lesdites techniques restent assujetties aux disposions pertinentes du code des drogues[579]. »

En tout état de cause, les agents des douanes, ne peuvent, en vue de la constatation des infractions douanières d'importation, d'exportation ou de détention de stupéfiants, acquérir de telles substances ou mettre des moyens à la disposition de ceux qui les détiennent ou se livrent auxdites infractions qu'avec l'autorisation du procureur de la République et sous sons contrôle[580].

3. La supervision de l'infiltration

L'infiltration consiste, pour un agent des douanes, à surveiller des personnes suspectées de commettre un délit douanier en se faisant passer auprès de ces personnes comme l'un de leurs coauteurs, complices ou intéressés à la fraude[581].

L'agent des douanes est, à cette fin, autorisé à faire usage d'une identité d'emprunt et à commettre si nécessaire des actes, normalement, réprimés par la loi. Il est requis l'autorisation écrite et motivée délivrée par le procureur de la République et mentionnant la ou les infractions qui justifient le recours à cette procédure et l'identité de l'agent des douanes sous la responsabilité duquel se déroule l'opération.

Cette autorisation fixe la durée de l'opération d'infiltration, qui ne peut excéder une durée raisonnable fixée dans l'autorisation. Ladite autorisation n'est prévue par la loi que pour exempter les fonctionnaires de police ou de douane de leur responsabilité à raison de leur participation à des infractions à la législation sur les stupéfiants et n'a pas d'incidence sur la validité de la procédure[582].

Il convient, cependant, de noter que l'identité réelle des agents des douanes ayant effectué l'infiltration sous une identité d'emprunt ne doit apparaitre à

---

579 Article 428 du code des douanes du Sénégal.

580 Toutefois, cette autorisation, qui n'est prévue par la loi que pour exempter les fonctionnaires de leur responsabilité pénale à raison de leur participation à des infractions sur les stupéfiants, est sans incidence sur la régularité de la procédure. Cass. Crim. 1er avril 1998 Bull. crim. n° 124 Dr. Pén. 1998 n° 92 obs. J.-H. Robert

581 Dans le domaine des jeux d'argent et des paris en ligne, faculté est reconnue aux agents des douanes de participer, sous un pseudonyme, à des échanges de ce genre et même à une session de jeux pour obtenir des données sur les personnes concernées et sur les comptes bancaires utilisés.

582 Des lors doit être approuvé la chambre d'accusation qui pour considérer comme régulière l'intervention du policier, se borne à relever qu'elle n'a pas déterminé les agissements des personnes mises en examen mais a eu pour seul effet en facilitant sur infiltration d'un réseau préexistant, de constater le trafic de stupéfiants auquel ces derniers se livraient. (Pourvoi c. Paris 29 septembre 1997.) Cass. Crim. 30 avril 1998 Bull. crim. n° 147 Dr. Pén. 1998 n° 124 obs. J.-H. Robert

aucun stade de la procédure. Pour garantir la sécurité et l'intégrité physique des agents infiltrés et de leur famille, l'agent infiltré peut poursuivre ses activités d'infiltration, sans en être pénalement responsable, afin de lui permettre de cesser utilement sa surveillance[583].

4. L'incitation à la vente illicite de marchandises frauduleuses

L'incitation à la vente illicite de marchandises frauduleuses permet à l'agent des douanes intervenant directement ou par l'intermédiaire d'une personne agissant conformément à ses instructions à inciter la personne détentrice d'une marchandise frauduleuse, à vendre lesdites marchandises prohibées à des individus organisés en réseau en vue de commettre des activités criminelles.

Toutefois, « la provocation à l'achat illicite desdites marchandises émanant, directement, de l'agent des douanes en opération d'infiltration ou par l'intermédiaire d'une personne agissant conformément à ses instructions, est interdite, sous peine de poursuite du chef du délit d'incitation et de nullité de procédure établie à cet effet.

Néanmoins, peut être autorisée dans le cadre de l'opération d'infiltration, l'incitation à la vente illicite de marchandises frauduleuses par un agent des douanes intervenant directement ou par l'intermédiaire d'une personne agissant conformément à ses instructions[584] ».

Normalement, les marchandises prohibées ne doivent pas faire l'objet de vente suite saisie douanière même si, dans le cadre du soutien aux entreprises en difficulté et fortement concurrencées par la fraude et la contrefaçon, il est de pratique, critiquable du reste, de procéder à la vente de produits contrefaits saisis par la douane à la société victime[585].

5. Le suivi des interceptions de communications

Est considéré comme infraction le fait, pour toute personne d'intercepter ou de tenter d'intercepter, frauduleusement par des moyens techniques, des

[583] L'article 59 du code des douanes du Sénégal dispose que « lorsque les investigations le justifient et afin de constater les infractions douanières d'importation, d'exportation ou de détention de marchandises frauduleuses, d'identifier les auteurs et complices de ces infractions ainsi que ceux qui y ont participé comme intéressés au sens des articles 375 et 376 du présent code et d'effectuer les saisies prévues par le présent code, le procureur de la République peut autoriser qu'il soit procédé, sous son contrôle, à une opération d'infiltration dans les conditions prévues par le présent article ».

[584] Article 60 du code des douanes du Sénégal.

[585] Lettre n° 2374 DGD/DOD/ASS/scb en date 25 novembre 2014 du directeur général des douanes portant autorisation de vente de produits Colgate-palmolive saisis par la douane.

données informatiques lors de leur transmission non publique à destination, en provenance ou à l'intérieur d'un système informatique.

Des exceptions ont, d'ailleurs, été aménagées pour permettre aux enquêteurs de police et de douanes de procéder à la perquisition et à l'accès à un système informatique, à la conservation rapide des données informatiques, et au mode de preuve électronique dans le cadre de règles de procédure prédéfinies.

Faisant suite à la Directive et si les nécessités de l'information judiciaire l'exigent, le Chef de subdivision des douanes, se prévalant des attributions de l'officier de police judiciaire, peut donc, soit utiliser les moyens techniques appropriés pour collecter ou enregistrer en temps réel, les données relatives au contenu de communications spécifiques, transmises au moyen d'un système informatique, soit obliger un fournisseur de services, dans le cadre de ses capacités techniques, à collecter ou à enregistrer, en application de moyens techniques existant, soit prêter aux autorités compétentes son concours et son assistance pour collecter ou enregistrer lesdites données informatisées[586].

L'interception s'applique aux « données relatives au contenu de communications spécifiques, transmises au moyen d'un système informatique », encore appelées données de contenu[587]. En fait, la procédure des interceptions de communication doit faire l'objet d'une réglementation stricte en étant soumise, au besoin, à l'autorisation d'une haute autorité[588].

Seuls les éléments en relation avec les faits justifiant l'autorisation d'interception peuvent être retranscrits sur un procès-verbal par les personnels habilités qui doivent, également, établir un relevé de chaque opération d'interception et d'enregistrement. L'enregistrement est détruit à l'expiration d'un certain délai raisonnable à compter de la date à laquelle il a été effectué, cette destruction faisant, elle aussi, l'objet d'un procès-verbal. Les

---

[586] Article 02 de la loi n° 2008-11 du 25 janvier 2008 portant sur la cybercriminalité : « il est inséré au livre quatrième du code de procédure pénale un titre XVI intitulé « de la procédure en matière d'infractions commises au moyen des technologies de l'information et de la communication comprenant les articles 677-34 à 677-42. »

[587] Selon le rapport explicatif de la Convention de Budapest, par « données relatives au contenu », il faut entendre par « contenu informatif de la communication, c'est-à-dire le sens de la communication, ou l'information véhiculée par la communication (...) tout ce qui est transmis dans le cadre de la communication, en dehors des données relatives au trafic. » le Professeur Ndiaw DIOUF a écrit, à ce sujet, que ces données désignent « le contenu informatif de la communication, c'est-à-dire le message ou l'information transmise par la communication ».

[588] En France, l'article 4 de la loi n° 2008-11 vise expressément « le ministre chargé des douanes » comme l'une des autorités compétentes pour la « proposition écrite et motivée » d'interception soumise au Premier Ministre. En fait, c'est l'article 3 de la loi du 10 juillet 1991 qui définit une liste limitative d'infractions prévoyant en particulier « la sauvegarde des éléments essentiels du potentiel scientifique et économique de la France, ou la prévention du terrorisme, de la criminalité et de la délinquance organisées ».

transcriptions sont, également, détruites lorsqu'elles ne sont plus utiles à l'enquête.

6. La supervision des recherches informatiques

La lutte contre la fraude sur Internet, notamment, dans le domaine des armes à feu et des stupéfiants, nécessite de renforcer les capacités de détection des sites ou de particuliers proposant l'acquisition de marchandises de fraude en ligne[589]. Ainsi, des enquêteurs spécialisés seront en contact avec les personnes susceptibles d'être les auteurs d'infractions douanières particulièrement graves et ils pourront recueillir des éléments de preuve déterminants et des données sur ces personnes.

Cette pratique dénommée cyber-infiltration, également, de mise dans le domaine des jeux d'argent et des paris en ligne est la faculté reconnue aux agents des douanes de participer, sous un pseudonyme, à des échanges de ce genre et même à une session de jeux pour obtenir des données sur les personnes concernées et sur les comptes bancaires utilisés….

L'agent des douanes est habilité, à exiger la communication des documents relatifs aux opérations intéressant leur service même chez les opérateurs de télécommunications et les prestataires[590].

Dans le cadre du renforcement des pouvoirs des agents des douanes aux fins de lutte contre la criminalité transnationale organisée, il faut relever que désormais, les agents des douanes dans certains pays, comme c'est le cas aux Etats Unis d'Amérique notamment, sont même autorisés, à procéder aux fouilles d'ordinateurs portables. En effet, comme pour la visite des valises, les douaniers pourront, sans aucune forme de procédure ni de soupçon, fouiller dans un ordinateur portable ou un smartphone.

Concrètement, cet examen minutieux du contenu de terminaux peut se faire sans justification, ni même soupçons relatifs à une enquête en cours[591]...

[589] En France, les députés ont renforcé les pouvoirs des douaniers dans la lutte contre le crime organisé, en leur donnant le pouvoir d'enquêter sous pseudonyme sur Internet (cyber-patrouille ou cyber-infiltration), une technique déjà permise aux officiers de police judiciaire.

[590] Article 54) i/ du code des douanes du Sénégal.

[591] www.zdnet.fr/.../etats-unis-la-douane-a-le-droit-de-fouiller-dans-vos-terminaux-mobiles-39796676.htm, consulté le 07 avril 2017. Le 25 juin 2014, la Cour suprême des Etats-Unis a jugé que les forces de police n'avaient pas le droit de faire des recherches dans le contenu du téléphone d'un suspect interpellé sans autorisation préalable d'un juge. La question que devait trancher la Cour était de savoir si la police a le droit de faire avec les téléphones ce qu'elle fait déjà avec d'autres effets personnels à proximité d'un individu interpellé, à savoir une recherche sans mandat, passant outre le quatrième amendement de la Constitution, qui protège la vie privée. www.lemonde.fr/pixels/article/2014/06/25/pas-de-fouille-de-telephone-sans-mandat-juge-la-cour-supreme-americaine_4445199_4408996.html#VR7rm9ozpR5tIOUA.99, consulté le 07 avril 2017.

Contrairement à ce que considéraient les plaignants, cette fouille non encadrée n'est pas anticonstitutionnelle[592].

Aux fins de lutte contre la cybercriminalité, l'autorisation du juge d'instruction est requise avant que l'enquêteur douanier puisse introduire un système électronique de surveillance dans un véhicule ou en un lieu privé, à l'insu de son propriétaire ou de l'occupant des lieux, même en dehors des heures légales. S'il s'agit d'un local d'habitation et que l'opération doit intervenir en dehors des heures légales, le juge d'instruction doit saisir le juge des libertés et de la détention à qui il revient de délivrer l'autorisation.

L'ensemble de ces opérations, décision de recourir à un dispositif technique et mise en place de ce dispositif technique, sont effectuées sous l'autorité et le contrôle du juge d'instruction. Tout comme pour les écoutes téléphoniques, les enregistrements, après leur description ou transcription, sont placés sous scellés fermés, puis détruits, à la diligence du procureur de la République ou du procureur général, à l'expiration du délai de prescription de l'action publique.

Comme il n'existe pas de dispositions équivalentes dans le code des douanes, seuls les douaniers habilités à l'exercice des missions de police judiciaire qui ont des pouvoirs identiques à ceux des officiers de police judiciaire et agissant en application du code de procédure pénale peuvent mener ce type de moyens d'investigations.

Nous voyons ainsi qu'à travers ces nouveaux mécanismes d'investigations criminelles, l'administration des douanes est appelée à appliquer des dispositions répressives d'origines diverses dont l'intégration dans le code des douanes constitue une garantie sécuritaire supplémentaire. Car si au plan national, la répression de la criminalité transnationale organisée requiert l'exercice de pouvoirs de police judiciaire, au plan international, le déroulement des enquêtes est régi par la mutualisation des actions douanières menées sous la supervision du juge.

Par le mécanisme de l'assistance mutuelle administrative, des dispositions d'ordre juridique deviennent applicables à l'ensemble des administrations douanières parties prenantes, portant sur une entraide mutuelle et sur l'échange de renseignements en vue de rechercher, de prévenir, de constater et de réprimer les infractions douanières, surtout, de nature criminelle.

---

[592] "En 2010, des agents des douanes américains ont confisqué l'ordinateur portable de P. Abidor. Le jeune homme, qui étudiait l'histoire des Chiites au Liban, avait téléchargé sur son ordinateur des photos liées aux organisations militantes Hamas et Hezbollah. Il a été retenu plusieurs heures, pendant que son équipement informatique était examiné, avant d'être relâché sans suites. Il avait communiqué son mot de passe et les agents ont effectué des recherches sur des données privées, dont des messages qu'il avait échangées avec sa petite amie. Certaines informations ont été conservées à des fins de recherche ultérieures après qu'on lui ait rendu son matériel". http://www.zdnet.fr/actualites/etats-unis-la-douane-a-le-droit-de-fouiller-dans-vos-terminaux-mobiles-9796676.htm, consulté le 07 avril 2017.

Section II : La dimension judiciaire de l'action fiscale dans le contentieux douanier

L'action douanière devant les tribunaux en matière de répression de la criminalité transnationale organisée devra être menée sous l'autorité du pouvoir judiciaire chargé des poursuites. Une fois qu'une infraction criminelle de nature transnationale a été constatée par les services des douanes, il est important de procéder à des actes de poursuites autant sur les produits que sur les personnes.

A cet effet, le receveur poursuivant requiert l'autorisation du pouvoir judiciaire (procureur) avant de prendre certaines mesures importantes dans l'exercice des poursuites douanières **(Paragraphe I)**.

Le contentieux de la criminalité transnationale organisée fait, donc, apparaitre la nécessité d'une collaboration entre les douanes et le pouvoir judiciaire dans les différentes étapes de l'instruction **(Paragraphe II)**.

Paragraphe I : La supervision judiciaire des poursuites douanières

Le contentieux de la criminalité transnationale organisée se distingue du contentieux des opérations commerciales dans la mesure où le produit prohibé, objet de l'infraction n'est pas commercialisable. Il s'agit dans le jargon douanier d' « affaires contentieuses non productives ».

C'est peut être pourquoi, aussi bien les agents des douanes que les autorités judiciaires ne se sentent pas à l'aise dans l'exercice de l'action fiscale dans un tel contentieux. Malgré l'avènement de structures douanières spécialisées dans la lutte contre la criminalité, les enjeux de l'action fiscale ne sont pas, réellement, cernés par les différents protagonistes.

Le juge retrouve ses pouvoirs traditionnels dans le contentieux douanier et ses décisions s'imposent tout au long du déroulement des poursuites douanières concernant des faits réprimés par la Convention de Palerme **(A)**.

En outre, contrairement au contentieux douanier classique, l'administration des douanes, après avoir déclenché le contentieux de la criminalité transnationale organisée, perd le contrôle d'autant plus que l'habilitation du juge est, nécessairement, requise avant la prise de mesures conservatoires **(B)**.

A : Les attributions du juge dans le déclenchement des poursuites douanières

Dans le cadre de la détermination du régime juridique applicable aux infractions douanières liées à la criminalité transnationale organisée, la qualification pénale de l'infraction n'exclut pas de retenir une qualification douanière, notamment, pour la mise en œuvre des sanctions fiscales. Il est vrai, en principe, qu'un fait unique ne peut être doublement sanctionné ou recevoir une double déclaration de culpabilité en application de la « règle non bis in idem », il demeure que le cumul des qualifications est possible lorsqu'elles sont autonomes et compatibles et que l'élément moral n'est pas identique dans les deux cas.

Dans le cadre de la procédure répressive des infractions douanières relatives au trafic de drogues et de produits stupéfiants prohibés à la piraterie et à la contrefaçon, au blanchiment d'argent, au trafic de devises, au financement du terrorisme, à la cybercriminalité , il convient de retenir que la qualification de l'infraction revêt une étape importante. D'ailleurs, comme il s'agit d'un contentieux relatif à la criminalité, les personnes en cause, considérées dans le droit douanier comme des prévenus deviennent des accusés si le juge d'instruction retient le crime comme base des poursuites.

Dans la pratique, l'action fiscale est en principe déclenchée par l'administration des douanes et le juge est lié par les procès verbaux des douanes concernant la constatation matérielle des faits, objet de fraude. Mais, comme les douanes visent aussi d'autres législations spéciales comme le code des drogues, la loi sur le blanchiment ou sur la contrefaçon, le juge retrouve son espace de liberté de jugement et d'appréciation. Il est, donc, procédé à une relativisation des procès verbaux des douanes car la qualification douanière de l'infraction aux fins de poursuites est très souvent écartée par le juge d'instruction dans le contentieux de la criminalité transnationale organisée. Pour bien qualifier les infractions liées à la criminalité transnationale organisée, le juge devra procéder à un raisonnement juridique basé sur le critère de la compétence, soit organique, soit matérielle.

Dans le premier cas, la qualification du délit dépendra de l'organe ayant constaté en définitive l'infraction. Le code des douanes devra s'appliquer dans tous les cas où des agents des douanes constatent l'infraction, même de nature transnationale, étant donné que la mission de recherche et de constatation des infractions en matière douanière relève, principalement, de la compétence des agents de l'administration des douanes sans préjudice du concours apporté par d'autres agents de la force publique. En effet, les législations douanières permettent à d'autres forces publiques assermentées d'apporter leurs concours en luttant, notamment, contre la contrebande douanière sous réserve de mettre le receveur poursuivant, autorité douanière territorialement compétente, en mesure d'exercer un contrôle et une surveillance sur la procédure diligentée.

Le deuxième cas repose sur la qualification matérielle de l'infraction retenue par le juge. Quel que soit le service compétent ayant relevé l'infraction, la qualification des faits reste de la compétence du juge d'instruction qui peut disqualifier la nature du délit même retenue par des agents des douanes. Généralement, l'autorité judiciaire retient l'infraction pénale la plus sévère[593].

Si la qualification de l'infraction retenue est celle de l'administration des douanes, une procédure rigoureuse de sécurisation des intérêts du trésor public est déclenchée conformément à la réglementation douanière. En effet, bien souvent, les jugements et arrêts portant condamnation pour infraction aux lois douanières sont exécutés par corps[594].

La contrainte par corps peut être définie comme « une voie d'exécution attachée, de plein droit, aux condamnations pécuniaires prononcées par les juridictions répressives au profit du trésor public[595]. »

De la qualification retenue par le juge, va dépendre la suite judiciaire à réserver au contentieux douanier. Si le juge d'instruction écarte l'infraction douanière, le receveur poursuivant pourra, toujours, défendre les prétentions de l'administration des douanes par une citation directe.

Dans cette hypothèse où l'infraction retenue est celle du droit pénal, il serait, alors, intéressant de réfléchir sur l'opportunité pour l'administration des douanes de se constituer partie civile afin de garantir sa présence et son implication dans toute la procédure répressive. En effet, la procédure pénale permet à toute personne (physique ou morale) qui se prétend lésée par un crime ou un délit de porter plainte devant le juge d'instruction, de se constituer partie civile, soit en comparaissant personnellement ou par ministère d'avocat soit par lettre[596].

En résumé, la constatation douanière de l'infraction liée à la criminalité transnationale organisée devra logiquement prendre en compte les éléments constitutifs de l'infraction de droit commun. Devant une infraction douanière ayant trait à la criminalité transnationale organisée, les procédures répressives doivent être, tout autant, en phase avec la Convention de Palerme.

Cette option va avoir des effets majeurs sur le contentieux douanier car, jusqu'à présent, les contrevenants à la législation douanière ne pouvaient bénéficier d'aucune excuse sur l'intention. En effet, l'infraction douanière définie comme « toute action, omission ou toute abstention qui viole les lois ou règlements et qui est passible d'une peine prévue par le Code des douanes» n'intègre pas l'élément intentionnel[597]. Or, la Convention de Palerme aménage une place à l'intention pour la constitution des infractions qu'elle

[593] Article 412 du code des douanes du Sénégal : « tout fait tombant sous le coup de dispositions répressives distinctes édictées par le présent code doit être envisagé sous la plus haute qualification pénale dont il est susceptible ».
[594] Article 276 alinéa 02 code de procédure pénale du Sénégal.
[595] Boubacar CAMARA, 2006, op.cit, page 246.
[596] Article 76 code de procédure pénale du Sénégal.
[597] Article 19 de la loi 2014-10 du 28 février 2014 portant code des douanes du Sénégal.

vise en stipulant que la connaissance, l'intention, le but, la motivation ou l'entente peuvent être déduits de circonstances factuelles objectives[598].

Pour autant, les infractions visées par la Convention de Palerme peuvent être considérées comme des infractions de nature douanière d'autant plus qu'elle présuppose la violation de la réglementation douanière. Il faudrait, tout de même, que le Code des douanes intègre, expressément, ces nouvelles infractions de nature transnationale où l'intention est un élément constitutif pour la détermination du régime douanier applicable en la matière.

B : La garantie judiciaire de la créance douanière

En cas de flagrant délit et suite à l'interpellation de prévenus pour des faits visés par la Convention de Palerme, plusieurs législations (code des douanes, code de procédure pénale, code des drogues…) sont alors prises en compte sous la supervision du Procureur de la République qui doit être immédiatement informé par le receveur poursuivant. Aux fins de l'instruction judiciaire, l'intervention du juge va consister à réunir le maximum de preuves sur les activités incriminées et de prendre des dispositions aptes à les empêcher de se produire.

Les multiples domaines réservés au pouvoir judiciaire dans le contentieux douanier de la criminalité transnationale organisée apparaissent, de manière plus décisive, dans l'intervention du juge aussi bien, dans la procédure d'inspection et de retenue douanière **(1)** que dans la prise de mesures provisoires et conservatoires **(2)**.

1. La procédure d'inspection et de rétention douanière

Le droit d'inspection et les conditions de la rétention douanière sont scrupuleusement réglementés. Le droit de rétention est possible puisque, « dans tous les cas de constatation d'infraction douanière flagrante, les moyens de transport et les marchandises litigieuses non passibles de confiscation peuvent, pour sureté des pénalités encourues, être retenus jusqu'à ce qu'il soit fourni caution ou versé consignation du montant desdites pénalités[599]. »

Au demeurant, les personnes visées par la loi[600] peuvent obtenir des autorités douanières la possibilité de faire inspecter toutes marchandises

---

[598] Voir l'article 05 alinéa 02 de la Convention sur la criminalité transnationale organisée.

[599] Voir l'article 355 du code des douanes du Sénégal.

[600] Article 127 de la loi 2008-08 sur le droit d'auteur et les droits voisins. Qualité pour agir. – 1. Tout titulaire d'un droit d'auteur ou d'un droit voisin a qualité pour ester en justice en cas de violation de ses droits. 2. Les sociétés de gestion collective ont qualité pour ester en justice dans les termes de l'article 110.5. 3. Les associations professionnelles d'ayants droit

qu'elles détiennent afin d'établir le bien fondé de leurs allégations. Le même droit appartient à l'importateur. Ces mesures, qui sont de plusieurs sortes, sont surtout utilisées en droit de la propriété littéraire et artistique[601]. Mais, le juge peut se l'approprier pour la répression d'autres infractions en rapport avec la criminalité transnationale organisée.

Ces mesures, se résument, pour l'essentiel, à la procédure de saisie contrefaçon souvent utilisée par les plaideurs avant même l'entame de la procédure pour conserver des éléments de preuve[602]. Il revient, alors au juge, statuant en référé, d'ordonner la saisie des marchandises qui sont soupçonnées de porter atteinte à un droit d'auteur ou à un droit voisin pour empêcher leur introduction ou leur circulation dans les circuits commerciaux.

La saisie peut être subordonnée à la consignation, par le demandeur, d'une somme suffisante. Elle cesse d'avoir effet si le demandeur n'a pas assigné au fond. L'administration des douanes peut, donc, sur demande écrite des personnes visées par la loi, assortie de justifications de leur droit, retenir dans le cadre de ses contrôles les marchandises que celles-ci prétendent constituer une contrefaçon[603].

La mesure provisoire ou conservatoire peut être pratiquée avec ou sans saisie et a pour objet la désignation et /ou la description détaillée des produits et œuvres contrefaits. Il faut cependant préciser que lorsqu'elle est autorisée avec saisie réelle des produits ou procédés litigieux, elle ne peut porter que sur des échantillons et non un stock entier. De même, lorsque la saisie est sollicitée, le juge qui en décide, peut exiger du requérant un cautionnement sous la forme d'une consignation. Ce cautionnement est toujours imposé à l'étranger qui requiert la saisie.

---

régulièrement constituées ont qualité pour ester en justice pour la défense des intérêts collectifs de leurs adhérents. 4. En cas de violation d'un droit patrimonial ayant fait l'objet d'une cession totale ou d'une cession partielle conférant au cessionnaire une exclusivité, l'action est exercée, dans la limite du droit transmis, par le cessionnaire.

[601] Au Sénégal, c'est l'article 139 (conditions de la retenue en douane) de la loi 2008-08 sur le droit d'auteur et les droits voisins qui permet à l'administration des douanes, sur demande écrite des personnes visées à l'article 127, assortie de justifications de leur droit, de retenir dans le cadre de ses contrôles les marchandises que celles-ci prétendent constituer une contrefaçon.

[602] Pour la répression de la contrefaçon, les agents des douanes peuvent, valablement, s'en référer à la loi sur le droit d'auteur et les droits voisins dont la section III relatives aux mesures aux frontières dispose à l'article 138 que : « Les personnes visées par l'article 127, donc titulaires de droits de propriété intellectuelle, peuvent obtenir des autorités douanières la possibilité de faire inspecter toutes marchandises qu'elles détiennent afin d'établir le bien fondé de leurs allégations. Le même droit appartient à l'importateur ».

[603] Voir les articles 138 et 139 du code des douanes du Sénégal.

2. La prise de mesures provisoires et conservatoires

Certaines mesures provisoires et conservatoires destinées à empêcher toute atteinte aux droits protégés peuvent être prises sans autorisation du juge par la douane sous la forme de saisie effectuée lors des perquisitions ou en matière douanière. En réalité, les procès-verbaux de douane, lorsqu'ils font foi jusqu'à inscription de faux, valent titre pour obtenir, conformément au droit commun, l'autorisation de prendre toutes mesures conservatoires utiles à l'encontre des personnes pénalement ou civilement responsables, à l'effet de garantir les créances douanières de toute nature résultant de ces procès-verbaux. Pour toute autre mesure, elle ne peut être utilisée contre la volonté de la partie qu'elle concerne sans autorisation judiciaire[604]. La prise de mesures conservatoires est souvent requise en matière de perquisition informatique.

Ainsi, lorsque des agents des douanes découvrent dans un système informatique des données stockées qui sont utiles pour l'établissement d'une infraction douanière, mais que la saisie du support ne parait pas possible ou souhaitable, ces données, de même que celles qui sont nécessaires pour les comprendre, sont copiées sur des supports de stockage informatique pouvant être saisis et placés sous scellés[605]. Les agents des douanes désignent, alors, toute personne qualifiée pour utiliser les moyens techniques appropriés afin d'empêcher l'accès aux données contenues dans le système informatique ou

[604] Les mesures prises par la douane sont bien encadrées. En France, aux termes de l'article 215 du décret du 31 juillet 1992, le créancier doit, dans le mois qui suit l'exécution de la mesure, à peine de caducité, introduire une procédure ou accomplir les formalités nécessaires à l'obtention d'un titre exécutoire ; il s'ensuit que les mesures conservatoires obtenues par l'administration des douanes, dont l'octroi est subordonné à l'existence d'une créance paraissant fondée en son principe constatée par des procès-verbaux de douane, sont caduques à défaut du respect des prescriptions de l'article 215 du décret du 31 juillet 1992. Viole dés lors ces textes la cour d'appel qui retient que l'administration des douanes verse aux débats un certificat de dépôt de plainte signé du procureur de la République indiquant qu'une plainte a été enregistrée à l'encontre du redevable et que, dés lors, les dispositions de l'article 215 du décret du 31 juillet 1992 ont été respectées, sans constater l'existence d'une créance paraissant fondée en son principe résultant de faits matériels relevés par des procès-verbaux de douane et alors qu'il résulte de ses propres constatations que l'administration des douanes n'a ni introduit une procédure ni accompli les formalités nécessaires à l'obtention d'un titre exécutoire. (Pourvoi c. Aix-en-Provence 27 mars 1998.) Cass. Com. 27 juin 2000. Bull. civ. IV n° 131. Gaz. Pal. 2000 somm. 2090.

[605] Au Sénégal, la perquisition informatique a été internalisée et confiée au juge d'instruction par le code pénal à travers la loi n° 2008-11 du 25 janvier 2008 portant sur la cybercriminalité. Ainsi, l'article 2 de la loi du 25 janvier 2008 sur la cybercriminalité a inséré un nouveau titre XVI au code de procédure pénale intitulé « de la procédure en matière d'infractions commises au moyen des technologies de l'information et de la communication » comprenant les articles 677-34 à 677-42. Les articles 677-36 et 677-37 insérés dans le code pénal sénégalais traitent de la perquisition et de la saisie informatique lorsque des données stockées dans un système informatique ou dans un support permettant de conserver des données informatisées sur le territoire sénégalais sont utiles à la manifestation de la vérité.

aux copies de ces données qui sont à la disposition de personnes autorisées à utiliser le système informatique et de garantir leur intégrité[606].

Si les données qui sont liées à l'infraction, soit qu'elles en constituent l'objet, soit qu'elles en ont été le produit, sont de nature à porter gravement atteinte aux intérêts du trésor public ou à l'économie nationale ou constituent un danger pour l'intégrité de systèmes informatiques ou pour des données stockées, traitées ou transmises par le biais de tels systèmes, les agents des douanes prennent les mesures conservatoires nécessaires, notamment en désignant toute personne qualifiée avec pour mission d'utiliser tous les moyens techniques appropriés pour rendre ces données inaccessibles[607].

Lorsque la prise de mesures conservatoires prévue n'est pas possible, pour des raisons techniques ou en raison du volume des données, les agents des douanes utilisent les moyens techniques appropriés pour empêcher l'accès à ces données dans le système informatique, ainsi qu'aux copies de ces données qui sont à la disposition de personnes autorisées à utiliser le système informatique, de même que pour garantir leur intégrité[608].

Dans tous les cas, les agents des douanes sont tenus d'informer le responsable du système informatique, de la recherche effectuée dans le système et de lui communiquer la liste détaillée des données qu'ils ont copiées, et/ou rendues inaccessibles. En droit de la propriété littéraire et artistique[609], il s'agit de mesures conservatoires suivantes :

- l'interdiction de la commission ou de la violation de tout droit protégé ;

- la saisie des exemplaires d'œuvres ou des enregistrements sonores soupçonnés d'avoir été réalisés ou importés sans l'autorisation du titulaire du droit protégé ;

- la suspension de toute fabrication en cours tendant à la reproduction non autorisée d'une œuvre ;

- la saisie, quels que soient le jour et l'heure, des exemplaires constituant une reproduction non autorisée, déjà fabriqués ou en cours de fabrication, des recettes réalisées, ainsi que des exemplaires illicitement utilisés ;

- la suspension de toute communication au public non autorisée ;

- la saisie des recettes provenant de toute reproduction ou communication au public non autorisée ;

- l'injonction, le cas échéant sous astreinte, visant à faire cesser la contrefaçon assimilée à un trouble manifestement illicite ;

---

[606] Article 303 du code des douanes du Sénégal.

[607] Article 303 alinéa 02 du code des douanes du Sénégal.

[608] Article 303 alinéa 02 du code des douanes du Sénégal.

[609] Ces mesures sont prévues notamment par l'article 62 de l'Annexe VII de l'accord de Bangui et par l'article 132 de la loi 2008-08 sur les droits d'auteurs et les droits voisins au Sénégal.

- la saisie conservatoire des biens mobiliers corporels ou incorporels du prétendu auteur de l'atteinte au droit protégé, notamment, par le blocage de ses comptes bancaires et autres avoirs ;

- l'effacement de tout ou partie des données à caractère personnel faisant l'objet du traitement ayant donné lieu à l'infraction[610].

Lorsqu'elles sont ordonnées par la voie judiciaire, les mesures provisoires et conservatoires peuvent faire l'objet de voie de recours.

Paragraphe II: La collaboration entre les douanes et le pouvoir judicaire

L'efficacité de la lutte contre la criminalité transnationale organisée commande que les services de répression compétents puissent utiliser toutes les ressources légales prévues en la matière. A cet effet, l'action fiscale, loin d'être antinomique à l'action publique, la complète et la renforce.

La commission d'une infraction de nature transnationale visée par la convention de Palerme peut intéresser les douanes dans deux hypothèses : d'une part, il est constaté au moins une violation de la réglementation douanière dans les actes incriminés ayant concouru à la réalisation de l'activité criminelle, d'autre part, certaines marchandises illicites (armes, argents blanchis, supports électroniques illicites) dont la seule détention ou utilisation est constitutive d'une infraction douanière sont, bien souvent, directement ou indirectement, liées au crime organisé.

Pour analyser la portée de l'action fiscale dans la répression de la criminalité transnationale organisée, il convient de bien déterminer les rapports entretenus entre l'administration des douanes avec les autorités judiciaires (procureur, juge d'instruction et juridiction de jugement) dans les différentes phases du contentieux.

Lorsqu'une infraction douanière relative à la criminalité transnationale organisée a été constatée, le receveur poursuivant des douanes doit laisser au procureur compétent le soin de déclencher l'action publique et s'il l'estime opportun, exercer l'action fiscale, soit par plainte avec constitution de partie civile **(A)**, soit par un acte introductif d'instance judiciaire **(B)**, soit par citation directe **(C)**.

---

[610] Article 677-41 du code pénal du Sénégal (loi n° 2008-11 du 25 janvier 2008 portant sur la cybercriminalité). « Dans les cas prévus aux articles 431-17 à 431-30 de la présente loi, l'effacement de tout ou partie des données à caractère personnel faisant l'objet du traitement ayant donné lieu à l'infraction peut être ordonné. Les membres et les agents de la Commission des données personnelles (CDP) sont habilités à constater l'effacement de ces données ».

A : L'introduction de l'action fiscale auprès du procureur de la République

L'action pour l'application des sanctions fiscales doit être, au vu du droit douanier, exercée par l'administration des douanes bien que le ministère public (Procureur) peut l'exercer accessoirement à l'action publique[611]. Dans ce cas d'exercice de l'action fiscale accessoirement à l'action publique, les deux actions vont sembler être liées plus encore que dans le cas des actions exercées conjointement par le parquet et la douane.

Si une infraction criminelle de nature transnationale venait à être découverte par les services des douanes compétents, la mise en mouvement de l'action fiscale, pour les faits incriminés par le code des douanes va relever, principalement, des attributions du receveur poursuivant des douanes.

Si l'infraction de nature transnationale a été constatée par des agents de police judiciaire (gendarmes, policiers) et que l'information judiciaire révèle que des marchandises importées ont participé, de manière directe ou indirecte à la réalisation des faits incriminés, l'administration des douanes est informée en vue de pouvoir exercer l'action fiscale pour la défense des intérêts douaniers.

En effet, lorsque la saisie de marchandises, ou la capture de délinquants est faite par une administration autre que celle des douanes, celle-là doit, obligatoirement, mettre le receveur poursuivant en mesure d'exercer les poursuites douanières[612].

Lorsqu'une infraction douanière a été constatée, le receveur poursuivant des douanes doit en informer le procureur de la République[613] même si l'administration des douanes a la possibilité, par ailleurs, d'agir seule, alors même que le ministère public ne s'est pas pourvu, contre une ordonnance de non-lieu sur des poursuites exercées pour infraction douanière.

En matière de poursuite d'infractions de nature transnationale, le procureur ne sera pas lié par la qualification retenue par le receveur poursuivant des douanes. Ainsi, lorsque dans sa plainte avec constitution de partie civile, les douanes visent l'infraction de contrebande de stupéfiants, d'armes, de produits

---

[611] Article 322 alinéa 05 : « l'action pour l'application des sanctions fiscales est exercée par l'administration des douanes. Toutefois le ministère public peut l'exercer accessoirement à l'action publique. »

[612] Article 311 alinéa 04 du code des douanes du Sénégal.

[613] Article 311 alinéa 02 du code des douanes du Sénégal : « lorsqu'il y a arrestation de délinquants, les agents assermentés de douanes ou les officiers de police judiciaire, doivent se conformer aux dispositions du code de procédure pénale relatives à la garde à vue. Les délinquants doivent être conduits devant le Procureur de la République, sauf application de l'article 44 du code de procédure pénale relatif à la saisine du délégué du Procureur de la République ou du Président du tribunal départemental exerçant les fonctions du Ministère public. »

contrefaits, le procureur de la République peut viser exclusivement le trafic international de stupéfiants, d'armes ou de produits contrefaits.

L'action fiscale est, donc, reléguée au second plan dans la mise en mouvement de l'action publique déclenchée pour la répression des infractions visées par la Convention sur la criminalité transnationale organisée dans la mesure où ces infractions ne sont pas spécifiquement, ou principalement douanières.

Les bases des actions sont, donc, légèrement différentes et donc, deux actions fiscales peuvent entrer en concurrence pour les mêmes faits incriminés. Le parquet ne peut pas exercer l'action fiscale pour toutes les infractions douanières. Il faut qu'il s'agisse d'une infraction douanière punie à la fois de sanctions fiscales et de peines, ce qui est le cas des délits douaniers.

L'action fiscale est par ailleurs, par principe, toujours exercée par le parquet lorsque les agents des douanes habilités ont effectué une enquête judiciaire dans le cadre défini par le code de procédure pénale, sauf à ce que le parquet en décide autrement et en confie expressément l'exercice à la douane.

La concordance entre action fiscale et action publique se reflète à travers l'application des délais de prescription des deux actions qui peuvent être harmonisés. En effet, l'action de l'administration des douanes en répression des infractions douanières se prescrit dans un délai de trois (03) ans et dans les mêmes conditions que l'action publique en matière de délits de droit commun.

La dilution de l'action douanière dans l'action publique, apparait, en matière d'infraction au contrôle des changes pour laquelle l'action publique se prescrit dans les mêmes délais et dans les mêmes conditions qu'en matière de détournement de deniers publics[614].

Cette concordance est pourtant bouleversée par la criminalisation de certaines infractions douanières telles que le blanchiment, le trafic de stupéfiants, d'armes, le financement du terrorisme etc.…S'il retient la qualification criminelle, le procureur devrait communiquer le dossier au juge d'instruction en étant obligé de transmettre, en même temps l'action fiscale de l'administration des douanes.

Le procureur de la République est, en effet, obligé de transmettre, soit la plainte avec constitution de partie civile devant le tribunal compétent, soit l'acte introductif d'instance auprès du juge d'instruction présenté par l'administration des douanes. Il existe, donc, une complicité entre le procureur, maitre des poursuites des peines de privation de liberté et le receveur poursuivant des douanes, maitre des poursuites des peines fiscales.

[614] Article 331 alinéa 01 du code des douanes du Sénégal : « l'action de l'administration des douanes en répression des infractions douanières se prescrit dans un délai de trois (03) ans et dans les mêmes conditions que l'action publique en matière de délits de droit commun ».

Lorsque le ministère public se substitue à l'administration des douanes et exerce l'action fiscale à titre accessoire à l'action publique, soit par l'ouverture d'une information judiciaire, soit par voie de citation directe, il exerce pleinement les deux actions, y compris les voies de recours.

L'administration garde, cependant, le droit d'intervenir lors de l'appel ou de la cassation, même si elle a été représentée par le parquet lors de la première instance. En cas d'absence de l'administration douanière en première instance, il lui est, toujours, possible d'interjeter appel si les sanctions douanières n'ont pas été prononcées.

L'intervention de l'administration douanière, par l'action fiscale dans l'action publique déclenchée se reflète dans le fait qu'en appel, la juridiction de second degré se trouve saisie à la fois des faits de droit commun et des infractions douanières, sauf évidemment, lorsqu'il y a cantonnement de l'appel à l'action publique.

B : La présentation de l'action fiscale devant le juge d'instruction

La procédure pénale prévoit deux modes de saisine du juge d'instruction : le dépôt de plainte avec constitution de partie civile et le réquisitoire introductif du procureur de la République. En général, seul le procureur peut saisir le juge d'instruction par un réquisitoire[615].

En effet, le juge d'instruction ne peut informer qu'en vertu d'un réquisitoire du procureur de la République même s'il a procédé en cas de crime ou de délit flagrant.

L'action fiscale n'étant pas assimilée à une action civile, l'administration des douanes ne peut saisir la juridiction d'instruction que par l'intermédiaire du procureur de la République. Cette saisine s'effectue par l'acte introductif d'instance fiscale[616].

Les infractions criminelles de nature transnationale peuvent servir de prétexte à la saisine du juge d'instruction en fonction, notamment, de la portée de l'activité illicite transfrontalière et de l'étendue des personnes dont la responsabilité pénale devrait être mise en cause. Il faudra s'en référer au droit pénal interne des Etats membres mais aussi à la jurisprudence pour pouvoir apprécier l'intervention du juge d'instruction dans la procédure contentieuse.

L'acte introductif d'instance fiscale est l'acte par lequel l'administration des douanes sollicite du ministère public l'ouverture d'une enquête préliminaire ou

[615] Article 71 du code de procédure pénale sénégalais.

[616] Au Sénégal, le code des douanes ne fait que timidement référence au juge d'instruction. C'est, en effet, uniquement aux articles 343 et 344 qu'il est fait mention à la saisine par les douanes du juge d'instruction et c'est pour encadrer son intervention.

l'ouverture d'une information judiciaire pour des faits constitutifs d'une infraction douanière.

Ce mode de saisine est utilisé en matière délictuelle dans tous les cas où les éléments recueillis au cours de l'enquête douanière n'ont pas permis d'apporter la preuve complète de l'infraction et d'établir avec précision l'étendue de la responsabilité pénale de toutes les personnes mises en cause.

L'action fiscale de la douane devant le juge d'instruction est indirecte car l'introduction de l'acte introductif d'instance se fait par l'intermédiaire du procureur qui, en la matière, peut ne pas suivre les réquisitions du receveur poursuivant s'il considère qu'il n'y a pas lieu de passer par la phase de l'instruction.

Lorsqu'il est saisi d'un acte introductif d'instance fiscale, le procureur de la République demeure libre d'apprécier l'opportunité et les modalités de la poursuite de l'infraction douanière. Le parquet peut décider d'exercer l'action publique pour l'application des peines conjointement à l'action fiscale exercée par l'administration des douanes, il requiert alors l'ouverture d'une information judiciaire ou délivre une citation directe.

Il peut, également, adresser des réquisitions d'enquête à un service de police ou à la douane judiciaire, s'il en existe dans le pays concerné par l'infraction, à l'issue de laquelle, il se prononcera sur les suites à donner. Si le parquet n'entend pas exercer l'action pour l'application des peines, l'administration des douanes peut exercer l'action fiscale par voie de citation directe.

Si le ministère public refuse de prendre un réquisitoire introductif, la douane n'a pas de recours contre cette décision. Ce sont les faits tels qu'ils sont relatés dans l'acte introductif d'instance fiscale et éventuellement les procès-verbaux douaniers qui déterminent l'étendue et le contenu de la saisine du juge d'instruction, sans qu'il soit tenu par la qualification juridique proposée par la douane.

Si le juge d'instruction décide d'une confrontation entre les parties, il est tenu de prévenir la douane par l'intermédiaire de son agent poursuivant chargé de suivre le déroulement de l'instruction. Malheureusement, le juge d'instruction ne respecte pas très souvent cette obligation d'informer la douane lorsqu'il pose des actes d'instruction. Il est, des lors opportun, de prévoir cette obligation d'information dans les codes des douanes des pays membres. En attendant, l'administration des douanes peut, faire des demandes d'actes, et obtenir communication du dossier afin de lui permettre d'exercer l'action fiscale.

Le juge d'instruction peut user de ses pouvoirs d'investigation, mais peut également les déléguer par voie de commission rogatoire, soit aux fonctionnaires de police et de gendarmerie, soit, désormais, aux agents des douanes habilités à exercer certaines missions de police judiciaire[617].

Ainsi, « sous réserve du respect du principe de la loyauté de la preuve, le juge d'instruction peut, au cours des investigations utiliser tous les procédés techniques, logiciels, programmes techniques informatiques nécessaires à la restauration des données informatiques effacées dans un système informatique et à l'identification des auteurs des infractions[618]».

De même, « le juge d'instruction ou l'officier de police judiciaire sur délégation judiciaire ou pendant l'enquête, sur autorisation et sous le contrôle du procureur de la République, peut utiliser un logiciel à distance et l'installer dans le système informatique du mis en cause afin de recueillir les éléments de preuve pertinents utiles à l'instruction ou à l'enquête[619] ».

Le juge d'instruction, après l'interrogatoire, peut décider de placer la personne sous contrôle judiciaire, saisir le juge des libertés et de la détention, pour un placement en détention ou sous contrôle judiciaire, ou ne rien faire.

C : L'action fiscale devant les juridictions de jugement

Devant les autorités judiciaires compétentes pour connaitre des infractions de nature transnationale, l'action fiscale se dilue donc, à bien des égards, dans l'action publique de répression de la criminalité transnationale organisée.

La concordance entre action fiscale et action publique connait pourtant des limites dans la pratique judiciaire d'autant plus qu'il va y avoir un hiatus entre la base de l'action des douanes de tous les jours qui est le code des douanes et celle de leur intervention sur la criminalité transnationale organisée en référence à d'autres dispositions répressives.

La rédaction, par le service des douanes, des procès-verbaux de constat d'une infraction de nature transnationale devra retracer les différentes étapes de la procédure répressive. Ces procès-verbaux sont le support des plaintes déposées auprès des tribunaux compétents. Mais, dès lors que l'arrestation de personnes est envisageable, le pouvoir judiciaire est impliqué. L'action publique reprend, donc, tous ses droits et la prééminence du pouvoir judiciaire sur la procédure répressive entraine de véritables mutations au droit douanier.

---

[617] L'exercice par certains agents des douanes de missions de police judiciaire par habilitation est prévu en France par la loi du 23 juin 1999 et régi par l'article 28-1 du code de procédure pénale, enquêteurs spécialisés de la matière douanière.

[618] Article 90-9 du code de procédure pénale du Sénégal. Il a été inséré, au chapitre III du titre III du livre premier du code de procédure pénale, une section II portant sur de nouvelles mesures d'investigation au moyen des technologies de l'information et de la communication.

[619] Article 90-10 du code de procédure pénale du Sénégal.

Dans le cadre d'une procédure contentieuse douanière et lorsque les agents des douanes constatent une infraction, ils procèdent à la saisie de tous objets passibles de confiscation[620] et dans les cas de saisine de la justice, le procès-verbal établi doit être accompagné des conclusions du receveur poursuivant des douanes[621].

S'agissant, plus spécifiquement, du contentieux relatif à la criminalité transnationale organisée, cette règle est de vigueur car lorsque la marchandise, objet du litige, est en rapport avec le crime c'est qu'elle fait partie de la liste des produits dont l'importation, la détention est réputée contrebande.

Dans le cas où la juridiction de jugement est saisie par voie de citation directe, le contenu de la citation détermine l'étendue de la saisine. Le code des douanes permet de rendre les deux actions indépendantes et peut conduire le ministère public et l'administration à engager des poursuites parallèles, simultanées et devant le même tribunal.

Ainsi, lorsque tous deux procèdent par voie de citation directe, chacun doit, pour les mêmes faits et la même personne délivrer une citation. De même, chacun exerce séparément ses propres voies de recours. Il en va différemment lorsque le ministère public exerce à titre accessoire l'action fiscale.

L'action pour l'application des sanctions fiscales peut être engagée indépendamment de l'action tendant à l'application des peines, la douane peut donc engager l'action par une citation qui n'est relative qu'au prononcé des seules sanctions fiscales.

Lorsque les faits revêtent à la fois une qualification de droit commun et une qualification douanière, ce qui est le cas, par exemple en cas de saisie de produits stupéfiants, la douane peut toujours intervenir dans la poursuite exercée par le ministère public sur le fondement de l'infraction de droit commun. Du fait de ce mécanisme, les juridictions pénales doivent vérifier l'étendue de leur saisine. Le code des douanes[622] trouve pleinement à s'appliquer dans le cas de faits particulièrement graves qualifiés en droit commun et en droit douanier, tels que les trafics de stupéfiants, d'armes et le blanchiment. Dans ces matières cependant, si la douane seule saisit la juridiction de la seule action fiscale, celle-ci qui n'est alors pas saisie de l'action publique ne peut prononcer les peines de droit commun.

---

[620] Article 301 alinéa 02 du code des douanes du Sénégal : « Lorsqu'ils constatent une infraction douanière, les agents des douanes assermentés, procèdent à la saisie de tous objets passibles de confiscation. Ils peuvent retenir les documents relatifs aux objets saisis ou procéder à la retenue préventive des objets affectés à la sûreté des pénalités ».

[621] Article 301 alinéa 04 du code des douanes du Sénégal : « dans les cas de saisine de la justice, le procès-verbal établi doit être accompagné des conclusions du receveur poursuivant ».

[622] Article 322 alinéa 05 du code des douanes du Sénégal.

La saisine douanière, sur le fondement du code des douanes, signifie donc que la juridiction répressive ne devra pas chercher une condamnation du prévenu sur le fondement de l'action publique.

Les deux actions judiciaires peuvent donc coexister : soit elles sont exercées par les deux autorités de poursuite, soit elles sont exercées par le seul ministère public dans les hypothèses prévues par le code des douanes.

En somme, pour lutter contre les menaces transnationales, susceptibles de fragiliser la stabilité des pays même les plus organisés, les services de répression douanière devront travailler en toute intelligence avec le pouvoir judiciaire dans une parfaite collaboration.

Conclusion du chapitre I

Le crime, en tant qu'infraction qui se distingue de la contravention et du délit, obéit aux critères tripartites de la définition de l'infraction relativement à la gravité des faits incriminés (élément matériel), à l'option légale de les réprimer plus sévèrement (élément légal) et à l'extension de la peine à tous les individus ayant joué un rôle dans sa commission (élément moral).

La criminalité transnationale organisée est une infraction de nature criminelle mais bien particulière. Les auteurs des infractions visées par la Convention sur la criminalité transnationale organisée sont éparpillés dans divers Etats et commettent des actes répréhensibles aux yeux de la société internationale.

Du fait que les opérations d'import ou d'export des produits issus du crime peuvent porter atteinte à la sécurisation de la chaîne logistique internationale, l'agent des douanes pourra se prévaloir des attributions de l'agent de police judiciaire pour la recherche des infractions de nature transnationale.

L'infraction criminelle de nature transnationale, commise en bande organisée, porte préjudice aux intérêts sécuritaires de deux pays au moins, c'est pourquoi, il est opportun, pour les douanes dont les intérêts sécuritaires sont menacés, de travailler en étroite collaboration dans le cadre, notamment, d'enquêtes conjointes. La mutualisation des forces de sécurité est, donc, devenue une exigence de lutte contre la criminalité transnationale organisée.

Le principe du respect du code de procédure pénale pour les visites domiciliaires, les perquisitions et saisies d'échantillons, de même que la transmission du dossier au procureur prouve, si besoin, que l'essentiel de la procédure est une procédure de droit commun. Aussi, serait-il envisageable qu'une passerelle puisse être trouvée, formellement, dans un futur code des douanes communautaire de la CEDEAO qui devra intégrer de nouvelles techniques d'investigations criminelles.

Parce qu'en définitive, le contentieux douanier qui se distingue du droit pénal, de par ses spécificités, est en train de subir des mutations profondes du fait de la prééminence du pouvoir judiciaire dans la procédure répressive. D'ailleurs, dans bien d'autres domaines du contentieux de la criminalité transnationale organisée, certains actes relèvent de la compétence exclusive du pouvoir judiciaire.

Chapitre II : La judiciarisation du dénouement du contentieux douanier

Le code des douanes a toujours été perçu, de façon réductrice, comme un instrument de répression, au regard des dispositions contraignantes dérogatoires au droit commun y contenues. Toutefois, il convient de souligner que le contentieux douanier, souvent décrié pour sa sévérité vise, ni plus ni moins, la protection de l'économie nationale contre la fraude sous toutes ses formes. En effet, la construction des économies des Etats membres, dans le sillage de l'émergence, ne saurait souffrir de pratiques délictuelles et criminelles susceptibles de compromettre la sécurité budgétaire.

S'agissant plus spécifiquement de la répression de la criminalité transnationale organisée, la question légitime à se poser est de savoir dans quelle mesure le juge va intégrer les responsabilités douanières à l'occasion du jugement des personnes interpellées par les services des douanes suite à une infraction de nature transnationale en rapport avec la criminalité organisée **(Section I)**.

En réalité, tous les individus composant la bande organisée, y compris les complices sont susceptibles d'être condamnés par le juge pour répondre individuellement des peines d'emprisonnement et solidairement des amendes douanières **(Section II)**.

Section I : La détermination judiciaire des responsabilités douanières

La détermination de la responsabilité civile ou pénale des auteurs d'infractions douanières est une question cruciale dans le contentieux douanier de la criminalité transnationale organisée (CTO). Déjà, en se référant à la Convention de Palerme, il est stipulé ce qui suit : « sous réserve des principes juridiques de l'État partie, la responsabilité des personnes morales peut être pénale, civile ou administrative. Cette responsabilité est sans préjudice de la responsabilité pénale des personnes physiques qui ont commis les infractions.

En outre, chaque État partie veille, en particulier, à ce que les personnes morales tenues responsables fassent l'objet de sanctions efficaces, proportionnées et dissuasives de nature pénale ou non pénale, y compris de sanctions pécuniaires[623]. »

En droit douanier, la responsabilité pénale, sous réserve des causes d'exonération, vise les auteurs de l'infraction, les intéressés à la fraude et les complices.

[623] Article 10 de la Convention de Palerme.

A l'exclusion notable des cautions, la responsabilité civile, quant à elle, renvoie aux propriétaires des marchandises en cas d'infraction portant sur lesdites marchandises[624]. En effet, « les propriétaires des marchandises sont, civilement, responsables du fait de leurs employés en ce qui concerne les droits, confiscations, amendes et dépens[625]. » En fait, les dispositions répressives applicables aux infractions douanières ne suffisent plus à définir les personnes responsables de ces infractions criminelles de nature transnationale.

Dès lors, la détermination de la responsabilité douanière dans le contentieux de la criminalité a tendance à échapper à la compétence exclusive du droit douanier car nécessitant l'application d'autres législations répressives. Il convient, donc, d'analyser la portée de la neutralisation de la présomption de responsabilité douanière dans le contentieux de la criminalité transnationale organisée **(Paragraphe I)**.

La mise en œuvre de la responsabilité douanière n'est pas aisée, au regard de la nature hybride de l'infraction de nature transnationale, mais, surtout, celle-ci peut poser d'énormes difficultés compte tenu des incriminations diverses induites par la participation à un groupe organisé, le blanchiment d'argent, la corruption[626]... **(Paragraphe II)**.

Paragraphe I : La neutralisation de la présomption de responsabilité douanière

Dans le droit douanier, la responsabilité varie selon que la marchandise frauduleuse détenue est déposée ou est en cours de circulation. Elle est régie par une présomption de responsabilité fondée sur l'apparence et sur la situation objective de fraude compte non tenu de l'intention des individus incriminés.

Par contre, le droit de la criminalité transnationale organisée, se démarque de cette approche douanière en réservant une place prépondérante à l'intention de l'individu qui, pour être déclaré responsable doit avoir participé à la commission de l'infraction, en connaissance de cause.

La Convention de Palerme[627] invite, en effet, les Etats parties à conférer le caractère d'infraction pénale aux actes suivants :

- le fait de s'entendre avec une ou plusieurs personnes en vue de commettre une infraction grave, impliquant un groupe criminel organisé ;

---

[624] Malick FAYE, 2015, *Le droit douanier sénégalais*, Paris, L'Harmattan, pages 235 à 285.
[625] Article 379 du code des douanes du Sénégal.
[626] Articles 5, 6 et 8 de la Convention de Palerme.
[627] Articles 5 de la Convention de Palerme.

- la participation active d'une personne ayant connaissance, soit du but et de l'activité criminelle générale d'un groupe criminel organisé, soit de son intention de commettre les infractions en question ;

- le fait d'organiser, de diriger, de faciliter, d'encourager ou de favoriser, au moyen d'une aide ou de conseils, la commission d'une infraction grave impliquant un groupe criminel organisé.

Les deux approches pour la détermination des responsabilités dans la commission de l'infraction criminelle de nature transnationale devront être combinées par le juge qui pourra, ainsi, déterminer les différentes responsabilités au cas par cas.

Il serait, à cet effet, intéressant de voir d'abord comment les services des douanes déterminent, dans leurs procès-verbaux, la responsabilité douanière des individus impliqués dans une activité criminelle **(A)** et d'analyser ensuite dans quelle mesure ces services devraient pouvoir intégrer les nouvelles responsabilités induites par la cybercriminalité notamment **(B)**.

A : La détermination des responsabilités douanières dans le contentieux de la criminalité

Le renversement de la charge de la preuve est considéré comme l'une des particularités marquantes du droit douanier répressif et se traduit par une restriction du pouvoir d'appréciation du juge qui est, en principe, le maitre de la répartition de la charge de la preuve. Quoique contestable au regard du principe général qui veut que la preuve de la culpabilité incombe à l'accusateur, le renversement de la charge de la preuve peut se comprendre, économiquement, lorsqu'une saisie douanière est opérée. Mais pour certains doctrinaires, dans la procédure de constat, le renversement de la charge de la preuve est absurde. Comment peut-on demander à un chef d'entreprise de prouver son innocence alors qu'aucune saisie n'a été opérée[628] ?

Fort heureusement et plus que la responsabilité douanière, c'est bien la responsabilité pénale des individus qui est au cœur du système répressif de la criminalité transnationale organisée quand bien même les actes visés peuvent être considérés comme constitutifs de violation de la réglementation douanière. Lorsque les actes réprimés ont été constatés par le service des douanes, l'on est en droit de s'attendre à une double qualification et partant d'une double responsabilité.

C'est ainsi que le service des douanes, par procès-verbal, établit, dans ses conclusions, la part de responsabilité pénale des différents acteurs intervenant dans les procédures de dédouanement. Seulement, vu l'importance de l'élément intentionnel dans la constitution de l'infraction criminelle de nature

[628] Boubacar CAMARA , op.cit, pages 58 à 62.

transnationale, le contentieux douanier classique va connaitre des mutations dans la détermination de la responsabilité douanière car les douanes devront rapporter la preuve de leurs allégations si elles veulent que le procès- verbal qui accompagne l'arrestation des personnes interpellées soit pris en compte.

Il s'agira, ici, pour les douanes, de « renverser » le renversement de la charge de la preuve et plus exactement, d'apporter la preuve des responsabilités douanières des détenteurs, complices ou intéressés à la fraude, capitaine de navires ou commandant d'aéronefs, déclarant et commissionnaire agréé dans la commission de l'infraction criminelle de nature transnationale[629].

1. La culpabilité du détenteur de produits du crime

En droit douanier, le détenteur de marchandises de fraude est réputé responsable de la fraude. Constitue un acte de détention à la main ou à corps, la prise de possession d'un colis dans un bureau de poste. Est ainsi coupable d'importation sans déclaration de marchandises prohibées, la personne interpellée alors qu'elle venait de prendre livraison de ce colis, qui, ouvert en présence des douaniers, s'est révélé contenir du haschich[630].

Est également détenteur celui (propriétaire, locataire, gardien...) qui a la jouissance des lieux où la marchandise de fraude est déposée et à qui incombe, à un titre quelconque, la surveillance de ceux-ci. Toutefois, il est nécessaire que ces lieux soient une propriété privée (domicile, bâtiments d'exploitation, jardin, terrains, hangar, grenier isolé, cave..., qu'ils soient, selon le cas, fermés à clé ou non, clôturés ou pas) et que les marchandises reposent à l'intérieur d'un bâtiment ou sur le sol[631].

La jurisprudence considère, en général, comme détenteur, le préposé à la conduite du moyen de transport dans lequel les objets de fraude ont été découverts ou toute personne à qui incombe, à un titre quelconque, la surveillance du véhicule qui a transporté la marchandise en fraude. Si le

---

[629] Quand l'infraction douanière de détention est connexe à un délit de droit commun, il est, alors, de pratique selon une jurisprudence française, de relaxer pour le délit de droit commun en cas de connaissance coupable non établie et de condamner pour les faits de détention au sens du code des douanes ; la seule qualité de détenteur au sens du code des douanes engageant la responsabilité pénale. Seulement, l'infraction criminelle de nature transnationale ne sera pas retenue dans ce cas.

[630] Au Sénégal, la rocambolesque affaire Amankwa a fini de convaincre de la vigilance requise dans le secteur postal. Il s'est agi d'une importation en contrebande d'un paquet de 8 sachets d'héroïne d'un poids total de 6,150 kg constatée par le bureau des paquets postaux. Après la saisie de la drogue, une tentative « d'achat » de la moitié du produit a été dévoyée par la douane. Deux agents des douanes avaient été condamnés pour complicité. Voir trib., Dakar, n°5046/99 du 02 décembre 1999, Ministère public et Administration des douanes c. Ibrahima Saer DIOUF et autres et C.A. ; n°303 du 23 avril 2001, Ministère public et agent judiciaire de l'Etat c. Ibrahima Saer DIOUF, Boubacar NDIAYE, Victor APPOE.

[631] Article 392 du code des douanes du Sénégal.

conducteur ne peut être identifié (par exemple parce qu'il a pris la fuite), le propriétaire sera considéré comme détenteur, sauf à lui de prouver la cessation de la propriété ou la dépossession (vol) au moment de l'infraction.

Dans le contentieux douanier classique, il suffit que le caractère frauduleux de la marchandise détenue soit établi pour que naisse une double présomption portant sur l'imputabilité matérielle et la culpabilité. Compte tenu du fait que « le juge ne peut excuser les contrevenants sur l'intention », il est, donc, exclu toute prise en compte de l'élément intentionnel dans l'appréciation de la culpabilité du prévenu, consacrant ainsi le caractère purement matériel de l'infraction douanière. Il est, donc, procédé à un renversement de la charge de la preuve étant entendu que « les preuves de non- contravention seront à la charge du prévenu ».

Cette conception, fortement critiquée par les défenseurs des droits de l'homme est difficilement applicable dans le contentieux de la criminalité transnationale organisée qui requiert le recours à l'instruction judiciaire et la tenue d'un procès juste et équitable. Les critiques portent généralement sur « la combinaison du tryptique ''infractions matérielles-interdiction de se prévaloir de sa bonne foi-force probante des procès-verbaux'' qui fait des personnes poursuivies par l'administration des douanes des coupables tout désignés, dont le sort se résume à l'alternative entre la prison et le paiement d'une transaction qui prend souvent les allures d'un chantage[632]. »

Les contempteurs du contentieux douanier classique préconisent, donc, une révision de la responsabilité apparente qui pèse sur les détenteurs de marchandises frauduleuses en vue, notamment, de rendre compatible le contentieux douanier avec les principes du droit à un procès équitable.

L'argument visant à abandonner la présomption de responsabilité douanière trouve toute sa pertinence dans le contentieux de la criminalité transnationale organisée pour lequel l'élément intentionnel est au cœur de la répression.

Le contentieux douanier de la criminalité transnationale organisée suppose, en effet, un rééquilibrage des rapports entre la douane et les prévenus dans les différentes phases du procès. Il s'agit, en particulier, de réviser l'interdiction faite au détenteur de produits liés à la criminalité de se prévaloir de sa bonne foi et de restituer au juge la plénitude de ses pouvoirs d'appréciation.

[632] Discours d'usage de Monsieur Souleymane TELIKO, Secrétaire général de la Cour d'Appel de Dakar, année judiciaire 2012-2013, audience solennelle de rentrée des cours et tribunaux mercredi 16 janvier 2013, (en ligne), www.coursupreme.sn consulté le 23 mars 2017.

2. La culpabilité des complices et des intéressés à la fraude

La réglementation douanière renvoie, le plus souvent, en ce qui concerne la responsabilité douanière des complices, aux dispositions qui sont applicables aux complices de délits douaniers et aux adhérents à la fraude qui encourent les mêmes peines que les auteurs principaux[633].

La complicité est facteur d'application des peines de confiscation[634]. « Les complices d'un crime ou d'un délit seront punis de la même peine que les auteurs même de ce crime ou de ce délit, sauf les cas où la loi en aurait disposé autrement. » En outre, « seront punis comme complices d'une action qualifiée crime ou délit :

- ceux qui, par dons, promesses, menaces, abus d'autorité ou de pouvoir, machinations ou artifices coupables, auront provoqué cette action ou donné des instructions pour la commettre ;

- ceux qui auront procuré des armes, des instruments, ou tout autre moyen qui aura servi à l'action sachant qu'ils devraient y servir ;

- ceux qui auront, avec connaissance, aidé ou assisté l'auteur ou les auteurs de l'action, dans les faits qui l'auront préparée ou facilitée, ou dans ceux qui l'auront consommée. »

S'agissant de la responsabilité douanière des intéressés à la fraude, il convient de préciser que dans le contentieux douanier classique, la théorie de l'intérêt à la fraude jure avec la conception matérielle de l'infraction douanière car, qui parle d'intérêt fait référence à l'intention de tirer profit d'une situation donnée en connaissance de cause.

En ce sens, la législation douanière s'inspire de la législation de droit commun et dispose bien que : « ceux qui ont participé comme intéressés d'une manière quelconque à un délit de contrebande ou à un délit d'importation ou d'exportation sans déclaration sont passibles des mêmes peines que les auteurs de l'infraction et en outre, des peines privatives de droits édictées.

Sont, notamment, réputés intéressés, ceux qui ont coopéré d'une manière quelconque à un ensemble d'actes accomplis par un certain nombre d'individus agissant de concert, d'après un plan de fraude arrêté pour assurer le résultat poursuivi en commun[635] ». Il faut, donc, réunir des éléments de preuve avant de déterminer la responsabilité douanière de toute personne qui aura participé, soit comme complice soit comme intéressée à la fraude, à la commission d'une activité criminelle.

---

633 Articles 45 et 46 du code pénal sénégalais.

634 Article 407 du code des douanes du Sénégal.

635 Article 376 du code des douanes du Sénégal.

La notion d'intérêt à la fraude est même, à bien des égards, prémonitoire de l'infraction criminelle de nature transnationale et renvoie, parfaitement, au concept de groupe organisé en vue de commettre une infraction douanière.

3. La faute personnelle des capitaines, commandants d'aéronefs et auxiliaires en douanes

Les capitaines de navires, bateaux, embarcations et les commandants d'aéronefs sont réputés responsables des omissions et inexactitudes relevées dans les manifestes et, d'une manière générale, des infractions commises à bord de leur bâtiment.

Toutefois, les peines d'emprisonnement édictées par le code des douanes ne sont applicables aux commandants des navires de commerce ou des aéronefs de commerce qu'en cas de faute personnelle[636]. Ainsi, « le capitaine est déchargé de toute responsabilité, s'il administre la preuve qu'il a rempli tous ses devoirs de surveillance ou si le délinquant est découvert ou alors, s'il justifie que des avaries sérieuses ont nécessité le déroutement du navire et à condition que ces événements aient été consignés au journal de bord avant la visite du service des douanes[637] ».

Autre responsabilité douanière requérant la faute personnelle est celle des déclarants et autres commissionnaires agréés. Les signataires de déclarations en détail sont, en effet, responsables des omissions, inexactitudes et autres irrégularités relevées dans lesdites déclarations, sauf leur recours contre leurs commettants. Mais, lorsque le signataire prouve que la déclaration en détail a été établie en conformité avec les instructions données par le commettant, ce dernier est passible des mêmes peines que le signataire de la déclaration en détail. Dans ce cas, les peines d'emprisonnement, prévues par le code des douanes, ne lui sont applicables qu'en cas de faute personnelle.

S'agissant des commissionnaires en douane agréés, ils sont responsables des opérations en douane effectuées par leurs soins. Les peines d'emprisonnement édictées ne sont applicables aux dirigeants des commissionnaires en douane agréés qu'en cas de faute personnelle.

---

[636] Article 370 du code des douanes du Sénégal.
[637] Article 371 du code douanes du Sénégal.

4. La responsabilité douanière des personnes morales

La Convention de Palerme prévoit la responsabilité des personnes morales en précisant bien que « la responsabilité des personnes morales peut être pénale, civile ou administrative[638] ».

A cet effet, « chaque État Partie adopte les mesures nécessaires, conformément à ses principes juridiques, pour établir la responsabilité des personnes morales qui participent à des infractions graves impliquant un groupe criminel organisé ». Cette responsabilité est sans préjudice de la responsabilité pénale des personnes physiques qui ont commis les infractions.

Les personnes morales, tenues responsables, vont faire l'objet de sanctions efficaces, proportionnées et dissuasives de nature pénale ou douanière, y compris de sanctions pécuniaires. C'est ainsi qu'au sens de la réglementation douanière, les personnes morales pourront être tenues responsables des omissions et inexactitudes relevées dans les manifestes et des infractions de nature transnationale commises à bord de leurs navires ou de leurs espaces.

Cependant, « ces personnes morales, transporteurs publics et opérateurs publics ne sont pas considérés comme contrevenants à la réglementation douanière lorsque, par une désignation exacte et régulière de leurs commettants ou clients, ils mettent l'administration des douanes à même, d'exercer utilement des poursuites contre les véritables acteurs de la fraude[639] ».

Pour la mise en cause de la responsabilité des personnes morales, il est fait recours à la collaboration d'un agent de l'entreprise moyennant accord d'immunité. Le concept d'immunité de poursuites peut s'appliquer dans le cadre d'une enquête sur la criminalité organisée parce qu'il est possible d'obtenir la coopération des subalternes de la personne visée par l'enquête sur la base d'accords sur le plaidoyer ou de promesses de clémence.

Cette pratique, qui est peut être courante dans un État, pourrait être contraire aux traditions juridiques et à la législation dans un autre État. Cette question doit être examinée par les enquêteurs et leurs experts juridiques.

B : La détermination des responsabilités douanières dans le contentieux de la cybercriminalité

Lorsqu'aucune disposition douanière n'est prévue ou que la disposition douanière entre en contradiction avec une disposition spécifique relative à la détermination des responsabilités, il est d'usage de faire prévaloir la

[638] Article 10 de la Convention de Palerme.
[639] Article 369 alinéa 2 du code des douanes du Sénégal.

disposition spécifique. Par exemple, des dispositions légales comme celles relatives aux relations financières avec l'étranger sont jugées et les peines infligées selon les règles du droit douanier sauf disposition contraire.

De même, sous réserve des dispositions du code des drogues, les dispositions du code des douanes s'appliquent en matière de stupéfiants, de substances psychotropes et de précurseurs. L'application de dispositions spécifiques à la criminalité transnationale organisée a pour effet d'introduire de nouveaux critères, notamment, pour la détermination des responsabilités dans le contentieux douanier de la cybercriminalité et du cyber-terrorisme.

Ainsi, ceux qui sont intéressés à la fraude de nature criminelle et qui ont, intentionnellement, participé à l'importation via Internet d'un produit du crime sont responsables de leurs faits et actes ayant conduit à la commission de l'infraction douanière (non déclaration d'un service importé, fausse déclaration électronique…) **(1)**.

Lorsque l'importation du produit du crime requiert une distribution autre que l'Internet, notamment par câble, réseau, wifi ou satellite, il conviendra de bien identifier les tâches et missions de chaque acteur virtuel pour déterminer le degré de responsabilité douanière qui s'attache à son intervention **(2)**.

1. La détermination des responsabilités douanières sur Internet

Dans le cadre de l'importation des marchandises, le transporteur, le commissionnaire en douane agréé, le capitaine de navire ou d'aéronef, le propriétaire, les complices et les intéressés à la fraude peuvent, tous, voir leurs responsabilités engagées en cas d'infraction douanière.

L'emprunt de ces dispositions applicables aux marchandises pour la résolution du contentieux douanier portant sur la cybercriminalité risque de causer des externalités négatives sur les technologies de l'information et de la communication. Pour les éviter, il est recommandé de s'intéresser à la fonction de chaque acteur en vue de déterminer sa responsabilité sans porter préjudice à la promotion des actifs immatériels et du commerce électronique.

Les acteurs du commerce électronique, comme d'ailleurs des prestataires de services non distribués en ligne sont susceptibles, pourtant, d'avoir une part de responsabilité pénale ou civile dans la commission des infractions transnationale de nature criminelle.

a. La responsabilité douanière des fournisseurs d'accès à Internet

La lutte contre la fraude sur Internet, notamment, dans le domaine du commerce électronique portant sur des armes à feu, des stupéfiants et de la pédopornographie, nécessite un renforcement des capacités de détection de sites illicites proposant l'acquisition de marchandises de fraude en ligne.

Ainsi, les cyber-douanes seront en contact avec les fournisseurs d'accès à Internet en vue de pouvoir déterminer leur niveau de responsabilité douanière dans la commission de l'infraction criminelle de nature transnationale. D'ailleurs, avec l'institution de la preuve électronique[640] en matière pénale, des possibilités d'incursion sur le web sont aménagées par la Directive portant lutte contre la cybercriminalité dans l'espace CEDEAO.

De prime à bord, c'est l'irresponsabilité du fournisseur d'accès Internet (FAI) qui est consacrée.

Le problème étant de déterminer si le fournisseur d'accès à Internet a les moyens de s'opposer, effectivement, à la réception des services distribués en ligne. Par ailleurs, la responsabilité douanière du FAI ne peut être engagée sous l'angle de la complicité.

En effet, la responsabilité, même douanière, n'a de sens, qu'en cas de connaissance des fausses déclarations et avec le pouvoir corrélatif de s'y opposer. Deux solutions peuvent être intellectuellement envisagées : la suppression de la distribution en ligne illicite ou la collaboration avec les services de douanes afin d'empêcher leur consultation par l'intermédiaire du fournisseur de connexion. Car, en définitive, une interprétation contraire à l'irresponsabilité du FAI rendrait impossible l'activité même de l'Internet sur le territoire douanier.

b. La responsabilité douanière des propriétaires et des hébergeurs de sites incriminés

Le fournisseur d'accès peut, également, remplir un autre rôle : celui de fournisseur d'hébergement. En réalité, l'hébergeur gère un vrai manifeste virtuel dans l'espace qu'il commercialise, l'opérateur public assure le transport des flux informationnels alors que le fournisseur d'accès à Internet fournit une connexion aux internautes.

L'hébergeur est défini comme la personne physique ou morale qui assure, même à titre gratuit, pour mise à disposition du public par des services de communication au public en ligne, le stockage de signaux, d'écrits, d'images, de sons ou de messages de toute nature fournis par des destinataires de ces services.

[640] Article 677-40 du code pénal sénégalais (loi n°2008-11 du 25 janvier 2008 portant sur la cybercriminalité) : « l'écrit électronique en matière pénale est admis comme mode de preuve au même titre que l'écrit sur support papier conformément aux dispositions de l'article 40 de la loi sur les transactions électroniques. »

Dans le droit positif, la responsabilité civile ou pénale des propriétaires de sites et autres hébergeurs ne peut être engagée « s'ils n'avaient pas effectivement connaissance » du caractère illicite des contenus stockés ou si dès le moment où ils en ont eu connaissance », ils ont agi, promptement, pour retirer ces données ou en rendre l'accès impossible. Etant donné que le monde de l'internet renferme des transactions multiples en temps record et que les contrôles, raisonnablement, ne pourront se faire qu'en aval du système, les exportateurs virtuels de produits du crime pourront être déclarés responsables dans la limite de la maîtrise de leurs actifs immatériels consécutifs à la violation du cahier de charges qui leur sont imposés. Dans ce cadre, les propriétaires de sites, les hébergeurs, les experts étrangers ou de simples prestataires étrangers ont, tous, intérêt à respecter les obligations et autres cahiers de charge ne serait-ce que pour sécuriser l'authenticité de leurs produits exposés à la contrefaçon et au piratage.

Le principe demeure que tous les acteurs de l'internet (fournisseurs d'accès, d'hébergement, de contenus, etc.) sont susceptibles d'être poursuivis comme auteurs principaux, coauteurs ou complices, dès lors qu'ils ont sciemment mis à la disposition du public des contenus illicites.

2. La détermination des autres responsabilités douanières virtuelles

L'importation des services illicites est, bien souvent, l'œuvre d'acteurs, experts et spécialistes dans leur domaine et qui sont de véritables partenaires privilégiés de l'Etat bénéficiant, à cet effet, d'un satisfecit. Ce partenariat avec l'Etat peut faciliter la détermination précise des responsabilités lorsqu'une infraction criminelle de nature transnationale est commise.

Dans l'hypothèse où une infraction douanière a un lien avec le transfert de services illicites importés à des fins criminelles, il est recommandé de s'intéresser, de plus près, à la fonction de chaque acteur dans la chaîne virtuelle internationale pour déterminer le degré de responsabilité de chacun.

a. La responsabilité douanière des intéressés à la cyber-fraude

La législation douanière détermine la responsabilité des acteurs de l'infraction en l'étendant aux intéressés à la fraude. Sont réputés intéressés à la fraude :

- les entrepreneurs, membres d'entreprise, assureurs, assurés, bailleurs de fonds, propriétaires de marchandises et, en général, ceux qui ont un intérêt direct à la fraude ;

- ceux qui ont coopéré d'une manière quelconque à un ensemble d'actes accomplis par un certain nombre d'individus agissant de concert, d'après un plan de fraude arrêté pour assurer le résultat poursuivi en commun ;

- ceux qui ont, sciemment, soit couvert les agissements des fraudeurs ou tenté de leur procurer l'impunité, soit acheté ou détenu, même en dehors du rayon, des marchandises provenant d'un délit de contrebande ou d'importation sans déclaration[641].

Si les intéressés à la fraude sont des acteurs du monde électronique, la détermination de leur responsabilité va devoir impliquer des amendements sur certaines dispositions du code des douanes.

C'est ainsi, par exemple, que lorsque le service lié à la criminalité organisée est une prestation (propagande terroriste, ingénierie criminelle, traite de personnes…), requérant le déplacement physique de criminels ou de terroristes, seule l'exploitation des clauses du contrat ainsi dévoyé, peut permettre à l'administration des douanes de procéder aux investigations requises. Le non-respect des engagements souscrits dans le contrat et la violation des dispositions réglementaires pourront être constitutifs d'infractions douanières si le dédouanement des services est appliqué.

Si l'on doit se référer à la règle de la solidarité en matière douanière, ceux qui sont intéressés à la cyber-fraude ou qui ont, effectivement, participé à l'importation du service prohibé seront responsables de leurs faits et actes ayant conduit à la commission de l'infraction douanière (non déclaration d'un service importé, fausse déclaration dans le commerce électronique…). Mais encore, faudrait-il prouver que les relais physiques aient eu, effectivement, l'intention de participer aux faits incriminés, car s'ils administrent la preuve qu'ils ont rempli tous leurs devoirs de surveillance, ils pourront bénéficier d'une exonération de responsabilité[642].

Ainsi, au même titre que les capitaines de navire[643] et autres commandants d'aéronefs, ces personnes ne seront responsables des omissions et inexactitudes relevées dans les manifestes électroniques et des infractions commises qu'en cas de faute personnelle.

---

[641] Article 376 du code des douanes du Sénégal.

[642] La Commission européenne, dans la proposition de directive du 18 novembre 1998, modifiée le 01er septembre 1999, relative à certains aspects juridiques du commerce électronique, institue un principe d'exonération de responsabilité au bénéfice des intermédiaires au plan civil et pénal. Cette exonération de responsabilité de principe des prestataires techniques est conditionnée au respect du principe de la neutralité qui doit guider leurs actions.

[643] Article 371 code des douanes du Sénégal : le capitaine est déchargé de toute responsabilité s'il administre la preuve qu'il a rempli tous ses devoirs de surveillance ou si le délinquant est découvert…

b. La responsabilité douanière en cascade

La responsabilité en cascade est de mise dans le cadre des infractions à la presse commises par des moyens de communication électronique et, donc, soumises aux dispositions relatives aux infractions de presse applicables dans les Etats membres de la CEDEAO. « Seront passibles, comme auteurs principaux, des peines qui constituent la répression des infractions principales :

1) les directeurs de publications, co-directeurs, producteurs, éditeurs ou gérants quelle que soit leur dénomination ;

2) à leur défaut, les auteurs ;

3) à défaut des auteurs, les directeurs des entreprises d'impression, d'enregistrement, de reproduction, ou de diffusion, de quelque nature qu'elles soient ;

4) à défaut de ceux-ci, les vendeurs, afficheurs et distributeurs, quelle que soit leur dénomination.

Les importateurs, exportateurs ou transitaires qui auront participé sciemment aux dites infractions pourront être poursuivis directement comme auteurs principaux. »

Par le jeu du mécanisme de la responsabilité en cascade[644] en vigueur en la matière, les importateurs, exportateurs ou transitaires qui auront participé, sciemment, aux infractions de presse pourront être poursuivis directement comme auteurs principaux[645] . Car, l'on est bien en présence d'une infraction douanière du fait de l'importation d'un article de presse interdit de comparution et de vente dans un Etat membre et donc prohibé à l'importation[646]. Les douanes pourront, légalement, se constituer partie civile dans la procédure pénale concernant les importateurs, exportateurs ou transitaires incriminés en invoquant l'existence d'une infraction douanière, même, via des moyens de communication électronique[647].

---

[644] Ndiaw DIOUF (2003-2004), « Infractions en relation avec les nouvelles technologies de l'information et procédure pénale : l'inadaptation des réponses nationales face à un phénomène de dimension internationale », Revue sénégalaise de droit des Affaires, n° 2-3-4, p.65.

[645] Article 270 du code pénal sénégalais.

[646] Apres les attentats sur l'hebdomadaire Charlie Hebdo suivis de manifestations et de heurts répétés dans plusieurs pays, les autorités sénégalaises avaient interdit la vente , la parution et l'importation du numéro de cet hebdomadaire intitulé les survivants et dont la une « Je suis Charlie » portait à équivoque et constitue selon plusieurs musulmans une insulte à leur religion. De même le gouvernement sénégalais avait interdit la vente du livre de Salmond RUCHDIE intitulé : « les versets sataniques ».

[647] Papa Assane TOURE, (2014), *Le traitement de la cybercriminalité devant le juge : l'exemple du Sénégal*, paris, L'Harmattan, page 401, Abordant la difficile transposition de la responsabilité en cascade aux réseaux numériques, le juge Pape Assane TOURE considère

En conclusion, nous pouvons retenir que pour démanteler l'organisation incriminée, les Etats concernés devront, de manière conjointe, mener les enquêtes appropriées. L'administration des douanes n'est, cependant, pas seule à avoir intérêt à poursuivre les infractions criminelles de nature transnationale. En effet, certes, les intérêts fiscaux sont menacés par la criminalité transnationale organisée, mais ce sont les intérêts sécuritaires qu'il faudra, davantage, sauvegarder.

Pour autant, les services des douanes devront jouer leur partition en procédant à une identification des responsabilités douanières des uns et des autres. Cet exercice permet, au moins, au juge d'instruction de mieux cerner les modus operandi utilisés pour la commission de l'infraction. Cette détermination de la responsabilité douanière dans le contentieux de la criminalité transnationale organisée permet aussi de tracer la frontière entre l'acte criminel visé par la Convention de Palerme et l'acte délictuel réprimé par le code des douanes.

Les nouvelles formes de criminalité transnationale organisée vont engendrer de nouvelles formes de responsabilité douanière. Par conséquent, des critères classiques de détermination de la responsabilité douanière comme la théorie de la responsabilité apparente et la présomption de responsabilité vont être inopérants. En effet, la dématérialisation consubstantielle au commerce électronique ne favorise pas toujours une identification matérielle du véritable détenteur du produit prohibé.

Dès lors, il devient difficile d'engager la responsabilité pénale ou douanière des acteurs du commerce électronique ou des prestataires de services distribués en ligne impliqués dans la commission d'une infraction douanière en rapport avec la criminalité transnationale organisée.

Paragraphe II : La déstabilisation de la responsabilité douanière

Normalement, le travail de la douane devrait s'arrêter à la porte du prétoire du juge mais, pour des nécessités économiques, il a semblé opportun de prolonger les pouvoirs des agents des douanes jusque dans l'instruction judiciaire. Des défenses ont été faites au juge de prendre certaines libertés, notamment dans la qualification de l'infraction douanière et la détermination des sanctions fiscales, mais aussi en ce qui concerne la privation des libertés des personnes interpellées par la douane.

---

que « l'invariabilité des fonctions de la presse écrite exercées par les personnes responsables au titre de la cascade (directeur de publication, producteur, éditeur, gérant, etc.) ne correspond pas aux activités des intermédiaires techniques de l'internet (fournisseur d'accès, d'hébergement, de contenus, de liens hypertextes, etc.) ».

A travers le contentieux de la criminalité transnationale organisée, le juge prend une belle revanche sur le droit douanier et ne se prive pas de reprendre ses pouvoirs spécifiques et de dicter son autorité à l'administration des douanes.

Dans la pratique, les services de répression des douanes sont même écartés de la procédure contentieuse dès lors que seule la qualification pénale de l'infraction est retenue. Les services des douanes sont, donc, confrontés à de nombreux obstacles juridiques dans la mise en œuvre du contentieux douanier lorsque l'infraction douanière visée est en concurrence avec d'autres incriminations pénales **(A)**.

Aux difficultés de trouver leur place dans le contentieux douanier de la criminalité, les douanes vont encore plus être exaspérées par les nouvelles formes de criminalité portant, notamment, sur la circulation illicite des services transfrontaliers **(B)**.

A : La responsabilité douanière dans le concours réel d'infractions

Tous les individus composant la bande organisée, y compris les complices sont susceptibles d'être poursuivis pour répondre individuellement des peines d'emprisonnement et solidairement des amendes douanières.

Pour autant, les pénalités liées à la criminalité transnationale organisée sont, également, régies par la règle du non cumul des peines applicables dans le concours réel d'infractions[648].

Il y a concours d'infractions lorsqu'un individu a commis un ou plusieurs actes différents avant que le premier ait donné lieu à une condamnation définitive. Il peut, en second lieu, y avoir concours d'infractions lorsqu'un individu n'a commis qu'un seul acte si cet acte est visé et réprimé par plusieurs textes. Il s'agit d'un acte unique qui tombe sous le coup de deux textes différents. En principe, il n'y a qu'une seule infraction parce qu'un seul acte a été accompli.

Le concours réel d'infractions a des incidences sur le quantum de la peine puisque « tout fait tombant sous le coup de dispositions répressives distinctes doit être envisagé sous la plus haute qualification pénale dont il est

---

[648] La Chambre criminelle française (criminelle 11 juillet 2017) a rappelé que « les qualifications d'infraction à la législation sur les stupéfiants et de contrebande de marchandises prohibées sont susceptibles d'être appliquées concurremment dès lors qu'elles résultent de la mise en œuvre d'un système intégrant poursuites et actions pénales et douanières, permettant au juge pénal de réprimer un même fait sous ses deux aspects, de manière prévisible et proportionnée, le montant global des sanctions éventuellement prononcées ne devant pas dépasser le montant le plus élevé de l'une des sanctions encourues ».

susceptible. Et en cas de pluralité de délits douaniers, les condamnations pécuniaires sont prononcées pour chacune des infractions dument établies ».

C'est ainsi que, « sans préjudice de l'application des pénalités édictées par le code des douanes, les délits d'injures, voies de fait, rebellions, corruption ou prévarication et ceux de contrebande avec attroupement et port d'armes sont poursuivis, jugés et punis conformément au droit commun[649] ».

Lorsque le concours réel d'infractions est établi du fait de la violation de la législation douanière, il sera prononcé autant d'amendes que d'infractions, chacune des infractions devant faire l'objet d'une réparation du préjudice causé au trésor public. Mais, ce cumul reste exclu pour les peines corporels en cas de pluralité d'infractions ou la plus forte peine est seule prononcée[650]. Par ailleurs, les condamnations contre plusieurs personnes pour un même fait de fraude sont solidaires, tant pour les pénalités pécuniaires tenant lieu de confiscation que pour l'amende et les dépens[651].

1. L'incrimination de la participation à un groupe organisé

Les Etats membres sont invités à adopter les mesures législatives et douanières nécessaires pour conférer le caractère d'infraction pénale à certains actes.

Il s'agit d'incriminer, notamment, les faits suivants :

- le fait de s'entendre avec une ou plusieurs personnes en vue de commettre une infraction douanière à une fin liée directement ou indirectement à l'obtention d'un avantage financier ou autre avantage matériel impliquant un groupe criminel organisé ;
- la participation active d'une personne ayant connaissance, soit du but et de l'activité criminelle générale d'un groupe criminel organisé, soit de son intention de commettre les infractions.

La connaissance, l'intention, le but, la motivation ou l'entente pour la commission d'une infraction en bandes organisées peuvent être déduits de circonstances factuelles objectives. Pour mettre en branle la responsabilité douanière, l'infraction visée et commise par la bande criminelle organisée doit comporter une violation de la réglementation douanière relativement au franchissement en toute illégalité des frontières communautaires[652].

---

[649] Les concours d'infractions sont traités par les articles 412 et 413 du code des douanes du Sénégal.
[650] Boubacar CAMARA , op.cit, page 90.
[651] Article 381 du code des douanes du Sénégal.
[652] Article 05 de la Convention de Palerme.

2. L'incrimination douanière du blanchiment du produit du crime

Les Etats membres sont invités à adopter, conformément aux principes fondamentaux de leur droit interne, les mesures législatives nécessaires pour conférer le caractère d'infraction pénale, lorsque l'acte qui viole la réglementation douanière a été commis intentionnellement et suite à :

- la conversion ou au transfert de biens frauduleux d'un pays à un autre dont celui qui s'y livre sait qu'ils sont le produit du crime, dans le but de dissimuler ou de déguiser l'origine illicite desdits biens ou d'aider toute personne qui est impliquée dans la commission de l'infraction principale à échapper aux conséquences juridiques de ses actes ;

- la dissimulation ou au déguisement, par l'intermédiation de la douane, de la nature véritable, de l'origine, de l'emplacement, de la disposition, du mouvement ou de la propriété de biens frauduleux ou de droits y relatifs dont l'auteur sait qu'ils sont le produit du crime.

Et, sous réserve des concepts fondamentaux de son système juridique :

- l'acquisition, la détention ou l'utilisation de biens frauduleux dont celui qui les acquiert suite importation, les détient ou les utilise sait, au moment où il les reçoit, qu'ils sont le produit du crime ;

- la participation à l'une des infractions établies précitées ou à toute autre association, entente, tentative ou complicité par fourniture d'une assistance, d'une aide ou de conseils en vue de sa commission.

Les infractions principales incluent les infractions commises à l'intérieur et à l'extérieur du territoire relevant de la compétence de l'État en question.

Toutefois, une infraction commise à l'extérieur du territoire relevant de la compétence d'un État ne constitue une infraction principale que lorsque l'acte correspondant est une infraction pénale en vertu du droit interne de l'État où il a été commis et constituerait une infraction pénale en vertu du droit interne de l'État s'il avait été commis sur son territoire.

Lorsque les principes fondamentaux du droit interne d'un État l'exigent, il peut être disposé que ces infractions ne s'appliquent pas aux personnes qui ont commis l'infraction principale.

« La connaissance, l'intention ou la motivation, en tant qu'éléments constitutifs de ces infractions pouvant être déduites de circonstances factuelles objectives[653] ».

[653] Article 07 de la Convention de Palerme, article 28 de la convention des Nations Unies contre la corruption, article 06 de la Convention de la CEDEAO, paragraphe 2-d…

3. L'incrimination douanière de la corruption

Les Etats membres sont invités à adopter les mesures législatives et autres nécessaires pour conférer le caractère d'infraction pénale lorsque les actes commis, en violation de la réglementation douanière, l'ont été intentionnellement :

- au fait de promettre, d'offrir ou d'accorder à un agent des douanes, directement ou indirectement, un avantage indu, pour lui-même ou pour une autre personne ou entité, afin qu'il accomplisse ou s'abstienne d'accomplir un acte dans l'exercice de ses fonctions officielles ;

- au fait pour un agent des douanes de solliciter ou d'accepter, directement ou indirectement, un avantage indu pour lui-même ou pour une autre personne ou entité, afin d'accomplir ou de s'abstenir d'accomplir un acte dans l'exercice de ses fonctions officielles.

Chaque État membre devrait envisager d'adopter les mesures législatives et autres nécessaires pour conférer le caractère d'infraction pénale aux actes impliquant un agent des douanes étranger. De même, chaque État membre devrait envisager de conférer le caractère d'infraction pénale à d'autres formes de corruption. Chaque État membre adopte, également, les mesures nécessaires pour conférer le caractère d'infraction douanière au fait, pour un agent des douanes, de se rendre complice d'une infraction douanière[654].

B : La responsabilité douanière dans la criminalité transnationale virtuelle

Dans le monde virtuel, est en train de naître un marché criminel dynamique s'étendant, de plus en plus, sur les domaines qui appartiennent déjà à la criminalité transnationale organisée tels que le trafic des stupéfiants, la facilitation de l'immigration illégale, le blanchiment d'argent, la traite des personnes, la violation de la propriété intellectuelle, les vols d'identité et les fraudes diffusées sur Internet…

Dans le monde virtuel, la traçabilité de la circulation des actifs immatériels est rendue complexe par la prééminence de l'abstrait. S'y ajoute que l'importation des services est l'œuvre d'acteurs, experts et spécialistes dans leur domaine et qui, bien souvent sont de véritables partenaires privilégiés de l'Etat et bénéficient à cet effet, d'un satisfecit. Il est difficile dans ces conditions d'engager la responsabilité pénale ou douanière des acteurs du commerce électronique ou des prestataires de services en cas d'infraction de nature transnationale.

[654] Article 08 de la Convention de Palerme.

A : L'aggravation des sanctions douanières

Au stade actuel de la construction communautaire en matière douanière, le droit pénal douanier demeure « un îlot national ». Malgré les tentatives répétées en vue d'obtenir des Etats membres une vision commune de la question des sanctions douanières, le contentieux douanier répressif demeure hors du champ de l'harmonisation.

Alors que le code des douanes communautaire de l'UEMOA impose à tous les opérateurs économiques des obligations identiques, quel que soit le lieu où ils accomplissent leurs formalités douanières, toute violation de ces obligations est traitée par chaque État selon les règles de procédure et de fond qui lui sont propres.

Les dispositions relatives aux poursuites et sanctions douanières demeurent de droit national. Deux infractions identiques à une même législation peuvent donc entrainer des sanctions différentes selon l'État dans lequel elles sont commises. En outre, les difficultés, pour les douanes, de proposer des sanctions pertinentes pour la répression des activités criminelles s'expliquent par le fait que les infractions douanières sont généralement classées en seulement deux (02) catégories : les contraventions douanières et les délits douaniers.

La conséquence immédiate est que les sanctions douanières prévues pour les infractions douanières n'étant pas de nature criminelle, risquent de ne pas être décisives dans le dénouement du contentieux de la criminalité transnationale organisée. Les sanctions douanières qu'elles soient privatives de liberté **(1)** ou patrimoniales **(2)** ont tendance à être relevées pour être en phase avec les dispositions de la Convention de Palerme.

1. Le relèvement des sanctions privatives de libertés

La réglementation communautaire de la CEDEAO s'attache bien à cette logique d'aggravation des sanctions lorsqu'elle précise que « le fait d'utiliser les technologies de l'information et de la communication ou d'agir en bande organisée en vue de commettre des infractions de droit commun comme le vol, l'escroquerie, le recel, l'abus de confiance, l'extorsion de fonds, le terrorisme, le blanchiment de capitaux constitue une circonstance aggravante de ces infractions au sens de la directive portant lutte contre la cybercriminalité dans l'espace CEDEAO[658] ».

---

[658] Article 24 de la Directive C/DIR/1/08/11 du 19 août 2011 portant lutte contre la cybercriminalité dans l'espace CEDEAO.

En attendant que la criminalisation de l'infraction douanière soit consacrée, l'implication d'un groupe criminel dans la commission de l'infraction douanière de nature transnationale est donc constitutive de circonstances aggravantes. C'est ainsi que si les sanctions douanières des délits douaniers de première classe notamment tournent, autour d'un emprisonnement de trois (03) mois à trois (03) ans, elles sont relevées lorsque les faits de contrebande d'importation ou d'exportation sans déclaration ont été commis en bande organisée ou portent sur des marchandises dangereuses pour la santé, la moralité ou la sécurité publique, contrefaisantes ou portant atteinte à la propriété intellectuelle. Dans ce cas, le délit douanier de première classe lié à la criminalité transnationale organisée transnationale est sanctionné plus sévèrement d'une punition de cinq (05) ans d'emprisonnement et d'une amende égale à quatre fois la valeur de l'objet de la fraude sur le marché intérieur[659].

La prise en compte de l'organisation criminelle dans la commission de l'infraction douanière apparait, dans le code des douanes du Sénégal qui sanctionne le délit de troisième classe en ces termes : « dans les cas de récidive ou de commission en bande organisée, les peines prévues sont doublées[660]».

---

[659] Article 390 du code des douanes : « sont passibles de la peine d'emprisonnement de cinq (05) ans et l'amende de quatre fois la valeur de l'objet de la fraude sur le marché intérieur lorsque les faits de contrebande, d'importation ou d'exportation sans déclaration portent sur des marchandises dangereuses pour la santé, la moralité ou la sécurité publique, contrefaisantes ou portant atteinte à la propriété intellectuelle, dont la liste est fixée par arrêté du Ministre chargé des finances ou lorsque les faits ont été commis en bande organisée.

[660] L'article 392 alinéa 03 du code des douanes du Sénégal dispose que : « est puni de la confiscation des moyens ayant servi à commettre l'infraction, d'une amende de dix millions (10. 000.000) à vingt millions (20.000.000) de francs et d'un emprisonnement de cinq (05) à dix (10) ans, quiconque accède ou tente d'accéder frauduleusement en tout ou partie du système informatique douanier ; se maintient ou tente de se maintenir frauduleusement dans tout ou partie du système informatique douanier ; entrave ou fausse ou tente d'entraver ou de fausser le fonctionnement du système informatique douanier ; introduit ou tente d'introduire frauduleusement des données dans le système informatique douanier ; intercepte ou tente d'intercepter frauduleusement par des moyens techniques des données informatisées lors de leur transmission non publique à destination, en provenance ou à l'intérieur du système informatique douanier ; endommage ou tente d'endommager, efface ou tente d'effacer, détériore ou tente de détériorer, altère ou tente d'altérer, modifie ou tente de modifier, frauduleusement des données douanières informatisées ; produit ou fabrique un ensemble de données numérisées par l'introduction, l'effacement ou la suppression frauduleuse de données informatisées stockées, traitées ou transmises par le système informatique douanier, engendrant des données contrefaites, dans l'intention qu'elles soient prises en compte ou utilisées à des fins légales comme si elles étaient originales ; obtient frauduleusement, pour soi-même ou pour autrui, un avantage quelconque, par l'introduction, l'altération, l'effacement ou la suppression de données informatisées ou par toute forme d'atteinte au fonctionnement du système informatique douanier. Est puni des mêmes peines, celui qui se procure ou tente de se procurer frauduleusement, pour soi-même ou pour autrui, un avantage quelconque en s'introduisant dans le système informatique douanier. En outre, dans le cas de

2. Le durcissement des sanctions patrimoniales

Les sanctions patrimoniales douanières se caractérisent par leur sévérité et par la rigidité de leur application. La fonction principale de la sanction douanière était l'exemplarité, il fallait puiser largement dans le patrimoine de l'auteur de l'infraction douanière. Elle avait aussi pour vocation de réparer le préjudice occasionné au trésor public. De ce fait, les sanctions douanières sont considérées par la doctrine comme ayant une nature particulière, à la fois peine et réparation civile, ayant par conséquent un régime mixte.

Les États parties à la Convention de Palerme sont invités à adopter, dans toute la mesure possible, les mesures nécessaires pour permettre la confiscation soit du produit du crime provenant d'infractions ou de biens dont la valeur correspond à celle de ce produit, soit des biens, des matériels et autres instruments utilisés ou destinés à être utilisés pour les infractions de nature transnationale.

En outre, un État Partie qui confisque le produit du crime ou des biens en application de l'article 12 ou du paragraphe 1 de l'article 13 de la Convention de Palerme en dispose conformément à son droit interne et à ses procédures administratives. Compte tenu de ses considérations, seront successivement examinées les modalités de confiscation douanières des produits de la criminalité transnationale organisée **(a)** et celles de leur aliénation **(b)**.

a. La confiscation des produits du crime

Il est prévu à l'article 12 de la Convention de Palerme sur la criminalité transnationale organisée que dans le cadre de leurs systèmes juridiques nationaux, les États parties adoptent, dans toute la mesure possible, les mesures nécessaires pour permettre la confiscation :

- du produit du crime provenant d'infractions visées par ladite Convention ou de biens dont la valeur correspond à celle de ce produit ;

- des biens, des matériels et autres instruments utilisés ou destinés à être utilisés pour les infractions visées par la Convention.

Les États parties doivent adopter les mesures nécessaires pour permettre l'identification, la localisation, le gel ou la saisie de ces produits incriminés aux fins de sa confiscation éventuelle.

---

récidive ou de commission en bande organisée, les peines prévues à l'alinéa 1 du présent article sont doublées ».

Si le produit du crime a été mêlé à des biens acquis légitimement, ces biens, sans préjudice de tous pouvoirs de gel ou de saisie, peuvent être confisqués à concurrence de la valeur estimée du produit qui y a été mêlé.

La confiscation est définie, généralement, comme étant le transfert en toute propriété à l'Etat d'objets ayant servi à commettre une infraction douanière. Elle peut, également, servir de peine complémentaire. Elle fait l'objet d'un calcul minutieux et ne peut être remise en cause librement par le juge[661]. La confiscation des produits du crime doit être autorisée par le juge.

« Lorsque les objets susceptibles de confiscation n'ont pu être saisis ou lorsque, ayant été saisis, la douane en fait la demande, le tribunal prononce, pour tenir lieu de la confiscation, la condamnation au paiement d'une somme égale à la valeur représentée par lesdits objets, calculée d'après le cours du marché intérieur à l'époque où la fraude a été commise[662]. »

Les services immatériels constituent l'exemple type d'objets non susceptibles de saisie ou de confiscation. L'administration fiscale risque de perdre un gage important dans la mesure où les services objet de fraude non susceptibles de saisie ne pourront être vendus à son profit. Les législations devront s'adapter à la virtualité de la criminalité transnationale organisée et le législateur devra porter une attention toute particulière aux mécanismes de circulation transfrontalière de services.

A défaut de pouvoir confisquer les services, les supports (ordinateurs, téléviseurs, appareils téléphoniques) ainsi que les réseaux complices peuvent être appréhendés. A cet effet, des dispositions douanières sont à inclure dans les contrats d'exploitation, les licences d'établissement et autres autorisations réglementaires…La législation pénale en la matière, pour sa part, a déjà pris une claire avancée sur le législateur douanier en créant un nouveau titre supplémentaire intégré au code pénal pour viser les nouveaux délits informatiques.

b. L'aliénation des produits du crime

L'aliénation des produits confisqués suite dépôt de douane et ceux confisqués ou abandonnés ne peut être effectuée que par l'administration des douanes et par ventes aux enchères publiques.

Toutefois, au préalable, il doit être requis l'approbation du ministère compétent (ministère de l'intérieur pour les armes légères et de petit calibre par exemple).

---

[661] Boubacar CAMARA, op.cit, page 95.

[662] Article 408 du code des douanes du Sénégal.

L'administration des douanes peut céder, pour des considérations de défense nationale ou d'utilité publique, les produits du crime organisé saisis, à des services publics ou assimilés. En ce qui concerne l'aliénation des armes par exemple, une réflexion est en train d'être menée par les Commissions nationales chargées des armes légères et de petit calibre de l'espace CEDEAO en vue d'uniformiser les procédures devant conduire à l'aliénation des armes saisies quelle que soit la qualification de l'infraction retenue en vue, notamment, de centraliser toutes les saisies au niveau desdites commissions.

Seulement, il est à craindre qu'en renonçant aux dispositions douanières relatives à l'aliénation des marchandises saisies, les intérêts fiscaux soient sacrifiés alors que les enjeux sécuritaires seront promus. Peut être encore là, un des verrous de la matière douanière qui risque de céder[663].

3. La détermination de l'amende et la question des astreintes

Aux fins de répression des délits douaniers[664], l'amende est, par principe, égale à la valeur de l'objet de fraude sur le marché intérieur, mais elle est de quatre fois la valeur de l'objet de la fraude sur le marché intérieur, lorsque :

- les faits de contrebande, d'importation ou d'exportation sans déclaration portent sur des marchandises dangereuses pour la santé, la moralité ou la sécurité publique, contrefaisantes ou portant atteinte à la propriété intellectuelle, dont la liste est fixée par arrêté du Ministre chargé des finances ;

- les faits ont été commis en bande organisée.

Il convient de préciser que le juge ne pourra dispenser le redevable du paiement des sommes fraudées ou indûment obtenues ni de la confiscation des marchandises dangereuses pour la santé ou la moralité et la sécurité publiques, des marchandises contrefaisantes, ainsi que de celles qui sont soumises à des restrictions quantitatives[665]. En fait, l'efficacité de la répression est garantie par le fait que les juges ne peuvent modérer les confiscations et amendes.

S'agissant de l'astreinte, elle a pour finalité d'obliger les redevables à présenter les livres, pièces ou documents dont ils ont refusé la communication aux agents des douanes. Cependant, elle n'a le caractère ni d'une peine

---

[663] Ndiaga SOUMARE, «Le contrôle douanier des armes », *Revue des douanes sénégalaises,* n° 51.

[664] Article 391 du code des douanes : « les délits douaniers de deuxième classe concernent d'une part les délits de contrebande accomplis au moyen de véhicule attelé ou autopropulsé, de navire ou embarcation de mer de moins de cinq cent (500) tonneaux de jauge nette, de pirogue ou bateau de rivière, d'aéronef et d'autre part les faits d'importation ou d'exportation sans déclaration lorsque ces infractions portent sur des marchandises prohibées à l'entrée ou à la sortie ou fortement taxées à l'entrée ou soumises à des taxes intérieures ou de sortie, et d'une valeur supérieure à cinq millions (5.000.000) de francs ».

[665] Article 347 alinéa 05 du code des douanes du Sénégal.

complémentaire, ni d'une peine accessoire mais constitue une condamnation pécuniaire prononcée à titre comminatoire à l'encontre du débiteur d'une obligation de faire pour le contraindre à exécution. L'astreinte s'élève au minimum à un montant forfaitaire par jour de retard. Elle peut être prononcée indépendamment de l'amende encourue pour contravention douanière de 5ème classe relative, notamment, au refus de communication[666].

Le juge de l'instruction doit avoir un droit de regard sur l'application de l'astreinte au cas où l'infraction visée serait de nature criminelle car elle peut servir de prétexte pour la collecte de renseignements sur la situation financière de l'entreprise soupçonnée. L'application de l'astreinte sans concertation avec le juge peut avoir des répercussions fâcheuses sur les enquêtes en cours.

B : L'inopérance des mécanismes d'atténuation des sanctions douanières

Au cas où des individus acceptent leur responsabilité douanière dans la commission de l'infraction, la législation douanière leur permet de faire recours à des mécanismes de conciliation avec l'administration des douanes.

Dans le cadre du contentieux de la criminalité transnationale organisée, ces conciliations, transactions ou procédures de rétractation et de contestation risquent de ne pas impacter véritablement la procédure contentieuse car soit le recours à ces techniques est interdit, soit la procédure pénale va survivre à tout compromis sur les sanctions douanières.

1. L'inefficacité de la transaction douanière

« L'administration des douanes est autorisée à transiger avec les personnes poursuivies pour infraction douanière. La transaction peut intervenir avant ou après jugement définitif. Avant jugement définitif, la transaction éteint l'action publique et l'action fiscale[667]… »

La transaction apparait comme une solution alternative avantageuse en ce qu'elle permet de tenir compte des facultés contributives des personnes poursuivies et se traduit par un assouplissement des sanctions douanières. Elle permet de terminer un différend en mettant en œuvre la sanction de façon

[666] Article 389 du code des douanes du Sénégal : « sans préjudice de l'application des dispositions des articles 185, 186, 187 et 196 du code pénal, est passible d'une amende de deux cent milles (200.000) à un million (1.000.000) de francs toute infraction aux dispositions des articles 37, 47 alinéa 1, 61, 67, 69, 72 , et 73 du présent code, ainsi que tout refus de communication de pièces, toute dissimulation de pièces ou d'opérations dans les cas prévus aux articles 54 et 125 du présent code. »

[667] Article 330 du code des douanes du Sénégal.

convenable pour toutes les parties concernées. La transaction peut ainsi aider à sauver une entreprise d'une situation difficile consécutive à de lourdes pénalités douanières.

Mais la transaction douanière est écartée dans certains cas, notamment, quand l'infraction visée porte sur des produits dangereux, prohibés ou criminels...Cependant, une transaction entre la douane et une organisation impliquée dans la commission d'une infraction douanière liée à la criminalité transnationale organisée n'éteint pas l'action publique contre son membre s'agissant de délits de faux et usage de faux ou de crimes commis par lui à l'occasion des mêmes faits. Tout comme pour les infractions de faux et usage de faux, le crime transnational comporte des éléments constitutifs différents et sanctionnent la violation d'intérêts distincts[668].

2. L'irrévocabilité des procédures de saisie douanière

La procédure de rétractation est prise à l'initiative de la personne contre laquelle s'applique la saisie douanière. Elle permet au cours d'un débat contradictoire d'obtenir de la douane qui a ordonné la saisie qu'il la rétracte ou la modifie. Cette procédure souvent utilisée contre les ordonnances à pied de requête[669] peut servir comme moyen de défense des personnes mises en cause pour demander l'annulation des procédures de saisie douanière entre autres.

La procédure de rétraction n'éteint pas l'action publique s'agissant de délits de faux et usage ou de crimes commis en bande organisée. En ce qui concerne la voie de la contestation, elle permet d'obtenir la main levée de la saisie douanière lorsque notamment celle-ci est une saisie conservatoire comme il est d'usage en matière de répression de la contrefaçon.

Par ailleurs, parmi les possibilités reconnues aux personnes présumées responsables pour obtenir, notamment, l'annulation de la procédure de saisie douanière, il y a la voie de l'arbitrage douanier devant la commission de règlement des litiges douaniers dont la présidence et la vice-présidence sont assurées par des magistrats[670]. La question est de savoir s'il est opportun de

---

[668] En effet, poursuivi pour faux et usage de faux au préjudice de son employeur, un directeur salarié d'un magasin d'une société estime que l'action publique contre lui est éteinte au motif qu'une transaction est intervenue entre cette société (son employeur) et la douane sur les infractions douanières issues de ses agissements. Pour la Cour de cassation française, dans un arrêt du 12 juin 2014, au contraire, cet argument (l'exception d'extinction de l'action publique) doit être écarté. La transaction conclue, pour des infractions douanières, entre la douane et la personne morale qui employait le prévenu est sans effet sur les délits de faux et usage de faux commis, à l'occasion des mêmes faits, par ce préposé.

[669] Articles 820 alinéa 1 à 820 alinéa 15 du code de procédure civile du Sénégal.

[670] Article 416 alinéa 02 du code des douanes du Sénégal : « le magistrat, président de la Commission de règlement des litiges douaniers ainsi que son suppléant sont nommés par décret sur rapport du Ministre de la justice, garde des sceaux. »

recourir à la commission d'arbitrage dans le contentieux de la criminalité transnationale organisée d'autant plus que cette procédure n'aura nullement pour effet, ni d'éteindre l'action publique ni d'éviter au contrevenant de se soustraire de sa responsabilité pénale[671]. Qui plus est, dans la pratique cette commission n'existe pas.

Aujourd'hui, des avancées importantes sont constatées dans la réglementation douanière en vue d'une meilleure prise en charge des infractions liées à la criminalité transnationale organisée. Au delà du mécanisme des circonstances aggravantes, les éventuelles insuffisances de la législation douanière dans la répression de la criminalité transnationale organisée, pourront toujours être comblées par des sanctions d'ordre pénal.

En effet, les sanctions du trafic illicite des marchandises liées à la CTO sont, fort heureusement, aussi bien de nature douanière que pénale[672].

Il convient de préciser que tous les actes de poursuite diligentés par l'administration des douanes, notamment, dans le cadre de la mise en œuvre des sanctions douanières peuvent être contestés et les sanctions aggravées ou modérées.

Paragraphe II : L'application de sanctions extra-douanières

Le juge peut bien appliquer des sanctions extra-douanières étant entendu que les délits d'injures, voies de fait, rebellions, corruption ou prévarication et ceux de contrebande avec attroupement et port d'armes sont poursuivies, jugés et punis conformément au droit commun[673].

D'ailleurs, le code des douanes du Sénégal prévoit des sanctions non douanières en précisant que les mesures concernant l'assignation à résidence sont obligatoirement ordonnées par le juge d'instruction, la juridiction de jugement ou la chambre d'accusation dans tous les cas où un individu de

---

[671] A noter que la commission de règlement des litiges douaniers, ancêtre de la commission d'arbitrage des litiges douaniers n'a vraiment jamais fonctionné au Sénégal, en tout cas aucune décision n'a été rendue par elle suite à un recours contre les décisions relatives à l'application de la législation douanière prises par les autorités douanières.

[672] C'est ce qui ressort de l'article 405 du code des douanes du Sénégal aux termes duquel le tribunal peut, à la requête de l'administration des douanes, frapper les individus condamnés pour un délit douanier des peines prévus à l'article 34 du Code pénal. Cet article dispose que : « les tribunaux jugeant correctionnellement pourront, dans certains cas, interdire, en tout ou en partie, l'exercice de droits civiques, civils et de famille suivants : de vote, d'éligibilité, d'être appelé ou nommé aux fonctions de juré ou autres fonctions publiques, ou aux emplois de l'administration ou d'exercer ces fonctions ou emplois, du port et de détention d'armes, de vote et de suffrage dans les délibérations de famille, d'être tuteur, subrogé-tuteur ou curateur, d'être expert ou témoin sauf pour donner en justice de simples renseignements ».

[673] Article 413 du code des douanes du Sénégal.

nationalité étrangère inculpé ou prévenu aura été laissé ou mis en liberté provisoire[674].

A : Le renvoi à des sanctions principales extra-douanières

Outre la référence au code pénal s'agissant notamment des sanctions applicables aux complices et adhérents à la fraude douanière[675], les renvois et références du code des douanes à d'autres législations de lutte contre la criminalité transnationale organisée sont très souvent de mise quand il s'agit de réprimer des infractions de changes, de drogue, de contrefaçon, etc. ainsi, aux fins de répression de la contrefaçon, les sanctions liées à la violation des droits de propriété intellectuelle sont civiles et pénales.

S'agissant des sanctions civiles, le juge civil peut condamner le contrefacteur au paiement des dommages intérêts. S'agissant des sanctions pénales, les titulaires des droits de propriété intellectuelle victimes d'actes de contrefaçon peuvent également saisir les juridictions répressives afin de faire condamner les contrefacteurs à des peines d'emprisonnement[676].

La pratique du renvoi à d'autres législations plus spécifiques pour la détermination des sanctions applicables est également de mise dans les protocoles annexés à la Convention de Palerme et dans la Directive de la CEDEAO portant lutte contre la cybercriminalité.

En outre pour l'incrimination de la traite des personnes, la convention de Palerme stipule que : « chaque État Partie adopte les mesures législatives et autres nécessaires pour conférer le caractère d'infraction pénale aux actes concourant à la traite des personnes, lorsqu'ils ont été commis intentionnellement[677] ».

De même, la Directive portant lutte contre la cybercriminalité dans l'espace CEDEAO laisse aux Etats membres le soin d'internaliser le dispositif de lutte et de retenir des sanctions proportionnées et dissuasives[678]. En ce qui concerne, par exemple, les sanctions de la violation des règles relatives aux

[674] Article 344 alinéa 3 in fine du code des douanes du Sénégal.
[675] Article 375 du code des douanes du Sénégal : « les dispositions des articles 45 et 46 du code pénal sont applicables aux complices de délits douaniers et aux adhérents à la fraude qui encourent les mêmes peines que les auteurs principaux».
[676] Article 59 Annexe I ou article 37 Annexe III de l'Accord de Bangui.
[677] Article 05 de la Convention de Palerme.
[678] L'article 28 de ladite Directive stipule en effet que, « les Etats membres sanctionnent les faits infractionnels prévus par la présente Directive. Les sanctions sont proportionnées et dissuasives. Toute personne morale déclarée responsable au sens de la présente Directive C/DIR/1/08/11 du 19 août 2011 portant lutte contre la cybercriminalité dans l'espace CEDEAO, est passible de peines proportionnées et dissuasives, qui comprennent des amendes pénales et civiles. »

transactions électroniques, elles sont, également, laissées à la souveraineté des Etats membres[679].

De manière générale, les Etats membres s'engagent à prendre les dispositions légales et réglementaires nécessaires à la reconnaissance d'un pouvoir de sanction aux autorités nationales de régulation des services informatiques. Ce pouvoir, si l'on prend prétexte de l'acte additionnel[680] relatif à l'harmonisation des politiques et du cadre réglementaire du secteur des technologies de l'information et de la communication, comprend notamment :

- la faculté d'exiger la modification des clauses inéquitables des contrats conclus avec des utilisateurs ou des conventions régissant l'interconnexion ou l'accès au réseau des opérateurs ;

- la faculté d'astreindre financièrement les opérateurs et fournisseurs de services enfreignant la législation du secteur des télécommunications à exécuter leurs obligations ;

- la faculté de prononcer des sanctions pécuniaires contre les opérateurs et fournisseurs de services défaillants dans le respect de leurs obligations contractées dans le cadre de l'exercice de leur activité ;

- la faculté de retirer, suspendre ou de proposer le retrait ou la suspension de l'autorisation en cas de défaillance de l'opérateur ou du fournisseur de service de télécommunications à laquelle l'opérateur ou le fournisseur n'aurait pas remédié dans un délai raisonnable après une mise en demeure dûment adressée par l'autorité nationale de régulation.

Les Etats membres s'assurent que l'exercice du pouvoir de sanction par les autorités nationales de régulation est mis en œuvre de manière proportionnelle, dans le respect du principe du contradictoire et selon des procédures transparentes, objectives et non discriminatoires.

B : Le renvoi à des sanctions complémentaires extra-douanières

Il faut préciser qu'à côté des sanctions principales, il existe d'autres sanctions que le juge répressif peut ordonner sous forme de mesures complémentaires. Ainsi, en matière de répression de la contrefaçon, outre l'emprisonnement et l'amende, le juge correctionnel peut à titre complémentaire prescrire les mesures suivantes :

- la confiscation des produits contrefaisants et des instruments ou ustensiles destinés spécialement à leur fabrication même en cas d'acquittement en

[679] Pour sanctionner les violations des règles de régulation des transactions électroniques, par une bande organisée en vue de commettre une infraction de nature transnationale, le législateur sénégalais a pris l'option de créer de nouveaux délits informatiques.

[680] Acte additionnel A/SA 1/01/07 relatif à l'harmonisation des politiques et du cadre réglementaire du secteur des technologies de l'information et de la communication.

matière de brevet, de modèle d'utilité, de marque, de dessin ou modèle de circuit intégré, et d'obtention végétale ;

- la destruction des produits contrefaisants en matière de brevet d'invention, de modèle d'utilité, de marque, de circuits intégrés, d'obtentions végétales ;

- la privation du droit d'éligibilité et d'élection dans les groupements professionnels, notamment en matière de marque et de dessins ou modèles industriels ;

- l'affichage du jugement en matière de brevet, de modèles d'utilité, de marque et de dessins ou modèles industriels ; il s'agit de mesures complémentaires de destruction et de publicité de la condamnation[681] ;

- la fermeture provisoire ou définitive de l'établissement de fraude. Cette peine est prononcée en cas de récidive en l'encontre du contrefacteur d'habitude ou ses complices ;

- la confiscation des sommes égales au montant des parts des recettes produites par la reproduction, la représentation ou la diffusion illicite, ainsi que la confiscation de tout matériel spécialement installé en vue de la reproduction illicite et de tous les exemplaires ou objets contrefaits.

Toujours dans le cadre des peines complémentaires, la Directive de la CEDEAO relative à la cybercriminalité précise qu'en cas de condamnation pour une infraction commise par le biais d'un support de communication électronique, la juridiction de jugement compétent peut prononcer des peines complémentaires[682]. En effet, la juridiction compétente peut prononcer la confiscation des matériels, des équipements, des instruments, des programmes informatiques ou des données ainsi que des sommes ou produits résultant de l'infraction et appartenant au condamné. Par ailleurs, les décisions de condamnation sont publiées dans le journal officiel des Etats membres et sur un support électronique aux frais du condamné.

En définitive, les infractions douanières liées à la criminalité transnationale organisée sont réprimées, plus, par la législation pénale que par la législation douanière proprement dite. Il urge alors de procéder à une réforme des législations douanières des pays membres pris individuellement ou même collectivement dans le cadre du secrétariat exécutif de la CEDEAO, notamment, en vue de faire de l'infraction liée à la criminalité transnationale organisée un crime douanier classé dans une troisième catégorie dans la nouvelle nomenclature des infractions douanières.

---

[681] Au Togo, il est à noter que les mesures complémentaires de destruction et de publicité de la condamnation ne sont pas expressément prévues par la législation. Mais en ce qui concerne les mesures complémentaires, le juge peut toujours les prononcer même si elles ne sont pas prévues par le texte.

[682] Article 29 de la Directive de la CEDEAO relative à la cybercriminalité.

Conclusion du Chapitre II

Aujourd'hui, confronté à la criminalité transnationale organisée, le droit douanier est contraint d'évoluer dans un double mouvement : il doit relativiser ses rapports avec la procédure pénale et se rapprocher du droit commun au regard de la responsabilité pénale.

L'action de la douane s'inscrit, désormais, dans la judiciarisation des sanctions douanières et dans l'attribution à certains douaniers de prérogatives de police judiciaire. La responsabilité douanière connait, par conséquent, des bouleversements et se rapproche progressivement de la responsabilité pénale qui est plus adaptée en la matière.

Les difficultés qui pourront surgir pour la détermination des responsabilités douanières dans le contentieux douanier de la criminalité transnationale organisée sont dues à la pluralité des incriminations en jeu mais aussi à l'utilisation de l'électronique dans la commission des activités criminelles. Ne faudrait-il pas dans ces conditions retourner au droit commun de la responsabilité pénale sans préjudice de l'application des principes du contentieux douanier lorsqu'ils ne sont pas contraires au code pénal ?

La détermination de la responsabilité douanière reste, pourtant utile car elle devient, au moins encore, source d'informations supplémentaires dans l'identification des responsabilités pénales. Cette détermination de la responsabilité douanière dans le contentieux de la criminalité transnationale organisée permet, aussi, de tracer la frontière entre l'acte criminel visé par la Convention de Palerme et l'acte délictuel réprimé par le code des douanes.

L'infraction de nature transnationale fait, ainsi, apparaitre un conflit de qualification étant entendu que l'acte incriminé constitue une infraction aussi bien dans le droit pénal que dans le droit douanier[683] . Et, comme l'étape de la qualification est plus une prérogative judiciaire qu'une compétence douanière, le juge, à bon droit, va s'affranchir des défenses faites au juge et ne va nullement pas, chercher à être enfermé dans un carcan douanier qui risque de compromettre son intime conviction.

[683] Le conflit de qualifications apparait lorsqu'un acte est susceptible de relever de plusieurs infractions. Le conflit de qualifications se distingue du concours d'infractions, en ce que, dans le premier cas, il n'y a qu'un seul acte qui correspond à plusieurs infractions, tandis que dans le second cas, il y a une pluralité d'infractions, distinctes dans le temps.

Conclusion du TITRE II

Peut-on continuer à défendre l'autonomie du droit douanier quand les piliers du contentieux douanier sont en train de s'écrouler devant les enjeux plus sécuritaires qu'économiques de la lutte contre la criminalité transnationale organisée. Aujourd'hui, la seule habilitation des agents des douanes à se prévaloir des pouvoirs de police judiciaire ne suffit plus et est loin de garantir une action efficace pour la répression de l'infraction criminelle de nature transnationale, d'autant plus que l'agent des douanes est invité à agir sur la base de codes spécifiques (code de la drogue, code de la contrefaçon) qui ne lui sont pas toujours familiers.

Il va, en effet, y avoir un hiatus entre la base de l'action des agents des douanes de tous les jours qui est le code des douanes et celle de leur intervention en matière de répression de la contrebande de drogue, d'armes et de fraude électronique, notamment. En effet, en matière de trafic de produits stupéfiants par exemple, le code des drogues[684] est beaucoup plus complet que le code des douanes en ce qu'il traite exclusivement de la réglementation relative aux opérations sur cette marchandise prohibée, à la différence du code des douanes qui concerne la régulation de l'importation et de l'exportation de toutes les marchandises sans distinction.

Ainsi, s'opère une véritable judiciarisation du contentieux douanier, car le parquet contrôle tous les actes relatifs aux poursuites, le juge d'instruction intervient et approfondit l'enquête sans être lié par les conclusions de l'administration des douanes et enfin les juges chargés de trancher, se réfèrent plus au code pénal qu'au code des douanes.

La législation douanière devra être réformée en vue de faire de l'infraction liée à la CTO, une infraction de troisième catégorie. Cette catégorisation des infractions liées à la CTO aura le mérite d'harmoniser le contentieux douanier en la matière tout en réduisant considérablement les renvois récurrents du code des douanes à d'autres législations plus spécifiques.

Ainsi, en plus de la catégorisation des infractions douanières en contraventions et délits, le prochain code des douanes de la CEDEAO, notamment, devenu une exigence à cause de la lutte contre la criminalité transnationale organisée, pourrait consacrer et définir le crime douanier.

---

[684] Au Sénégal, la loi 2007-31 portant modification des articles 95 à 103 du Code des drogues a aggravé la sanction applicable à l'infraction de trafic de drogue. Ainsi, la culture, la production, la fabrication et la transformation des drogues à haut risque sont autant d'infractions passibles jusqu'à vingt (20) ans de séjour carcéral. De même que le trafic intérieur et extérieur, la facilitation de l'usage de drogues, l'offre ou la cession en vue d'une consommation personnelle. Cette répression pénale ne concerne pas seulement les auteurs de ces actes criminels. Les précurseurs sont également prévus par les nouvelles dispositions, tel que le blanchiment de l'argent de la drogue.

Conclusion de la deuxième partie

Le droit douanier comporte des mécanismes de lutte contre la fraude qui lui ont permis, jusque-là, de faire face au phénomène de la criminalité transnationale organisée sans perdre son identité. Mais très vite, les douanes vont se rendre compte que la lutte contre la criminalité transnationale organisée va devoir impliquer l'intégration d'autres mécanismes juridiques, extra douaniers, alors même que dans le même temps, des mécanismes de résolution du contentieux douanier deviennent inopérants.

Le douanier, face à une infraction de nature transnationale, se perd très rapidement dans les méandres des connexions criminelles, pris qu'il est, entre le marteau de l'ingéniosité des groupes organisés et l'enclume de la procédure pénale contentieuse. Dès lors, il semble évident que plus qu'une adaptation, la lutte contre la criminalité va générer des changements substantiels dans le droit douanier.

Les mutations du droit douanier renvoient au processus de modification du dispositif douanier compte tenu des nouvelles missions induites par les trafics transfrontaliers. Le changement du droit douanier est radical car contrairement à l'adaptation, les mutations ne sont pas orientées.

C'est ainsi qu'indépendamment des politiques douanières déjà mises en vigueur pour faire face à la fraude en réseau, de réelles mutations du droit douanier sont perceptibles avec pour conséquence à long terme, la remise en cause de ses piliers essentiels qui jusque là, constituaient le charme de l'architecture. On s'adapte en gardant son identité, on se mue en se transformant.

CONCLUSION FINALE

Deux faits marquants illustrent, de fort belle manière, les mutations du droit douanier dont l'identité risque, à terme, d'être dénaturée par la criminalité transnationale organisée.

Le premier fait marquant est relatif aux attentats du World Trade Center du 11 septembre 2001, de la Gare de Madrid du 11 mars 2004, du Métro de Londres des 7 et 21 juillet 2005, etc. qui ont mis à nu la vulnérabilité sécuritaire de la chaîne logistique et fini de convaincre la communauté internationale de la nécessité, de se liguer contre les réseaux terroristes. Ces événements ont eu pour conséquences immédiates de renforcer l'interventionnisme de l'Etat moderne dans les échanges commerciaux. En effet, depuis ces attentats terroristes, les pays développés à l'image des Etats unis d'Amérique privilégient, encore plus, l'aspect sécuritaire dans leurs politiques économiques et financières.

Avec la montée en puissance du terrorisme, les douanes, se prévalant de leurs missions de surveillance du territoire douanier, sont ainsi confrontées à une demande sécuritaire, de plus en plus pressante mais dont les réponses qu'elles apporteront ne sauraient porter préjudice au commerce international. Il s'est agi, en effet, de réaliser l'ambition de l'Organisation mondiale des douanes consistant à concilier la protection de la chaîne logistique internationale et la facilitation des échanges commerciaux.

Le deuxième fait marquant est lié à la dévalorisation de la valeur de la marchandise suite, notamment, au développement du commerce électronique et à la prolifération des produits accessibles à faible coût et en temps record. En fait, l'accessibilité de produits commerciaux à des prix compétitifs et suivant des modalités technologiques avancées a impacté sur le sens à donner à la valeur marchande des biens. C'est que l'entreprise a pris l'option d'entreprendre une politique innovante de valorisation de ses produits en investissant notamment, dans le secteur des services (marketing, publicité, sponsoring, certification, accréditation…).

Seulement, très vite, ces services ajoutés à la marchandise se sont avérés plus coûteux que la marchandise elle-même, et ont constitué, en définitive, un coût supplémentaire pour l'accès auxdites marchandises. La conséquence est, qu'aujourd'hui, c'est la valeur des services ajoutés à la marchandise, et ce, en lieu et place de la loi de l'offre et de la demande, qui contrôle les prix du marché. Il s'en est suivi un élargissement du champ d'application des missions douanières vu que les services transfrontaliers jusque là, presque, exempts de contrôle aux frontières, intéressent, de plus en plus, les services de sécurité surtout lorsqu'ils sont incorporés aux produits du crime.

Les deux faits sus-évoqués ont, en définitive, rendu encore plus complexe l'exécution du service en douanes.

Dans ce contexte et au-delà de la révolution douanière que risque d'engendrer la mise en œuvre de la sécurité et de la facilitation de la chaîne logistique recommandée par l'Organisation mondiale des douanes, se pose, avec acuité, la nécessité d'une reconsidération des rapports commerciaux entre les pays occidentaux et les pays en voie de développement, notamment, ceux de l'Afrique de l'Ouest. Il importe, en effet, de procéder à l'inversion du regard, en partant des préoccupations des administrations des douanes de la CEDEAO en charge du contrôle des échanges commerciaux et de la lutte contre la criminalité transnationale organisée.

Dans l'espace CEDEAO, de vastes réseaux de trafics de drogues, d'armes, d'êtres humains, de migration clandestine sont en train de voir le jour. L'hybridation des acteurs du crime organisé dans cet espace est, aujourd'hui, l'une des menaces les plus pernicieuses pour les États ouest africains. Ces réseaux criminels, en plus de bâtir une économie parallèle, ont favorisé une corruption qui risque d'impacter négativement sur la vie politique et de déréguler les économies nationales encore fragiles.

La criminalité transnationale organisée se nourrit de certains vides juridiques et les services répressifs des Etats membres ont du mal à réagir, rapidement, face à ces entreprises criminelles qui font appel à des méthodes extrêmement élaborées pour dissimuler leurs activités et les produits de leur crime. Pour parvenir à contenir le phénomène de la CTO et éviter son expansion dans l'espace CEDEAO, il convient de prendre des mesures de prévention supplémentaires.

Pour faire face, les Etats membres sont invités à s'inscrire, entre autres, dans la dynamique de lutte enclenchée par l'Union européenne qui, via le Comité européen pour les problèmes criminels a déjà constitué un groupe de rédaction ad hoc sur le crime organisé transnational, le « PC-GR-COT ».

Ce groupe prévoit d'ailleurs la rédaction d'un livre blanc sur la CTO, consacré aux mesures que le Conseil pourrait prendre dans ce domaine. Un livre blanc, sous forme de protocole, version CEDEAO, pourrait, donc, inclure une liste de recommandations visant à définir les mesures qui devraient être appliquées dans les cinq domaines clés ci-après : les techniques spéciales d'enquête, la protection de la chaîne logistique, la coopération avec le secteur privé, le recouvrement des avoirs, le renforcement de la coopération internationale et l'élargissement des réseaux.

Les stratégies de lutte contre la criminalité transnationale organisée sont, d'abord, préventives à travers la mise en œuvre d'une approche juridique et communautaire alliant une législation dissuasive à une sensibilisation des personnes vulnérables.

Les stratégies sont, également, répressives ; plus souvent mises en évidence et médiatisées, les actions répressives comportent néanmoins des limites liées à la complexité des transactions financières et commerciales, terreau des pratiques criminelles.

Les stratégies sont, enfin, humanistes ; la prise en charge des personnes vulnérables surtout dans les zones de conflits (femmes, enfants, toxicomanes …) devenant une exigence internationale et se traduisant par une politique de réinsertion sociale et d'assistance aux victimes. A cet effet d'ailleurs, la Convention de Palerme invite les États parties à s'efforcer de promouvoir la réinsertion, dans la société, des personnes reconnues coupables d'infractions visées et à sensibiliser le public à l'existence, aux causes et à la gravité de la criminalité transnationale organisée.

D'inspiration conventionnelle, l'infraction liée à la CTO doit, pourtant, être consacrée dans les législations douanières nationales de chaque Etat membre. Au-delà des politiques nationales de lutte contre ces nouvelles menaces, les stratégies de lutte contre la criminalité transnationale organisée, pour être efficaces et durables, doivent, au demeurant, s'appuyer sur des systèmes de veille, de contrôle et d'audits coordonnés et permanents du dispositif sécuritaire installé au niveau des frontières.

Cependant, sur le plan doctrinaire et en dépit de l'adaptation, de la résilience et des mutations du droit douanier, la réforme envisagée de la législation communautaire à l'aune de la criminalité transnationale organisée, n'a pas encore, fait l'objet de larges discussions dans un corps paramilitaire soumis à une discipline la plus stricte. L'argent n'aime pas le bruit a-t-on l'habitude de dire.

Pourtant, la réforme est révélatrice de rupture dans le fondement de l'architecture du dispositif à améliorer. Les protagonistes de la réforme de la législation douanière ont tendance à surestimer la force du code dans le dispositif douanier, actuellement, érigé en système juridique autonome. Or, si le code des douanes a toujours été le noyau dur des politiques douanières, il n'en demeure pas moins que les mutations constatées n'ont pas ébranlé l'esprit des lois douanières.

La raison se trouve dans l'autonomie du droit douanier qui en fait un système juridique performant se nourrissant de ses contradictions pour constituer le dernier rempart de la souveraineté économique.

De manière encore plus décisive, l'infraction liée à la criminalité transnationale organisée, de par sa spécificité, aura, inéluctablement, pour effet de remettre en cause le contentieux douanier. À terme, la notion de crime transnational va ainsi bouleverser le principe de la classification bipartite de l'infraction douanière (contraventions et délits douaniers) tant les mécanismes de réalisation de ce type d'infractions renvoie à une pluralité de critères particuliers mettant en scène des individus invisibles et imprévisibles, le plus souvent organisés en réseaux.

Dans ce contexte, force est de reconnaitre que le code des douanes ne va constituer qu'un maillon parmi tant d'autres de la chaîne douanière qui auréole l'action du service tant le système douanier a résisté aux vicissitudes du temps malgré les critiques les plus acerbes formulées à l'endroit de son caractère répressif.

S'il est de plus en plus admis que le droit douanier s'érige en système juridique autonome, c'est en grande partie, grâce au positionnement remarquable de sources extra-douanières dans le dispositif douanier de prise en charge des marchandises transfrontalières. Qui plus est, le droit douanier renferme des pratiques prater et contra legem légitimées le plus souvent par des décisions jurisprudentielles.

Celles-ci ont impacté sur les dispositions légales du système douanier qui, aujourd'hui, transcende les considérations du seul code des douanes. Exemple : des dispositions légales extra-douanières comme celles concernant la contrefaçon et la cybercriminalité interpellent directement le dispositif douanier de lutte contre la fraude. En outre, les Conventions et autres dispositions communautaires, plus élevées que le code des douanes dans la pyramide juridique, continueront de jouer leur partition.

Les normes communautaires, complémentaires et supplétives aux dispositions du code sont largement appliquées, à juste titre d'ailleurs, puisque les Etats membres, en signant les accords commerciaux régionaux ou Accords de partenariat économique ont accepté de se référer, d'abord et avant tout au code communautaire.

L'idée de réformer le droit douanier trouve ses justifications dans la logique d'harmonisation, de conformisme et d'intégration des autres sources de droit confrontées à des faits nouveaux. Mais les modifications extérieures n'ont, jusqu'à présent, pas changé de manière significative le panorama du droit douanier. En lieu et place des réformes et révisions du code des douanes envisagées, n'est il pas alors, plus judicieux de constater l'existant et d'en tirer les conséquences en adoptant un code des douanes communautaire enrichi, jaloux de sa substance et conforme à son environnement ?

Il s'est agi, en définitive, dans le cadre des présentes réflexions, d'aborder la question de la sécurisation des procédures douanières sous l'angle des recommandations de l'Organisation mondiale des Douanes (OMD) dans ses instruments pertinents relatifs, notamment, à l'appropriation du Cadre de normes SAFE sur la sécurité et la facilitation de la chaîne logistique internationale.

Prenant en compte les nouvelles exigences du commerce électronique notamment et se référant aux évolutions notées dans les systèmes de dédouanement européen et américain, il est recommandé aux Etats membres, d'harmoniser leur législation douanière, à travers l'adoption d'un code des douanes uniforme.

L'institution de bureaux spécialisés en matière de lutte contre la cybercriminalité, l'érection du crime en infraction douanière, la création d'unités composées d'agents de douane judiciaire et l'aménagement d'une place essentielle pour le juge dans le traitement du contentieux douanier, sont autant de réformes nécessaires pour mieux prendre en charge la lutte contre la criminalité transnationale organisée dans l'espace CEDEAO.

BIBLIOGRAPHIE

1- Ouvrages généraux

- ACCIOLY H., Traité de droit international public, traduction française par P. Gouté, Sirey, 1940-1942, 3 vol., 652,528, et 580 pages ;
- ALBERT Jean Luc, RICHER J. et PIERRE J., Dictionnaire de droit douanier et fiscal, Paris, Ellipses 2007 ;
- ALLIX E., Les droits de douane. Traité théorique et pratique de législation douanière, 2 vol., édition rousseau et Cie, 1932 ;
- BENSOUSSAN, Alain (1985), Traité de droit de l'informatique et de la télématique : Théorie et pratique, Editions Berger Levrault/systéma, Paris, 700 pages ;
- BOULOC Bernard et MATSOPOULO Haritini (2016), *Droit pénal général et procédure pénale*, 20ème édition, Sirey, 700 pages ;
- COLIN J.-P., Dictionnaire des difficultés du français, Dictionnaires Le Robert, Paris, collection « Les usuels », 1993 ;
- DEBARD Thierry et GUINCHARD Serge, Lexique des termes juridiques, DALLOZ, 25ème édition, 2017-2018 ;
- Dictionnaire le Grand Robert, édition 2017 ;
- Dictionnaire le Grand Larousse, édition 2017 ;
- GARRAUD René, GARRAUD Pierre, (1907), *Traité théorique et pratique d'instruction criminelle et de procédure pénale,* volume 1, Sirey, tome, 3988 pages ;
- HUCHON M., SANCIER CHATEAU A., DENIS D., Encyclopédie de la grammaire et de l'orthographe, Paris, LGF, collection « La photothèque », 1997 ;
- PRADIER –FODERE M., Traité de droit international public européen et américain, G. Pedone-Lauriol, 1885-1906, 7 vol., 691,972,1267,1250,1171,1174, et 1230 pages.
- REDSLOB R., Traité de droit des gens, Sireye, 1950, 473 pages.

2- Ouvrages spécialisés

- ALBERT Jean Luc (2013), *Douane et Droit douanier*, France, Presses universitaires de 240 pages ;
- ANDRIEU Olivier et LAFFONT Denis (1996), *Internet et l'entreprise*, Paris, Editions Eyrolles, 413 pages ;
- BENSOUSSAN, Alain (1998), *Internet, aspects juridiques*, Paris, Hernés Lavoisier, 247 pages ;

- BERR, Claude et Henri TREMEAU (1997), *Le droit douanier communautaire et national, Etudes et recherches*, Paris, Economica, 7ème édition, 626 pages ;
- BRAUDEL Fernand (1993), *Grammaire des civilisations*, Paris, Flammarion, 752 pages ;
- CARPENTIER V. (1996), *Guide pratique du contentieux douanier*, Paris, Lexis Nexis/litec, 201 pages ;
- CAMARA Boubacar, (2008), *Le contentieux douanier au Sénégal-Réflexions sur la place du juge dans le traitement des infractions*, publié à compte d'auteur, 319 pages ;
- DIONE Alioune (2015), *Le droit douanier, le commerce électronique et la dématérialisation,* Paris, L'Harmattan, 297 pages ;
- DIOUF Jean Baptiste (2009), *Douanes et échanges*, Dakar, Editions sénégalaises de l'Import /Export, 327 pages ;
- FAYE, Malick (2015), *Le droit douanier sénégalais*, Paris, L'Harmattan, 314 pages ;
- FEDIDA Jean Marc, (2001), *Le contentieux douanier*, Que sais-je, PUF, 128 pages ;
- FUKUYAMA Francis (1992), *La fin de l'histoire et le dernier homme*, Paris, Flammarion, 451 pages ;
- HUNTINGTON Samuel P., (1997), *Le choc des civilisations*, Paris, Odile Jacob, 545 pages ;
- HYEANS Andy, (2012), *La douane au cœur de la stratégie internationale des entreprises du contrôle au partenariat*, Paris, L'Harmattan, 263 pages ;
- GOLA Romain V., (2013), *Droit du commerce électronique, guide pratique du e.commerce,* Paris, *Gualino,* 624 pages ;
- LECLERC Marcel, (1996) *La criminalité organisée*, Paris, La documentation française, 279 pages ;
- LUGAN Bernard, (2013), *Les guerres d'Afrique, Des origines à nos jours*, Editions du Rocher, 403 pages ;
- MORIN Edgar (1990), *Science avec conscience*, Paris, Fayard, Point seuil, 315 pages ;
- MIREILLE DELMAS-MARTY et GIUDICELLI-DELAGE Geneviève, (2000), *Droit pénal des affaires*, Presses Universitaires de France P.U.F., 4éme éd., 707 pages ;
- RIPERT, Georges (1949), *Le déclin du droit*, LGDJ, 225 pages ;

• PANNIER Jean, (2010), *Recueil de jurisprudence douanière 1990-2010*, Editions Economica 2010, 706 pages ;

• PANNIER, Jean (1990), *Douanes et changes*, Gazette du Palais, Litec, 468 pages;

• PANNIER, Jean (2009), *Le contentieux douanier des visites domiciliaires*, Gazette du palais, p.11 ;

• PARIZOT Raphaele., (2010), *La responsabilité pénale à l'épreuve de la criminalité organisée : le cas symptomatique de l'association de malfaiteurs et du blanchiment en France et en Italie*, tome 48, LGDJ, 456 pages ;

• Robert J.-H., *Les investigations des fonctionnaires investis de certaines fonctions de police judiciaire,* (in Mélanges André Vitu), *Droit pénal contemporain*, CUJAS, p. 431 ;

• SAKHO Abdoulaye, (sous la direction de.) *Libertés et contraintes dans la réglementation du marché des télécommunications en Afrique de l'Ouest : exemple du marché sénégalais,* Consortium pour la recherche économique et sociale (CRES) ;

• SCHMIDT Dominique, (1982), *Le contentieux douanier et des changes*, Paris, Dalloz, XVI-475 pages ;

• TOURE Papa Assane, (2014), *Le traitement de la cybercriminalité devant le juge : l'exemple du Sénégal*, Paris, L'Harmattan, 616 pages ;

• VACCA, John, (1996), *Sécurité sur Internet, secrets*, Edition Sybex, 938 pages ;

• VINEY Géneviéve et JOURDAIN Patrice, (2011), *Les conditions de la responsabilité*, 3éme édition, LGDJ, Traité de droit civil (sous la direction deJ.Ghestin), 947 pages ;

• VIVANT Michel, MARCELLIN Sabine, COSTES Lionel, *LAMY DROIT DE L'INFORMATIQUE ET DES RESEAUX : informatique, multimédia, réseaux, Internet*, LAMY, Paris, 3034 pages ;

• WULF Luc de et José B.SOKOL, (2007), *Manuel de modernisation douanière*, Paris, Edition ESKA, 329 pages.

3- Thèses

• CREN Rozenn, (novembre 2011), Thèse de doctorat, *Poursuites et sanctions en droit pénal douanier,* Université panthéon-assas ;

• FALL Abdoul Hamid, *Contribution à une Réflexion sur la fiscalité de développement au Sénégal,* Thèse de doctorat en Droit, Université des Sciences Sociales de Toulouse ;

4- Mémoires

• SOUMARE Ndiaga, (2005) *Sécurité et facilitation de la chaîne logistique internationale*, mémoire de fin d'étude à l'ENA ;

- SOUMARE Ndiaga, (2009), *Le dédouanement des services*, mémoire de master II en droit de l'intégration et de l'OMC, UCAD ;
- THIAW Simon Pierre (2002), *La Douane à l'heure du commerce électronique*, mémoire de fin d'étude à l'ENAM.

5- Articles et contributions divers

- ANISZEWSKI Stefan, Direction du Contrôle et de la facilitation de l'OMD, Juin 2009, « Gestion coordonnée des frontières-un document conceptuel » ;
- DIOUF Ndiaw, « Infractions en relation avec les nouvelles technologies de l'information et procédure pénale : l'inadaptation des réponses nationales face à un phénomène de dimension internationale », *Rév. Sén. Dr.aff.*, n°2, 3, 4, 2003-2004 ;
- DURKHEIM Emile (1894), « le crime, phénomène normal » ;
- ELA Jean Marc, « Regards africains sur la première guerre du siècle », Le Monde Diplomatique, septembre 2002 ;
- GUEYE Mamadou, « Réforme du Code des douanes : synopsis des innovations majeures », *Revue des Douanes sénégalaises*, décembre 2013 ;
- KANE Birame Sidy, « Vers une effectivité de la libre circulation en Afrique de l'Ouest », *Revue des Douanes sénégalaises*, février 2013 ;
- NDIAYE Abdoulaye- DIAGNE (I.N.Eddine) et al, « Le commerce électronique en Afrique », FDA 99, *Forum pour le Développement africain* (FDA), P2-24.
- NDIAYE Issa, « Code des douanes et environnement maritime », *Revue des Douanes sénégalaises,* n° 53, janvier 2016 ;
- SOUMARE Ndiaga, « Le dédouanement des services », *Revue des douanes sénégalaises,* n° 44 ;
- SOUMARE Ndiaga, « Le contrôle douanier des armes », *Revue des douanes sénégalaises,* n° 45 ;
- SOUMARE Ndiaga, « Les échanges commerciaux à l'épreuve de la criminalité transnationale organisée, les stratégies de lutte efficace et durable », *Echos finances*, n° 09, Revue du ministère des Finances, 2011.

6- Textes internationaux

- Convention des Nations Unies contre le trafic illicite de stupéfiants et substances psychotropes de 1988 ;
- Conférence des Nations Unies sur le Trafic Illicite des Armes Légères et de Petit Calibre dans tous leurs aspects ainsi que le Programme d'Action des Nations Unies (PANU) ;

• Convention sur l'interdiction de l'emploi, du stockage, de la production et du transfert des mines antipersonnel et sur leur destruction, communément appelée « Convention d'Ottawa » ;

• Convention de Kyoto révisée ;

• Cadre de normes SAFE ;

• Convention de Rome du 26 Octobre 1961 sur la protection des artistes-interprètes et des producteurs de phonogrammes ;

• Convention de Berne pour la protection des œuvres littéraires et artistiques ;

• Convention de Rome pour la protection des œuvres littéraires et artistiques au travers de l'Accord de Bangui du 2 mars 1977 révisé le 24 février 1999 et ses annexes instituant une Organisation africaine de la Propriété intellectuelle (OAPI) ;

• Convention internationale sur le système harmonisé de désignation et de codification des marchandises approuvées par le Conseil de coopération douanière le 14 juin 1983 ;

• Traités de l'OMPI du 20 Décembre 1996, dits « Traités Internet » ;

• Accord ADPIC, volet « propriété intellectuelle » du Traité de Marrakech du 14 Avril 1994 créant l'OMC.

7- Textes communautaires dans l'espace CEDEAO

• Protocole d'assistance mutuelle en matière de défense signé à Freetown à l'exception du Cap-Vert, de la Guinée Bissau et du Mali le 29 mai 1981 ;

• Ordonnance N° 94-29 du 28 février 1994 relative au contentieux des infractions au contrôle des changes ratifiée par la loi n° 94-54 du 27 mai 1994 ;

• Règlement N° 09/1998/CM/UEMOA relatif aux relations financières extérieures des Etats membres de l'Union Economique et Monétaire Ouest Africaine ;

• Règlement n° 15/2002/CM/UEMOA relatif aux systèmes de paiement dans les Etats de l'UEMOA et à la loi uniforme sur les instruments de paiements ;

• Règlement n° 02/CM/UEMOA du 23 mai 2002 sur les pratiques anticoncurrentielles ;

• Règlement n° 03/CM/UEMOA du 23 mai 2002 relatifs aux procédures applicables aux ententes et abus de position dominante à l'intérieur de l'Union économique et monétaire ouest africaine ;

• Règlement n° 15/2002/CM/UEMOA relatif aux systèmes de paiement dans les Etats de l'UEMOA ;

- Directive n° 01/2006/CM/UEMOA relative à l'harmonisation des politiques de contrôle et de régularisation du secteur des télécommunications ;
- Directive n° 02/2006/CM/UEMOA relative à l'harmonisation des régimes applicables aux opérateurs de réseaux et fournisseurs de services ;
- Directive n° 03/2006/CM/UEMOA relative à l'interconnexion des réseaux et services de télécommunications ;
- Directive n° 04/2006/CM/UEMOA relative au service universel et aux obligations de performance du réseau ;
- Directive n° 05/2006/CM/UEMOA relative à l'harmonisation de la tarification des services de télécommunications ;
- Directive n°06/2006/CM/UEMOA organisant le cadre général de la coopération entre les autorités nationales de régulation en matière de télécommunications ;
- Directive relatif à l'introduction frauduleuse de données dans un système informatique ;
- Directive C/DIR/1/08/11 du 19 aout 2011 portant lutte contre la cybercriminalité dans l'espace CEDEAO ;
- Acte additionnel A/SA. 2/01/10 portant transactions électroniques dans l'espace CEDEAO signé à Abudja, le 16 février 2010, par la trente septième (30ème) session de la Conférence des Chefs d'Etats et de Gouvernements ;
- Acte additionnel A/SA 1/01/07 du 19 janvier 2007 relatif à l'harmonisation des politiques et du cadre réglementaire des secteurs TIC (AA1) ;
- Acte additionnel A/SA 2/01/07 du 19 janvier 2007 relatif à l'accès et à l'interconnexion des réseaux et services du secteur des TIC (AA2) ;
- Acte additionnel A/SA 3/01/07 du 19 janvier 2007 relatif au régime juridique applicable aux opérateurs et fournisseurs de services (AA3) ;
- Acte additionnel A/SA 4/01/07 du 19 janvier 2007 relatif à la gestion du plan de numérotation (AA4) ;
- Acte additionnel A/SA 5/01/07 du 19 janvier 2007 relatif à la gestion du spectre de fréquences radioélectriques (AA5) ;
- Acte additionnel A/SA 6/01/07 du 19 janvier 2007 relatif à l'accès universel/service universel (AA6) ;
- Décision A/DEC.9/12/99 de la Conférence des Chefs d'Etat et de Gouvernement de la CEDEAO ;
- Décision n° 08/2001/CM/UEMOA portant mise en œuvre d'un programme de construction de 11 postes de contrôle juxtaposées ;

• Décision n° 08/2001/CM/UEMOA du 26 novembre 2001 portant adoption et modalités de financement d'un programme communautaire de construction de postes de contrôles juxtaposés aux frontières entre les Etats membres de l'UEMOA ;

• Décision n° 38/2009/CM/UEMAO modifiant les articles 2 et 5 de la Décision n° 08/2001/CM/UEMOA du 26 novembre 2001 portant adoption et modalités de financement d'un programme communautaire de construction de postes de contrôles juxtaposés aux frontières entre les Etats membres de l'UEMOA.

8- Lois uniformes

• Loi uniforme n° 2004-09 du 06 février 2004 relative à la lutte contre le blanchiment de capitaux, Journal officiel de la République du Sénégal n° 6154 du 27 mars 2004 ;

• Loi uniforme n° 2004-06 du 06 février 2004 portant agrément au bénéfice des avantages du Code des investissements, J.O.R.S. n° 6152 du 13 mars 2004 ;

• Loi uniforme n° 2008-11 (sur la circulation des contenus illicites) portant sur la cybercriminalité, J.O.R.S. n° 6406 du 3 mai 2008 ;

• Loi uniforme n° 2008-10 du 25 janvier 2008 portant loi d'orientation sur la société de l'information, J.O.R.S. n° 6406 du 3 mai 2008 ;

• Loi uniforme n° 2008-12 du 25 janvier 2008 portant sur la protection des données à caractère personnel, J.O.R.S. n° 6406 du 3 mai 2008 ;

• Loi uniforme n° 2008-48 du 3 septembre 2008 relative à la répression des infractions en matière de chèque, de carte bancaire et d'autres instruments et procédés électroniques de paiement, J.O.R.S. n° 6453 du 7 février 2009.

9- Lois et règlements sénégalais

• Loi n° 2016-29 du 08 novembre 2016 modifiant la loi n°65-60 du 21 juillet 1965 portant Code pénal, J.O.R.S. n° 6975 du 25 novembre 2016 ;

• Loi n° 2016-30 du 08 novembre 2016 modifiant la loi n°65-61 du 21 juillet 1965 portant Code de procédure pénale, J.O.R.S. n° 6976 du 25 novembre 2016 ;

• Loi n° 81-53 du 10 juillet 1981 relative à la répression de l'enrichissement illicite, J.O.R.S. n° 4846 du 24 juillet 1981 ;

• Loi n° 81-54 du 10 juillet 1981 portant création de la Cour de répression de l'enrichissement illicite, J.O.R.S. n° 4846 du 24 juillet 1981 ;

• Loi n° 2005-06 du 10 mai 2005 relative à la lutte contre la traite des personnes et pratiques assimilées et à la protection des victimes, J.O.R.S. n° 6223 du 30 mai 2005 ;

- Loi n° 2006-36 du 16 octobre 2006 portant sur l'interdiction de la mise au point, de la fabrication, du stockage et de l'emploi des armes chimiques et sur leur destruction, J.O.R.S. n° 6329 du 24 février 2007 ;
- Loi n° 2008-41 du 20 août 2008 portant sur la cryptologie, J.O.R.S. n° 6441 du 06 décembre 2008 ;
- Loi organique n° 2008-47 du 03 septembre 2008 portant réglementation des systèmes financiers décentralisés, J.O.R.S. n° 6452 du 31 janvier 2009 ;
- Loi n° 2008-26 du 28 juillet 2008 portant réglementation bancaire, J.O.R.S. n° 6437 du 08 novembre 2008 ;
- Loi n° 2009-30 du 02 décembre 2009 autorisant le Président de la République à ratifier la Convention internationale relative aux droits des personnes handicapées et son Protocole facultatif adoptés par l'Organisation des Nations Unies, le 13 décembre 2006, J.O.R.S. n° 6514 du 27 février 2010 ;
- Loi n° 2011-15 du 8 juillet 2011 portant loi organique relative aux lois de finances, J.O.R.S. n° 6618 du 15 octobre 2011 ;
- Loi n° 2012-22 du 27 décembre 2012 portant Code de transparence dans la gestion des finances publiques, J.O.R.S. n° 6711 du 02 février 2013 ;
- Loi organique n° 2012-23 du 27 décembre 2012 abrogeant et remplaçant la loi organique n°99-70 du 17 février 1999 sur la Cour des Comptes, J.O.R.S. n° 6711 du 02 février 2013 ;
- Loi n° 2012-30 du 28 décembre 2012 portant création de l'Office national de lutte contre la fraude et la corruption, J.O.R.S. n° 6706 bis du 31 décembre 2012 ;
- Loi n° 2012-31 du 31 décembre 2012 portant Code général des impôts, J.O.R.S. n° 6706 du 31 décembre 2012 ;
- Loi uniforme n° 2014-01 du 06 janvier 2014 relative au traitement des comptes dormants dans les livres des organismes financiers des Etats membres de l'UEMOA, J.O.R.S. n° 6767 du 07 janvier 2014 ;
- Loi n° 2014-10 du 28 février 2014 portant Code des Douanes du Sénégal, J.O.R.S. n° 6707 du 26 avril 2014 ;
- Loi uniforme n° 2014-12 du 28 février 2014 sur le contentieux des infractions à la réglementation des relations financières extérieures des Etats membres de l'UEMOA, J.O.R.S. n° 6808 du 06 septembre 2014 ;
- Loi n° 2014-17 du 02 avril 2014 relative à la déclaration de patrimoine, J.O.R.S. n° 6817 du 08 novembre 2014 ;
- Décret n° 67-390 du 13 avril 1967 fixant les modalités d'application de la loi 66-58 du 30 Juin 1966, portant organisation et réglementation des établissements de jeux de hasard, J.O.R.S. n° 3891 du 02 mai 1976 ;

• Décret n° 93-1116 du 30 septembre 1993 autorisant le ministre chargé des finances à émettre des bons du trésor, J.O.R.S. n° 3891 du 02 mai 1967 ;

• Décret n° 96-103 du 08 février 1996 fixant les modalités d'intervention des organisations non gouvernementales (ONG), J.O.R.S. n° 5674 du 10 février 1996 ;

• Décrets n° 97-1217 du 17 décembre 1997 portant création et fixant les règles d'organisation et de fonctionnement du Comité interministériel de Lutte contre la Drogue, J.O.R.S. n° 5577 du 20 décembre 1997 ;

• Décret n° 97-1218 du 17 décembre 1997 portant création et fixant les règles d'organisation et de fonctionnement de l'Office centrale de Répression du Trafic illicite des Stupéfiants, J.O.R.S. n° 5577 du 20 décembre 1997 ;

• Décret n° 97-1219 du 17 décembre 1997 relatif aux mesures de traitement des toxicomanes, J.O.R.S. n° 5577 du 20 décembre 1997 ;

• Décret n° 97-1220 du 17 décembre 1997 fixant la liste des stupéfiants, des substances psychotropes et des précurseurs en application des dispositions du Code des Drogues, J.O.R.S. n° 5577 du 20 décembre 1997 ;

• Décret n° 2002-839 du 27 août 2002 portant création de la commission nationale chargée des armes nucléaires, biologiques et chimiques, J.O.R.S. n° 6086 du 08 février 2003 ;

• Décret n° 2004-1150 du 18 août 2004 portant création, organisation et fonctionnement de la Cellule Nationale de Traitement des Informations financières(CENTIF), J.O.R.S. n° 6187 du 16 octobre 2004 ;

• Décret n° 2005-144 du 02 mars 2005 portant réglementation des agences de voyages, de tourisme et de transports touristiques, J.O.R.S. n° 6218 du 30 avril 2005 ;

• Décret n° 2005-145 du 02 mars 2005 portant réglementation des établissements d'hébergement touristiques, J.O.R.S. n° 6218 du 30 avril 2005 ;

• Décret n° 2008-719 du 30 juin 2008 relatif aux communications électroniques pris pour l'application de la loi n°2008-08 du 25 janvier 2008 sur les transactions électroniques, J.O.R.S. n° 6440 du 29 novembre 2008 ;

• Décret n° 2008-720 du 30 juin 2008 relatif à la certification électronique pris pour l'application de la loi n°2008-08 du 25 janvier 2008 sur les transactions électroniques, J.O.R.S. n° 6442 du 13 décembre 2008 ;

• Décret n° 2008-721 du 30 juin 2008 portant application de la loi n° 2008-12 du 25 Janvier 2008 sur la protection des données à caractères personnel, J.O.R.S. n° 6443 du 20 décembre 2008 ;

• Décret n° 2010-1209 du 13 septembre 2010 relatif à la loi n° 2008 -41 du 20 août 2008 sur la cryptologie au Sénégal, J.O.R.S. n° 6564 du 08 janvier 2011 ;

• Décret n° 2010-1104 du 13 août 2010 modifiant et complétant le décret n° 97-1217 du 17 décembre 1997 portant création et fixant les règles d'organisation et de fonctionnement du Comité interministériel de lutte contre la Drogue, J.O.R.S. n° 6568 du 29 janvier 2011 ;

• Décret n° 2010-981 du 02 août 2010 portant application de l'article 30 et suivant de la loi uniforme n° 2009-16 du 02 mars 2009 relative à la lutte contre le financement du terrorisme, J.O.R.S. n° 6572 du 19 février 2011 ;

• Décret n° 2010-1490 du 10 novembre 2010, modifiant le décret n° 96 - 103 du 08 février 1996 fixant les modalités d'intervention des Organisations non gouvernementales (ONG), J.O.R.S. n° 6568 du 29 janvier 2011 ;

• Décret n° 2011-1880 du 24 novembre 2011 portant règlement général sur la Comptabilité Publique, J.O.R.S. n° 6649 du 10 mars 2012 ;

• Décret n° 2014-1212 du 22 septembre 2014 portant Code des marchés publics, J.O.R.S. n° 6812 du 04 octobre 2014 ;

• Décret n° 2006-783 du 18 aout 2006 portant création de la Commission nationale chargée de la mise en œuvre de la convention sur l'interdiction de l'emploi, du stockage, de la production et du transfert des mines antipersonnel et sur leur destruction, J.O.R.S. n° 6320 du 20 janvier 2007 ;

• Arrêté ministériel n° 852 en date du 8 février 2002 portant création de la Commission nationale de gestion des produits chimiques, J.O.R.S. n° 6051 du 15 juin 2002 ;

• Note de service n°1013 DGD/DSID/a.d du 30 mars 2015 portant effectivité du bon à enlever automatique pour les entreprises agréées au programme de partenaires privilégiés ;

• Note de service n° 002794 du DGD/DEL/DRCISP du 5 novembre 2003 apporte les modifications dans le programme de vérification des importations.

10- Rapports et conclusions

• Amnistie International, rapport 2003, EFAI, Paris, 2003 ;

• Ministère de l'Economie des Finances et du Plan, novembre 1997, « Enquête sur la production et la consommation en 1996 des entreprises du secteur informel. Région Urbaine de Dakar. » Sénégal ;

• Office des Nations Unies contre la Drogue et le Crime, juillet 2009, « Trafics Transnationaux et Etat de droit en Afrique de l'Ouest : une évaluation des menaces ;

• UEMOA, janvier-avril 2010, « Enquêtes sur les flux transfrontaliers non enregistrés de l'UEMOA », Rapport ;

• Agenda Douanes sénégalaises de 2014 ;

• Agenda Douanes sénégalaises de 2015 ;

• BDT Genéve, 2006, Rapport sur la transposition des Actes Additionnels de la CEDEAO, 2006 ;

• Rapport sur la transposition des actes additionnels en droit interne du Burkina Faso, 2007 ;

• Rapport sur la transposition des actes additionnels en droit interne du Sénégal 2008.

11- Décisions de justice

• CA Versailles, 13e ch., 5 juin 2014, n° 12/07055, Seretec c/ Clasquin ;

• Paris, 3ième Cha. accus. 19 mars 1991 ; Gaz.pal. 1992, somm. 312, note X ;

• Cass.crim. 30 juin 1999 ; Bull.crim. n°19 ;

• Chambery 30 mai 1990 ; JCP 1991, II, 21704, note J.Pannier ;

• Cass. crim. 24 janvier 1994 ; Bull. crim. n° 32 ; Dr. Pén. 1994 n° 114, obs J-H. Robert ;

• Cass. Crim. 22 mai 1997 ; Bull.crim. n ° 199 ; RSC. 1998. P. 98. Obs. Bouloc ;

• Bull. crim. n° 342. D., 1992, somm. p. 43, note J. Pannier. JCP 1991, éd. E, I, 77 chron.n° 13 ;

• Cass.crim. 5 novembre 2003 ; Bull. crim., 2003, n° 209. RSC 2004 658 obs. H. Matsopoulou ;

• Cass. Crim. 22 avril 1992. Bull. crim. n° 171. JCP 1993 éd. E. II 422 note J. Pannier ;

• Cass. Crim. 26 septembre 1995 Bull. crim. n° 283 RSC 1996 p. 139 obs. Dintilhac Dr. Pén. Janv 1996 n° 11 obs. J.-H.Robert ;

• Cass. Crim. 1er avril 1998 Bull. crim. n° 124 Dr. Pén. 1998 n° 92 obs. J.-H. Robert ;

• Cass. Crim. 4 février 1991. Gaz. Pal., Rec. 1992, somm. p. 315, note X. ;

• Cass. Com. 27 juin 2000. Bull. civ. IV n° 131. Gaz. Pal. 2000 somm. 2090.

INDEX

TABLE DES MATIERES

Structures éditoriales du groupe L'Harmattan

L'Harmattan Italie
Via degli Artisti, 15
10124 Torino
harmattan.italia@gmail.com

L'Harmattan Hongrie
Kossuth l. u. 14-16.
1053 Budapest
harmattan@harmattan.hu

L'Harmattan Sénégal
10 VDN en face Mermoz
BP 45034 Dakar-Fann
senharmattan@gmail.com

L'Harmattan Cameroun
TSINGA/FECAFOOT
BP 11486 Yaoundé
inkoukam@gmail.com

L'Harmattan Burkina Faso
Achille Somé – tengnule@hotmail.fr

L'Harmattan Guinée
Almamya, rue KA 028 OKB Agency
BP 3470 Conakry
harmattanguinee@yahoo.fr

L'Harmattan RDC
185, avenue Nyangwe
Commune de Lingwala – Kinshasa
matangilamusadila@yahoo.fr

L'Harmattan Congo
67, boulevard Denis-Sassou-N'Guesso
BP 2874 Brazzaville
harmattan.congo@yahoo.fr

L'Harmattan Mali
Sirakoro-Meguetana V31
Bamako
syllaka@yahoo.fr

L'Harmattan Togo
Djidjole – Lomé
Maison Amela
face EPP BATOME
ddamela@aol.com

L'Harmattan Côte d'Ivoire
Résidence Karl – Cité des Arts
Abidjan-Cocody
03 BP 1588 Abidjan
espace_harmattan.ci@hotmail.fr

L'Harmattan Algérie
22, rue Moulay-Mohamed
31000 Oran
info2@harmattan-algerie.com

L'Harmattan Maroc
5, rue Ferrane-Kouicha, Talaâ-Elkbira
Chrableyine, Fès-Médine
30000 Fès
harmattan.maroc@gmail.com

Nos librairies en France

Librairie internationale
16, rue des Écoles – 75005 Paris
librairie.internationale@harmattan.fr
01 40 46 79 11
www.librairieharmattan.com

Librairie l'Espace Harmattan
21 bis, rue des Écoles – 75005 paris
librairie.espace@harmattan.fr
01 43 29 49 42

Lib. sciences humaines & histoire
21, rue des Écoles – 75005 paris
librairie.sh@harmattan.fr
01 46 34 13 71
www.librairieharmattansh.com

Lib. Méditerranée & Moyen-Orient
7, rue des Carmes – 75005 Paris
librairie.mediterranee@harmattan.fr
01 43 29 71 15

Librairie Le Lucernaire
53, rue Notre-Dame-des-Champs – 75006 Paris
librairie@lucernaire.fr
01 42 22 67 13

www.ingramcontent.com/pod-product-compliance
Lightning Source LLC
LaVergne TN
LVHW011137061026
849535LV00003B/520